大型齿轮齿条爬升式升船机

钮新强 等 著

科 学 出 版 社

北 京

内 容 简 介

本书是一部介绍齿轮齿条爬升式升船机关键技术的学术专著，作者是我国仅有的两座齿轮齿条爬升式升船机——三峡升船机和向家坝升船机设计、科研与建造的亲历者。本书结合三峡升船机和向家坝升船机的工程实践，从专业角度系统地论述齿轮齿条爬升式升船机在总体布置、水力学、金属结构与机械设备设计、建筑结构设计、动力分析与抗震设计、电气设备设计，以及混凝土塔柱施工与设备安装、调试等方面的关键技术难题和解决方案。通过本书，人们可以了解齿轮齿条爬升式升船机的概貌，同时可以窥见三峡升船机这一“大国重器”的技术复杂程度和建造难度。

本书可供水利枢纽升船机工程的设计、科研人员参考，也可作为大专院校水利水电专业的教学参考用书。

图书在版编目（CIP）数据

大型齿轮齿条爬升式升船机/钮新强等著.—北京:科学出版社，2021.8
ISBN 978-7-03-068023-5

Ⅰ.①大… Ⅱ.①钮… Ⅲ.①大型齿轮-齿条-升船机-研究 Ⅳ.①U642

中国版本图书馆 CIP 数据核字（2021）第 020042 号

责任编辑：何 念 张 湾/责任校对：高 嵘
责任印制：彭 超/封面设计：苏 波

科学出版社 出版
北京东黄城根北街 16 号
邮政编码：100717
http://www.sciencep.com
武汉精一佳印刷有限公司印刷
科学出版社发行 各地新华书店经销
*
开本：787×1092 1/16
2021 年 8 月第 一 版 印张：21 1/2
2021 年 8 月第一次印刷 字数：541 000
定价：258.00 元
（如有印装质量问题，我社负责调换）

序一

升船机作为一种内河通航设施，起源于20世纪的欧洲，盛行于21世纪的我国。德国于1934年建成了世界首座现代化大型升船机——尼德芬诺升船机，于1975年建成了通航规模更大、技术更先进的吕内堡升船机；比利时于1988年建成了当时世界规模最大的斯特勒比升船机。我国对现代升船机的设计研究始于20世纪50年代末，“七五”“八五”“九五”国家科技攻关计划期间，国家以三峡升船机工程为背景，对升船机的关键技术问题进行了大规模的科技攻关，取得了丰硕的科研成果。自20世纪90年代开始，国家对西部河流进行大规模的开发，促进了我国升船机建设事业的蓬勃发展。迄今，已建成了水口、岩滩、隔河岩、彭水、三峡、向家坝、亭子口、景洪、思林、沙沱、构皮滩等十余座大中型升船机工程，欧洲升船机界称誉我国为“升船机的国度”。欧洲升船机大多建在人工运河上，航道水位的变化通常很小，而我国升船机均建在水位变幅大、变率快的高水头水利水电工程上，技术更加复杂。特别是2016年建成的三峡齿轮齿条爬升式升船机，其运行条件的复杂程度、技术难度与建造难度都是当今世界之最，极大地提升了我国升船机的建设技术水平，是世界升船机工程建设技术发展的里程碑。

该书是一部结合三峡升船机和向家坝升船机工程实践，系统论述高坝通航大型齿轮齿条爬升式升船机基本设计理论和设计方法的技术专著，凝结了设计研究团队数十年的心血与智慧，是一本理论密切结合实践的好书，填补了我国乃至世界在齿轮齿条爬升式升船机设计研究专著方面的空白。作者钮新强院士是国内著名的通航建筑物专家，主持设计了三峡、向家坝、亭子口、构皮滩等国内多座有代表性的升船机工程，在高坝通航升船机技术理论与工程实践方面颇有建树。由他率领的设计研究团队，与国内科研院所、建造单位协同攻关，大胆创新突破，成功解决了水利水电工程齿轮齿条爬升式升船机所特有的机械设备与混凝土承重结构变形协调、重载齿条螺母柱与薄壁塔柱可靠连接、大型齿条螺母柱精准安装、船舶进出安全防护、地震设防等诸多技术难题，形成了具有我国特色的水利水电工程齿轮齿条爬升式升船机成套技术。该书作者长期从事升船机设计、科研工作，他们将设计研究经验总结凝练，著成该书。该书可供水利水电工程升船机设计、科研人员作为工具书借鉴使用，也可供大专院校水利水电工程及港航专业的师生参考学习。

按照国家“十四五”规划，在未来几年国家将加快推进交通强国建设，推动内河高等级航道扩能升级，为此，必将对通航设施的建设提出新的需求，该书的出版，可谓恰逢其时。期待这部凝结了几代设计、科研人员智慧的重要文献，对我国未来高坝通航升船机建设事业的发展起到促进作用。

是为序。

李晓红

中国工程院院长

2021 年 6 月 15 日

序二

钮新强院士率领国内顶尖的升船机设计、研究团队，呕心沥血数十载，编写了这部有关齿轮齿条爬升式升船机设计研究的专著。该书以三峡升船机和向家坝升船机的工程实践为背景，阐明了水利水电工程大型齿轮齿条爬升式升船机特有的技术难题，系统论述了在总体布局、土建结构、金属结构与机械设备、电气系统，以及土建施工、设备安装等方面的关键技术，总结了基本设计理论和方法，并详细介绍了设计中采用的多项创新技术，具有较强的理论性、学术性和应用性。本人作为国务院三峡枢纽工程质量检查专家组和长江三峡水利枢纽升船机工程验收专家组组长，见证、参与了三峡升船机工程自 2007 年复工至 2019 年竣工验收的整个建设过程，对三峡升船机工程有着特殊的感情。钮新强院士邀本人为该书作序，自是欣然应允，写点自己的切身感受。

世界上现代大型垂直升船机的主要形式有两种：一种是钢丝绳卷扬提升式；另一种便是该书介绍的齿轮齿条爬升式。其中，齿轮齿条爬升式是通过装设在船厢上的齿轮驱动系统沿着装设在承重结构上的齿条爬升，进而带动船厢升降运行。齿轮齿条爬升式升船机的显著特点是，具有更高的安全可靠性。其通过与齿轮驱动系统联动的长螺母柱-短螺杆或长螺杆-短螺母式安全保障机构，确保在船厢大量漏水、对接沉船等失衡事故工况下升船机乘员、船舶和设备的安全。该形式的升船机的不足之处是，技术相对复杂，设备制造、安装难度大，建造成本较高。齿轮齿条爬升式升船机的运行原理是德国人在 20 世纪初发明的，并利用该原理于 1934 年建成了世界首座齿轮齿条爬升、长螺母柱-短螺杆式升船机——1 000 t 级尼德芬诺升船机，又于 1975 年建成了技术更为先进的齿轮齿条爬升、长螺杆-短螺母式升船机——1 350 t 级吕内堡升船机。迄今，这两座升船机仍在正常运行，没有出现较大的故障，说明这种形式的升船机具有足够的安全可靠性。初步设计阶段确定的三峡升船机的主要任务是通航客轮，因此必须确保各种可能工况下过机旅客的人身安全。为提高三峡升船机运行的安全可靠性，2003 年 9 月，国务院三峡工程建设委员会第十三次全体会议批准将三峡升船机的形式由钢丝绳卷扬提升式改为齿轮齿条爬升式。为充分借鉴德国在齿轮齿条爬升式升船机建设方面的成功经验，三峡升船机改型设计采用了中德合作的方式，但对建设过程中大量技术难题的逐一攻克，则完全依靠我国自己的技术力量。在建设三峡升船机的同时，长江勘测规划设计研究院联合中国电建集团中南勘测设计研究院有限公司自主设计了同类型的向家坝升船机，在这座规模略小于三峡升船机的升船机的设计中，设计单位充分吸收三峡升船机的成功设计经验，并结合向家坝工程的实际情况，进行了多项重大创新，使我国齿轮齿条爬升式升船机的设计水平得到进一步提升，工程建设也更为顺利。

三峡升船机过船规模为 3 000 t 级，提升高度为 113 m，总提升重量为 15 500 t，上游水位变幅为 30 m，下游水位变率为 0.5 m/h，是目前世界上规模和技术难度最大的升船机，也是世界在水利水电工程上建设的首座齿轮齿条爬升式升船机。纵观世界上已建和在建的各种形式、规模的升船机，这座建在高水头水利枢纽上的超大型齿轮齿条爬升式升船机运行工况的复杂程度、技术难度与建造难度，无疑都是空前的。三峡升船机的设计与成功建造，解决了国内外同类升船机中的一系列技术难题，极大地提升了我国升船机工程的建设水平，实现了我国升船机建设技术从相对落后跨越到领跑世界。

与德国建在人工运河上的尼德芬诺升船机和吕内堡升船机不同，我国的三峡升船机和向家坝升船机都建在通航条件复杂、高水头和具有较高地震烈度水平的水利水电工程上，设计、建造的难度更大，尤其是三峡升船机，其兼具了过船规模大、提升高度大、提升重量大、上游水位变幅大和变率快及运行安全可靠性要求高的特点。经过设计、科研人员和工程建设者的攻坚克难、大胆技术创新，成功解决了该类型升船机所特有的诸多技术难题，部分创新技术填补了世界升船机领域的空白，有力推动了世界升船机技术的发展和应用。

三峡升船机于 2016 年 9 月建成投运后，一直保持着安全平稳的运行状态，并经历了 24 h 不间断、满负荷、高强度运行的考验。升船机结构、设备均安全稳定，性能、参数、指标满足设计要求。据运行部门统计，至 2020 年 12 月，三峡升船机已累计安全运行 1.12 万厢次，通过船舶 1.13 万艘次，通过货物 399×10^4 t，通过游客 39 万人次，最高记录为 37 厢次/天，已经达到甚至超过了设计的运行频次。三峡升船机的建成运行，充分发挥了快速通道作用，进一步提高了枢纽工程的通航保障能力和通航调度的灵活性，为推动长江经济带发展和长江航运事业发展做出了贡献。

钮新强院士是三峡升船机和向家坝升船机的设计负责人，该书其他作者也都是这两座升船机设计、科研的主要参与者，他们在大型齿轮齿条爬升式升船机设计研究方面积累了比较丰富的经验，该书是他们多年升船机设计研究经验的总结与凝练。我国高坝通航升船机建设事业方兴未艾，这部技术专著正可供升船机设计、科研人员参考借鉴。

陈厚群

中国工程院院士

2021 年 5 月 10 日

前言

与船闸相比，升船机具有提升高度大、过船时间短、基本不耗水、运行费用较低的优点。自 20 世纪 90 年代以来，随着我国水电建设事业的迅速发展，特别是对西部河流大规模的梯级开发，升船机在我国的水电工程上得到了越来越广泛的应用。迄今，我国已先后在岩滩、水口、隔河岩、高坝洲、彭水、亭子口、丹江口、景洪、三峡、向家坝、思林、沙沱等水电工程上建成了十余座大中型升船机。目前正在建设中的还有构皮滩、龙滩、旬阳、蜀河、百色等升船机工程。这些升船机工程的相继建成，使我国成为世界上拥有现代升船机最多的国家。特别是世界上规模和技术难度最大的三峡升船机的建成，极大地提升了我国乃至世界升船机工程的建设水平，进一步推动了升船机技术的发展和应用。

在充分借鉴、吸收已建的国外运河升船机和我国水电工程钢丝绳卷扬提升式升船机成功经验的基础上，长江勘测规划设计研究院承担并完成了我国首座齿轮齿条爬升式升船机——三峡升船机的设计科研工作，并采用多项自主创新技术完成了世界上提升高度最大的向家坝升船机的设计。通过对三峡升船机、向家坝升船机的设计、科研，长江勘测规划设计研究院积累了一定的有关齿轮齿条爬升式升船机工程设计的实践经验和研究成果，现集结成书，供国内广大年轻的水利水电工作者和升船机工程的设计、科研人员参考。

本书结合三峡升船机、向家坝升船机的工程实践，对水电工程大型齿轮齿条爬升式升船机在总体布置、金属结构与机械设备、建筑结构、电气控制、水力学、动力分析，以及塔柱施工、重大设备安装、联合调试等方面的主要技术问题进行较为系统的总结，对齿轮齿条爬升式升船机特有的齿轮驱动系统、短螺杆-长螺母柱式事故安全机构、螺母柱支承传力结构、自承载式船厢结构等核心设备，以及船厢设备与塔柱之间的变形协调、抗震减震等关键技术进行详细的介绍。希望本书的出版可为我国其他升船机的建设提供借鉴，以此推动我国升船机整体技术的发展，并为新一代水利工作者的成长提供帮助。

本书共分 7 章。第 1 章由钮新强、覃利明、于庆奎撰写；第 2 章由钮新强、覃利明、吴俊东、于庆奎、林新志撰写；第 3 章由于庆奎、廖乐康、王可、石端伟、方杨、金辽撰写；第 4 章由钮新强、吴俊东、汪基伟、林新志撰写；第 5 章由钮新强、吴俊东、陶桂兰、林新志、胡晓撰写；第 6 章由覃利明、段波、唐勇撰写；第 7 章由梁仁强、于庆奎、林新志、覃利明撰写。全书由钮新强、覃利明、于庆奎统稿通读，最后由钮新强审查定稿。

长江勘测规划设计研究院和国内科研设计单位的众多前辈专家为我国升船机的设计、科研工作付出了毕生心血，为推动我国升船机技术水平的提升做出了不可磨灭的贡献，在此书成书之际，谨向他们致以诚挚的敬意！此外，本书写作过程中得到了众多同行专家、学者的大力支持和帮助，在此谨向他们表示衷心的感谢！

由于水平所限，书中疏漏之处在所难免，望广大同行批评指正！

作　者

2020年9月22日

目录

第1章

升船机发展综述

1.1 国内外升船机发展概况

1.1.1 国外升船机发展概况

18 世纪中叶，英国经济的蓬勃发展带动了水路运输量的飞跃增长，从而促进了通航建筑物的发展。18 世纪末期，解决航道集中水位落差问题的船闸技术已经相当成熟，但船闸的每次运行都会使上游航道水量向下游流失。当遇到干旱年或枯水期时，船闸的运行则难以维持。为此，促使人们探索一种新的节水通航建筑以替代船闸。

1793 年，美国人罗伯特·富尔顿首次提出了带配重的斜面升船机的构想，并于次年获得了专利权（图 1.1.1）。1809 年，世界上第一座平衡式垂直升船机在英国伍斯特—伯明翰运河的泰坦比戈建成（图 1.1.2），其提升高度为 3.6 m，可湿运 40 t 的船舶，平衡重通过链条与船厢连接[1]。

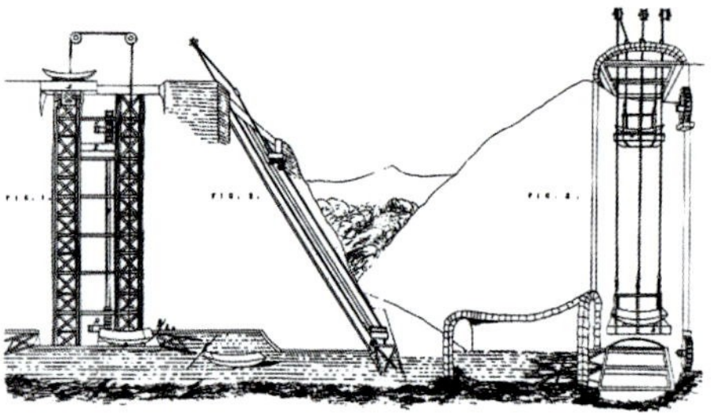

图 1.1.1 罗伯特·富尔顿斜面升船机图[1]

图 1.1.2 世界上第一座平衡式垂直升船机[1]

19 世纪，德国、比利时等国家相继建造了多种形式的升船机。这一时期建成的升船机广泛采用了平衡系统，以减小提升功率，但提升高度均在 15 m 以下，船舶吨位不到 100 t，均属于中小型升船机。

进入 20 世纪后，世界升船机建造技术得到了飞跃发展。1934 年，德国在柏林附近的哈芬-奥德水道建造了世界上第一座现代化的大型升船机——尼德芬诺升船机（图 1.1.3）。这是一座链轮链梯爬升式全平衡垂直升船机，其提升高度为 36 m，可通过 1 000 t 级船舶，这座升船机至今依然运行良好。1975 年，德国在易北河建成了另一座齿轮齿条爬升式升船机——吕内堡升船机[1]（图 1.1.4）。这是一座双线并列独立运行的垂直升船机，其提升高度为 38 m，可通过 1 350 t 级船舶，单线年通过能力达 1 010 余万吨。

1988 年，比利时在中央运河上建成了斯特勒比升船机（图 1.1.5）。该升船机为钢丝绳卷扬提升式全平衡垂直升船机，可通过 1 350～2 000 t 级船舶，最大提升高度为 73.15 m，船厢带水总重为 7 200～8 400 t。该升船机至今仍是世界上规模最大的钢丝绳卷扬提升式全平衡垂直升船机。

图 1.1.3　1934 年德国建造的尼德芬诺升船机

图 1.1.4　1975 年德国建造的吕内堡升船机[1]

图 1.1.5　斯特勒比升船机

1.1.2　中国升船机发展历程

中国升船机建设起步较晚，但发展迅速。1966 年，安徽寿县建成了一座 30 t 级湿运斜面升船机，这是我国第一座湿运升船机。1967 年，湖北陆水河蒲圻水电站——三峡试验电站建成了我国第一座干式垂直升船机，设计过坝船只最大载重量为 20 t，最大提升高度为 26 m（图 1.1.6）。1973 年，建成了丹江口水电站 150 t 级垂直+斜面组合式升船机，这是我国建设的第一座中型升船机。2017 年，随着南水北调中线丹江口大坝加高工程的完成，升船机的通航规模也扩建到了 300 t 级（图 1.1.7）。

20 世纪 90 年代，随着我国现代化建设进程的加快，水利水电工程建设也步入了快速发展的轨道。流域水电梯级开发使得一些原本不通航的河段形成了优良的水运航道，促进了我国内河航运事业的发展。在近二十年内，我国已建成了红水河岩滩升船机，闽江水口升船机，清江隔河岩、高坝洲升船机，乌江彭水、思林、沙沱升船机，澜沧江景洪升船机，汉江丹江口、安康升船机，长江三峡升船机，金沙江向家坝升船机（图 1.1.8），以及嘉陵江亭子口升船机（图 1.1.9）等十余座大中型升船机。另外，乌江构皮滩三级升船机、红水河龙滩两级升船机正在建设中。我国升船机步入了快速发展阶段。升船机形式涵盖了垂直升船机和斜面升船机的钢丝绳卷扬提升式、齿轮齿条爬升式和水力驱动式，以及船厢下水部分平衡、船厢不下水全平衡等多种形式。

图 1.1.6　1967 年建成的陆水河蒲圻干式垂直升船机

图 1.1.7　丹江口垂直+斜面组合式升船机

图 1.1.8　金沙江向家坝升船机

图 1.1.9　嘉陵江亭子口升船机

特别是 2016 年长江三峡升船机的建成，把中国乃至世界的升船机建设技术推向了一个新的高度。三峡升船机是一座全平衡垂直升船机，设计过船规模为 3 000 t 级，船厢带水总重为 15 500 t，最大升降高度为 113 m，采用齿轮齿条爬升、螺杆螺母柱保安形式（图 1.1.10）。

（a）上游视图

（b）下游视图

图 1.1.10　长江三峡升船机

此外，正在建设的构皮滩升船机为一座带有中间通航隧道和渡槽的三级升船机，总通航水头达 199.0 m。第一级和第三级均为船厢下水部分平衡式，第二级为全平衡式。其中，第二级提升高度达 127.0 m，是目前世界上已建和在建升船机中提升高度最高的升船机（图 1.1.11）。

图 1.1.11　建设中的乌江构皮滩三级升船机远眺图

1.1.3　升船机主要形式

目前世界上已建成的升船机分为垂直升船机和斜面升船机两大类型。这两种类型的升船机又可按照平衡重配置程度、船厢重量平衡方式、船厢的驱动方式、船厢是否下水等进一步细分为多种形式。

1. 垂直升船机主要形式

1）按平衡重配置程度划分

根据平衡重的配比，垂直升船机可分为三种形式：第一种是船厢总重量由平衡重块或其他外载荷完全平衡的全平衡式垂直升船机，如中国三峡升船机、德国吕内堡升船机、比利时斯特勒比升船机等；第二种是船厢重量由平衡重块部分平衡的下水式垂直升船机，如岩滩升船机；第三种是不配置平衡重的移动式垂直升船机，如中国丹江口垂直升船机、中国安康升船机等。其中，应用较广的是全平衡式垂直升船机。

2）按船厢重量平衡方式划分

迄今，国内外已建垂直升船机平衡船厢重量的方式主要有三种：一是通过钢丝绳悬吊平衡重块平衡的平衡重式垂直升船机，如中国三峡升船机等；二是通过船厢底部浮筒的浮力平衡的浮筒式垂直升船机，如德国亨利兴堡升船机等；三是通过船厢底部活塞的水压平衡的水压式垂直升船机，如加拿大柯克菲尔德升船机[1]、比利时蒂厄升船机[1]。现代大型升船机多采用平衡重式垂直升船机，另外两种平衡方式的升船机在近半个世纪内已未见新的应用。近些年英国建造了一座观光旅游升船机——福尔柯克转轮式升船机，其采用的是一种全新的力矩平衡方式，位于转轮两侧的两个船厢的力矩相互平衡，通过转轮的转动实现船厢的升降。

3）按船厢的驱动方式划分

垂直升船机驱动船厢升降的方式主要有：通过布置在承重结构顶部的卷扬机收放钢丝绳实现船厢升降的钢丝绳卷扬提升式，如中国亭子口升船机、中国彭水升船机、比利时斯特勒比升船机等；通过设在船厢上的齿轮沿设在承重结构上的齿条的滚动带动船厢升降的齿轮齿条爬升式，如中国三峡升船机、中国向家坝升船机、德国吕内堡升船机等；通过螺杆螺母的相互转动带动船厢升降的螺母螺杆旋升式，如德国亨利兴堡升船机、德国罗滕湖升船机[1]；通过水压力驱动船厢升降的水压式，如比利时蒂厄升船机；还有一种是中国景洪升船机采用的水力式，其工作原理结合了船闸和升船机的特点，利用竖井内水位的涨落和竖井内水桶式平衡重的浮力带动船厢升降。

4）按船厢是否下水划分

船厢不下水的升船机通常均为全平衡式。为适应水电工程下游航道水位变化快的运行条件，中国的蒲圻升船机率先采用了船厢下水式，随后该形式的升船机又在丹江口、安康、岩滩、构皮滩等工程上得到应用。船厢下水式升船机又分为岩滩升船机采用的钢丝绳卷扬部分平衡式垂直升船机、景洪升船机采用的全平衡水力式垂直升船机、丹江口和安康等升船机采用的钢丝绳卷扬移动式垂直升船机三种。

2. 斜面升船机主要形式

1）按升船机斜坡道的布置方向划分

按升船机斜坡道的布置方向划分，斜面升船机主要有两种形式：一种是斜坡道顺河道方向布置的纵向斜面升船机，如法国隆库尔斜面升船机；另一种是斜坡道垂直于河道布置的横向斜面升船机，如法国阿尔兹维莱斜面升船机。其中，受工程地形条件的限制，横向斜面升船机较为少见。

2）按平衡重配置程度划分

按平衡重的配置程度划分，斜面升船机有全平衡式和完全不平衡式两种。全平衡式斜面升船机利用与船厢（斜架车）位于同一斜坡道上的平衡重将船厢（斜架车）重力的分力平衡，如法国隆库尔斜面升船机；完全不平衡式斜面升船机则不设平衡重，如中国丹江口斜面升船机、俄罗斯克拉斯诺亚尔斯克斜面升船机。

3）按船厢的牵引方式划分

目前世界上已建斜面升船机的船厢（斜架车）牵引方式主要有三种：第一种是法国隆库尔斜面升船机、中国丹江口斜面升船机等采用的通过卷扬机牵引船厢（斜架车）沿斜坡道运行的钢丝绳卷扬式；第二种是俄罗斯克拉斯诺亚尔斯克斜面升船机采用的通过设在船厢（斜架车）上的行走机构驱动船厢（斜架车）沿斜坡道运行的自行式；第三种是法国蒙特施升船机采用的利用楔形水体推动船舶沿斜坡道运行的水坡式。

1.1.4 世界上已建代表性的大中型升船机

目前，世界范围已建的具有代表性的大中型升船机的主要技术指标见表 1.1.1。

表 1.1.1　世界已建大中型升船机的主要技术指标一览表

序号	国名/地址	河流名称	升船机形式	船厢有效水域（长×宽×水深）/m	船厢总重量/t	平衡方式	驱动方式	安全装置形式	过船吨级/t	提升高度/m	建成年份	设计单位
1	德国/尼德芬诺（旧）	哈芬-奥德水道	链轮链梯爬升式全平衡垂直升船机	85×12×2.5	4 300	由配重块全部平衡	链轮沿链梯爬升	长螺母柱-旋转短螺杆	1 000	36	1934	
2	德国/罗滕湖	中德运河-易北河水道	浮筒式全平衡垂直升船机	85×12×2.5	5 400	由浮筒浮力全部平衡	长螺杆与短螺母间的相对转动	长螺杆-短螺母	1 000	18.67	1938	
3	德国/亨利兴堡（新）	多特蒙德-埃姆斯运河	浮筒式全平衡垂直升船机	90×12×3	5 000	由浮筒浮力全部平衡	长螺杆与短螺母间的相对转动	长螺杆-短螺母	1 350	14.5	1962	
4	德国/吕内堡	易北河支运河	齿轮齿条爬升式全平衡垂直升船机	100×12×3.5	5 700	由配重块全部平衡	齿轮沿齿条爬升	长螺杆-旋转短螺母	1 350	38	1975	
5	俄罗斯/克拉斯诺亚尔斯克	叶尼塞河	自行式纵向斜面升船机	90×18×2.2	8 200	不带平衡重	液压马达驱动齿轮沿齿条行走	行走轮液压制动	2 000	101	1976	
6	比利时/斯特勒比	中央运河	钢丝绳卷扬提升式全平衡垂直升船机	112×12×（3.35～4.15）	7 500～8 800	由配重块全部平衡	钢丝绳卷扬提升	卷扬机制动器	1 350～2 000	73	1988	
7	比利时/隆库尔	布鲁塞尔/沙勒洛瓦运河	全平衡纵向斜面升船机	91×12×（3～3.7）	5 700	由配重块全部平衡	钢丝绳卷扬提升	卷扬机制动器	1 350	67	1967	
8	法国/阿尔兹维莱	莱茵-马恩运河	全平衡横向斜面升船机	42.5×5.5×3.2	900	由配重块全部平衡	卷扬式提升	卷扬机制动器	350	44.55	1967	
9	中国/三峡	长江	齿轮齿条爬升式全平衡垂直升船机	120×18×3.5	15 500	由配重块全部平衡	齿轮沿齿条爬升	长螺母柱-旋转短螺杆	3 000	113	2016	长江勘测规划设计研究院

续表

序号	国名/地址	河流名称	升船机形式	船厢有效水域（长×宽×水深）/m	船厢总重量/t	平衡方式	驱动方式	安全装置形式	过船吨级/t	提升高度/m	建成年份	设计单位
10	中国/向家坝	金沙江	齿轮齿条爬升式全平衡垂直升船机	116×12×3	8 150	由配重块全部平衡	齿轮沿齿条爬升	长螺母柱-旋转短螺杆	2×500/1 000	114.2	2018	长江勘测规划设计研究院、中国电建集团中南勘测设计研究院有限公司
11	中国/水口	闽江	钢丝绳卷扬提升式全平衡垂直升船机	114×12×2.5	5 500	由配重块全部平衡	钢丝绳卷扬提升	卷扬机制动器+船厢沿程锁定	2×500	59	2005	中国电建集团华东勘测设计研究院有限公司
12	中国/景洪	澜沧江	水力式全平衡垂直升船机	53×12×2	2 240	由浮动式平衡重全部平衡	水浮力驱动	制动器+船厢沿程锁定	300	66.42	2016	中国电建集团昆明勘测设计研究院有限公司
13	中国/隔河岩一级	清江	钢丝绳卷扬提升式全平衡垂直升船机	42×10.2×1.7	1 495	由配重块全部平衡	钢丝绳卷扬提升	卷扬机制动器+船厢沿程锁定	300	42	2008	长江勘测规划设计研究院
14	中国/隔河岩二级	清江	钢丝绳卷扬提升式全平衡垂直升船机	42×10.2×1.7	1 495	由配重块全部平衡	钢丝绳卷扬提升	卷扬机制动器+船厢沿程锁定	300	82	2008	长江勘测规划设计研究院
15	中国/丹江口（新）	汉江	钢丝绳卷扬提升移动式垂直升船机	28×10.2×1.4（干运34×10.2）	890	不带平衡重	钢丝绳卷扬提升	卷扬机制动器	300	62	2017	长江勘测规划设计研究院
			钢丝绳卷扬提升下水式斜面升船机	28×10.2×1.4（干运34×10.2）	900	不带平衡重	钢丝绳卷扬提升	卷扬机制动器	300	34.6		
16	中国/岩滩	红水河	钢丝绳卷扬提升下水式垂直升船机	40×10.8×1.8	1 430	由1 100 t配重块部分平衡	钢丝绳卷扬提升	卷扬机制动器+船厢沿程锁定	250	68.5	2000	中国能源建设集团广西电力设计研究院有限公司
17	中国/彭水	乌江	钢丝绳卷扬提升式全平衡垂直升船机	59×11.7×2.5	3 250	由配重块全部平衡	钢丝绳卷扬提升	卷扬机制动器+船厢沿程锁定	500	66.6	2016	长江勘测规划设计研究院
18	中国/亭子口	嘉陵江	钢丝绳卷扬提升式全平衡垂直升船机	118×12×2.5	6 250	由配重块全部平衡	钢丝绳卷扬提升	卷扬机制动器+船厢沿程锁定	2×500	84.5	2019	长江勘测规划设计研究院

1.2　齿轮齿条爬升式升船机构造特点与运行原理

1.2.1　平衡重式全平衡垂直升船机基本组成

平衡重式全平衡垂直升船机是国内外现代升船机采用的主要形式，其船厢结构、设备及厢内水体的总重量由平衡重块完全平衡，驱动船厢升降运行的机械、电气设备仅需克服船厢误载水重量、钢丝绳僵性阻力、系统摩擦力和惯性力等较小的载荷。平衡重式全平衡垂直升船机的突出特点是主机设备规模小、耗电省，可以适应较大的通航水头与过船规模。目前，世界上的平衡重式全平衡垂直升船机主要有两种形式：一种是齿轮齿条爬升式；另一种是钢丝绳卷扬提升式[2]。

平衡重式全平衡垂直升船机的主要建筑物包括升船机主体部分和上下游引航道的靠船与导航建筑物，其中，主体部分通常由上闸首段、船厢室段和下闸首段组成，见图 1.2.1。

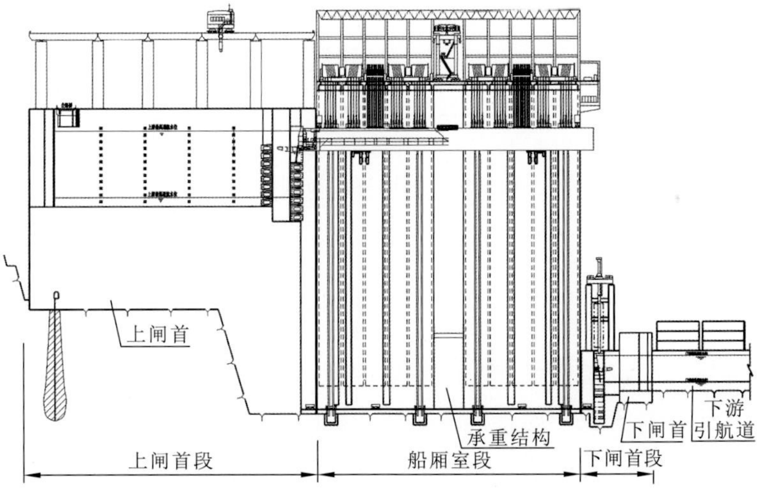

图 1.2.1　平衡重式全平衡垂直升船机主体部分纵剖面图

1. 上下闸首

上下闸首是升船机上下游的挡水建筑，用于连接船厢室段和上下游引航道，是保证船舶安全进出船厢的主要建筑。闸首结构、设备的布置与选型需要满足适应上下游正常通航水位变幅、承挡上下游校核洪水位及船厢与上下游可靠对接的要求。一般，上下闸首上会布置一道挡水工作闸门和一道检修闸门。根据水位变幅、变率条件的不同，挡水工作闸门采用较多的是带卧倒小门的下沉式平板门、提升式平板门及带卧倒小门的提升式平板门与叠梁门的组合门形式；检修闸门采用较多的是提升式平板门、叠梁门及提升式平板门与叠梁门的组合门形式。闸门启闭机则根据闸门形式和运行方式的不同，多选用液压启闭机、移动式启闭机和固定卷扬式启闭机。根据升船机运行需要，闸首上还布置有门库、泄水系统、集水井及排水设备、公路桥等设施。

2. 船厢室段

船厢室段是船厢升降运行的区域，主要由装载船舶的船厢、驱动船厢升降的主提升机或驱动系统、平衡船厢重量的平衡重系统、承载船厢与平衡重重力的混凝土塔柱结构和顶部机房、电气控制设备及辅助设备设施等组成。船厢室段横剖面图见图 1.2.2。

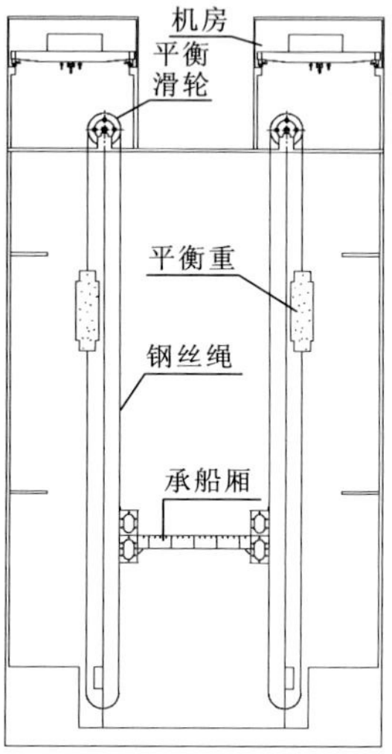

图 1.2.2　船厢室段横剖面图

1）船厢

船厢是装载船舶的设备，为两端设有挡水工作闸门的槽形钢结构，槽内装载一定深度的水体，船厢两侧对称布置多根钢丝绳，钢丝绳一端绕过设在塔柱顶部的滑轮或卷筒，另一端与平衡重连接，正常情况下，船厢总重量由平衡重完全平衡。当船厢门处于关闭状态时，船厢在驱动系统或主提升机的驱动下，沿设在塔柱墙壁上的轨道上升或下降，将下游上行船舶提升至上游，或将上游下行船舶下降至下游。船厢与闸首对接、船厢门和闸首的工作闸门开启后，船舶可自航或者通过牵引驶入或驶出船厢，在此过程中，船厢内与船舶重量相等的水体会自行排入上下游航道或由上下游航道补充，使船厢总重量始终保持不变，而不受厢内有船与否及船舶吨位大小的影响。除工作闸门及其启闭机外，船厢上一般还设有与闸首对接所需的间隙密封装置、间隙充泄水系统、对接锁定装置、顶紧装置、防撞装置等设备，现代升船机的这些船厢设备均采用液压驱动。

2）主提升机或驱动系统

主提升机或驱动系统用于驱动船厢，使之升降运行，是平衡重式全平衡垂直升船机的关键设备。钢丝绳卷扬提升式垂直升船机的主提升机布置在塔柱顶部的机房内，主要设备包括卷扬提升机构、机械同步轴系统、平衡滑轮组等。卷扬提升机构一般由减速器、卷筒组、驱动电机和制动器等设备组成。卷筒上缠绕与船厢连接的提升钢丝绳和与平衡重连接的转矩钢丝绳，两者在卷筒上形成力矩平衡，使电机可向卷筒施加两个方向的驱动力，从而实现船厢的提升或下降。齿轮齿条爬升式升船机的驱动系统布置在船厢上，通过四套齿轮沿铺设在塔柱墙壁上四根齿条的啮合转动，驱动船厢，使之升降。驱动系统一般包括驱动电机、减速器、齿轮托架机构、制动器等设备，四套驱动机构由设在船厢底部的机械同步轴系统连接。齿轮齿条爬升式升船机悬吊钢丝绳的滑轮组布置在塔柱顶部的机房内。

3）平衡重系统

平衡重式全平衡垂直升船机的平衡重系统一般包括平衡重组、钢丝绳、平衡链、轨道等设备。平衡重组由平衡重块、钢结构框架或钢梁、导向装置、调整平衡重块、钢丝绳长度调节组件等组成。平衡重组对称布置在平衡重井内，船厢升降时沿铺设在平衡重井壁的轨道反方向运行。在每组平衡重组底部与船厢底部之间各悬挂一条平衡链，平衡链的单位长度重量与一组钢丝绳的单位长度重量相等，平衡链的作用是平衡滑轮两侧钢丝绳的悬吊重量，以使在任意高程船厢侧的重量与平衡重侧的重量都处于平衡状态。

钢丝绳卷扬提升式垂直升船机的平衡重组有两种形式：一种是悬吊在滑轮上的重力平衡重组；另一种是悬吊在卷筒上的转矩平衡重组。两种平衡重组的总重量与船厢总重量相等。为便于设备检修，钢丝绳卷扬提升式垂直升船机一般均设有平衡重组锁定平台，平台上设锁定梁、液压千斤顶等设备。齿轮齿条爬升式升船机的平衡重组均为重力平衡重组，由于安全机构可以锁定船厢的总重量，一般不再另设平衡重组检修锁定设备。

平衡重块通常采用相对廉价的高容重铁砂混凝土材料，当其外形尺寸受限时也可采用铸钢或铸铁。

4）塔柱和机房

塔柱是垂直升船机的承重结构，其结构形式与布置在满足设备运行需要的条件下，还需兼顾建筑美观的要求。目前，国内外已建垂直升船机的塔柱有多种形式，按照建筑材料的不同，有三峡升船机、向家坝升船机、吕内堡升船机等采用的钢筋混凝土，尼德芬诺升船机采用的钢结构，斯特勒比升船机采用的钢结构-钢筋混凝土结构组合的混合式结构等形式。其中，钢筋混凝土结构由于具有侧向刚度大、施工方便、不需维护、工程造价低及建筑物造型美观等优点，成为国内外近二十年来建设的大中型升船机的首选塔柱形式。

根据设备布置和运行需要，塔柱均采用对称结构，结构内布置有容纳平衡重组升降的平衡重井，在不同高程布置有设备安装、检修平台及人员交通或紧急疏散所需的水平通道，根据需要还设有竖向交通楼梯与电梯。

钢筋混凝土塔柱结构由基础、柱身和柱顶连接结构等组成。塔柱的纵向长度按照船厢外形长度、塔柱与闸首的关系、船厢门和闸首工作闸门的形式，以及塔柱顶部滑轮组和主提升设备所需尺度等条件确定；塔柱的总体宽度在满足设备布置要求的条件下，还需保证结构的横向刚度，控制其侧向变形，同时考虑结构的强度和稳定因素综合确定；塔柱高度根据升船机最大提升高度及冲程、通航净高、船厢结构高度、船厢在最低高程检修时锁定所需的高度等条件确定。塔柱顶部由联系梁或平台连接，联系梁与塔柱的连接形式有铰接、简支和固端等。塔柱的基础根据地基条件、在枢纽中的位置及周边环境条件等确定，常采用的结构形式有与船厢室底板结合的整体式结构和与之分开的独立结构。

塔柱顶部机房用于提供机械、电气设备安装、运行、检修的场地及起吊设备运行的空间，并作为主电室、控制室、电梯机房和其他辅助用房。目前采用较多的机房形式主要有在每侧塔柱顶部各设一个独立机房的分体式机房（如三峡升船机、水口升船机等）和覆盖两侧塔柱的整体式机房（如向家坝升船机、亭子口升船机等）两种形式。机房的平面尺寸根据塔柱平面尺寸确定，机房高度由吊运设备所需要的空间和吊车设备高度等条件确定。

5）电气设备

升船机的电气设备包括供配电与接地系统、主电气传动系统、计算机监控系统、信号检测系统、通航信号与语音广播系统、图像监视系统和通信系统等。根据升船机形式和运行要求，各种电气设备分别布置在升船机的不同部位，其中，钢丝绳卷扬提升式垂直升船机的主电气传动系统布置在塔柱顶部机房内，齿轮齿条爬升式垂直升船机的主电气传动系统布置在船厢的电气房内。一般在整体式机房的下游端和分体式机房中间设升船机中控室，中控室内布置有计算机监控系统、图像监视系统等电气设备。

6）辅助设备设施

升船机辅助设备设施主要包括布置在升船机不同部位的暖通、污水处理、给排水、消防、电梯等。

1.2.2 齿轮齿条爬升式升船机构造特点

齿轮齿条爬升式升船机与钢丝绳卷扬提升式升船机的主要区别在升船机主体部分，它们的上下闸首及引航道部分则完全相同。两种升船机主体部分的关键不同之处在于船厢驱动设备的形式、安装位置与运行方式，以及安全机构的形式和工作原理。

齿轮齿条爬升式升船机利用布置在船厢上的驱动机构的齿轮沿铺设在塔柱墙壁上的齿条的滚动，实现船厢的升降运行。对于三峡升船机、向家坝升船机所采用的自承载式船厢，四套驱动机构对称布置在船厢两侧的四个侧翼结构平台上；对于吕内堡升船机所采用的托架式船厢，四套驱动机构则分别布置在船厢底部两个托架的两端。四套齿轮驱动机构之间通过机械轴连接，使四个齿轮的转速相同，确保船厢升降过程中保持水平。邻近每套驱动机构分别布置一套旋转螺母-长螺杆式或旋转螺杆-长螺母柱式安全机构，正常运行工况下螺杆、螺母的螺纹副上下均具有足够的间隙，两者的螺旋面不接触，在发生船厢失衡事故时，利用螺杆、螺母螺纹副的机械自锁性能将船厢锁定在长螺母柱或长螺杆上。驱动机构的齿条和安全机构的长螺母柱或长螺杆是沿竖向安装在承重塔柱结构上的，船厢正常升降过程中的驱动载荷和事故工况下的锁定载荷，最终经齿条、长螺母柱或长螺杆传递至塔柱结构。

对于我国建在水电工程上的垂直升船机，受航道水位快变率的影响，在船厢与闸首对接进出船过程中，厢内水深会有较大的变化，所造成的船厢总重量的改变将远大于驱动系统的额定驱动载荷。为保护驱动机构设备安全，并将船厢沿竖向定位，齿轮齿条爬升式升船机需要在船厢上设置具有超载退让功能的对接锁定装置。此外，船厢驱动机构、安全机构、对接锁定装置等设备均与装设在塔柱结构上的设备或埋件相耦合，对地震载荷和变位更为敏感。为保证地震工况下船厢设备不遭受破坏，需要船厢的纵、横向导向装置具有抗震减震功能。除此以外，齿轮齿条爬升式升船机船厢对接所必需的其他设备，如顶紧装置、间隙密封装置、间隙充泄水系统等，则基本与钢丝绳卷扬提升式升船机无异。

由于齿轮齿条爬升式升船机的船厢在升降过程中是通过四个齿轮刚性支承在齿条上的，船厢的水平度取决于四套驱动机构的同步精度，船厢失衡时将由四套安全机构直接锁定在塔柱上，船厢可能的最大倾斜量受到安全机构螺纹副间隙的制约，齿轮齿条爬升式升船机不存在钢丝绳卷扬提升式升船机的船厢纵倾失稳问题。

船厢的升降通过安装在船厢上的齿轮沿安装在塔柱结构上的齿条的爬升来实现，齿轮齿条的机械传动特性决定了齿轮与齿条之间必须始终处于精准的啮合状态。塔柱结构在各种载荷作用下在各个方向均会产生变形，齿条、螺母柱等设备又不可避免地存在制造安装误差，从而造成船厢与塔柱之间有相对变位。齿轮齿条爬升式升船机的设计需要合理解决船厢设备与塔柱结构变形协调的技术难题。

1.2.3 船厢失衡工况安全保护运行原理

齿轮齿条爬升式升船机与其他形式升船机的显著区别如下：一是船厢的升降运行是通过驱动机构齿轮沿齿条的滚动实现的；二是在船厢遇到失衡事故（如升降过程中水漏空、对接期间船厢室进水或厢内沉船等）时，船厢将由具有自锁功能的短螺杆-长螺母柱式安全机构锁定在承重塔柱结构上，安全可靠性更高。三峡升船机船厢驱动机构与安全机构设备布置图见图 1.2.3。

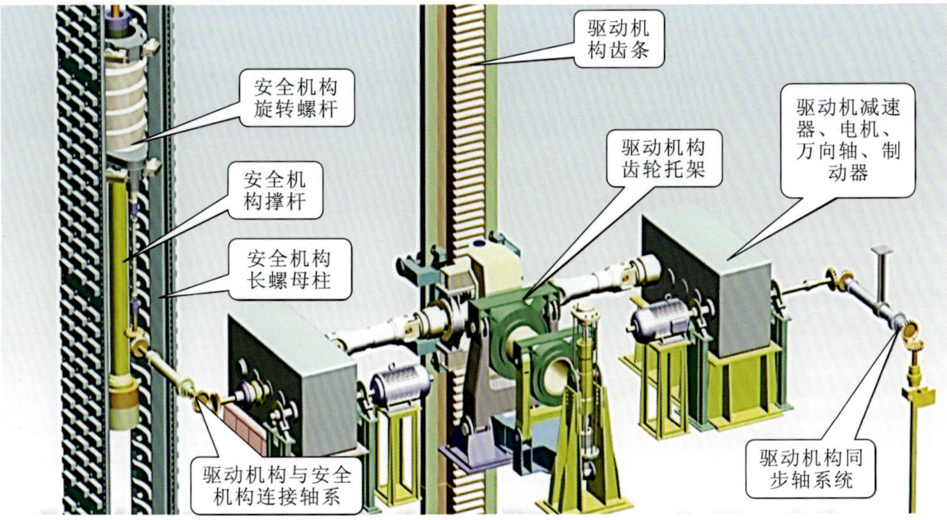

图 1.2.3 三峡升船机船厢驱动机构与安全机构设备布置图

齿轮-齿条式驱动机构主要由齿轮、齿轮托架机构、液气弹簧油缸、减速器、电机、制动器等设备组成，驱动机构构造见图 1.2.4。短螺杆-长螺母柱式安全机构主要由短螺杆、长螺母柱、撑杆、传动轴等设备组成，安全机构构造见图 1.2.5。

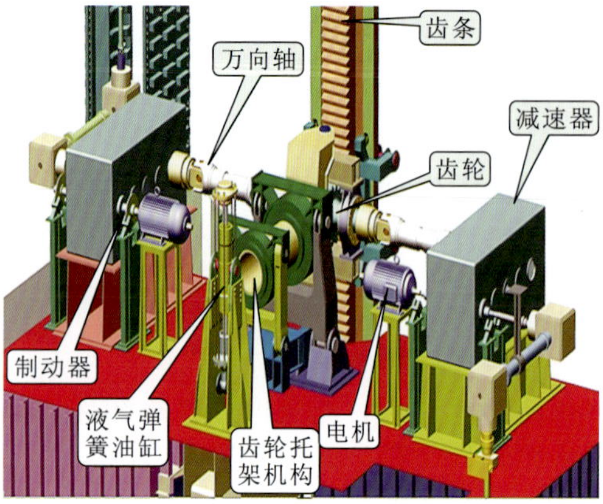

图 1.2.4　驱动机构构造

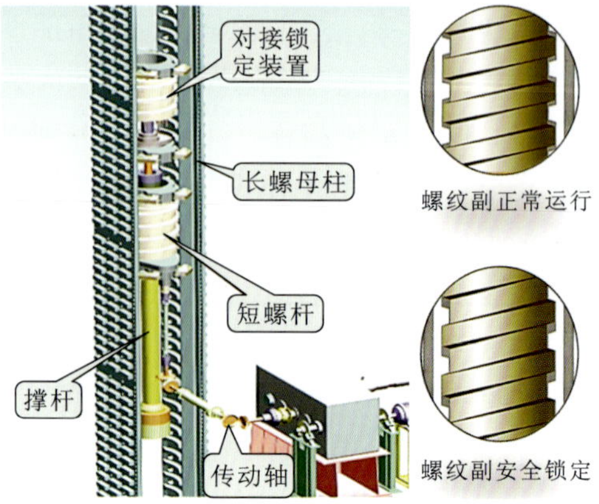

图 1.2.5　安全机构构造

安全机构螺杆竖向安装在中空的螺母柱内，两者螺纹副的上下方和径向均具有一定的间隙，螺杆可以在螺母柱内自由转动而不与螺母柱接触。安全机构螺杆与驱动机构齿轮之间通过机械传动轴系统连接，船厢升降时，由齿轮驱动的螺杆在螺母柱内空转。机械传动轴系统的传动比按照安全机构与驱动机构的参数设计，确保齿轮沿齿条的升降速度与螺杆在螺母柱内的旋升速度完全相等，即严格保证齿轮与螺杆同步升降，螺杆的转动不会受到卡阻。

齿轮安装在托架机构上，托架机构是齿轮的支承，具有适应船厢与塔柱之间的相对变位及检测并限制齿轮载荷的功能。托架机构的前端与双向导向架连接，导向架以齿条底板为导轨，用于保持齿轮与齿条的径向尺寸，确保齿轮与齿条之间始终处于精准啮合状态。托架机构的尾端与液气弹簧油缸连接，液气弹簧油缸的油腔连接液压系统的蓄能器，使其具有与机械弹簧相近的性能。船厢正常升降过程中，液气弹簧油缸处于预紧状态，齿轮载荷通过齿轮托架机构的杠杆成比例传递至液气弹簧油缸，在齿轮载荷不大于正常运行载荷条件下，液气弹簧油缸的活塞位置保持不变，即在高度方向齿轮与船厢的相对位置保持不变，四个齿轮啮合点形成船厢的四个刚性支承。

在升降过程中遇到船厢漏水事故时，齿轮载荷将逐步增加，当齿轮载荷超过正常运行载荷至预先设定的停机载荷时，设在液气弹簧油缸上的载荷检测装置会发出停机信号，驱动电机停机，制动器上闸，齿轮停止转动。随着船厢漏水量的持续增加，齿轮载荷将达到液气弹簧油缸的预紧载荷——液气弹簧油缸变形的初始载荷，液气弹簧油缸的活塞开始产生位移，此时四个齿轮啮合点形成船厢的四个弹性支承点。液气弹簧油缸和齿轮托架机构均安装在船厢结构上，液气弹簧油缸的活塞产生位移后，将使船厢相对于齿轮齿条啮合点的高度即停机时的位置发生改变，同时造成安装在船厢上的安全机构中螺杆高度位置的改变，进而造成安全机构中螺纹副间隙的变化：一侧间隙减小，另一侧间隙增加。当一侧间隙完全消失（图 1.2.5 中的局部放大）后，安全机构螺杆将坐落到螺母柱上，此时齿轮载荷达到其极限载荷，继续增加的船厢不平衡载荷将由安全机构承担，船厢由安全机构锁定在塔柱结构上，实现事故工况下的安全保护。

液气弹簧油缸采用的是双活塞杆单向作用油缸，可以承受齿轮的双向载荷，因此，对于船厢载荷增加的水满厢和沉船工况，安全机构具有同样的保护功能。

在船厢与闸首对接过程中，驱动机构的液气弹簧油缸处于卸载状态，齿轮不再承担船厢的竖向不平衡载荷，船厢改由四套对接锁定装置支承。对接期间，航道水位变化、船舶进出船厢时的水涌等，将使船厢水体载荷及其分布发生改变，形成船厢的竖向附加载荷和纵倾力矩，在正常工况下，该载荷由对接锁定装置承担。在对接期间发生水满厢或沉船事故，船厢的不平衡载荷将超过对接锁定装置的额定载荷，对接锁定装置的竖向支承油缸具有超载退让功能，即超载后油缸活塞产生位移，船厢向下微量沉降，直至安全机构螺纹副间隙消失后，超出的载荷作用于安全机构，船厢被安全锁定在螺母柱上。

1.3 齿轮齿条爬升式升船机安全性评析

与其他形式的垂直升船机相比，齿轮齿条爬升式升船机的突出特点是其具有更高的安全可靠性，主要体现在以下几个方面。

1.3.1 防船厢失衡事故能力

运行安全问题是升船机建造过程中需要解决的首要技术问题，尤其是以通过客轮为主的升船机，在任何工况下都必须确保乘员、船舶及升船机设备的安全。对于全平衡垂直升船机，船厢驱动设备的提升能力和制动能力均按正常运行工况设计，一旦发生船厢大量漏水、意外超载、闸首工作闸门挡水失效等极端事故工况，船厢与配重之间的平衡将遭到破坏，当不平衡载荷超过驱动设备的制动能力时，在没有其他安全措施的情况下，失衡的船厢将会不受制约地快速冲顶或坠落，从而造成灾难性后果。

为应对船厢失衡事故工况，德国工程师于 20 世纪初发明了带有螺杆-螺母式安全保护装置的齿轮齿条爬升式升船机，并首先应用于尼德芬诺升船机[1]。此种保护装置即齿轮齿条爬升式升船机的安全机构。目前升船机工程上采用的安全机构有两种形式：一种是三峡升船机、向家坝升船机、尼德芬诺升船机，采用的旋转短螺杆-长螺母柱式；另一种是吕内堡升船机，采用的短旋转螺母-长螺杆式。两种装置的工作原理都是利用螺杆、螺母螺纹副的摩擦自锁条件，将船厢的不平衡载荷传递到升船机承载结构，从而实现对失衡船厢的安全锁定。安全机构的旋转螺杆或旋转螺母通过机械传动轴与船厢驱动系统的齿轮连接，齿轮驱动船厢升降时带动安全机构的旋转螺杆或旋转螺母空转，发生船厢失衡事故后，两种机构联动，不平衡载荷将自动转移到安全机构。安全机构运行原理详见 1.2.3 小节。

安全机构的承载能力一般是按照升降过程中船厢水漏空、与闸首对接期间满载的船舶沉没于船厢或船厢室进水船厢承受浮力等极端事故工况进行设计的，考虑了各种可能的失衡事故工况下的最大不平衡载荷。因此，齿轮齿条爬升式升船机防船厢失衡事故的能力是全平衡垂直升船机中最大的。

1.3.2 失衡事故工况下的安全可靠性

按照 1.2.3 小节所述的齿轮齿条爬升式升船机在船厢失衡工况下的安全保护运行原理，当船厢的不平衡载荷达到预先设定的驱动机构停机载荷时，驱动电机将停止运转，随后工作制动器和安全制动器先后上闸制动。在安全机构的螺纹副间隙消失前，作用于驱动齿轮的载荷将持续增加，直至螺纹副间隙全部消失，齿轮载荷将达到其极限载荷。随着齿轮载荷的逐渐增加，设在驱动机构内的机械弹簧或液气弹簧将起作用，使安全机构的螺纹副间隙逐渐减小直至消失，最后船厢将由安全机构锁定。也就是说，失衡事故工况下安全机构的锁定是自动进行的，不受外界操控，具有很高的可靠性。

在此过程中，若驱动机构安全制动器的制动失效，将使静止的齿轮轴发生转动，进而带动安全机构旋转螺杆或旋转螺母转动，船厢的锁定状态被打破。为消除这一安全隐患，在驱动机构与安全机构之间的机械传动轴系内设置了机械式离合器，可确保在制动器失效情况下，安全机构螺纹副间隙消失、螺旋面接触后，自动切断驱动机构与安全机构之间的机械连接，使旋转螺杆或旋转螺母柱因失去驱动力而停止转动，从而使失衡的船厢被安全机构锁定。驱动机构是按照齿轮极限载荷进行强度设计的，机械传动轴系统按照安全机构螺纹副接触并相对转动的运行条件进行强度复核，因此，在制动器失效情况下驱动机构和传动轴系统的机械强度也是安全的。

另外，影响船厢锁定安全的还有安全机构螺纹副的自锁可靠性问题。在安全机构设计中，除确保螺纹副的升角小于摩擦角外，还考虑了螺纹副摩擦系数受压强、水湿、锈蚀等因素的影响问题，使其自锁条件具有足够的安全裕度。

实际运行中，受各种因素的影响，四套安全机构的螺纹副间隙会存在差异，使四套安全机构进入锁定状态的时间存在先后差异，但该差异不会影响船厢最终的锁定状态和安全机构的作用载荷。

1.3.3 船厢升降运行稳定性

在船厢正常升降工况下，齿轮齿条爬升式升船机是通过四个由同步轴连接的齿轮沿四根齿条的啮合转动驱动船厢运行的，船厢的四个支承点可视为刚性。在不考虑同步轴扭转变形的情况下，船厢的整体水平度基本取决于四根齿条的制造安装精度，厢内水体的波动、风载等外界扰动不影响船厢升降运行的稳定性。

齿条是分节制造、安装的，其制造精度可通过加工装备与工艺予以保证，安装时同一高程的四节齿条严格对齐，使各节的制造偏差在整个高度上不累积。由此可以实现较高的船厢水平度。根据三峡升船机、向家坝升船机的建造经验，四根齿条在高度方向的相对偏差可控制在 2 mm 以内，在整个提升高度范围内船厢水平度偏差可控制在 4 mm 内。

发生船厢大量漏水事故后，船厢的水平状态在四套安全机构的制约下不会产生不可控的纵向倾覆。因此，齿轮齿条爬升式升船机不存在钢丝绳卷扬提升式升船机的船厢纵倾稳定安全问题。

1.3.4 地震工况下的抗震减震措施

由于齿轮齿条爬升式升船机上的驱动机构、安全机构等船厢设备均沿装设在承重结构上的轨道运行，与承重结构联系密切，承重结构的变形、变位对设备的正常安全运行有直接影响。特别是对于建在高烈度地震区的齿轮齿条爬升式升船机，船厢与承重结构之间的地震耦合力及其对结构、设备安全的影响，是设计中需要合理解决的重要技术问题。

为此，在作为船厢水平支承的纵、横向导向装置内，设置了具有抗震减震功能的弹性阻尼系统，以确保在发生地震时船厢与承重结构之间的相对变位可限制在设备的适应能力范围内，地震载荷不超出结构、设备的强度安全范围。

1.4 齿轮齿条爬升式升船机的主要技术难点

齿轮齿条爬升式升船机与钢丝绳卷扬提升式升船机的根本区别在于驱动方式和安全装置形式。德国尼德芬诺升船机、吕内堡升船机和中国三峡升船机、向家坝升船机都属于齿轮齿条爬升式升船机。升船机的四套齿轮齿条/链轮链梯爬升式驱动机构安装在船厢上，四套事故安全机构与驱动机构相邻布置。安全机构主要有两种形式：一种是长螺杆-短旋转螺母式；另一种是长螺母柱-短旋转螺杆式。两者的工作原理相同，都是利用螺杆、螺母梯形螺纹的摩擦自锁条件，实现船厢的安全锁定。

三峡升船机、向家坝升船机的安全机构采用的都是长螺母柱-短旋转螺杆式。与钢丝绳卷扬提升式升船机相比，齿轮齿条爬升式升船机存在着船厢设备与塔柱结构变形协调，安全机构螺纹副的合理间隙，齿条、螺母柱支承与传力结构设计等诸多技术难题。

1. 船厢设备与塔柱结构变形协调

由于齿轮齿条爬升式升船机的驱动系统是装设在船厢上的，设备与支承塔柱联系紧密，处理好与塔柱结构的变形协调是升船机设计的关键。塔柱结构在各种载荷作用下会产生变形，驱动机构需要适应船厢与塔柱之间各个方向的相对变位，使齿轮在船厢升降过程中始终与齿条处于精准的啮合状态。此外，设在船厢上的安全机构、对接锁定装置、横向导向机构、纵向导向与顶紧机构、间隙密封机构等船厢设备，也应能够适应船厢与塔柱之间各个方向的变位，以及设备的制造、安装误差，确保船厢设备在各种工况条件下能安全、可靠地运行。

2. 安全机构螺纹副的合理间隙

确定安全机构螺纹副的合理间隙是齿轮齿条爬升式升船机设计工作的重点与难点。

间隙偏小，安全机构旋转螺杆在船厢升降运行中易卡阻；间隙过大，将加大驱动系统设备的规模，增加齿轮齿条的制造难度。

3. 齿条、螺母柱支承与传力结构设计

齿条是驱动机构向混凝土塔柱传递驱动载荷和向船厢横向导向装置传递地震载荷的构件，螺母柱是事故工况下向混凝土塔柱传递船厢不平衡载荷的传力构件。齿条和螺母柱传力系统由设备（齿条或螺母柱）、二期埋件、一二期钢筋混凝土、特殊砂浆和预应力钢筋束等传力特性不同的材料、构件组成，各构件受力相互耦合，内在传力关系极为复杂。系统通过对预应力钢筋束施加张力，以保证在各种载荷条件下混凝土结构与齿条/螺母柱及其埋件间构成双面弹性约束。合理确定齿条、螺母柱的支承与传力结构体系极为关键。

4. 超大型船厢结构设计

船厢作为升船机载运船舶过坝的核心设备，具有尺度大、载荷大、构造复杂等特点。控制超大尺度船厢整体结构的挠度，减小结构变形的不利影响，是三峡升船机设计的重点。

5. 适应大水位变幅的上闸首设备布置

与国外建在运河上的升船机相比，三峡升船机、向家坝升船机的显著特点之一就是上游存在较大的通航水位变幅。设计需要使上闸首设备的布置与形式选择能够适应水位变幅大的特点，以确保闸首设备在各种水位条件下的运行方便灵活、安全可靠。

6. 适应快水位变率的下闸首工作闸门关键技术

三峡升船机、向家坝升船机下闸首工作闸门均采用带卧倒小门的下沉式平板门形式。设计的最大难题是合理解决经常带压调门造成的闸门止水快速磨损问题。需要研发一种既能适应下闸首工作闸门的运行条件，又不至于快速磨损的全新的止水结构。

7. 混凝土塔柱施工与重大设备安装技术

升船机塔柱为薄壁、高耸混凝土结构，在不同立面装设有齿条、螺母、纵向导向轨、平衡重导轨等金属结构埋件，埋件的构造复杂，埋设精度要求高，对塔柱混凝土施工精度有着超出常规的要求。此外，塔柱薄壁墙体的结构复杂，钢筋密集，混凝土内部温度受外界环境温度的影响较大，容易使混凝土内部温度出现陡升陡降现象，温度控制技术难度大。为此，需要研究混凝土塔柱施工程序、施工工艺、温控防裂、测量等关键技术。

螺母柱、齿条的安装精度要求很高，其精度检测与控制难度大，需研究合理可行的安装方法和施工程序，采取有效的安装精度控制措施。

船厢结构尺寸大、构造复杂、精度要求高。受土建结构的制约，船厢只能在船厢室现场拼装，但船厢室可利用的空间狭窄，不便于起吊设备的布置，分段结构现场吊运、准确就位技术难度大。此外，由于结构分段数量多，现场焊接工作量大，焊接施工条件差，焊接变形不易控制。

1.5　对关键技术问题的专题研究

1.5.1　国家科技攻关中的三峡升船机科研

三峡升船机工程规模巨大，技术复杂，国内外均缺少设计、建造经验。“七五”国家科技攻关计划至“九五”国家科技攻关计划时，国家组织了一批国内知名科研院所、高等学校和大型设备制造企业，对钢丝绳卷扬提升式全平衡垂直升船机的关键技术进行了全面攻关，同时对升船机总体布置、主提升机动态特性、安全保证体系和船厢水力学特性等综合课题进行了大比尺模型试验，取得了一批有实用价值和较高学术水平的科研成果。“八五”国家科技攻关计划和“九五”国家科技攻关计划时，又先后将在建的隔河岩升船机、岩滩升船机和水口升船机作为三峡升船机的中间试验机，通过中间试验机对升船机总体布置、关键设备形式、参数、运行工艺等进行了综合验证，进一步认识、了解了钢丝绳卷扬提升式全平衡垂直升船机设备的工作特性和运行内在规律，检验了前期科技攻关成果的成效，为三峡升船机的建设积累了实践经验。

1.5.2　升船机建设中的重点攻关研究

2003 年 9 月，国务院三峡工程建设委员会批准三峡升船机的形式由初步设计审定的钢丝绳卷扬提升式改为齿轮齿条爬升式。针对齿轮齿条爬升式升船机设计、设备制造、施工等方面的技术难点，中国长江三峡集团有限公司委托设计、科研、设备制造多家单位，对齿轮托架机构运动特性、齿条螺母柱制造工艺、船厢结构现场安装工艺、齿条螺母柱支承与传力结构特性、安全机构自锁可靠性等诸多技术难题开展了深入研究，取得的研究成果为三峡升船机的顺利建成提供了科学依据。

1. 小齿轮托架机构研究

小齿轮托架是齿轮齿条爬升式升船机的关键设备，要求其具有正常运行工况下向齿条传递船厢的驱动载荷、适应船厢和塔柱结构之间的相对变位和过载保护的功能。三峡升船机所采用的四连杆式齿轮托架机构有别于尼德芬诺升船机和吕内堡升船机，是一个全新的设备，机构的功能、运动特性等没有经过实际工程的检验，为此业主委托国内有关单位开展了齿轮托架机构运动数学模型仿真研究和齿轮托架机构物理模型试验研究。

1）齿轮托架机构运动数学模型仿真研究

齿轮托架机构运动数学模型仿真研究由机械科学研究总院完成。按照三峡升船机的设备实型构建了小齿轮托架机构运动仿真数学模型，仿真数学模型除齿轮托架机构外，还包含了螺杆与螺母柱、船厢。该模型考虑了齿轮托架机构对横向变位、纵向变位、横向倾斜、纵向倾斜、水平面内转动五个自由度变位的适应情况。应用所建立的模型和机械专用 ADAMS 仿真软件对正常运行工况下托架机构的几何变形规律、过载工况下不平衡载荷和惯性力引起的过载等进行了仿真研究，验证了小齿轮托架适应变位的功能。该专题揭示的现象对于升船机设备设计与设备调试有一定的参考作用。

2）齿轮托架机构物理模型试验研究

中国船舶重工集团武汉船舶工业有限公司开展了齿轮托架机构物理模型试验研究，物理模型按照 1∶3 的比例制作，包括小齿轮、齿轮导向装置、小齿轮托架和四连杆机构、垂直液气弹簧及适当长度的齿条等。

试验模拟了齿条相对于船厢的横向变位、纵向倾斜、扭转及各种变位的组合，验证了齿轮托架机构在各种设计工况条件下具有适应上述相对变位的能力。试验结果表明，在各种工况下齿轮托架机构的运动特性、齿轮齿条之间的啮合性能等均符合设计要求，在齿轮超载达到设定阈值的情况下液气弹簧具有安全退让的功能，验证了齿轮托架机构的运动特性和超载保护功能。

2. 齿轮齿条与螺杆螺母柱制造工艺研究

齿轮齿条与螺杆螺母柱的制造规模大，精度要求高，制造难度十分突出。其中，齿轮齿条的制造难度主要体现在：一是材料采用德国标准（DIN 标准），材质要求高，熔炼、铸造、热处理等均有较大的技术难度；二是齿轮、齿条模数大，62.7 mm 的模数已经超出了现有国家标准范围，不能采用范成法加工；三是机加工精度要求高，按照设计要求，齿轮最终的加工精度为 DIN 标准的 9 级，齿面硬化处理后只能通过磨削加工来达到精度要求，而磨床的加工能力有限，磨削如此超常规模数的齿轮有较大困难；四是齿条齿面硬度高，热处理难度大，齿条齿面硬度要求为 HV610，淬硬层深度达 6 mm，需要通过感应淬火处理实现，技术难度很大。螺杆螺母柱的制造难度主要体现在：一是材料也遵循 DIN 标准，其直径和螺牙尺寸均超出了现行的国家标准，不能采用常规的标准刀具在车床或镗床上加工；二是材料熔炼与毛坯的铸造、锻造技术难度大；三是螺旋面的机加工精度要求高。

为解决齿轮齿条与螺杆螺母柱的制造工艺问题，中国船舶集团有限公司所属的宜昌船舶柴油机有限公司、武汉船用机械有限责任公司、武汉重工铸锻有限责任公司、重庆齿轮箱有限责任公司和中国第二重型机械集团有限公司、中信重工机械股份有限公司、太原重型机械集团有限公司、中国第一重型机械集团公司等著名的重型机械制造单位，均对上述关键机械设备的制造加工工艺进行了初步分析研究，确定依靠国内技术力量和现有装备能够完成三峡升船机齿轮齿条与螺杆螺母柱的加工制造。

3. 螺母柱传力结构物理模型试验研究

按照设计，螺母柱通过由钢结构埋件、高强度螺栓、灌浆材料、一期钢筋、二期混凝土及预应力锚栓等构成的支承和传力结构与塔柱一期混凝土连接。由于螺母柱的载荷大、工作可靠性要求高，支承和传力结构的构造复杂，尤其是采用了在国内尚没有工程经验的灌浆材料和预应力锚栓，有必要通过物理模型对螺母柱传力结构的安全可靠性予以验证。

受业主委托，长江科学院完成了 1∶1 和 1∶2 两个螺母柱传力结构的局部模型试验。通过 1∶1 局部模型研究了螺母柱背面凸齿与钢结构件正面凸齿间灌浆缝的受力状态，以及钢结构件与螺母柱之间的位移；通过 1∶2 局部模型研究了螺母柱钢结构件工字钢腹板、翼缘和高强度螺栓、预应力锚栓，以及一、二期混凝土之间的应力状态，检测了螺母柱齿、预埋钢结构件和灌浆材料的应力，以及钢结构与螺母柱之间的相对位移。

通过本试验研究，证明设计所采用的螺母柱传力结构方案合理，灌浆材料流动性好，胶结密实牢固，各构件的应力、变形均在设计范围内，为设备采购与混凝土施工、设备安装提供了技术依据。

4. 船厢结构制造、运输及现场拼装方案研究

三峡升船机船厢结构长 132 m，宽 23 m，高 10 m，结构总重量约为 44 600 t，属于超大型金属结构件。受到现场船厢室条件的制约，船厢结构在工厂整体制造后交付无疑对质量更有保障，但对下闸首土建结构的形成时间必然产生影响。中国长江三峡集团有限公司委托中国船舶集团武汉船舶工业有限公司与长江勘测规划设计研究院对三峡升船机的整体建造流程、工期，船厢分块结构的制造、运输、现场拼装工艺，以及现场安装起吊设备等进行了深入研究，解决了船厢结构制造、拼装的关键技术问题。

通过详细的方案比较和分析论证，提出了三峡升船机船厢结构的制造、运输、安装技术方案，为船厢结构的工厂制造与现场拼装奠定了技术基础。

5. 升船机主体设备重要钢结构静、动态特性分析研究

根据三峡升船机主体设备设计的需要，长江勘测规划设计研究院联合武汉大学开展了三峡升船机主体设备重要钢结构静、动态特性分析研究，旨在对三峡升船机的重要主体设备和钢结构件进行深入研究分析，为设计提供依据。主要研究内容包括齿条螺母柱及埋件结构有限元计算、安全机构有限元分析、小齿轮托架静强度与疲劳强度研究、船厢横向导向机构有限元分析、船厢纵向导向机构有限元分析、船厢门结构静力与疲劳有限元分析、船厢 U 形密封框结构静力分析、吊篮平衡重有限元计算、平衡重框架有限元计算、滑轮有限元计算等。研究成果均为设计所采纳。

6. 小齿轮托架变位及安全机构螺纹副间隙安全性研究

受中国长江三峡集团有限公司委托，武汉大学完成了三峡升船机小齿轮托架变位及安全机构螺纹副间隙的安全性研究，旨在根据设计初步确定的安全机构、小齿轮托架机构等与安全机构螺纹副间隙相关联的结构尺寸和精度要求，分析安全机构螺纹副间隙的安全性。

本专题采用有限元结构分析、几何关系分析、归纳论证及设备实型试验等相结合的方法，定量分析典型运行工况下船厢和齿轮托架等结构的变形、相关设备的制造安装误差及机械传动系统传动间隙和磨损等因素对安全机构螺纹副间隙的影响，对各变化量采用线性叠加的方式，确定螺纹副间隙可能出现的最大变化值。

按照专题研究结果，螺纹副间隙最大变化值已接近螺纹副间隙的设计值。出于增加安全裕度的考虑，研究提出了采用驱动电动机两相运行模式和差速锥齿轮箱实现安全机构螺纹副间隙自动检测与调整的建议。

7. 下闸首工作闸门充压止水装置研究

三峡升船机下闸首工作闸门因频繁带压调整，有可能导致止水橡胶的快速磨损。受业主委托，长江勘测规划设计研究院与武汉大学联合承担了升船机下闸首工作闸门充压止水装置的研究。通过对充压伸缩式水封的数学模型仿真研究和物理模型验证，提出了适合升船机下闸首工作闸门使用条件的水封断面，初步确定了压力源系统的运行参数，为合理确定充压水封形式提供了技术依据。

8. 安全机构螺纹副自锁可靠性试验研究

设计中安全机构螺旋面的静摩擦系数按 0.1 取值，其摩擦角已接近螺旋面的螺旋角。为验证安全机构自锁的可靠性，机械科学研究总院集团有限公司受业主委托开展了安全机构螺纹副自锁可靠性试验研究。通过物理模型试验，验证了摩擦副处于干摩擦和有水条件下时，静摩擦系数满足自锁条件，但在有润滑油的条件下，安全机构不能自锁。研究成果为确定螺杆、螺母柱螺旋面涂装技术条件，以及编制运行维护手册提供了依据。

9. 升船机通航船型与通过能力试验研究

随着三峡水库的形成，川江通航条件得到很大改善，促进了川江航运的迅猛发展，实际通过三峡工程的船型、船运货物种类、客轮数量等与工程初步设计阶段相比均发生了很大变化，当年确定的升船机设计船型已逐步退出了航运市场。为便于升船机运行管理，有必要在升船机建成通航前进一步明确其通航船型和最大通过能力。为此，中国长江三峡集团有限公司委托长江勘测规划设计研究院和长江科学院联合开展了对三峡升船机通航船型与通过能力课题的研究。主要研究内容包括通航船型模型试验和通过能力分析研究两部分。

模型试验以 4 000 t 级散货船、3 000 t 级散货船、2 500 t 级散货船、325TEU 集装箱船和 588 车位商品船五种代表性船型为试验船型，主要试验内容包括各种船型以不同航速进出升船机船厢过程中的相关水力学条件、最小富裕水深、航行时间与航行姿态等参数，研究分析水体波动对船厢稳定性的影响、不同船型对承船厢的适应能力、船舶沿程最佳操纵控制条件等，通过对试验结果的综合分析研究，确定了三峡升船机的通航船型及其通过升船机的限制条件。

结合模型试验结果，计算分析了在现有过坝船舶条件下，三峡升船机的实际最大通过能力；提出了适应升船机新船型的尺度等要求，并计算分析了当适应升船机的新船型大量出现后升船机的潜在最大通过能力。

10. 安全机构螺纹副防护材料试验研究

为保证螺母柱、螺杆螺旋面的摩擦系数，螺母柱与安全机构螺杆、对接锁定螺杆的机加工面均不做任何涂装。由于螺母柱、螺杆都处于露天环境下，安装后未进行防护处理的机加工面会产生一定程度的锈蚀。本专题希望在不改变安全机构摩擦副结构的前提下，选用或研制一种适合螺母柱摩擦副的防护材料，该材料既能保证在涂覆后摩擦副的摩擦系数≥0.1，又能对螺母柱、螺杆起到防锈作用，同时便于现场施工。

通过对多种材料的试验，筛选出了既能保证安全机构螺杆与螺母柱摩擦面的摩擦系数不小于 0.1，又能对螺母柱、螺杆起到防锈作用的一种涂覆材料。该材料能在水、油（污）及不同载荷、不同温度和湿度等工况下，满足安全机构螺杆与螺母柱的摩擦性能和防锈要求。通过实验室试验研究，提出了可行的涂覆施工工艺。

参 考 文 献

[1] 埃克哈特·申克尔. 人物·技术·历史: 世界上的升船机[M]. 韦忠和, 赖蓉莎, 等, 译. 成都: 四川科学技术出版社, 2005: 1.
[2] 钮新强, 宋维邦. 船闸与升船机设计[M]. 北京: 中国水利水电出版社, 2017: 1.

第2章

升船机总体设计关键技术

2.1 总体设计主要工作内容

升船机总体设计主要是根据河段航运规划及坝址区河势、地形地质条件，从全局出发，对影响升船机规模、功能、技术水平、运行条件、造价、工期等的技术方案进行研究[1]。

单级垂直升船机工程一般由上下游引航道和升船机主体组成，其中，升船机主体部分包括上闸首、船厢室段和下闸首。多级垂直升船机根据工程地质地形、通航水头、运行要求等条件，还需要设置连接多级升船机的中间渠道或渡槽。为了减轻下游水位变率对升船机运行的不利影响，保证船厢与下游对接期间升船机的运行安全，有时可能还需要在下闸首的下游设置半船闸。

升船机总体设计工作的重点是确定升船机的建设规模，对升船机的线路位置和形式进行比选。在升船机建设规模、线路位置与形式确定后，再结合工程的自然条件和运行条件，确定升船机的主要运行参数；确定升船机引航道、闸首、船厢室等主要建筑物的形式与布置，以及金属结构、机械与电气设备的选型与布置。

升船机的总体布置以承船厢为中心，形成船舶顺利进出承船厢和安全平稳升降的有利条件。金属结构、机械设备的选型与布置，用来重点保证船厢及船舶的正常、安全运行；机电设备的选型与布置，用来重点满足机械设备正常和可靠运行的需求；土建结构的选型与布置，用来重点满足金属结构、机械与电气设备的布置和运行需要，解决升船机与枢纽其他工程项目协调结合的问题。

对升船机总体布置有重大影响的上下游引航道的水力学问题一般需要通过水工物理模型试验、泥沙模型试验进行研究，必要时还需要进行船模试验。

2.2 升船机规模及主要设计参数的确定

2.2.1 建设规模

代表升船机规模的参数主要是规划运量和设计船型。升船机的设计规模一般以有关部门审定的航运规划为依据。升船机的级别应与所在航道等级相同，通过能力应满足设计水平年运量要求。当升船机的级别不能按所在航道的规划通航标准建设时，应进行专题论证并经有关部门审查确定[2]。

1. 设计水平年

升船机的设计水平年宜采用建成后的20～30年。对增建复线和改建、扩建困难的升船机，应采用更长的设计水平年。

2. 规划运量

升船机的规划运量应以审定的航运规划为依据；在无规划的情况下，应采用多种预测方法（包括按历史运量的增长率推算、考虑货物流向的产供销法、运输强度法等）对通过升船机的客运量、货运量、种类及流向进行专题研究，并由上级主管部门审定。

3. 设计船型

升船机设计采用的船型，应根据规划或拟定的标准船型确定。当缺乏标准船型资料时，可根据现行国家标准《内河通航标准》（GB 50139—2014）的有关规定，通过调查研究确定。

4. 船厢有效尺寸

船厢有效尺寸是指船厢内装载船舶的平面有效尺寸和水深。在《升船机设计规范》（SL 660—2013）颁布前，对船厢有效尺寸的选取没有专门的规定，一般参照设计船型、航道等级相同的升船机工程和《船闸总体设计规范》（JTJ 305—2001）确定，当没有现成的升船机工程先例可借鉴时，船厢有效尺寸需要根据船模进出厢试验结果确定。

在《升船机设计规范》（GB 51177—2016）中，对船厢有效尺寸的定义和取值给出了以下明确的规定。

1）有效长度

船厢水域有效长度为两端防撞装置之间的净距离，按式（2.2.1）计算。

$$L_x = l_c + l_f \tag{2.2.1}$$

式中：L_x 为船厢水域有效长度；l_c 为设计船型的长度；l_f 为两端富裕总长度，与设计船型长度有关，一般按已建同级别的升船机确定或取 3～7 m。

2）有效宽度

船厢水域有效宽度为两侧护舷间的净距离，按式（2.2.2）计算。

$$B_x = b_c + b_m \tag{2.2.2}$$

式中：B_x 为船厢水域有效宽度；b_c 为设计船型宽度；b_m 为两侧富裕总宽度，应兼顾设计水深、船舶进出船厢速度要求，一般取 0.8～1.2 m。

3）有效水深

船厢的有效水深即设计水深，有效水深应满足设计船型满载条件下顺利进出船厢的要求，按式（2.2.3）计算。

$$H = T + \Delta H \tag{2.2.3}$$

式中：H 为船厢有效水深；T 为设计船型满载时的吃水深度；ΔH 为船厢富裕水深，可按（0.25～0.4）T 取值。当采用的有效水深小于以上计算值时，应通过模型试验验证。

5. 升船机线数

国内已建升船机均为单线，比利时斯特勒比升船机和德国吕内堡升船机则采用了双线。当单线升船机的通过能力不能满足设计水平年规划运量的要求，或者不允许升船机设备检修维护及事故等造成航道断航时，应考虑设置双线升船机。

2.2.2 主要设计参数

1. 升船机及建筑物级别

根据《升船机设计规范》(GB 51177—2016)的规定，垂直升船机的级别按设计最大通航船舶吨级划分为六级，分级指标见表 2.2.1。

表 2.2.1 垂直升船机分级指标

升船机级别	I	II	III	IV	V	VI
设计最大通航船舶吨级/t	3 000	2 000	1 000	500	300	100

注：设计最大通航船舶吨级指通过升船机的最大船舶载重吨（dead weight tonnage，DWT）。

垂直升船机建筑物的级别，根据升船机级别及建筑物在工程中的作用和重要性按表 2.2.2 确定。

表 2.2.2 垂直升船机建筑物级别划分

升船机级别	建筑物级别	
	闸首	承重结构
I	1	1
II、III	2	2
IV、V	3	3
VI	4	4

位于枢纽挡水前沿的升船机闸首的级别应与枢纽其他挡水建筑物的级别相同；当承重结构级别在 II 级及以下，且采用实践经验较少的新型结构或升船机提升高度超过 80 m 时，其级别宜提高一级，但不应超过枢纽挡水建筑物的级别[2]。

2. 通航水位及流量

升船机的通航水位及流量可参照《船闸总体设计规范》(JTJ 305—2001)、《内河通航标准》(GB 50139—2014)的有关规定确定。

山区河流的水位暴涨暴落，洪峰历时很短，当枢纽的水库库容较大，对流量具有调节能力时，适当降低最大通航流量可以有效减小升船机的设计难度，降低工程投资，对通航时间、通过能力的影响较小。

3. 船舶进出船厢航速

船舶进出船厢航速是指船舶在船厢内的允许航速，可参照过船规模、设计船型及船厢有效尺寸相同的已有升船机工程确定。对于大型升船机，需要通过模型试验对船舶进出船厢过程中的水力学特性参数予以验证。根据现有升船机的工程经验，船舶进出船厢的允许航速一般不大于 0.5 m/s。

由于船舶正常航行时艉部有下沉现象，且航速越高，下沉量越大，为保证船舶进出船厢的安全，船厢的富裕水深 ΔH 应大于船舶艉部的下沉量 D，并留有一定的安全裕度。控制船舶进出船厢航速的目的之一就是避免下沉的船艉擦碰船厢底铺板。根据南京水利科学研究院的研究成果，船舶在船厢水域航行过程中船艉的下沉量可通过下列经验公式估算：

$$D = 7.07\left(\frac{1}{\gamma}\right)^{2.3} Fr^{1.5} T \tag{2.2.4}$$

$$\gamma = \frac{\omega_k}{\omega_c} \tag{2.2.5}$$

$$Fr = \frac{v_{sh}}{\sqrt{gH}} \tag{2.2.6}$$

式中：D 为船艉下沉量，m；T 为设计船型满载时的吃水深度，m；γ 为船厢断面系数；ω_k 为船舯浸水断面积，m^2；ω_c 为船厢水体横断面积，m^2；Fr 为弗劳德数；v_{sh} 为船舶进出船厢速度，m/s；H 为船厢有效水深，m；g 为重力加速度，m/s^2。

设计时应充分考虑对接期间下游航道水位变化造成的船厢有效水深 H 减小的情况。

4. 船厢升降速度

船厢升降速度与升船机的过船规模、通过能力要求、最大提升高度等有关，一般是参照已建同类升船机的经验确定。根据目前已建垂直升船机的经验，承船厢的正常运行速度可采用 0.15～0.25 m/s，承船厢正常启、停时加速度的绝对值不宜大于 0.01 m/s^2。当提升高度大、运量大时，船厢升降速度宜采用大值；在满足运量要求的情况下，应尽量采用小值。

5. 最大提升高度与最大行程

升船机的最大提升高度是上游最高通航水位与下游最低通航水位的水头差。考虑到在船厢与上下游对接时，有可能发生船厢到达上游最高通航水位高程或下游最低通航水位高程时，因电气控制系统故障，驱动系统没有正常停机而自动实施紧急制动的事故工况，在船厢工作行程两端还需要预留适当的冲程。升船机的单边冲程按式（2.2.7）计算。

$$\Delta S = \frac{v^2}{2a_b} \tag{2.2.7}$$

式中：ΔS 为单边冲程，m；v 为船厢额定升降速度，m/s；a_b 为紧急制动减速度，m/s^2。

6. 允许船厢误载水深

船厢与闸首对接时的停位误差、对接期间上下游航道的水位变化、船舶进出船厢过程中形成的水涌等都会影响船厢的实际水深。在实际运行中，是在船厢门关闭后通过水深调节系统对船厢的水深进行调节的，将船厢水深控制在设计允许的范围内。调节船厢水深一般通过设在船厢或闸首工作闸门上的水泵系统向船厢补水或排水来实现。

为缩短过船时间、提高升船机的通航效率，应尽可能选取较大的误载水深允许值。但由于误载水深是全平衡式垂直升船机船厢驱动载荷的主要来源，尤其是对于齿轮齿条爬升式升船机，船厢误载水重量对驱动系统齿轮、齿条的设备规模影响很大，选取较大的误载水深允许值无疑将加大设备的制造、安装难度和工程造价。为此，合理的误载水深允许值应在对通航时间、通过能力、设备造价、制造安装难度等因素仔细分析研究、权衡利弊后确定。

船厢误载水深与上下游航道的水位变率密切相关。电站机组调峰和其他建筑泄水流量对升船机下游水位变率的影响尤其大。在对接时间段，上下游航道的最大水位变率通常根据航道状况、工程运行条件等通过模型试验并结合计算分析确定。根据已建升船机的工程经验，船厢误载水深允许值一般为±（0.1～0.2）m。

7. 通航净空

通航净空与航道等级相关联，升船机的正常通航净空可按照《内河通航标准》（GB 50139—2014）的规定选取。需要引起注意的是，实际通航船型中若有水面以上结构、货物断面接近矩形的集装箱船和商品车船，则需要考虑船舶、货物顶部的近似直角对建筑物的影响。塔柱顶部机房底板或连接横梁结构下的通航净空，除考虑正常通航净空外还需要考虑冲程的影响。

8. 防事故能力

对于全平衡式垂直升船机，全平衡状态一旦遭受破坏，将会造成严重的安全事故。对于齿轮齿条爬升式升船机，考虑的主要失衡事故工况包括：船厢位于下游高程，下游水位暴涨或下闸首工作闸门止水破坏，下游水进入船厢室，使船厢承受浮力或淹没；平衡重位于下游高程，船厢室进水，使平衡重承受浮力；船厢处于升降或停航状态，船厢门止水破坏，造成船厢大量漏水；船厢与闸首对接期间，满载的船舶沉没于船厢。此外，还需考虑升船机大修时排空船厢水的检修工况。

其中，在两个方向上产生较大不平衡载荷的事故工况：一是船厢在下游被水淹没；二是对接期间船厢内沉船。这也是三峡升船机总体设计阶段考虑的两种设防事故工况。在三峡升船机施工详图设计阶段，考虑到一旦船厢被水淹没将会造成船厢上机械、电气设备的损毁，修复的成本很高，在船厢室内增设了水深检测装置，当船厢室水深达到一定深度后，发出报警信号，随即启动升船机，将船厢提升到下游最高水位以上的高程。三峡升船机后期设计和向家坝升船机的设计中，将船厢失衡的设防工况改为船厢水漏/排空和船厢对接期间的沉船工况。

2.3　升船机线路位置选择

2.3.1　线路位置选择的一般原则

升船机的线路位置对上下游航道的通航水流条件、船舶进出升船机的安全稳定性、施工的便利性及土建工程量等有重大影响。一般在进行升船机线路位置选择时，需要充分考虑升船机工程的自然条件、运行条件和施工条件等因素，并遵循以下基本原则。

（1）尽可能选在地形地质条件好、河道顺直、河势稳定、场地开阔、交通方便、设备运输便利的位置。

（2）充分考虑枢纽泄洪、电站机组调峰、相邻船闸泄水等下泄流量变化对下游通航水流的影响。

（3）下游引航道口门尽量远离天然河道的交叉河口或支流入口，并研究交叉河道汇流和泥沙对船舶正常航行的影响。

（4）升船机宜邻岸布置，尽量避免紧邻溢流坝、泄水闸、电站等过水建筑物，当实在难以避开时，应采取适当的工程措施满足通航水流要求。

（5）多级升船机之间的中间渠道或渡槽应满足船舶错船和停泊的要求。

2.3.2　三峡升船机线路位置

三峡工程坝址河谷开阔，河岸弯曲，经综合论证，双线五级船闸布置在左岸，上下游引航道与主河道连接比较方便，主体建筑物的布置条件优于右岸，工程投资较小。三峡水利枢纽通航建筑物平面总体布置见图 2.3.1，三峡升船机总体布置三维效果图见图 2.3.2。

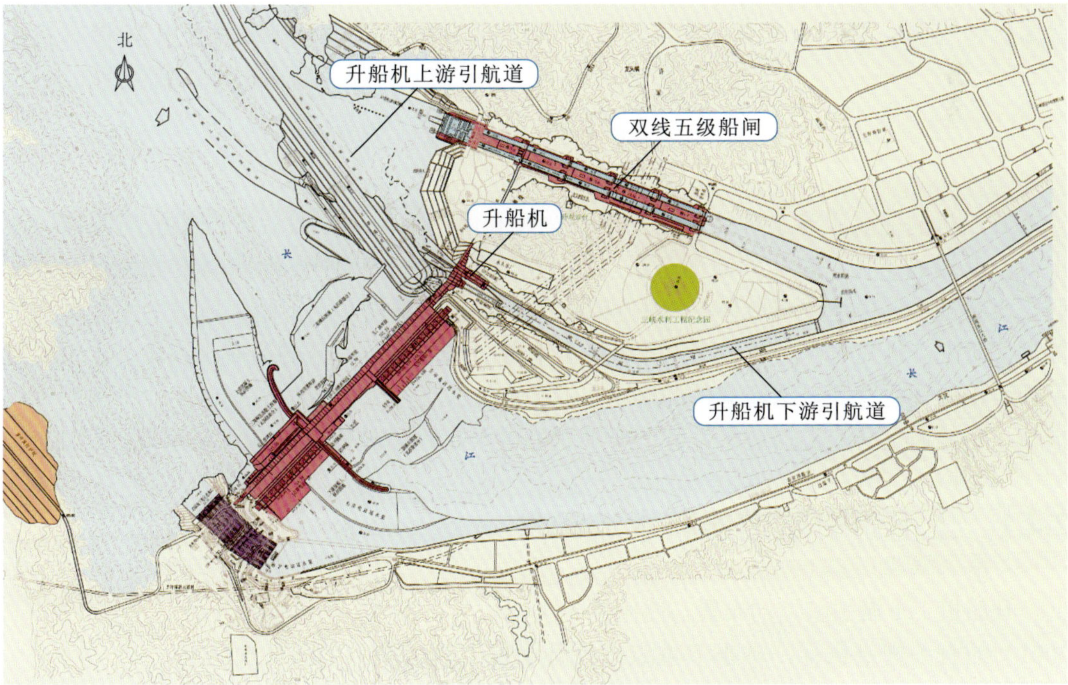

图 2.3.1　三峡水利枢纽通航建筑物平面总体布置

在可行性研究和初步设计阶段，升船机与临时船闸并列布置，布置在临时船闸的左侧，升船机轴线与坝轴线夹角为 76°，与临时船闸共用上下游引航道，线路全长约为 3 847 m。

图 2.3.2 三峡升船机总体布置三维效果图

坝区泥沙模型和水工模型试验表明，升船机上游引航道的通航水流条件主要是在库水位降低至防洪限制水位 145.0 m，枢纽大流量泄洪时进行控制。初步设计审查结论如下：同意升船机位置；升船机进口处的水流条件，在某些水位流量组合条件下不利于通航，需要进一步研究改善流势的途径和方法。

单项技术设计阶段，升船机上游起始通航水位由 67.0 m 抬高至 145.0 m 后，为升船机线路左移提供了可能性。考虑初步设计审查的有关意见，对初步设计审定的轴线位置和升船机左移方案的引航道水流条件、泥沙条件及建筑物布置等进行了研究论证，经综合比较，升船机轴线左移 25 m，并向左偏转 4°，调整后的升船机轴线与坝轴线夹角为 80°。

2.4 升船机水力学条件

升船机的通航水流条件能否使船舶安全顺利地过机，主要取决于升船机的线路、上下游引航道的布置、船厢的断面系数。由于影响升船机水力学条件的因素多且复杂，一般需要通过物理模型或数值模拟，对升船机的通航水流条件和上下游引航道的泥沙淤积情况进行研究。研究内容主要包括：升船机上下游引航道及口门区的通航水流条件；引航道泥沙淤积的变化及其对水流条件的影响；改善通航水流条件和减少引航道泥沙淤积的工程措施；船舶通过升船机的适航性能；升船机布置及工程措施优化的意见或建议；等等。

2.4.1 上下游引航道通航水流条件

升船机上下游引航道的布置与船闸基本类似，可参照《船闸总体设计规范》（JTJ 305—2001）的有关规定执行，本小节重点进行升船机引航道水力学条件的研究。

1. 引航道通航水流条件的控制标准

对于 1 000 t 级及以上的升船机，为了保证通航安全，升船机引航道口门区的水流条件应满足式（2.4.1）～式（2.4.3）的要求。

$$V_{纵} \leqslant 2.0 \tag{2.4.1}$$

$$V_{横} \leqslant 0.3 \tag{2.4.2}$$

$$V_{回} \leqslant 0.4 \tag{2.4.3}$$

式中：$V_{纵}$为纵向流速，m/s；$V_{横}$为横向流速，m/s；$V_{回}$为回流流速，m/s。

引航道导航和调顺段内宜为静水区，制动段和停泊段水面的最大纵向流速应不大于 0.5 m/s，横向流速应不大于 0.15 m/s。

引航道和口门区的航行条件及泊稳条件应考虑风浪的影响，满足船舶安全停泊和航行的要求。枢纽泄水、机组调峰、船闸充泄水造成的引航道和口门区非恒定往复流的波动、比降应不影响过机船舶的安全航行与停泊。

2. 研究分析的主要方法

1）水工物理模型试验

升船机的通航条件与坝区的河道地形、枢纽泄水建筑物的运行调度、升船机引航道及其口门区的布置、过坝船舶的大小和航行性能等有着十分密切的关系。水工物理模型试验可以综合地反映上述各种因素之间的关系。根据试验结构，可对坝址上下游水流条件的变化及其对通航的影响进行分析和判断。试验研究的主要内容包括：引航道口门区及其附近河段的流速、流态；枢纽泄洪或通航建筑物充泄水在引航道内引起的往复流；等等。

2）船模航行试验

当利用水工物理模型试验取得的流速、流态成果，按照有关现行规范判断升船机引航道的通航条件存在一定困难时，还需通过船模航行试验对设计船舶进出引航道的航速、操舵数据和航迹线等综合适航性能进行研究。目前进行这方面试验采用的方法一般有以下两种：①制作与设计船舶性能相似的小比尺船模，在水工物理模型上进行船模进出引航道的航行试验，测试航行过程中船模的航速、舵角、船位及航迹线等，分析、论证船舶进出引航道的航行条件；②采用数模计算方法，利用水工物理模型试验取得的流速和设计船舶性能等资料，在模拟器上进行船舶进出引航道的航行性能与航行条件的模拟试验，测试船舶航行过程中的用车及用舵资料，分析判断原型船舶进出引航道的航行条件。方法②不需要制作船模，只需要使用水工物理模型的流速、流态资料与由计算机和电子模拟操纵器组成的一套通用设备及相关的软件，与前者相比，模型制作的工作量明显减少，对试验条件的改变也比较方便，且只要有相关资料，还可以模拟风及夜航等航行条件。

3）泥沙模型试验

泥沙淤积不仅使引航道及其口门附近的通航尺度发生变化，而且随着水下地形的改变，将导致通航水流条件的改变。必要时，需通过泥沙模型试验进行如下研究：不同水沙典型年，引航道及其口门区附近泥沙淤积的数量和过程；引航道及其口门区附近泥沙淤积的部位和形态；泥沙淤积对引航道口门区水流条件的影响；等等。

4）数学模型仿真研究

水工物理模型试验存在研究工作投入大、时间长的缺点，因此，随着高速度、大容量的电子计算和模拟技术的提高，数学模型仿真研究得到了迅速发展。与实体模型研究相比，其特点是速度快、效率高、费用低，在不长的时间内可研究的方案多。目前，这种方法已在世界各国的水工建筑物和泥沙研究方面普遍采用。

3. 三峡升船机引航道通航水流条件

三峡升船机与五级船闸共用上游引航道，上游隔流堤由升船机右侧向上游延伸至祠堂包堤头，全长为 2 720 m，堤顶高程为 150.0 m。升船机上游引航道处于上游隔流堤以内，在汛期由隔流堤将其与河床主流隔开，成为独立的人工航道。

下游引航道总长约为 4 400 m，分为三段，其中从口门至升船机与船闸引航道分叉部位约为 1 800 m，分叉部位往上游至中隔墩头部约为 2 480 m，中隔墩头部至下闸首约为 120 m。引航道右侧的开挖边坡下游端接长约 3 550 m 的隔流堤，以阻隔主流，形成静水航道，堤顶高程为 76.0～78.0 m。

通过水工物理模型试验、船模航行试验和泥沙模型试验对三峡升船机上下游引航道的通航水流条件进行了研究，取得了预期的研究成果。

1）上游引航道通航水流条件

（1）上游引航道口门区。水工物理模型试验结果表明，在水库运行的前 20 年，上游口门区横向流速全面满足不大于 0.3 m/s 的要求；各模型（30+2）年～（70+6）年上游口门区正常航宽范围内水流条件较好，有个别测点流速略大，但不影响船队的正常航行。船模航行试验结果表明，三峡水库运行前 30 年的上游引航道口门区水流条件中，在流量为 56 700 m^3/s、库水位为 147.0 m 和流量为 45 000 m^3/s、库水位为 145.0 m 的水位流量组合下，船模可沿航道中心线左右顺利进出口门，满足通航要求。水库运行（30+2）年后，航道右侧少数测点的横向流速大于 0.3 m/s，但不影响船模进出引航道口门。大流量时采用左进右出的运行方式，口门区可以满足迎向进出要求。

（2）上游引航道内。①引航道内流速：水工物理模型试验结果表明，在上游最低通航水位 145.0 m 条件下，由于水深小，在隔流堤的掩护下，引航道内的水流受枢纽泄洪调度影响，仅表现为微弱的往复流，升船机上闸首前水域的水势平静。船闸双线同时充水运行过程中引航道水流运动的非恒定性加强，但持续一段时间后，受水体与边界摩阻作用及往复流的交互影响，非恒定逐渐减弱，升船机上闸首前水域水流有向左侧运动的趋势，随后渐趋平缓。随着上游水位的升高，水深加大，水流条件有所改善。对于（30+2）年和（70+6）年淤库，考虑船闸双线同时充水，升船机上游引航道最大流速分布见表 2.4.1。②引航道内涌浪：单线船闸充水和双线船闸错开充水时引航道涌浪的幅值都不大，最大涌浪值在升船机船厢处，船闸闸首处涌浪值也较大，引航道其他部位至口门处顺次减小。双线充水比单线充水涌浪幅值增大。水工物理模型试验结果见表 2.4.2。③停泊条件：库水位为 145.0 m 时，升船机上游引航道各部位的停泊条件均满足要求。

表 2.4.1 升船机引航道最大流速 （单位：m/s）

测点位置	与上闸首距离/m	(30+2) 年		(70+6) 年	
		横向流速 $V_{横}$	纵向流速 $V_{纵}$	横向流速 $V_{横}$	纵向流速 $V_{纵}$
浮堤左侧	10	−0.07～0.06	−0.06～0.06	−0.08～0.06	−0.09～0.08
	110	−0.08～0.07	−0.08～0.09	−0.09～0.10	−0.08～0.07
升船机中心线	500	−0.15	−0.06	−0.16	−0.14
	900	0.14	0.10	0.20	−0.12

表 2.4.2 船闸第 2 闸室充水引航道涌浪幅值 （单位：m）

项目	第 1 闸首人字门敞开						第 1 闸首人字门关闭			
	左线充水（125.25～145 m）		双线充水（125.25～145 m）		错时 12 min（125.25～145 m）		左线充水（125.25～145 m）		双线充水（125.25～145 m）	
	−	+	−	+	−	+	−	+	−	+
升船机船厢	0.22	0.16	0.43	0.28	0.23	0.16	0.17	0.12	0.28	0.17

（3）隔流堤漫顶。在（30+2）年淤库地形、隔流堤漫顶条件下，上游引航道通航水流条件试验结果表明，在流量达到 45000 m^3/s 时，上游引航道及口门区各部位水流条件均满足通航要求；在流量达到 56700 m^3/s 时，隔流堤堤头附近受左向斜流影响，航道中心线右侧个别测点的横向流速超过 0.3 m/s。船模航行试验表明，船舶上下水航行均较顺畅，但在引航道弯道处必须提前采用适量舵角用于转向和平衡斜流。在相同的水位和泄洪流量条件下，枢纽按设计运行调度方案改变枢纽泄洪开孔方式及左右电厂机组运行台数，对口门区及上游引航道的通航水流条件没有实质性影响。

2）下游引航道通航水流条件

（1）下游引航道口门区。①通航水流条件：下游引航道口门区的水流条件，受水库运行年限的影响很小，与下泄流量有较大关系。当下泄流量小于 35000 m^3/s 时，下游口门区通航水流条件均能满足要求；当下泄流量大于 35000 m^3/s 时，下游口门区中心线以左的通航水流条件能满足要求，口门区中心线以右稍差。②船模航行试验结果：当三峡枢纽下泄流量为 35000 m^3/s、葛洲坝枢纽坝前库水位为 66.0 m 时，引航道中心线左右侧均可满足万吨级船模进出口门的要求；下泄流量为 45000 m^3/s 和 56700 m^3/s 时，船模可沿航道中心线左右出口门，但仅能沿航道中心线以左进入口门。若将静水航速提高至 3.6 m/s 以上，船模可沿航道中心线左右进出口门。

（2）下游引航道内。升船机下游引航道为静水航道，在施工期临时船闸运行时已得到验证，航道内水流条件满足航行要求。在升船机运行观测中，下游引航道的水位变率虽有超过±0.5 m/h 的情况，但考虑到船厢与下游航道的对接时间不超过 30 min，而这种水位大幅波动的时间不长，可采取船厢对接避开大波幅出现时间等措施予以克服。

2.4.2 船舶进出船厢过程水力学特性

升船机船厢断面系数较小，船舶航行阻塞效应十分明显，需要通过对船舶进出船厢过程的水力学特性研究，确定合理的船舶航行方式和进出船厢的航速，避免船舶进出船厢时触底或造成船厢内水面的大幅波动，以保证船厢的稳定和船舶的航行安全。

船厢水深应满足设计船舶满载条件下顺利进出升船机的要求。船舶航行时船艉有下沉现象，根据 2.2.2 小节的式（2.2.4）～式（2.2.6）可知，船舶进出船厢过程中船艉的下沉量与船厢断面系数、船舶吃水、船厢水深及船舶航行速度等有关。对于某一具体工程而言，设计船型、船厢断面尺度和水深是事先确定好的，船舶进出船厢过程中的水力学问题主要是确定船舶进出船厢的速度。

1. 研究分析的主要方法

1）船模航行试验研究

目前对船舶进出船厢过程水力学问题的研究，主要是在大比尺水工物理模型上，通过遥控自航船模或牵引船模进行船舶进出船厢的水工物理模型试验，研究船舶下沉量、水面波动、船舶进出船厢的速度。

2）实船航行试验研究

由于船模的操控性能与实船之间存在一定的差异，对于重要的工程，可以在船模航行试验研究的基础上，进一步通过实船航行试验确定船舶进出船厢速度的控制标准与操控方式。

2. 三峡升船机船舶进出船厢水力学特性

在“七五”和“八五”国家科技攻关计划中，上海交通大学、南京水利科学研究院和长江科学院分别对三峡升船机船舶进出船厢的水力学特性进行了模型试验研究，取得了预期的研究成果。但当时试验采用的船模是 3 000 t 级设计船型，升船机建成后，设计船型已退出了长江航运市场。为此，中国长江三峡集团有限公司又委托长江勘测规划设计研究院和长江科学院，对当前通过三峡大坝的几种代表性船型进行了船舶进出船厢过程的水力学特性试验研究。综合以上试验成果，主要研究结论如下：①当船厢断面系数小于 1.4 时，船舶只能低速进出船厢；②按船厢最小富裕水深 0.5 m 控制，通过三峡升船机的船舶总长≤110.0 m，总宽≤17.2 m，吃水≤2.7 m；③船舶进出船厢的速度应控制在 0.5 m/s 以内。

2.5 升船机主体段布置

2.5.1 升船机主体段布置的一般原则

齿轮齿条爬升式升船机主体部分包括上闸首、船厢室段和下闸首，其中船厢室段由承重结构、顶部机房、船厢结构及其设备、平衡系统、电气控制设备、船厢室设备等部分组成。土建结构与设备的布置应满足升船机运行要求，同时还需兼顾土建结构和设备受力的合理性、施工的可行性、设备安装和运输维护的需要，以及内部交通和紧急疏散的要求。

三峡升船机主体段总布置见图 2.5.1。

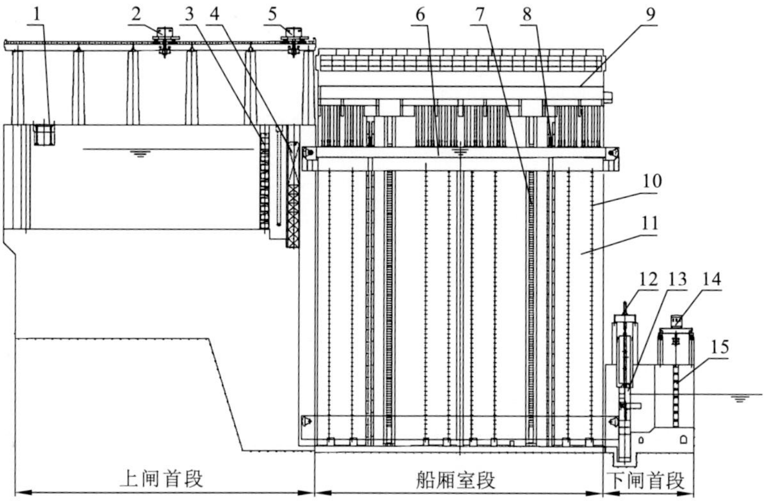

图 2.5.1 三峡升船机主体段总布置

1—活动桥；2—上闸首辅助门启闭机；3—上闸首辅助门；4—上闸首工作闸门；5—上闸首工作闸门启闭机；6—承船厢；7—齿条；8—螺母柱；9—机房；10—平衡链；11—混凝土承重结构；12—下闸首工作闸门启闭机；13—下闸首工作闸门；14—下闸首检修门启闭机；15—下闸首检修门

1. 上下闸首布置的一般要求

上下闸首的主要功能是承挡上下游水体，形成升船机的全平衡运行条件，适应上下游的水位变幅与变率，保证船舶安全、顺利地进出船厢。根据功能需要，闸首一般布置有挡水工作闸门、检修闸门、泄水系统、闸门启闭机等设备。

闸首布置形式取决于闸首上的设备形式和闸首与船厢、闸首结构与船厢室塔柱结构之间的关系。闸首结构尺寸除需要满足自身稳定和强度方面的要求外，闸首的长度和宽度还与过船要求、工作闸门的形式、门库的设置、闸门的检修场地等条件有关。

闸首顶面及航槽底部的高程，分别根据上下游校核洪水位加安全超高和最低通航水位减坎上最小水深确定。当上闸首布置在枢纽坝轴线上时，顶部高程通常与坝顶高程一致。当下游河床存在冲刷后下切的情况时，航槽底部高程需要考虑适当降低。

闸首总宽度为航槽宽度加两侧边墩的宽度。一般，航槽宽度即船厢水域有效宽度。两侧边墩的宽度按照管线廊道、闸门、启闭机械及其机房、交通道路、升船机管理及维修所需的场地等要求进行确定。

在选择闸首设备时，应考虑其对闸首布置和结构的影响。在边墩的同一断面上，一般不要同时布置多种设备，以免增加闸首宽度，同时要避免各种设备间的相互干扰。

在总体布置设计阶段，闸首设备设计工作的重点围绕工作闸门的布置进行，需要解决的关键技术是适应上游水位变幅的上闸首工作闸门和适应下游水位变幅与变率的下闸首工作闸门的合理选型问题。

为了与船厢对接，上闸首工作闸门布置在上闸首的下游端，下闸首工作闸门布置在下闸首的上游端。在上闸首工作闸门的上游、下闸首工作闸门的下游还需要分别设置一道检修门。闸门启闭机的形式与布置则根据闸门门型及运行、检修的需要确定。

2. 船厢室段布置的一般要求

1）总体与塔柱结构布置

船厢室段是船厢升降运行的区域，由承重结构塔柱和顶部机房、船厢、平衡重系统、船厢室设备、电气设备，以及暖通、消防等辅助设备设施部分组成。塔柱和顶部机房为设备的运行、安装、调试、检修维护提供场所。船厢布置在两侧塔柱和上下闸首围成的船厢室内，船厢驱动系统和安全机构布置在船厢两侧的四个侧翼结构上。船厢升降时，与驱动机构同步运行的安全机构螺杆在螺母柱内空转，遇事故时可将船厢锁定在塔柱结构上。

船厢室段的布置以船厢为中心，塔柱结构的布置在满足船厢设备、平衡重系统、电气设备布置与运行要求的前提下，还要满足自身强度、稳定的要求，此外，还需要考虑疏散、交通及设备吊装通道的要求。

驱动机构的齿条和安全机构的螺母柱均安装在塔柱筒体部位的凹槽内。每侧塔柱内设有用于平衡重组升降运行的平衡重井。两侧塔柱顶部通过横梁连接，顶部以上布置有滑轮机房。悬吊船厢的钢丝绳一端与船厢连接，另一端绕过塔柱顶部机房内的滑轮后与平衡重块连接。

塔柱内，自船厢室底板至顶部机房的主要高程均设交通通道，船厢两侧设高度可调的活动楼梯，四个凹槽内均设有等间隔的疏散通道，使船厢位于任意高程时，活动楼梯都可以与疏散通道连接，便于船厢上的人员安全疏散到塔柱内，然后通过竖向通道到达地面或机房。

船厢室段总体长度、船厢室宽度和两侧承重结构的宽度，根据船厢运行及结构、设备布置和受力需要确定。

塔柱的结构宽度按照设备布置和结构强度及稳定条件，参照已建工程经验确定；顺河道向的长度，由船厢外形总长度、塔柱与闸首的布置要求、船厢门与闸首工作闸门的形式及布置等条件确定；塔柱结构高度，根据船厢最大行程（最大提升高度+2 倍冲程）、通航净高、船厢水面以下的结构高度、底部检修空间高度及顶部横向联系梁的高度等条件确定。

与船厢的四个侧翼结构相对应，在船厢室两侧的塔柱结构上分别布置容纳侧翼结构的凹槽。凹槽的平面尺寸和齿条、螺母柱的布置位置根据船厢设备布置需要确定。

船厢室段在塔柱上设置船厢补泄水管道，补水可通过上游消防水管道补入船厢，泄水可直接泄至船厢室，再经具有坡度的船厢室底板汇入下闸首集水井，通过水泵抽排至下游引航道。船厢室和周围边坡汇入的雨水、边坡与闸门的渗漏水，均汇集到集水井内。

对于卫生间下水及其他污水，可根据实际需要在适当位置布置相应的设施进行处理。

除齿条和螺母柱外，根据设备布置位置，在塔柱的相应部位设置设备运行所需的船厢纵向轨道、横向轨道、对接锁定轨道、平衡重轨道等设备埋件。

2）塔柱顶部机房

塔柱顶部机房一般沿纵向连续布置，提供设备安装、运行、检修的场地及机房内吊车运行的空间，并作为主电室、控制室、电梯机房和其他辅助用房。塔柱顶部机房的布置形式，主要有在两侧塔柱顶各布置一个小跨度机房的分体式机房和覆盖船厢室的大跨度整体机房两种形式。整体机房的空间和吊车有效作业面大，塔柱顶部连接刚度强，两侧塔柱之间的相对变形小，主要缺点是船厢室的采光、通风条件较差。分体式机房内需要分别设置一台吊车，吊车的有效作业范围相对缩小，塔柱顶部的横向连接刚度较弱，两侧塔柱之间的相对变形较整体机房大，优点是船厢室的采光、通风条件好，船上旅客的舒适度较高。顶部机房的总高度按照满足设备安装和检修要求的空间与机房屋顶的结构高度确定。

3）船厢

目前世界上已建齿轮齿条爬升式升船机的船厢结构主要有两种形式：一种是承载结构与盛水结构相互独立的托架式；另一种是承载结构与盛水结构合为一体的自承载式。托架式船厢的主要受力构件是托架结构系统，自承载式船厢的主要受力构件是船厢主纵梁、主横梁及底铺板结构。船厢的结构形式主要根据船厢室段总体布置、船厢载荷、过船规模等条件确定。

根据正常运行和安全保护的需要，在船厢两端分别布置一扇工作闸门及相应的启闭机；船厢门内侧各布置一套防撞装置；在自承载式船厢的四个侧翼结构或托架式船厢的两个托架两端分别布置一套驱动机构和一套安全机构，安全机构通过机械传动轴与驱动机构齿轮轴连接，四套驱动机构之间通过机械轴连接，形成机械同步系统；在驱动机构下方各布置一套横向导向机构，在船厢中部布置四套纵向导向与顶紧装置；在船厢两侧设四套对接锁定装置，用于对接期间将船厢竖向锁定，设备形式有以安全机构螺母柱为承载构件的开合螺杆式和以专用轨道为承载构件的摩擦撑紧式；上述设备的液压控制系统设在船厢底部的液压站机房或驱动机房内；对于通航水位变幅较大的升船机，间隙密封机构和间隙充泄水与水深调节系统一般布置在船厢两端。

在船厢两侧主纵梁顶面和船厢结构内部设交通通道、设备维护通道和人员疏散通道，在四个驱动机房的顶部分别布置一套高度可调的活动楼梯。盛水结构内侧设护舷，每侧至少设两道。顶部走道外侧应设护栏，内侧有效水域范围内应设系船柱，必要时还需设护舷架。

4）平衡重系统

平衡重系统包括平衡重组、滑轮组、钢丝绳、平衡链及其导向装置、轨道等。平衡重系统的分组与布置根据塔柱结构布置、船厢结构受力等条件确定，全部平衡重组的总重量与装载设计水深的船厢总重量相等。

平衡重组布置在塔柱的平衡重井内，一般由平衡重块、钢结构框架、导向装置及钢丝绳长度调节组件等构成。通常每根钢丝绳分别悬吊一块平衡重块，由钢结构框架将每组的平衡重块框成一体，框架上布置有导向装置，在钢丝绳与平衡重块之间各设一套钢丝绳调节装置。平衡重组在平衡重井内沿竖向布置的两条导轨上升降。平衡重块可采用高容重混凝土或铸钢、铸铁。为降低设备造价，一般选用高容重混凝土，高容重混凝土的密度不大于 3.5 t/m^3，强度等级不低于 C30。

当升船机的提升高度较大时，需要设置用于平衡滑轮两侧钢丝绳重量的平衡链。平衡链悬挂在船厢底部与平衡重组底部之间，对称布置。全部平衡链的单位长度重量与全部钢丝绳的单位长度重量相等。平衡链可采用链板式或钢丝绳串钢板块式。为确保平衡链运行顺畅，需要在塔柱墙壁和船厢室底部设置平衡链导向装置。

为便于平衡重组的安装、检修，需在塔柱的相应高程设置安装检修平台。

5）电气设备

升船机电气设备主要包括供配电设备、船厢驱动电气传动及控制设备、计算机监控及信号检测设备，以及工业电视监视设备、通航信号设备、广播设备、通信设备、火灾自动报警与联动控制设备等。船厢驱动电气传动及控制设备，一般采用多电机交流变频同步传动系统；计算机监控及信号检测设备一般采用集中管理、分散控制的集散型监控系统；工业电视监视设备一般采用模拟和数字相结合的系统方案。

电气设备的布置应遵循集中管理与分散控制相结合的原则。供配电设备集中布置在升船机变电所内；船厢驱动电气传动及控制设备就近布置在驱动机房内；计算机监控及信号检测设备的上位机设备布置在升船机中控室内，现地控制站就近布置在设备的现地机房内；通航信号设备布置在相应的现场；工业电视监视设备、广播设备、火灾自动报警与联动控制设备的终端控制设备布置在升船机中控室内，前端设备就近布置在设备现场。

6）附属设备与设施

升船机附属设备与设施主要包括消防暖通设施、交通设施和安全通道、船厢补水装置、检修起吊设备、安全监测设备，以及通信、照明等设施。这些设备与设施的布置，按照《升船机设计规范》（GB 51177—2016）的相关规定，结合具体情况并参照已建升船机工程的经验进行。

2.5.2　适应大水位变幅的上闸首布置

1. 上闸首结构形式

升船机上闸首具有挡水和通航的双重功能，其结构形式与受力条件均较为复杂。闸首结构形式主要根据基础地质条件、枢纽总体布置和闸首运行条件确定。升船机上闸首结构按受力状态可分为整体式和分离式两种结构形式。合理的结构形式主要根据基础地质条件、枢纽总体布置和闸首运行条件进行选择。在较软弱的地基上，为避免不均匀沉陷，一般采用整体式结构；在坚硬基岩上，可以采用分离式结构。

整体式结构的特点是两侧边墙和底板连成整体，可最大幅度地减小升船机上闸首在枢纽坝轴线上的布置宽度，较好地适应地质条件差的基础，减少开挖和浇筑混凝土的工程量。整体式结构底板尺度较大，为减小施工期温度应力和浇筑强度，需分缝分块。结构的施工期分缝需根据基础的约束条件、混凝土材料性能、入仓温度、浇筑层厚、施工降温措施等条件综合确定。根据结构受力条件确定缝面形式，根据降温措施、结构内外的温度条件选择合适的并缝时机。对于高水头闸首，由于两侧边墩承受的水载荷大，底板应力大，采用整体式结构的底板钢筋用量较多，需慎重考虑底板的配筋方案。三峡升船机整体式上闸首底板采用了预应力结构，是满足结构的强度要求、保证结构安全的重要措施之一。

分离式结构的特点是闸首边墩和底板分开，结构受力明确，设计、施工相对简单，底板钢筋用量少。但相对于整体式结构，其混凝土用量多。为减小闸首占用大坝挡水前缘的长度，保证闸首侧墙在双向水载荷作用下的强度与稳定性，必要时需考虑闸首的边墩与相邻建筑物联合受力的可能性。这种闸首形式的航槽底板，顺河道方向纵缝水平止水的施工难度大，应充分考虑止水结构的可靠性。

2. 上闸首设备布置与选型

水利水电工程升船机上游水位变幅一般较大，为使上闸首适应大水位变幅，满足功能要求，需要合理解决工作闸门形式、闸门的可靠运行方式，以及闸门的安装与检修等问题。

升船机上闸首设有一道工作闸门、一道检修闸门及闸门启闭机等必需的设备。一般，检修闸门兼作工作闸门的事故门和洪水条件下的挡水门。

当上游通航水位变幅很小（一般不大于 2 m）时，上闸首工作闸门可选用提升式平板门（如清江高坝洲升船机），启闭机采用双吊点固定卷扬机形式，水位变幅完全由门高适应，船厢与设在闸首端部的止水座板对接。

当上游水位变幅不超过 15 m 时，工作闸门一般采用带卧倒小门的下沉式平板门（如闽江水口升船机、金沙江向家坝升船机等），可选用双吊点液压启闭机或固定卷扬式启闭机。小幅度的水位变化（一般不大于 2 m）由卧倒小门的高度适应，水位变化超过卧倒小门的适应范围时，利用启闭机调整工作闸门的位置。采用此种门型时，船厢与工作闸门对接，门体的背水侧需要设置 U 形止水座板，工作闸门两侧通常设分级锁定装置。采用这种门型应合理解决闸门的现场拼装和检修位置与场地问题。

当上游通航水位变幅超过 15 m 时，上闸首工作闸门一般选用带卧倒小门的提升式平板门与多节叠梁门相组合的形式（如三峡升船机、亭子口升船机等）。上游水位变幅超过卧倒小门的适应范围时，通过增加或减少一节叠梁来改变工作平板门的位置，一般卧倒小门适应的水位变幅等于一节叠梁的高度，工作平板门下部的结构高度应大于一节叠梁的高度，因此，叠梁的高度应适中。下部结构高度过大会加大工作平板门的高度、重量和启闭机容量，过小会造成叠梁门调整频繁，影响升船机的通航效率。启闭机可选用双吊点门式启闭机或台车式启闭机。由于调整叠梁时需要先移走门槽顶部的工作平板门，操作工作平板门不能在挡水条件下进行，需要在工作闸门前设一道辅助门，用于在调整工作闸门时承挡上游水，在两道闸门之间还需要设置泄水系统。

上闸首检修闸门的形式和布置位置与工作闸门的形式及整个闸首的布置有关，工作闸门采用提升式平板门时，检修门通常采用相同的门型，并紧邻工作闸门布置。当上闸首航槽较长或与渡槽连接时，一般为满足航槽或渡槽的检修需要，还在上闸首或渡槽的上游端设置一道检修门，如三峡升船机和高坝洲升船机。当工作闸门采用下沉式平板门时，检修门一般采用叠梁门形式，叠梁门需考虑节间充水和动水关门的运行要求。当工作闸门采用提升式平板门与叠梁门组合形式时，辅助门兼作事故检修门，通常也采用提升式平板门与叠梁门组合的形式，其中，提升式平板门采用上下分节结构，可动水关门，提门时节间充水。

按照《升船机设计规范》（GB 51177—2016）的规定，提升式平板门的总高度取航槽最大通航水深与门顶富裕高度之和，其中门顶富裕高度不小于 0.5 m。下沉式平板门的卧倒小门孔口高度取船厢设计水深、可适应的水位变幅、坎上富裕水深与门顶富裕高度之和，其中可适应的水位变幅应根据通航水位变幅和变率情况确定，一般不小于 1 m，坎上富裕水深可取 0.1～0.2 m，门顶富裕高度不小于 0.5 m。下沉式平板门的总高度取最大挡水水头、底止水结构高度、门底富裕高度与门顶富裕高度之和，其中底止水结构高度根据止水形式、结构尺寸确定，门底富裕高度可取 0.1～0.2 m，门顶与卧倒小门门顶平齐。提升式平板门与叠梁门组合形式的卧倒小门孔口高度取船厢设计水深、一节叠梁高度、坎上富裕水深与门顶富裕高度之和，其中坎上富裕水深可取 0.1～0.2 m，门顶富裕高度不小于 0.5 m，提升式平板门高度取卧倒小门孔口高度、一节工作叠梁高度、间隙密封对接高度与门底富裕高度之和，间隙密封对接高度应根据设备形式、结构尺寸等条件确定，在满足卧倒小门液压启闭机的设备布置条件时，门底富裕高度可取 0.2～0.3 m。

上闸首检修闸门与工作闸门之间的泄水系统由工作阀门、检修阀门、补排气阀门及管路系统等设备组成，需要进行水锤、流速、强度等的验算，水头较大时应进行必要的物理模型试验。

当上下闸首工作闸门均采用提升式平面闸门时，与船厢对接所需的间隙密封机构、间隙充泄水系统和船厢水深调节系统等设备一般均设置在闸首端部。当闸首工作闸门采用下沉式平板门时，间隙密封机构和间隙充泄水系统也可设置在上闸首工作闸门上，此时上闸首工作闸门高度应满足相关设备布置的要求。

当闸首航槽两侧有交通要求时，应在航槽上方设置交通桥。交通桥形式可根据最高通航水位、闸顶高程、桥面宽度、载荷特性和通航净空等条件，选用固定式或活动式。

3. 三峡升船机上闸首设备布置

三峡升船机上闸首按水流方向从上至下依次布置有挡水门槽、活动公路桥、辅助闸门、泄水系统、工作闸门及闸门启闭机、轨道梁等。在上闸首航槽顶部配套布置闸门堆放、检修平台。

挡水门槽布置在闸首的上游端，用于升船机上闸首检修或大坝防洪时挡水，挡水闸门与辅助闸门共用。

活动公路桥布置在上闸首的上游端，用于连接航槽两岸的坝顶交通。为满足通航净空，升船机在高水位通航时，活动桥处于开启状态；升船机在低水位通航或停航期间，活动桥处于关闭状态。活动公路桥两端的闸顶装设交通信号及报警装置。

工作闸门布置在上闸首的下游端，由 7 节高 3.75 m 的叠梁和一扇高 17 m 带有卧倒小门的提升式平板门组成。工作平板门置于叠梁的顶部，平时工作平板门上的卧倒小门呈关闭状态，船厢与闸首对接后卧倒小门开启，形成过船通道。卧倒小门可以适应一节工作叠梁高度的水位变幅，当上游水位变化超出卧倒小门的适应能力时，通过增加或减少一节工作叠梁来重新调整工作平板门的位置。工作平板门内设有卧倒小门液压启闭机、卧倒小门锁定装置、液压泵站、检测装置及电力拖动、控制等设备。

辅助门布置在工作闸门的上游，主要作用是根据上游的水位变化协助工作闸门在无水条件下调整门位，并兼作事故检修门和上游防洪挡水门。辅助门由一扇高 14 m 的平板门和 8 节的叠梁门组成。升船机正常通航时，平板门置于航槽顶部的堆放平台上。叠梁门顶以上的水深始终满足最小通航水深的要求，多余的辅助叠梁则放置在闸门堆放平台上。

工作闸门和辅助门分别由布置在闸顶混凝土排架上的2×2 500 kN和2×2 500 kN桥式启闭机操作。桥式启闭机沿水流方向运行，两桥式启闭机共用轨道，轨道铺设在排架顶端的轨道梁上。泄水系统布置在工作闸门与辅助门之间，用于在工作平板门调整门位前泄掉两道门之间适当深度的水体，使工作平板门处于无水状态。三峡升船机上闸首设备布置示意图见图 2.5.2。

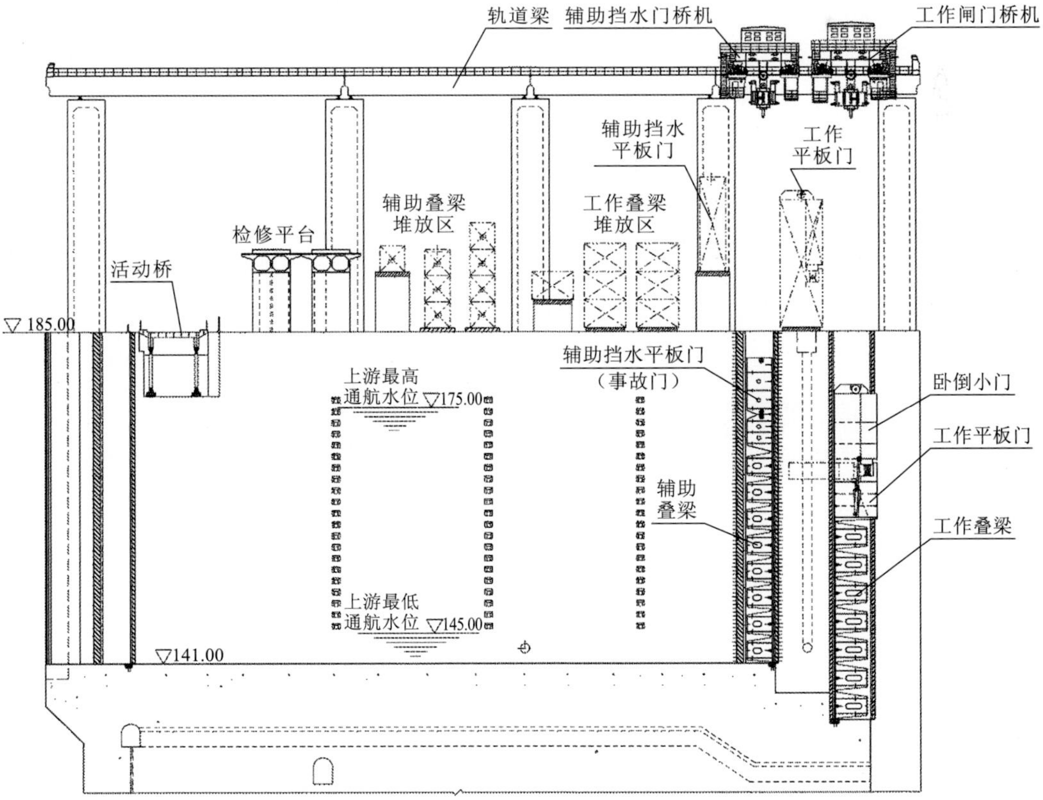

图 2.5.2　三峡升船机上闸首设备布置示意图

2.5.3 适应快水位变率的下闸首布置

1. 下闸首结构形式

下闸首是升船机下游的挡水建筑物，与上闸首相比，下闸首水头较低，可采用分离式或整体式结构。两种结构形式均能满足各种载荷组合下的稳定和强度要求，技术上都是可行的，且工程量相差不大，为了防止施工期温度裂缝，加快施工进度，优先考虑分离式结构。

2. 下闸首设备布置与选型

对于全平衡垂直升船机，一般是在下闸首的上游端设一道工作闸门，用于挡下游水并满足船厢与下闸首对接的需要，在工作闸门的下游设一道检修闸门，用于挡下游洪水和工作闸门的检修。受电站机组调峰、枢纽泄洪等因素的影响，水电工程升船机下游水位有较快的水位变率。下闸首设备布置与选型的关键技术问题，是合理解决适应下游水位变率条件的工作闸门形式、闸门的可靠运行方式，以及闸门检修维护的便利性等问题。

当下游航道水位变幅很小（一般不大于 2 m）时，下闸首工作闸门和检修门均可选用提升式平板门（如清江隔河岩第二级升船机），启闭机采用双吊点固定卷扬机形式，水位变幅完全由门高适应，船厢与设在闸首端部的止水座板对接，船厢头高度需满足最高通航水位条件下与闸首对接的要求。

当下游航道水位变幅较大（大于 2 m）时，下闸首工作闸门一般采用带卧倒小门的下沉式平板门（如三峡升船机等），可选用双吊点液压启闭机（如三峡升船机等）或固定卷扬式启闭机（如乌江彭水升船机等）。小幅度的水位变化（一般不大于 2 m）由卧倒小门的高度适应，当水位变化超过卧倒小门的适应范围时，通过启闭机调整工作闸门的位置。采用此种门型时，船厢需要与工作闸门对接，工作闸门的背水侧需要设置 U 型止水座板，工作闸门两侧通常设分级锁定装置。根据下游最高挡水条件，下游检修门可采用提升式平板门或叠梁门，通常选用台车式启闭机。

下闸首下沉式工作闸门的调整比较频繁，且在挡水承压条件下运行，此外，变水水头还造成闸门结构的变形处于变化中，使得工作闸门的止水橡皮存在容易磨损的问题。更换止水时，需要升船机停航，将闸门提到闸顶进行，影响升船机的通航效率。提高止水运行可靠性是该闸门的关键技术之一。在三峡升船机之前，其他升船机一般采用常规的 P 型止水橡皮，为适应闸门底止水跨中变形大的特点，有的升船机将底止水安装面加工成曲面（如清江高坝洲升船机），以减小止水橡皮的预压缩量，尽量减轻磨损。

在三峡升船机下闸首工作闸门设计中研发了充压活动止水。闸门上设有两道相同的充压止水，在闸门正常挡水状态，利用压缩空气使止水橡皮与止水座板之间产生压力，保证止水效果；在闸门调整过程中，通过泄压解除其中一道止水橡皮的压力，两道止水交替运行，以减轻磨损。根据三峡升船机的实际运行情况，止水橡皮的止水效果良好，磨损速度在设计要求范围内。

3. 三峡升船机下闸首布置

三峡升船机下闸首顺河道方向长 37.15 m，垂直河道方向宽 59.6 m（在挡水门槽右侧门库部位局部另加宽 4.2 m），中间航槽宽 18.0 m，建基面高程为 47.5 m，工作闸门槽部位局部下挖至高程 41.5 m；集水井部位局部下挖至高程 38.5 m，航槽底高程为 58.0 m，航槽两侧边墩闸面高程为 84.5 m。下闸首采用分离式结构，底板顺河道向设两条永久结构缝（纵缝），将两侧边墩与中间航槽底板结构分开，左、中、右三个独立结构的宽度分别为 21.8 m、16.0 m 和 21.8 m。两侧边墩垂直河道方向各设一条键槽施工缝，上游块长 18.15 m，下游块长 19.0 m；中间底板块设一条 1.5 m 的宽槽，上游块长 14.1 m，下游块长 10.0 m。右侧边墩并排布置两个堆放检修叠梁门的门库，单个门库的平面尺寸为 3.5 m×20.0 m，门库底高程为 70.0 m。工作闸门、检修门由液压启闭机操作，相应在闸面布置排架柱和轨道梁。另外，水位计井布置在左边墩。下闸首左右边墩闸面下、高程 77.0 m 处布置了启闭机房，平面尺寸为 5.5 m×9.0 m，净空 4.5 m，顶板厚 3 m；启闭机房中的电缆竖井通至高程为 52 m 的电缆廊道。集水井、抽水泵房布置在右边墩，集水井与工作闸门槽相连。泄水阀门室结合电缆廊道布置，底高程为 52.0 m，顶部设有进水口，通过管道连接和阀门控制，检修时可排干工作闸门和检修门之间的水体，让它们流入集水井进行抽排。基础廊道高程为 52.00 m，左侧与山体排水洞相连，右侧与岩体隔墩的防渗帷幕相连，构成升船机封闭的防渗排水系统的下游防线。

三峡升船机下闸首工作闸门布置在下闸首的上游端，门槽中心线距下闸首上游端面 8.15 m。工作闸门为一带卧倒小门的下沉式平板门，外形尺寸为 28.84 m×19.75 m×4.72 m（宽×高×厚），可适应下游 11.8 m 的水位变化。卧倒小门设在 U 形门体结构上方的槽口内，最大可适应下游 1.97 m 的水位变化。工作闸门上游设有与船厢密封框对接的不锈钢面板，挡水面板止水设在下游面，侧、底止水采用 U 形布置的两道充气式充压止水。挡水时卧倒小门呈关闭状态，过船时卧倒小门开启，使船厢水域与下游水域连通，形成过船通道。工作闸门通过安装在闸顶混凝土排架上的 2×9 000 kN 液压启闭机操作。两台液压启闭机各由一套液压泵站操作，液压泵站分别布置在航槽两侧的地下机房内。

检修门布置在下闸首的下游，门槽中心线距闸首上游端面 29.65 m，由 8 节 3.25 m 高的叠梁组成，通过安装在混凝土排架上的 2×800 kN 双向桥式启闭机操作。升船机正常通航时检修门存放于航槽右侧的门库内，当工作闸门需要检修或度汛时，通过启闭机将叠梁门吊运到检修门槽内进行挡水。桥机轨道梁安装在下闸首混凝土支墩顶部，垂直河道方向布置。

三峡升船机下闸首设备布置示意图见图 2.5.3。

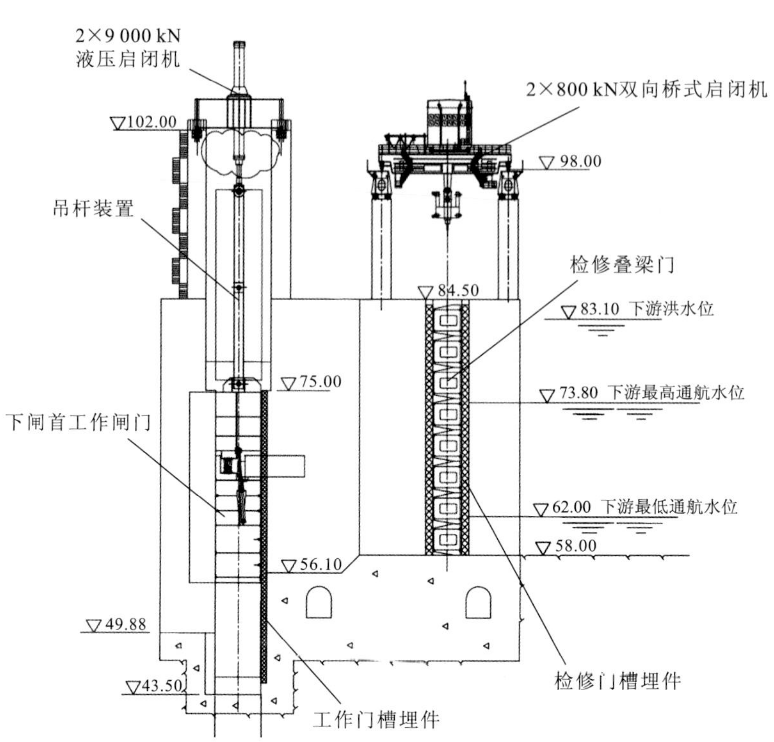

图 2.5.3　三峡升船机下闸首设备布置示意图

2.5.4　承重塔柱结构布置

塔柱是支承船厢和平衡重的承重结构，同时也是船厢运行、检修、遇事故状态锁定的支承结构。塔柱结构布置需满足船厢正常升降、安全保护的要求，以及相关机械、电气设备和各种附属设施的布置要求。

1. 塔柱控制尺度

1）船厢室宽度

船厢室宽度为两侧塔柱的净距，等于船厢的外形宽度加两侧与塔柱之间的间隙，即

$$B = B_k + \Delta b \tag{2.5.1}$$

式中：B 为两侧塔柱的净距；B_k 为船厢的外形宽度；Δb 为船厢与塔柱之间的间隙，与船厢设备布置及其运行维护要求有关，一般取 0.8～1.4 m[2]。

2）塔柱纵向长度

塔柱的纵向长度取决于船厢外形长度、塔柱与闸首的关系、船厢门和闸首工作闸门的形式，以及船厢与闸首的对接位置等条件的要求。船厢与闸首或闸首工作止水座板之间的间隙可取 0.10～0.25 m[2]。

3）塔柱净空高度

塔柱柱身结构的净空高度，即船厢室地面至顶部横向联系结构的下缘间的垂直净

距，按式（2.5.2）计算。

$$H_c = H_T + H_k + \Delta h_B + \Delta h_H \quad (2.5.2)$$

式中：H_c 为塔柱柱身结构的净空高度；H_T 为船厢的最大行程，即最大提升高度与两端冲程之和；H_k 为船厢水面以下的结构高度；Δh_B 为船舶的通航净高；Δh_H 为船厢在最低通航水位时，船厢底至船厢室地面间的距离。

塔柱横向断面简图见图 2.5.4。

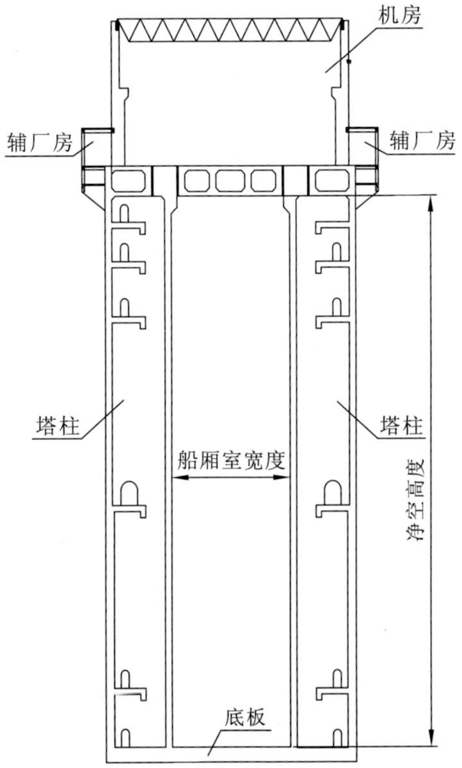

图 2.5.4　塔柱横向断面简图

2. 平面布置

塔柱主体结构沿升船机中心线对称布置。塔柱一般由底板、两侧塔柱及其顶部联系和顶部机房组成。

1）底板

底板通常采用整体式筏基结构，可分块浇筑，最大浇筑块长度根据上部墙体和地基岩体情况综合确定。根据稳定计算结果确定是否布置锚杆。为减小地基扬压力，底板与基岩结合面宜设水平排水沟网，底板表面积水自流到集水井，再由排水泵抽至下游引航道。

2）两侧塔柱

塔柱对称布置在船厢室两侧，每侧由筒体或筒体-剪力墙组成，与上下闸首间距应满足施工需要。墙与筒体之间通过沿高程分布的纵向联系梁实现纵向连接，为塔柱的开敞式区间，有利于通风、采光和排散船舶尾气。两侧塔柱在顶部高程通过横梁或平台实现横向连接，纵向通过整体式梁板或分离式箱梁实现纵向连接。

以三峡升船机塔柱为例，每侧塔柱由墙-筒体-墙-筒体-墙组成，筒体与墙体连接的纵向联系梁沿高程每 14 m 一层，梁宽与墙厚相等，上下游端的联系梁高 3.5 m，中间的联系梁高 1.5 m。每侧塔柱包含两个筒体，左右侧对称布置。每个筒体长 40.3 m，宽 16 m，筒体壁厚为 1 m，螺母柱和齿条部位的墙体局部加厚至 1.5 m、1.85 m。筒体平面上呈凹槽形，凹槽长 19.1 m，宽 7 m，对应船厢的四个侧翼结构，齿条、电缆出线孔和电缆槽、疏散通道均布置在凹槽的内侧墙上，螺母柱布置在螺母柱的凹槽内。螺母柱凹槽长 3.12 m，宽 4.5 m，凹槽一侧是 10.6 m 的平衡重筒体，另一侧是电缆竖井。凹槽外侧的筒体布置有楼梯间、电梯井和电缆竖井。高程 84.5 m 的平台为升船机下部的主要对外交通通道，也是平衡重和船厢安装、检修的主要通道。高程 185.0 m 的平台为升船机与坝面的主要交通通道。高程 175.0 m、189.0 m 的平台为平衡重的安装平台。高程 192.5 m 处为电缆层。其余平台为塔柱内部交通通道。塔柱开敞区间的联系梁与各层平台对应连续布置。除平衡重的安装检修平台外，筒体中每隔 14 m 布置一层平台。两侧塔柱除筒体凹槽外，其余部位各布置八个平衡重井。

3）顶部联系和顶部机房

塔柱顶部联系包括横向联系和纵向联系。设横向联系梁、平台，可有效减少塔柱变位，同时它们可以兼作左右侧塔柱的联系通道。纵向联系可采用现浇混凝土结构或预制箱梁结构，主要作为纵向交通、线路通道，同时兼作检修区域。根据布置需要，顶部机房可采用整体式大机房或左右对称的分体式小机房。机房内布置双向桥式启闭机，用于升船机设备的安装、检修，机房内还布置有变电所、工具间、电池室、储藏室、楼梯间和电梯机房等功能房间。左右电缆的连通、吊物孔的布置、检修区域的布置等也应一并统筹考虑。顶部机房按一般厂房设计，机房顶可采用钢筋混凝土板梁结构、钢桁架或网架等结构形式。

3. 竖向布置

1）船厢室底、顶高程

船厢室底部地面高程的确定，应满足下游最低通航水位、冲程、船厢下锁定装置布置，以及船厢在下锁定位安装、检修的要求。承重结构塔柱顶部高程的确定，应满足上游最高通航水位、通航净高、冲程和顶板结构尺寸等的要求。

2）船厢室设备埋件

船厢室设备埋件主要包括螺母柱、齿条、纵向导轨和平衡重导轨等。螺母柱位于塔柱的凹槽内，沿船厢室纵横中心线对称布置。齿条位于每个塔柱筒体凹槽内的侧墙上，沿船厢室纵横中心线对称布置。纵向导轨布置在中间横墙或塔柱中部端墙上，左右对称。平衡重导轨布置在每一组平衡重竖井的上下游横隔墙上。

3）平衡重井道

平衡重井道对称布置在两侧塔柱的开敞式区域和筒体内，沿纵向通长布置。平衡重井底板高程的确定，应满足其下锁定设备的布置要求，并留有适当的冲程。平衡重筒体在中间高程设有安装、检修平台。

4）电缆竖井

每个筒体中布置一个电缆竖井。

5）电梯、楼梯

每个筒体中布置一个电梯井，电梯布置应满足相关规范要求，井底高程确定应考虑排水和检修要求，电梯机房应考虑净空要求。电梯停靠层根据船厢疏散口确定。每个筒体中布置一个楼梯间。电梯、楼梯布置应考虑预留足够的前室面积。

6）排烟竖井

每个筒体中均布置排烟竖井，排烟竖井布置在靠楼梯一侧的筒体中，与楼层对应，每层设置通风孔，与楼梯间连接。

4. 塔柱刚度

塔柱结构除需控制整体抗滑稳定、抗倾覆稳定、沉降、顶部位移外，还需控制螺母柱、齿条部位的相对位移，结构刚度要求高。塔柱筒体和剪力墙厚度大于同规模高层建筑。对于高层建筑，筒壁厚度一般只有 0.2～0.3 m，升船机塔柱的壁厚一般在 1 m 左右。三峡升船机和向家坝升船机，其塔柱的高宽比均大于 8。对于剪力墙，还应验算墙体的稳定性。为满足墙体的稳定性要求，通常结合检修、交通、设备安装等需求布置中间联系结构，如三峡升船机塔柱沿高程间隔 14 m 设置中间楼层板或联系梁。

从结构受力及节省混凝土用量考虑，塔柱壁厚沿垂直向可由底部向顶部渐变减薄。采用变厚度壁厚，塔柱的柔性加大，上部质量减小，对抗震有利。上部壁厚减薄后，有利于施工期的混凝土散热，降低温度应力，但壁厚的减薄必须沿高程逐步渐变，不宜在某一高程突变，以免引起刚度的突然变化，对抗震不利。例如，向家坝升船机，其内纵墙底部 1/4 高度范围厚 1.2 m，其余高度范围厚 1 m。

通常在塔柱的顶部布置能满足设备运行和检修要求的主厂房、满足供电设备和通风设备等布置要求的辅厂房、满足控制设备布置要求的中央控制室等。塔柱顶板同时也是顶部机房的底板，其厚度取决于塔柱筒体的整体性和机械设备及集中载荷对板的冲切承载力与板的受剪承载力。顶板过厚，并不能增大筒体的整体抗倾刚度，相反，板厚增大，却显著地加大塔柱顶部的集中质量，结构自振周期随之增加，对风振效应不利。顶部质量越大，相应的地震效应越大。因此，在满足整体性和刚度要求的条件下，顶板不宜太厚。

5. 紧急疏散通道与设施布置

1）塔柱对外安全疏散通道

塔柱的对外安全疏散通道主要包括连接上闸首闸面的疏散通道、连接塔柱两侧的对外疏散通道，以及连接下闸首闸面的疏散通道。上闸首闸面通过坝面交通干线结合左右岸上坝公路对外联系。在紧邻上闸首的横墙上设通行大门，供交通疏散和维修车辆通行至筒体内平衡重井安装维修平台。上闸首的闸面可设电梯或楼梯，到达塔柱顶部机房。

塔柱下游两侧、下闸首闸顶高程设供汽车进出的公路，为运行维护的主要运输和疏散通道，公路宜满足双向通行的要求。塔柱下游外侧横墙设门，与下闸首闸面连通。

2）塔柱内部安全疏散通道

塔柱结构应设置从底板贯通至机房楼层的竖向交通楼梯和电梯，并应每隔一定高度设有一条通向船厢室的水平疏散廊道。船厢结构在与塔柱疏散通道对应的部位应设置人员疏散设施，疏散设施的布置、形式、尺度等应满足乘客、船员和升船机运行人员安全疏散的要求。在升船机的两侧塔柱应布置防烟楼梯间，防烟楼梯间与塔柱各层的水平疏散走道相连。火灾时，塔柱内人员可通过疏散走道进入楼梯间，进而到达上闸首闸面或塔柱两侧地面层的室外安全区域。顶部机房层等人员较为集中的区域，可通过筒体内部楼梯、室外上闸首至机房层楼梯疏散到上闸首闸面的室外安全区域。在左右侧塔柱筒体内，沿高度方向每隔 3.0～3.5 m 设一条水平疏散通道，确保船厢停在任意高度位置时均能与通道连通。每条水平疏散通道靠船厢室侧设一樘防火门。当船厢发生火灾或在升降过程中发生意外停机事故时，船上乘客及工作人员可从船厢两侧的驱动机构平台通过活动疏散钢梯脱离船厢。

3）船厢安全疏散

船厢左右两侧的甲板是船厢的主要交通通道，在左右两侧均设有楼梯，可到达设在船厢上的驱动室及电气室，通过驱动室可进入主纵梁的内腔，并且可以通过底铺板下的交通通道到达船厢头部的机舱。

2.5.5 船厢设备布置与选型

1. 船厢设备基本组成

船厢用于运载船舶，使之垂直升降，是升船机的核心设备。船厢上的机械、电气设备都是为船厢和船舶正常与安全运行服务的，其布置、功能、形式、参数等必须满足船厢运行的需要。为满足船厢运行和安全保护的需要，齿轮齿条爬升式升船机的船厢上通常布置有驱动系统、安全机构、船厢门及其启闭机、对接锁定装置、防撞装置、导向装置、液压系统等机械设备，以及变压器、开关站、现地子站、检测、监控、通航指挥等电气设备。对于通航水位变幅较大的升船机，间隙密封机构、间隙充泄水与水深调节系统也设在船厢上。船厢设备布置三维效果图见图 2.5.5。

2. 主要设备的作用与功能要求

1）驱动系统

驱动系统是船厢升降运行的驱动设备，是船厢上最主要的设备，具备在设计载荷（船厢误载水深小于允许值）条件下，驱动船厢正常启动、匀速升降和正常制动的能力。船厢升降过程中，驱动系统齿轮超载（超过正常运行载荷，达到停机载荷）时，其电气控制系统自动停机并实施快速制动；遇电网突然断电或电气传动系统故障等事故工况时，由驱动系统的安全制动系统实施紧急停机制动。

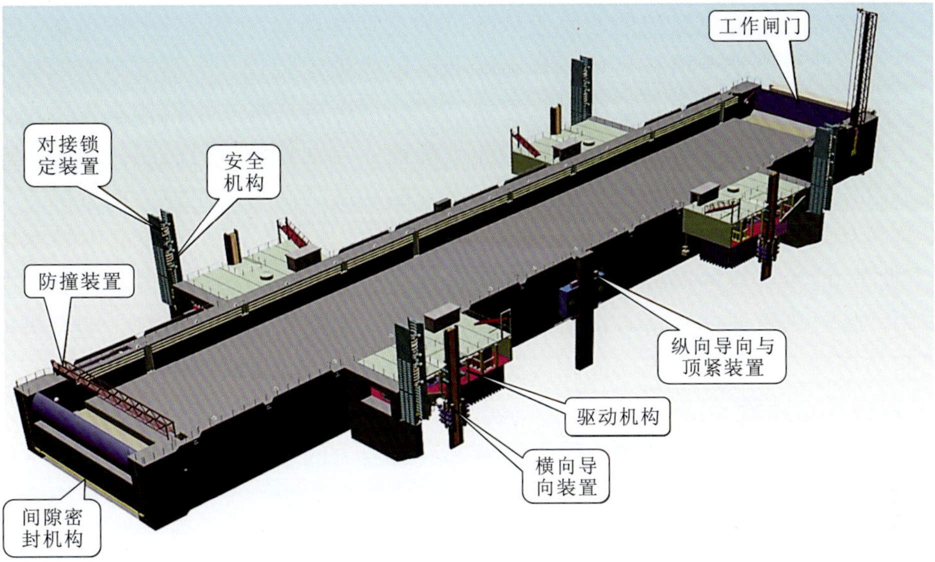

（a）俯视图

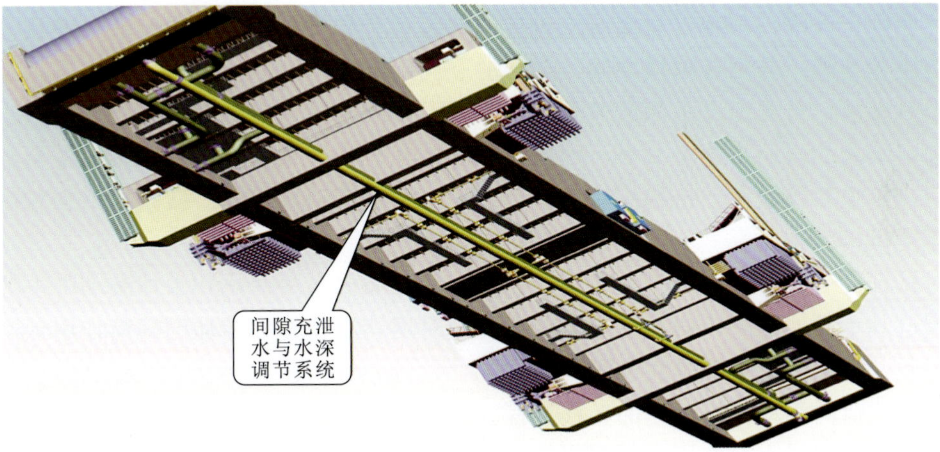

（b）仰视图

图 2.5.5　船厢设备布置三维效果图

对于电机总数为 8 台的驱动系统（如三峡升船机），当船厢升降过程中出现 1 台电机或一套电气传动装置故障时，其余的 7 台电机应能继续驱动船厢完成本次运行；对于电机总数为 4 台的驱动系统（如向家坝升船机），出现 1 台电机或一套电气传动装置故障时，在调整船厢水载荷后，其余的 3 台电机应能继续驱动船厢到对接位。

为保证驱动机构齿轮齿条的机械传动与力学特性，除检修状态外，在其他任何工况下齿轮与齿条之间均需保持正确的啮合；齿轮的托架机构应该具有足够的适应船厢与塔柱之间各个方向相对变位的能力。

2）安全机构

安全机构的主要作用是在升船机的全平衡状态遭受破坏时，将船厢安全锁定在升船机承重塔柱结构上，避免发生船厢坠落或冲顶的灾难性事故，保证升船机设备、船舶和人员的安全。此外，安全机构还可以作为船厢的检修锁定装置，当需要泄空船厢水检修船厢门、船厢盛水槽或平衡重系统时，可通过手动盘车方式将安全机构事先锁定。

安全机构通常考虑的事故工况包括船厢水漏空、与闸首对接时沉船、对接状态水满厢。极端时，还需考虑船厢室和平衡重井进水、船厢或平衡重产生浮力的工况。

安全机构必须具备可靠的自锁条件，螺纹副的螺旋角不得大于按最小静摩擦系数（一般不大于 0.1）计算的摩擦角，螺纹副的自锁需具有一定的安全裕度。在整个船厢行程范围内，螺纹副螺牙的上下方需要有足够的间隙，始终不得产生接触。安全机构需要适应船厢与塔柱之间在各个方向的相对变位，避免任何工况下产生卡阻现象。

3）对接锁定装置

建在水电工程上的升船机，一般上下游都具有较大的通航水位变幅，下游水位还有较快的变率，此外，船只进出船厢过程中，受阻塞效应影响，船厢内将会形成水涌，使船厢内的水体质量及其分布发生改变，从而使船厢产生附加载荷。为避免船厢与闸首对接期间，驱动机构的齿轮过载对安全机构产生作用，影响升船机的正常运行，在船厢上设置了专门承受船厢竖向附加载荷的对接锁定装置。

船厢停止升降、与闸首对接前，对接锁定装置首先投入工作，通过液气弹簧将驱动机构的齿轮卸载；与闸首对接期间，船厢的竖向附加载荷全部由对接锁定装置承担。船厢退出对接前，首先通过水深调节系统调节船厢水深至设计允许值，在此过程中作用于对接锁定装置的载荷将逐步减小，然后待间隙密封机构、顶紧机构等对接设备全部退出工作后，再重新预紧驱动机构齿轮，最后对接锁定装置退出工作，残余的附加载荷将转移到驱动机构。

对接锁定装置自身应具有过载保护功能。当船厢内水深变化和水体波动产生的附加载荷超过其承载能力时，对接锁定装置应能及时退让，使继续增加的载荷作用于安全机构，因此，对接锁定不能是完全刚性的。

附加载荷向驱动机构齿轮的转移过程应平稳、无冲击。驱动机构启动前，对接锁定装置需退出锁定状态，作用在装置内的船厢竖向附加载荷转移至齿轮，要求移交过程平稳，不得对驱动系统造成冲击。

在上下游水位变幅范围内，船厢都有可能与闸首进行对接，对接锁定装置需要适应水电工程升船机上下游水位变化的运行条件，还需要适应各种工况下船厢与塔柱之间在各个方向的相对变位，此外，还应采取可靠的保压措施，确保在电源中断或液压系统故障条件下，装置具有足够的安全可靠性。

4）船厢门及其启闭机

船厢门的作用是封闭船厢盛水槽的两端，使船厢形成湿运船舶过坝的条件，在船厢与闸首对接过程中开启，使船厢水域与航道水域连通，形成船舶进出船厢的航行条件。

对于建在水电工程上的升船机，汛期时上游库区水面会产生漂浮物，这些漂浮物难免被船舶带入船厢门水域。进行船厢门形式选择时，应避免水面漂浮物对闸门运行的影响。

船厢门一般由双驱动点液压启闭机操作。在船厢门全开、全关位置设闸门液压锁定装置，在检修位置设手动锁定装置。液压启闭机需要具有同步运行功能，以及一台启闭机故障后由单台启闭机启闭闸门的能力。

5）横向导向装置

横向导向装置的主要作用是承受作用于船厢的横向载荷，包括作用于船厢及厢内船舶的侧向风载荷、船舶对护舷的侧向碰撞载荷及船厢与塔柱之间的横向地震耦合力，并引导船厢使之始终沿左右两侧轨道的对称中心线升降。

为有效降低横向地震耦合力，横向导向装置应设置具有适当刚度的弹性缓冲系统，并使地震工况下船厢与塔柱之间的横向相对位移限制在驱动机构和安全机构的允许范围内，确保地震时驱动机构和安全机构仍具有正常的工作性能。

横向导向装置还应能够适应船厢与塔柱之间的最大纵向相对变位。

6）纵向导向与顶紧装置

纵向导向与顶紧装置是将船厢纵向导向、对接顶紧和地震缓冲三种功能集合为一体的装置，即在船厢升降过程中对船厢实施纵向导向；在对接期间将船厢沿纵向定位，承担并传递作用于船厢的纵向载荷；在地震工况下，向塔柱结构传递船厢与塔柱之间的纵向耦合力。

其中，纵向导轮带有预紧弹簧，弹性导轮使船厢在正常升降过程中避免发生纵向偏摆。正常工况下，船厢的纵向载荷主要是作用于船厢及厢内船只端面的纵向风载，碟形弹簧组的预紧力按照船厢的最大纵向工作风载确定，船厢正常升降时，导轮不会产生纵向位移，确保船厢能够平稳地沿纵向导轨上下运行。顶紧装置用于对接期间将船厢沿纵向定位，并将作用于船厢上的纵向载荷传递至塔柱。对接期间的纵向载荷主要包括密封框对船厢的推力、船厢与闸首之间的间隙水对船厢产生的纵向水压、作用于船厢与船只的纵向风压，以及船舶对防撞装置的撞击力等。地震工况下，地震载荷通过装置内的弹性系统和顶紧装置传递至塔柱。

为尽量减小纵向地震耦合力，并使地震条件下船厢与塔柱之间的最大纵向相对变位控制在允许范围内，弹性系统需要具有适当的刚度。为减小地震载荷，一般还需要在装置内设置阻尼器。

纵向导向装置需要适应船厢与塔柱之间的最大横向相对变位。

7）间隙密封机构

船厢端部与闸首（或闸首工作闸门）之间留有一定的间隙，用来适应船厢的温度变化、制造误差及闸首工作闸门或埋件的制造、安装误差。船厢与闸首对接时，需要通过间隙密封机构将该间隙封闭，向间隙充水、开启船厢和闸首工作闸门后，便可使船厢与引航道之间形成连通水域。对于闸首工作闸门采用带卧倒小门的下沉式平板门或提升式平板门的升船机，间隙密封机构也可设在闸首工作闸门或闸首结构内，两种布置方式的设备组成与功能基本相同。

间隙密封机构的 U 形框架由多套液压油缸同步驱动，对接过程中由液压系统保压，避免油缸泄漏或船厢位移造成的间隙密封失效。密封框结构需要具有适当的整体刚度，与闸首工作闸门对接后，在油缸推力作用下密封框的变形曲线应与闸首工作闸门止水座板在水压作用下的变形曲线基本吻合。对接过程中，船厢附加的纵向载荷（包括船只撞击力、地震载荷等）将使船厢产生纵向位移，附加的竖向载荷（水满厢、沉船）将使船厢产生竖向位移，对此，间隙密封机构需要具有足够的适应能力，确保各种工况下的止水可靠。

8）防撞装置

防撞装置的作用是在船厢进船时阻挡失速或操控不当的船舶，避免船舶直接撞击闸门，造成闸门损毁。

防撞装置的防撞能力按照满载的设计船型以允许的航速正面撞击时的动能进行考虑。过船时，防撞装置不得侵占通航净空或设计水深，避免对过船造成妨碍。阻挡结构形式需要满足设计船型要求并兼顾其他过坝船型的船艏形状、尺寸，对于少量具有异形船艏（如球鼻艏）的船舶，是否允许通过升船机，需要事先根据防撞装置阻挡结构对船艏的适应能力进行复核。

9）间隙充泄水与水深调节系统

该系统的作用有两个：一是在船厢与闸首对接前后，向由闸首工作闸门、船厢门和间隙密封框组成的 U 形间隙充水或泄水；二是在船厢解除对接前调节船厢内的水深。当闸首工作闸门采用下沉式平板门或提升式平板门时，该系统也可设在闸首工作闸门或闸首结构内。

间隙充泄水可以采用水泵抽排的方式，也可以采用自流的方式。当采用自流方式时，应对充泄水过程的间隙水力学特性进行数学仿真分析，并据此调整阀门的开关时间，避免间隙水产生复杂的水力学问题。

为提高通航效率，一般水深调节系统的水泵选用较大的流量，位于船厢盛水槽内的进出水口的水流速度较大，有可能对船厢内船舶的停泊条件和缆绳张力造成不利的影响。当没有现成工程经验可借鉴时，需要通过数学仿真系统对抽排水过程中船厢内的水力学条件及船只系缆力进行分析计算，确保船舶系缆力满足相关规范的规定。

10）电气设备

为满足船厢机械设备和升船机运行的需要，通常船厢上还布置有驱动机构电气拖动与控制系统、各种检测与监测装置、通航信号与广播设备、监控设备，以及消防、暖通等电气设备。当主拖动电机通过高压供电时，变压设备也布置在船厢上。

3. 主要设备形式与运行原理

1）驱动机构和安全机构

目前世界上已建成的齿轮齿条爬升式升船机的驱动机构主要有两种形式：一种是早期德国尼德芬诺升船机采用的链轮-链梯式；另一种是现代兴建的德国吕内堡升船机、中国三峡升船机和向家坝升船机采用的齿轮-齿条式。与链轮-链梯式相比，齿轮-齿条式在承载能力、润滑条件、维护保养等方面更具优势。

安全机构也主要有两种形式：一种是三峡升船机、向家坝升船机和尼德芬诺升船机采用的长螺母柱-旋转短螺杆式；另一种是吕内堡升船机和亨利兴堡升船机（新）采用的长螺杆-旋转短螺母式。与分节制造、安装的长螺母柱相比，连续长螺杆的制造、安装难度大，不适合提升高度较大的升船机。本节重点对齿轮-齿条式驱动机构和长螺母柱-短螺杆式安全机构进行介绍。

驱动机构和安全机构是船厢上最为关键的设备，在船厢水域有效尺度和外形尺寸确定后，首先进行驱动机构和安全机构的布置。驱动机构用于驱动船厢，使之沿铺设在塔柱墙壁上的齿条升降运行，设四套，在船厢两侧对称布置。安全机构用于在船厢的平衡状态遭受破坏时将船厢安全锁定在塔柱上，也设四套，并与四套驱动机构相邻布置。安全机构与驱动机构之间通过机械传动轴连接，两者同步升降。为减小船厢结构在正常运行工况和事故工况下的整体应力与变形，原则上驱动机构和安全机构尽量在接近船厢总长的 1/4 处布置，具体位置还需兼顾塔柱结构和平衡重系统的布置。

（1）驱动机构。

驱动机构的布置以开式小齿轮的传动和运行保护为中心进行，机械传动设备主要包括电动机、减速器、万向联轴节和小齿轮轴等，运行保护设备包括齿轮托架机构、液气弹簧系统和安全制动系统等。

齿轮托架机构的主要作用是适应船厢与塔柱之间的水平相对变位，保持齿轮与齿条的理想啮合状态，对齿轮进行限载等。齿轮托架机构的主要形式有四连杆式（图 2.5.6）、摇臂式（图 2.5.7）和杠杆式（图 2.5.8）。

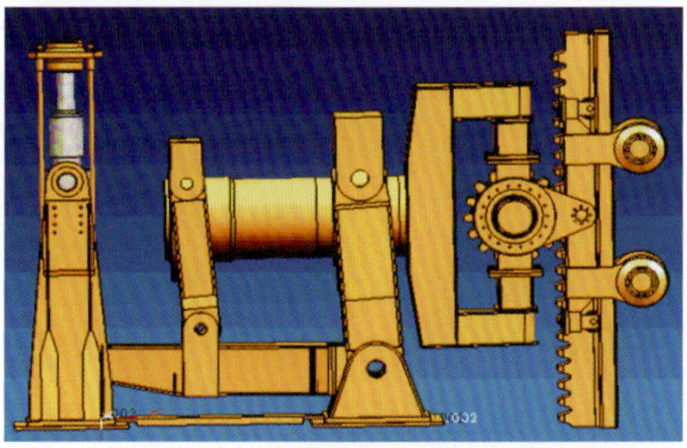

图 2.5.6　四连杆式齿轮托架机构

图 2.5.7　摇臂式齿轮托架机构

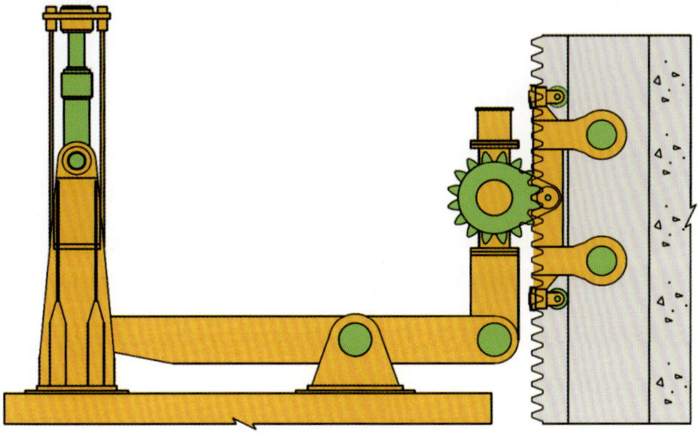

图 2.5.8　杠杆式齿轮托架机构

四连杆式齿轮托架机构主要由小齿轮轴、保持架、旋转支架、前后摆杆、环形轴承座、底横梁和液气弹簧油缸等组成。与小齿轮轴相连的双向导向架将齿轮卡在距齿条相对固定的位置，以保证两者有可靠的啮合状态。小齿轮轴连同保持架及竖向轴支承在旋转支架上，保持架可绕竖向轴相对于旋转支架转动；旋转支架通过环形轴承支承在前后摆杆上，旋转支架可绕横向水平轴转动；前后摆杆下端分别与船厢驱动主横梁和四连杆的底横梁铰接，上端与环形轴承座铰接，从而使小齿轮可以适应塔柱（齿条）相对于船厢的横向相对变位和齿条的各种位置误差。船厢和塔柱之间的纵向相对变位则通过加大齿条的齿宽进行适应。

摇臂式齿轮托架机构主要由小齿轮轴、摇臂、保持架、横向液气弹簧油缸、竖向液气弹簧油缸、支架等组成。小齿轮轴通过保压的横向液气弹簧油缸压紧在齿条导轨上，保持两者之间的啮合状态。小齿轮轴连同保持架的上部通过关节轴承与摇臂前端连接，下部与两只横向液气弹簧油缸的活塞杆铰接，使之可以在水平面内偏转、在竖直平面内偏摆。横向液气弹簧油缸的伸缩可适应船厢与塔柱（齿条）之间的横向相对变位。在船厢升降过程中，横向液气弹簧油缸的活塞需要进行不间断的运动，使得密封圈容易磨损，进而造成油缸内泄，降低了机构运行的可靠性。

杠杆式齿轮托架机构主要由小齿轮轴、保持架、导向架、杠杆梁、铰座及液气弹簧油缸等组成。其运行原理与四连杆式齿轮托架机构基本相同，构造相对简单。保持架下端与杠杆梁的前端铰接，通过支架绕下端支铰的偏摆，可适应船厢与塔柱（齿条）之间的横向相对变位。齿条的各种位置偏差则通过支架绕下端球面轴承的少量偏转适应。

齿轮托架机构的限载装置普遍采用承载能力大、结构紧凑的液气弹簧油缸形式，早期兴建的尼德芬诺升船机受限于当时的液压技术尚不成熟，采用了性能可靠但结构尺寸较大的机械螺旋弹簧。

减速器可选用平行轴减速器或行星齿轮减速器。平行轴减速器的承载能力大，运行可靠，并且便于与同步轴及安全机构连接，在已建的齿轮齿条爬升式升船机中得到了广泛的应用。其缺点是尺寸和重量大，加大了船厢总重。行星齿轮减速器可以获得较大的传动比，传动功率大，尺寸紧凑、重量轻，但为了与安全机构及同步轴连接，需要专门设计。

常用的制动器形式有机械推杆式和液压盘式，现代升船机多采用液压盘式。液压盘式制动器具有尺寸小、制动力大且方便调节的特点，可以有效地减缓紧急制动时船厢悬吊系统的惯性载荷对驱动设备的冲击。

（2）安全机构。

安全机构主要由螺杆、撑杆、机械传动轴系统、导向小车等组成。螺杆竖向布置在中空的螺母柱内腔，上下两端由导向小车限位，使其始终位于螺母柱的中心。螺杆与驱动机构齿轮轴之间通过机械传动轴系统连接，两者之间有严格的传动，确保齿轮的升降速率与螺杆的旋升速率相同。安全机构主要有单撑杆式（图 2.5.9）和双撑杆式（图 2.5.10）。

长螺母柱-短螺杆式安全机构的工作原理是，正常运行工况下，安全机构的螺杆螺牙和螺母柱螺牙不接触，两者之间在上下两个方向均有一定的间隙。当驱动机构的齿轮超载后，设在液气弹簧油缸上的载荷传感器发讯，然后电机停机，制动器上闸，齿轮停止转动，当齿轮载荷继续增加到一定值时，液气弹簧将产生位移，使船厢相对于齿轮的高度位置发生改变，即安全机构螺杆相对于螺母柱的高度位置发生改变，螺纹副间隙一侧减小、一侧增加，当螺旋面接触后，船厢的不平衡载荷便转移到安全机构上。

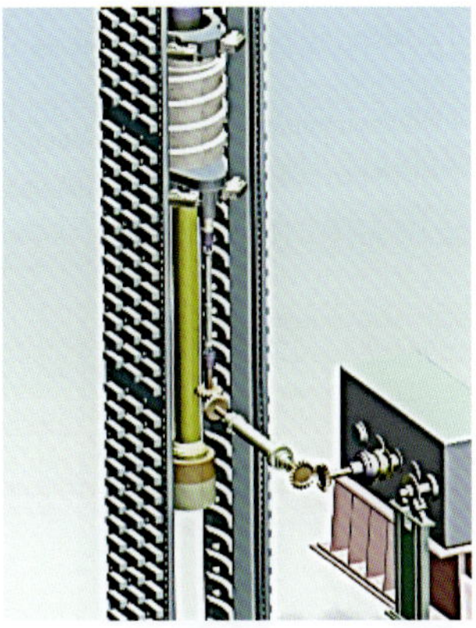

图 2.5.9　单撑杆式安全机构

图 2.5.10　双撑杆式安全机构

单撑杆式安全机构的螺杆通过下方的撑杆支承在船厢主横梁的端部，撑杆的上下两端分别通过球面轴承与螺杆和支座连接，撑杆可绕下方的球面偏摆，以适应船厢与塔柱（螺母柱）之间的水平相对变位。在船厢漏水等船厢重量减小的工况下，撑杆为压杆；在沉船、水满厢等船厢重量增大的工况下，撑杆为拉杆。螺杆的旋转驱动力来自驱动机构，电机动力通过减速器、机械传动轴和齿轮副直接驱动螺杆，使之转动。单撑杆式安全机构的构造相对简单，机械传动与主承载构件相对独立，各构件受力明确。

双撑杆式安全机构的螺杆上下两端分别与上下撑杆连接，撑杆两端均设球面轴承，其中上撑杆的上端可以竖向滑动，两个撑杆可以绕下端的球面轴承偏摆，以此适应船厢与塔柱（螺母柱）之间的水平相对变位。船厢漏水工况下，下撑杆以压杆形式承载；水满厢或沉船工况下，上撑杆以压杆形式承载。螺杆的旋转由撑杆通过花键传动。双撑杆式安全机构的上撑杆作为主承载构件，担负着螺杆的传动任务，还需要适应螺杆高度位置变动的要求，使得撑杆两端的连接结构构造复杂，其总体性能不如单撑杆式安全机构。

安全机构螺杆与驱动机构齿轮之间通过减速器、机械传动轴系统连接，船厢升降运行时两者必须严格同步，即

$$m_n \times z = p_s \times i_s \tag{2.5.3}$$

式中：m_n 为齿轮模数；z 为齿轮齿数；p_s 为旋转螺杆螺纹节距；i_s 为齿轮与螺杆之间的传动比。

在安全机构设计中，强度和自锁可靠性是两个最重要的问题。为保证螺纹副可靠自锁，其螺旋角不得大于摩擦副的摩擦角，但螺旋角又不能过小，否则将不能保证螺牙的机械强度。确定合理的螺纹直径、螺距等技术参数，是安全机构设计的关键内容之一。

2）对接锁定装置

国内水电工程升船机与国外人工运河升船机相比，最为突出的特点是上下游有比较大的水位变幅，下游有较快的水位变率。对接锁定装置的主要作用是在船厢与闸首对接期间将船厢沿竖向锁定，并承担作用于船厢的竖向附加载荷（主要是误载水重量）。附加载荷将会使船厢结构的变形发生改变，进而影响安全机构螺纹副间隙的变化，以及设在船厢端部的间隙密封机构的封水效果。对接锁定装置的布置位置，原则上需兼顾附加载

荷造成的船厢结构变形对安全机构、间隙密封机构的不利影响，但具体布置位置与对接锁定装置的结构形式有关，还需要结合塔柱的结构布置等因素进行综合考虑。目前世界上齿轮齿条爬升式升船机已采用的对接锁定方案主要有三峡升船机的旋转螺杆式（图 2.5.11）、向家坝升船机的摩擦式（图 2.5.12）和吕内堡升船机的液压插板式几种。

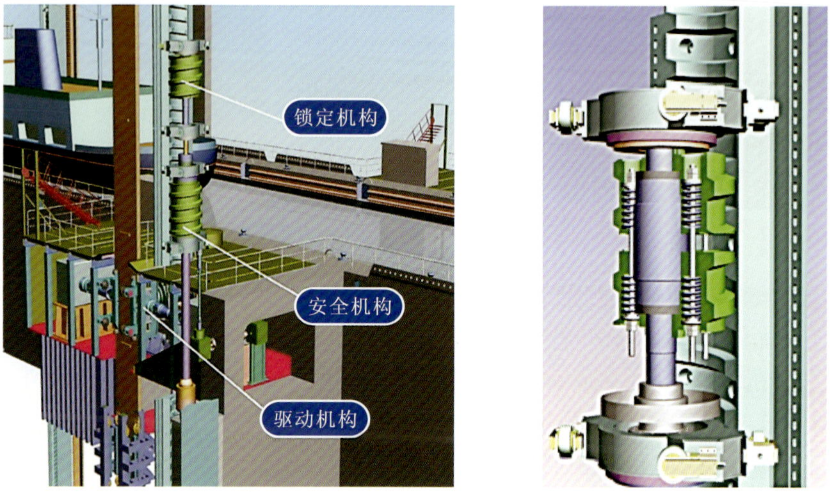

（a）设备布置　　（b）设备构造

图 2.5.11　旋转螺杆式对接锁定装置

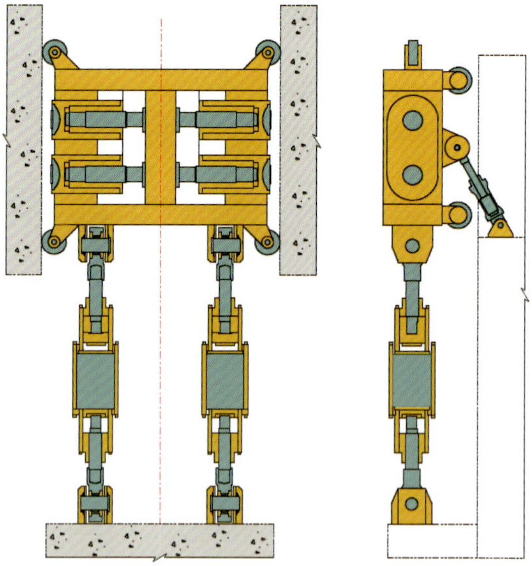

图 2.5.12　摩擦式对接锁定装置

旋转螺杆式对接锁定装置布置在安全机构螺杆的上方，主要由螺杆式锁定块、芯轴、复位弹簧、导向小车和旋转管接头等液压元件组成。芯轴下端与安全机构的螺杆通过两端带球铰的撑杆连接，撑杆两端的球头与轴瓦之间及芯轴与两节螺杆式锁定块之间均通过滑键连接，由安全机构螺杆带动撑杆、芯轴和开合螺杆同步转动。平时两节螺杆式锁定块在复位弹簧的作用下处于闭合状态，两者外表的螺牙成为连续的螺旋面，与安全机构螺杆一起在中空的螺母柱内空转，见图 2.5.13（a）。船厢对接时，液压力使上下两节螺杆式锁定块张开，在螺牙的上下螺旋面分别与螺母柱螺牙接触后，液压回路由阀件闭锁，封闭的油腔即可承担外载荷产生的压力，从而使作用于锁定块的船厢附加载荷经锁定块传递给螺母柱，见图 2.5.13（b）。解除对接时，液压卸载，复位弹簧使上下锁定块重新闭合。为避免安全机构起作用时对接锁定装置承受载荷，对接锁定装置的螺纹副间隙需略大于安全机构。当对接过程中船厢的附加载荷超过锁定装置的设计载荷时，锁定块承载油腔溢流，使芯轴产生竖向位移，直至安全机构螺纹间隙消失，继续增加的船厢不平衡力将由安全机构承担。

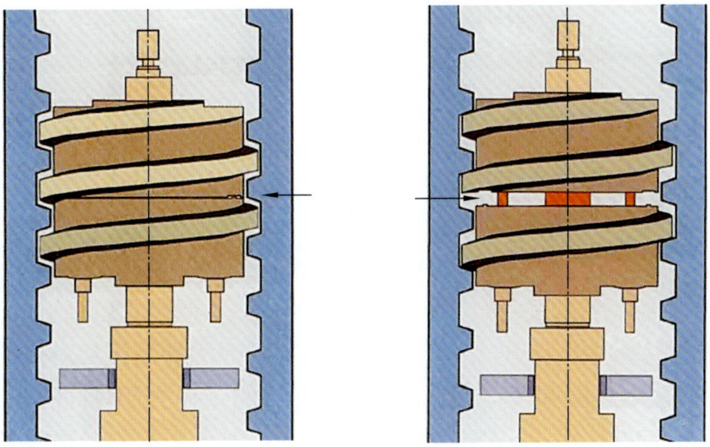

（a）船厢正常升降时　（b）船厢对接时

图 2.5.13　开合螺杆工作状态

旋转螺杆式对接锁定装置的优点是，与安全机构共用螺母柱，无须另外设置承载结构，尺寸小、布置紧凑，承载能力大。其缺点如下：设在装置顶部的旋转液压管接头难以避免泄漏或失效，届时泄漏的液压油有可能会污染螺旋面，影响安全机构和对接锁定装置的自锁可靠性；对接锁定装置的工作载荷直接作用于安全机构，对安全机构内推力辊子轴承的使用寿命有不利影响。

摩擦式对接锁定装置主要由撑紧油缸、液气弹簧油缸、支承与限载油缸、框架结构、导轮等组成。四套装置独立布置在船厢两侧，沿铺设在塔柱上的四组轨道升降运行。撑紧油缸的活塞杆固定在框架结构上，缸体在导向套内水平移动，在液压力作用下缸体向装设在塔柱上的导轨施加正压力。撑紧油缸成对布置，缸体端部装设有高比压、高摩擦系数的摩擦块，利用摩擦块与导轨之间的静摩擦力，达到将船厢竖向锁定的目的。两套支承与限载油缸位于框架结构下方，由上下油缸和连接结构组成，上部油缸的活塞杆与框架铰接，下部油缸的活塞杆与船厢主横梁铰接。在船厢对接过程中，当竖向附加载荷超过对接锁定装置的设计载荷时，限载油缸的承载油腔泄压，使船厢产生竖向位移，位移量值达到安全机构螺纹副的间隙后，继续增加的附加载荷将由安全机构承担。液气弹簧油缸的作用是使框架上的横向导轮始终压紧导轨，以适应船厢与塔柱之间的横向相对变位。在四组纵向导轮作用下，框架结构在水平面内与两条摩擦导轨之间的相对位置保持不变。底部的支承与限载油缸可以沿纵向偏摆，从而适应船厢与塔柱之间的纵向相对变位。撑紧油缸缸体端部装设具有弹性复位功能的球面支承块，摩擦块通过螺钉与球面支承块连接（图 2.5.14），通过球面支承块的小幅度滑动来适应摩擦轨道各种位置的偏差。

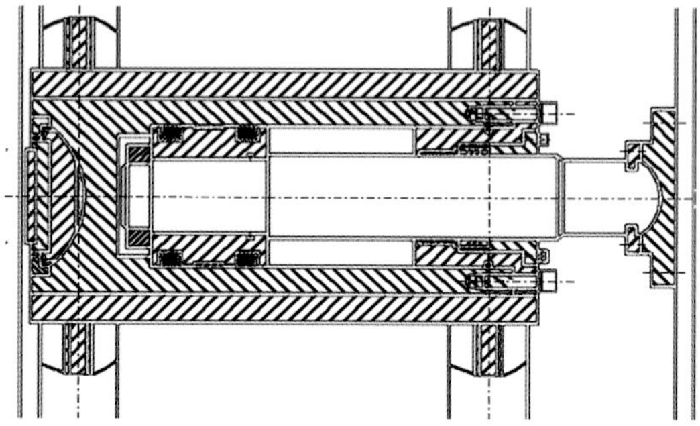

图 2.5.14　撑紧油缸构造示意图

具有高比压、高摩擦系数的摩擦块是该装置的关键零件，是三峡升船机“七五”国家科技攻关计划的成果，为铜基粉末冶金材料，其与合金结构钢轨道之间在水湿条件下的静摩擦系数≥0.55，抗压强度≥180 MPa，抗剪强度≥40 MPa。

摩擦式对接锁定装置的优点如下：技术相对成熟，类似装置已经成功应用在隔河岩、彭水、亭子口等钢丝绳卷扬提升式升船机中；避免了泄漏的液压油对安全机构螺纹副的污染；布置位置更接近船厢端部，减小了对接期间船厢结构变形对间隙密封的不利影响。其缺点如下：设备布置在船厢与塔柱之间的凹槽内，不便于检修；摩擦块与轨道之间的摩擦系数受气温、压力、接触面状况等因素的影响，需要留有足够的安全裕度。

3）导向系统

齿轮齿条爬升式升船机的船厢导向系统除用于对升降过程中的船厢进行导向外，还是船厢对接过程中的水平锁定，以及地震状态下船厢与塔柱之间的耦合设施。导向系统由横向导向装置和纵向导向装置两部分组成，两种装置具有不同的构造与运行原理。

（1）横向导向装置。

对于不考虑地震载荷的齿轮齿条爬升式升船机和钢丝绳卷扬提升式升船机，船厢横向导向装置仅需具有导向功能，导轮由机械弹簧预紧，可与纵向导向装置及对接锁定装置共用组合型导轨，在船厢上的位置取决于对接锁定装置的布置。尼德芬诺升船机和吕内堡升船机不考虑地震载荷，采用的是结构相对简单的弹性导轮。对于三峡升船机、向家坝升船机，因设计地震烈度较高，对地震载荷的合理处理是船厢设备设计中面对的一个技术难题。为此，专门开发了兼具导向、对中运行和抗震缓冲功能的横向导向装置（图 2.5.15）。

四套横向导向装置布置在驱动机构的下方，以齿条为导轨，每套导向装置分别由一只双活塞杆导向油缸和一个导向架组成。导向油缸通过万向机架安装在驱动机构主横梁的端部，活塞杆吊头则通过关节轴承与导向架连接。在导向架的上下游侧设有纵向导轮，用于保持导向架与齿条的纵向相对位置不变，导向架的重量由两根安装在齿轮横梁下方的吊杆承担。

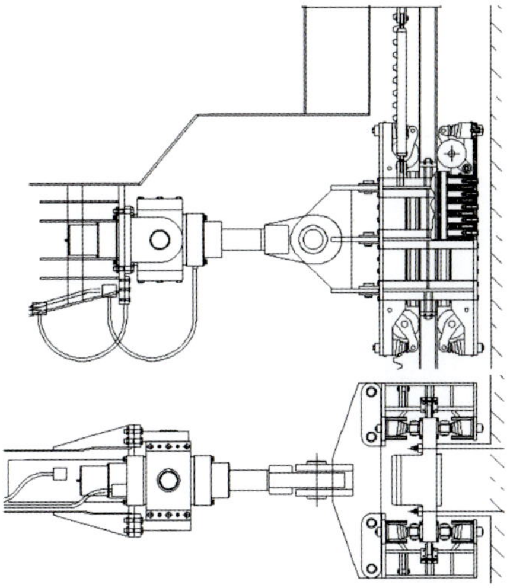

（a）构造示意图

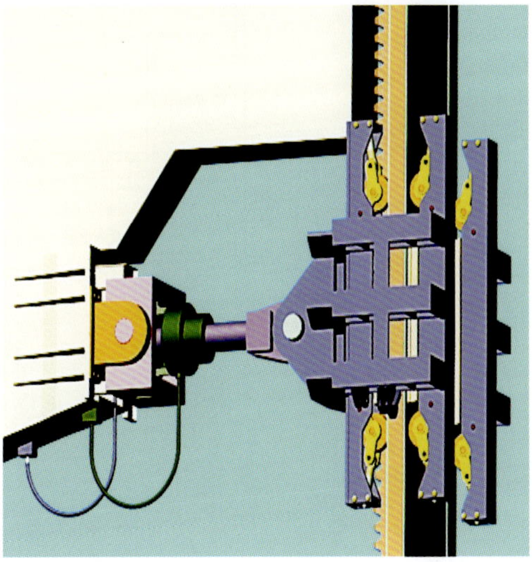

（b）三维效果图

图 2.5.15　横向导向装置

每个导向架内设有八组正反向弹性导轮和四组正反向滑块，均以齿条两侧底板的正反面为轨道踏面。导轮用于缓冲和承受船厢及厢内船舶的横向风载。每根滑块通过多组预紧的碟形弹簧支承，滑块与踏面之间保持毫米级的运行间隙。当导轮遇到超过弹簧预紧力的地震载荷后，导轮内的弹簧被压缩，运行间隙消失后滑块与轨面接触，使与滑块连接的碟形弹簧被压缩，地震载荷通过导向油缸传递至导向架，最后经齿条传递至塔柱结构。

每只导向油缸的两个油腔通过管路与位于船厢对侧的另一套横向导向装置导向油缸的两腔交叉连通，使船厢的横向载荷只能造成导向油缸压力的变化，而不能使船厢产生横向位移，并使船厢能在塔柱任何变位及齿条的制造、安装误差条件下，均处于左右两侧齿条的正中位置，而导向架则无须适应塔柱的结构变形及齿条的制造、安装误差。

船厢同一端两只导向油缸的油路与一套液压补偿系统连接，液压补偿系统由补偿油缸和液气弹簧组成，液气弹簧则与液压控制系统连接。液压补偿系统的主要作用是吸收导向油缸内液压油的热膨胀，并补充导向油缸的泄漏。液压补偿系统由两个串联的液压缸和一套液气弹簧组成，其连接方式可以保证导向油缸两个油腔的体积有相同的变化量，并使导向油缸保持设定的油压。每个导向油缸上均装有位置测量装置，当一个油腔发生泄漏时，其油液损失由两个导向油缸的两个油腔平均分担，使活塞发生位移，船厢将偏离两侧导轨的中央，对导向油缸上的位置测量装置测出的活塞行程进行比较，就可以算出船厢对导轨中央的偏移量，当两侧导向油缸的活塞位置差超过设定值时，油泵向导向油缸泄漏的一个油腔补充液压油，直至船厢回到导轨的中央。横向导向装置工作原理图见图 2.5.16。

碟形弹簧组、导向油缸及液气弹簧构成了横向导向装置的弹性支承系统，该弹性支承系统具有地震计算所要求的适当的弹簧刚度。作为地震工况下船厢与塔柱之间的横向联系构件，它可以有效减缓船厢与塔柱之间的横向地震耦合力，又确保该工况下船厢的横向位移在驱动机构、安全机构的允许范围内。

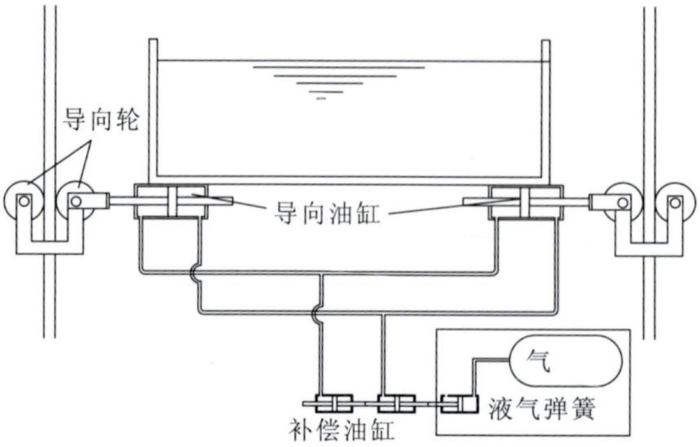

图 2.5.16　船厢横向导向装置工作原理图

（2）纵向导向与顶紧装置。

与横向导向装置一样，对于需要考虑地震载荷的齿轮齿条爬升式升船机，纵向导向装置也需要具有减震缓冲功能。此外，考虑到对接状态发生地震的最不利工况，需要将对接顶紧装置集合到纵向导向装置中，为此，三峡升船机、向家坝升船机设计中研发了集导向、对接顶紧和减震缓冲功能于一体的纵向导向与顶紧装置。为尽量减小塔柱结构纵向变位和船厢结构温度变化对设备运行的不利影响，原则上纵向导向装置应布置在船厢横向中心线上（如三峡升船机），当船厢横向中心线处难以布置作为纵向导轨支承的土建结构时，纵向导向装置的布置位置应尽量靠近横向中心线（如向家坝升船机）。设计采用的这种非对称布置，会使船厢重心偏离其几何中心，需要特别注意的是，应通过在船厢一端加设配重块的措施，调整船厢重心，避免四套驱动机构载荷不均和船厢歪斜等不良后果。

目前已应用于实际工程的纵向导向与顶紧装置有两种形式：一种是三峡升船机采用的弯曲梁式（图 2.5.17）；另一种是向家坝升船机采用的碟形弹簧组式（图 2.5.18）。

（a）地震工况

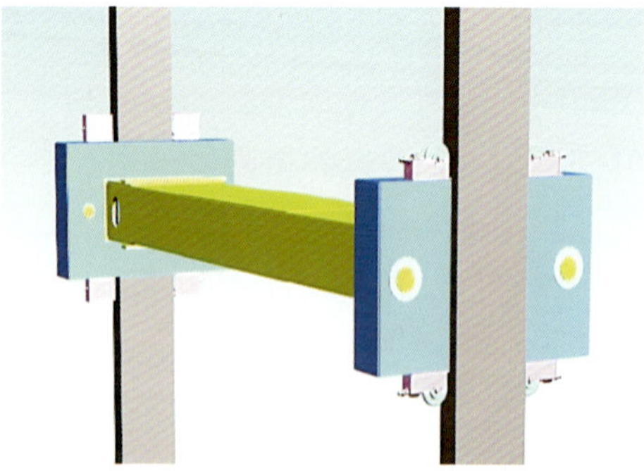
（b）正常升降工况

图 2.5.17　弯曲梁式纵向导向与顶紧装置

首先，介绍弯曲梁式。弯曲梁式纵向导向与顶紧装置布置在船厢中部，由一根弯曲梁及两套双向导向-顶紧装置组成。弯曲梁安装在船厢底铺板结构下方，两套导向-顶紧装置分别装设在弯曲梁的两端，相应地，在承重结构中心竖墙的端部布置两条双向导轨。在水平面内，弯曲梁的中部通过弹性支座支承在船厢底部结构上，水平支座将承受作用于弯曲梁的正常运行纵向载荷、对接顶紧载荷及地震载荷，梁在水平方向具有抗震设计所要求的适当刚度；在横向垂直面内，梁的两端分别支承在位于船厢主纵梁内侧腹板的弹性支座上，支座仅承受纵向导向装置的重力及导轮摩擦力。弯曲梁的两端还分别连接一套液压阻尼器，用于减缓地震载荷（图 2.5.19）。

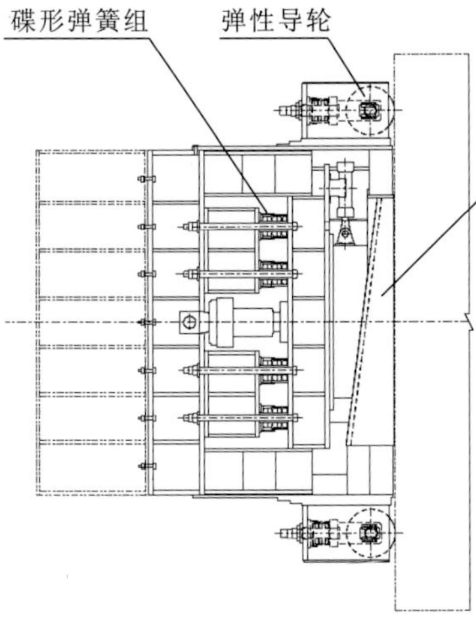

（a）正向视图

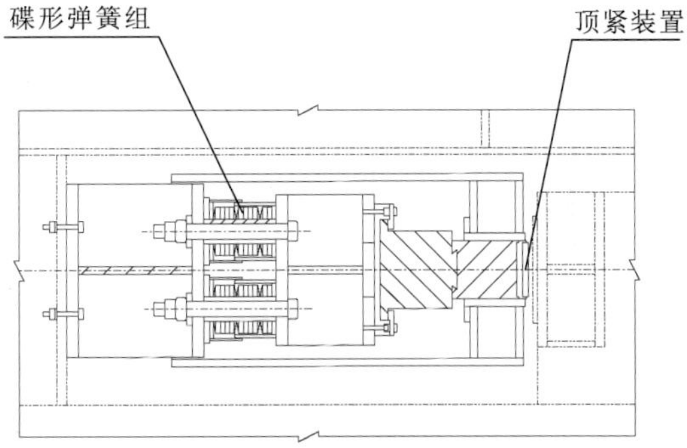

（b）平面视图

图 2.5.18　碟形弹簧组式纵向导向与顶紧装置

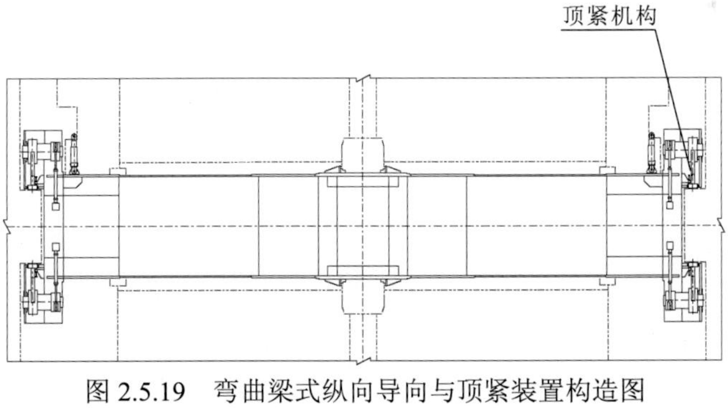

图 2.5.19　弯曲梁式纵向导向与顶紧装置构造图

导向-顶紧装置由弹性导轮、顶紧机构和箱体结构等组成。导轮及顶紧机构装设在箱体内，箱体通过高强度螺栓与弯曲梁的端部连接。每套装置内包括两套由预紧弹簧支承的导向轮和两套顶紧机构。顶紧机构采用偏心轴自锁式，由驱动油缸、偏心轴、顶紧板等组成。船厢升降时顶紧板与轨道踏面之间有一定的间隙，避免与轨道接触；船厢与闸首对接时，顶紧板由驱动油缸驱动，在偏心轴作用下，与轨道踏面贴紧，即可传递顶紧载荷。顶紧状态下，地震载荷将通过顶紧板与轨道之间的刚性接触直接传递到塔柱；升降过程中，地震载荷首先作用于导向轮，其预紧弹簧的变形超过顶紧板与轨道之间的间隙后，地震载荷将作用于顶紧板。弯曲梁式纵向导向与顶紧装置的突出特点是，其设置了用于承受地震载荷的横向弯曲梁。为满足抗震设计要求的弹簧刚度，弯曲梁需要具有较大的结构尺寸（三峡升船机弯曲梁断面尺寸为 2 m×4 m，自重约为 350 t），给船厢增加了额外负担，并且弯曲梁结构现场安装的技术难度较大。此外，正常对接时，在顶紧载荷作用下，弯曲梁将产生弹性变形，给间隙密封机构的可靠运行带来不利影响，同时还将加大船厢与塔柱之间的纵向相对变位，对驱动机构、安全机构等船厢设备适应纵向相对变位的能力有着更高的需求。由于在弯曲梁的中部设有支铰，可以均衡两套顶紧机构的地震耦合力，该形式的纵向导向与顶紧装置能很好地适应地震造成的塔柱的扭转变形。

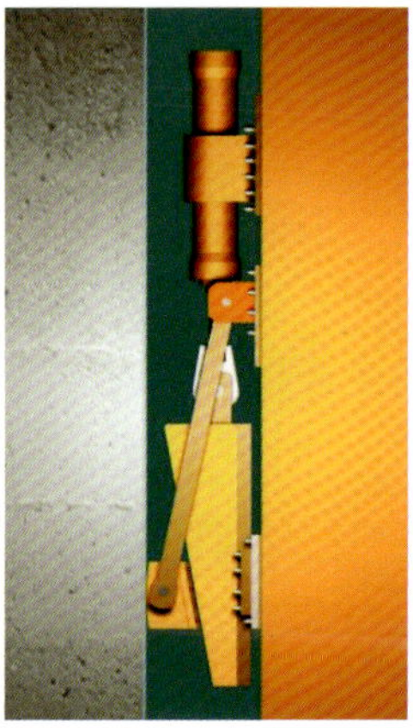

图 2.5.20　楔形块自锁式顶紧机构

然后，介绍碟形弹簧组式。碟形弹簧组式纵向导向与顶紧装置由四套结构相同、运行独立的装置组成，四套装置成对布置在船厢主纵梁外侧、纵向轨道的上下游，每套装置均包括两套导向轮装置、一套顶紧机构和一套弹簧组及箱体结构。导轮装置与弯曲梁式完全相同，由导向轮和弹簧组构成，弹簧组的预紧力按照船厢最大纵向工作风载确定，使船厢能够平稳地沿纵向导轨上下运行。顶紧机构用于船厢的正常对接，采用楔形块自锁式（图 2.5.20），在船厢运行时楔形块收回，只有导向轮与轨道接触；船厢对接时，驱动油缸推动楔形块压紧轨道板，此时纵向水平载荷通过船厢主纵梁牛腿结构、箱体结构、弹簧组、楔形块等构件传递至塔柱。该形式的顶紧机构已在国内隔河岩、高坝洲、彭水等钢丝绳卷扬提升式升船机上成功应用，其工作可靠性得到了实践检验。弹簧组的刚度应根据地震计算结果的需要进行配置，基本原则是其刚度值应适当，即在船厢对接且遇地震工况下，弹簧组的位移应在驱动机构、安全机构可以适应的范围内。具体弹簧刚度值的确定需要在已知地震耦合力的前提条件下进行，而地震耦合力又与弹簧组刚度、塔柱结构动力特性、厢内水体动力特性及阻尼器特征参数等因素相关联，因此设计中需要对多组弹簧刚度进行试算，寻求满足结构、设备强度与变形要求的合适刚度。按照船厢正常对接工况下的最大纵向载荷对弹簧组进行预紧，因此，顶紧载荷、风载等正常运行载荷不会使弹簧产生变形，只有对接工况下发生地震或者船厢升降状态下的地震耦合力超过弹簧组预紧力时，才能使弹簧产生变形。

最后，介绍碟形弹簧组式与弯曲梁式性能的比较。两者的主要区别在于顶紧机构形式和地震缓冲结构工作机理的差异。碟形弹簧组式中的弹簧组进行了预紧，弹簧在对接载荷作用下不会产生变形，因此不会使船厢产生纵向位移，对其他船厢设备的正常、可靠运行不会产生不利影响。与弯曲梁式相比，碟形弹簧组式的设备布置紧凑，自重较轻，设备安装难度低。考虑到强烈地震属于极端工况，在确保强震工况下船厢不倾覆、坠落，保证安全机构的功能和作用，以及升船机建筑结构不发生整体破坏的前提下，纵向导向与顶紧装置宜尽可能简化，降低重量和设备成本。为此，碟形弹簧组式与弯曲梁式相比，具有一定的技术与经济优势。

4）船厢门及其启闭机

升船机船厢门应用较多的形式主要有提升式平板门、下沉式平板门、卧倒式平板门和下沉式弧形门几种，闸门均采用双吊点，启闭机形式主要有固定卷扬机式和液压式。其中，提升式平板门多用在闸首工作闸门同为提升式平板门且航道水位恒定的场合（如清江隔河岩第二级升船机、尼德芬诺升船机等），闸门的启闭通过联门机构与闸首工作闸门联动，启闭机采用固定卷扬机式，布置在闸首工作闸门上方，吊具与闸首工作闸门连接。其他形式的船厢门均采用液压启闭机，启闭机的布置方式因闸门形式、运行条件的不同而有所差异。几种典型的船厢门及其液压启闭机布置见图2.5.21。

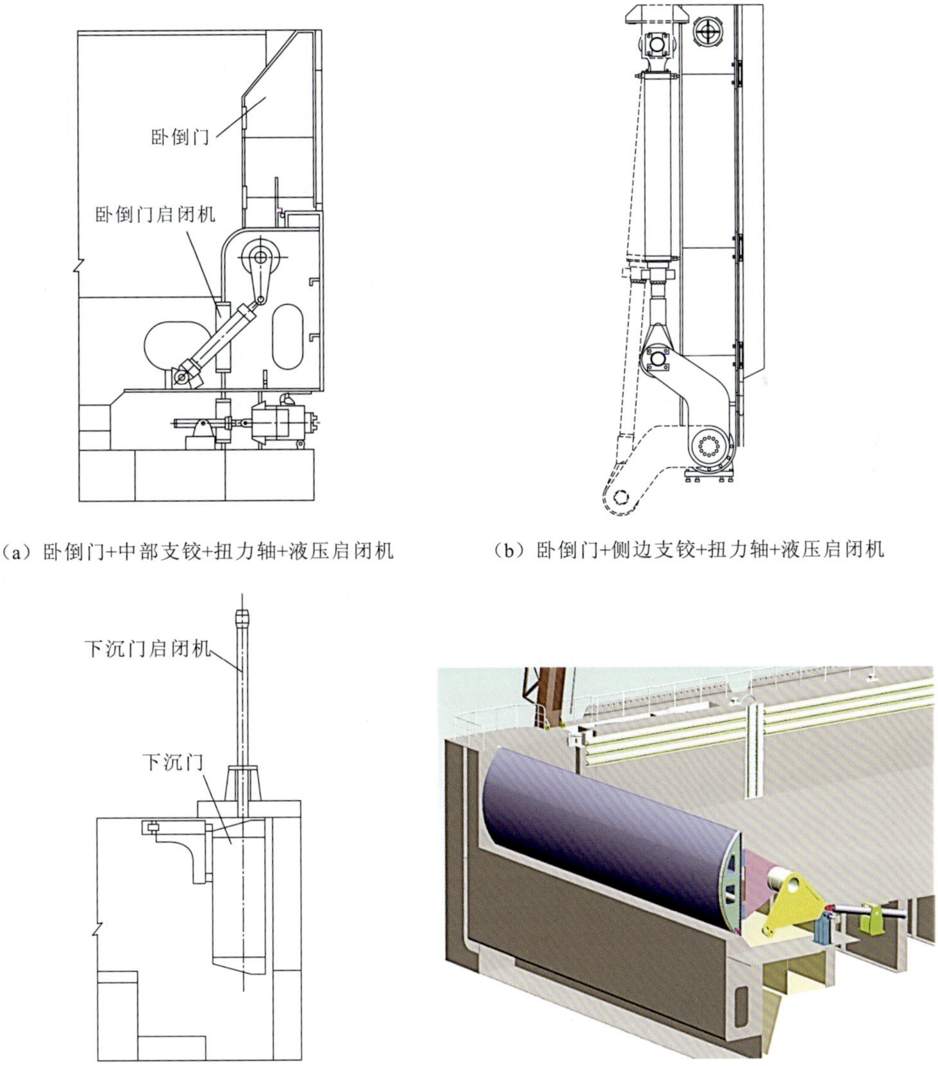

（a）卧倒门+中部支铰+扭力轴+液压启闭机　（b）卧倒门+侧边支铰+扭力轴+液压启闭机

（c）下沉式平板门+液压启闭机　（d）下沉式弧形门+扭力轴+液压启闭机

图2.5.21　典型船厢门及其液压启闭机布置

（1）卧倒门＋中部支铰＋扭力轴＋液压启闭机方案。设备布置见图 2.5.21（a）。卧倒门通过设在中部的两个支铰座与船厢结构连接，挡水面板设在背水侧，启闭时卧倒门绕支铰轴转动，开启后闸门结构卧倒于门龛内，面板与船厢底铺板平齐。闸门采用常规 P 型止水、钢滑块支承，通过工作水压实现止水橡皮的封水效果。闸门吊耳孔通过花键与支铰轴连接，加长的支铰轴经屈臂与液压启闭机油缸连接，屈臂与支铰轴之间采用花键连接，与液压启闭机活塞杆吊头之间采用关节轴承连接，油缸的另一端通过关节支铰座安装在船厢结构上，油缸的驱动力经屈臂、支铰轴传递到卧倒门门叶。支铰沿门叶厚度的布置位置，可确保闸门重心位于支铰轴线的外侧，使得闸门关闭状态下重力作用的结果是止水和支承承受压力，即闸门重力不会使其有开启趋势。在支铰轴穿越船厢头底部结构处，设有封水装置，避免船厢水进入底部的启闭机房。该方案的优点如下：闸门采用常规止水，平面止水座板位于开敞的支承结构上，便于加工制造；作用于门叶的工作水压确保止水效果可靠；启闭过程中止水橡皮与座板之间没有相对滑动，基本不存在止水橡皮的磨损问题；液压启闭机布置在无水的机房内，便于设备的检修、维护。其缺点是，闸门关闭时尺寸较大的水面漂浮物有可能会卡在止水橡皮处，造成闸门因关闭不严而漏水。目前国内已建成的高坝洲升船机、彭水升船机、亭子口升船机等均采用了这种方案，尚未出现漂浮物使船厢门关闭不到位的现象。解决这一隐患的有效措施有两个：一是分别在启闭机油缸和闸门上加设双重的闸门关闭到位检测装置，确保关闭到位信号真实；二是建立严格的运行规程，及时清除上下闸首航槽和船厢水域的漂浮物。

（2）卧倒门＋侧边支铰＋扭力轴＋液压启闭机方案。设备布置见图 2.5.21（b）。设备构成与方案（1）基本相同，不同之处是卧倒门的两个支铰座和两只液压启闭机油缸均布置在闸门两侧，倒挂的油缸位于门槽内。为提高闸门关闭位的工作可靠性，还可在关闭位加设闸门液压锁定装置。与方案（1）相比，该方案的特点是，启闭机油缸位于水下，油缸检修时需要放空船厢水，加大了检修工作量。国内已建的思林升船机、沙沱升船机等的船厢门和向家坝升船机的闸首卧倒门均采用了该种方案。

（3）下沉式平板门＋液压启闭机方案。设备布置见图 2.5.21（c）。在门槽下方的船厢头结构上设门库，闸门开启后下沉于门库内。液压启闭机油缸布置在下沉式平板门两侧的上方，油缸采用缸体前端固定支承，通过螺栓安装在支座结构上，活塞杆吊头与闸门吊耳之间通过吊杆相连，吊杆两端的铰轴相互垂直，以适应启闭过程中门叶的微量偏摆。闸门面板和止水均布置在背水面，正向支承采用导轮，反向支承采用滑块，通过安装时止水橡皮的预压缩量达到可靠的止水效果。闸门顶部两侧各设一套穿销式液压锁定装置，确保关闭状态的闸门工作可靠。该方案的主要优点是，水面漂浮物不会造成止水橡皮卡阻，封水效果可靠。其缺点如下：闸门启闭过程预压缩的止水橡皮处于摩擦状态，橡皮容易磨损；过机船舶的坠物有可能会造成闸门卡阻；止水座板和正反向支承导轨均位于空间相对狭窄的门槽内，不便于机加工；需要在船厢头设置深度大于门高的门库，会加大船厢头高度，不适用于船厢水深较大的升船机。隔河岩第一、二级升船机的船厢门采用了该方案。

（4）下沉式弧形门＋扭力轴＋液压启闭机方案。设备布置见图 2.5.21（d）。这是三峡升船机、向家坝升船机船厢门与启闭机选用的方案。船厢门采用下沉式弧形门，由布置在主纵梁内的两套液压启闭机启闭，闸门向下反转 90° 后沉于门龛内，主梁翼板与船厢底铺板平齐。船厢门系统由门体结构、支臂、支铰、驱动臂、液压启闭机油缸及闸门锁定装置等组成。弧门两侧的两个支臂与支承在船厢主纵梁腹板上的铰轴通过法兰连接，铰轴的另一端与驱动臂之间也通过法兰连接，铰轴与主纵梁内侧腹板之间设有封水装置。液压油缸在缸体中部支承，活塞杆吊头与驱动臂铰接。通过油缸活塞杆的伸缩运动带动驱动臂及铰轴转动，进而带动支臂及门体转动，实现下沉式弧形门的启闭。油缸活塞杆全部伸出时，船厢门处于关闭位，全部缩回后，船厢门处于开启位（图 2.5.22）。

(a) 关闭状态

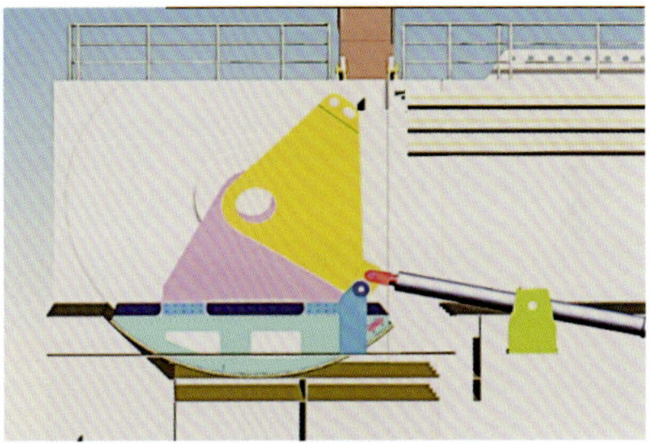

(b) 开启状态

图 2.5.22　下沉式弧形门启闭状态示意图

闸门侧止水橡皮安装在弧形面板的两侧，采用双 P 型结构，可对闸门进行双向止水，弧形止水座板装设在船厢头部的门槽结构上；底止水橡皮安装在闸门底缘，采用双 Ω 型结构，止水座板装设在门槽底部。在门体两端装设横向导向滑块，门槽两侧则装设轨道。门体结构内设适当的水密封闭腔，用于减小正常启闭力。

闸门还可以向上翻转 90° 到船厢上方，以便进行检修、维护。检修前，需将启闭机油缸的吊点自驱动臂的正常工作位改到检修位，闸门翻转到检修位的过程通过两只启闭机油缸驱动。闸门检修状态见图 2.5.23。

(a) 正向示意图

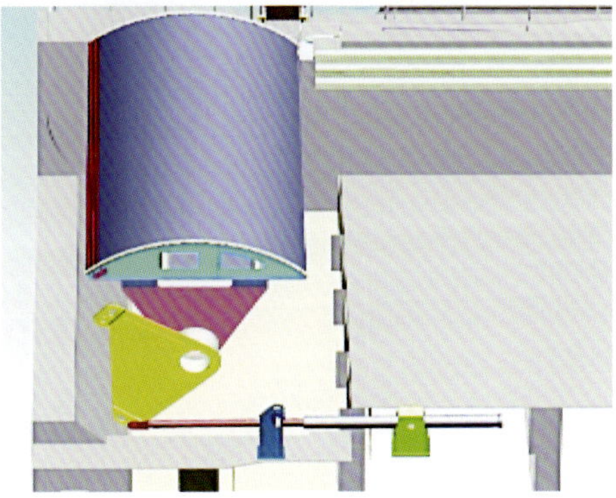

(b) 三维效果图

图 2.5.23　下沉式弧形门检修状态示意图

在每侧的主纵梁内分别布置一套液压插销式锁定装置和一套手动式锁定装置，液压插销式锁定装置用于闸门正常开关位置的锁定，手动式锁定装置用于闸门检修位置的锁定。

该方案的主要优点如下：一是闸门启闭过程中止水橡皮始终与座板贴合，漂浮物不能进入，可以有效避免闸门关闭不严造成的船厢漏水；二是弧门在关闭位继续翻转 90°后，即可全部脱离水面，便于进行更换止水橡皮等检修、维护工作；三是除支铰外，液压启闭机、锁定装置等设备均布置在主纵梁内，便于检修维护。该方案的主要缺点如下：一是侧止水橡皮容易磨损，当磨损达到一定程度时，将会造成船厢门漏水；二是位于船厢结构上的侧止水弧形止水座板精度要求高，现场机加工难度大。

参 考 文 献

[1] 钮新强, 宋维邦. 船闸与升船机设计[M]. 北京: 中国水利水电出版社, 2017: 1.
[2] 中华人民共和国住房和城乡建设部. 升船机设计规范: GB 51177—2016[S]. 北京: 中国计划出版社, 2017.

第3章

重要机械设备与金属结构关键技术

3.1 自承载式船厢结构

船厢是升船机的核心设备，其他结构和设备设施的设计均以船厢为中心来开展。世界上已建的齿轮齿条爬升式升船机，其船厢结构主要有两种形式：一种是盛水结构与承载结构相互独立的托架式；另一种是盛水结构与承载结构合为一体的自承载式。吕内堡升船机和尼德芬诺升船机采用了托架式船厢，三峡升船机、向家坝升船机和尼德芬诺升船机（新）则采用了自承载式船厢。

托架式船厢的驱动机构、事故安全机构、对接锁定装置、顶紧机构、导向装置等主要设备均布置在托架结构上，船厢的盛水结构则搁置在托架结构上，钢丝绳与承托结构连接。托架结构是承担船厢外载荷的主承载结构，盛水结构的主要功能是装载水体，两者的功能和受力都相对明确，结构变形互不影响。自承载式船厢采用整体焊接结构，由主纵梁内腹板、底铺板及两端的船厢门构成封闭的盛水容器，船厢驱动机构、事故安全机构布置在两侧外伸的四个侧翼结构上，悬挂平衡重的钢丝绳分散布置在船厢两侧，与主纵梁外腹板直接连接。对接锁定装置、导向装置、顶紧装置等其他所有设备均装设在船厢结构上。自承载式船厢一般采用双腹板主纵梁，主要设备均可以布置在主纵梁两侧或腔体内，钢丝绳可沿船厢通长布置，有条件使船厢设备和塔柱结构的布置更为合理。本节主要对自承载式船厢结构进行介绍。

3.1.1 船厢结构布置要点

自承载式船厢结构通常由两根主纵梁、两根安全横梁、两根驱动横梁、底铺板结构、厢头结构及附属结构组成，其中，安全横梁和驱动横梁的两端悬伸至主纵梁的外侧，形成侧翼平台结构。典型的自承载式船厢结构布置见图 3.1.1。

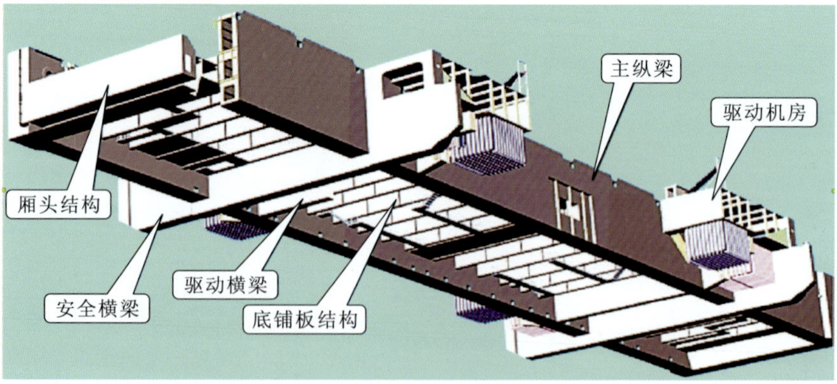

图 3.1.1 自承载式船厢结构布置三维效果图

1. 船厢外形尺寸的确定

船厢外形尺寸对升船机总体布置和塔柱结构布置有直接影响，需要在其他若干参数、尺寸未定的情况下先期确定。确定船厢外形尺寸是升船机总体设计中的一项重要而复杂的工作，需要综合考虑升船机的运行工况、通航条件、船厢有效水域尺寸、船厢结构强度与刚度要求等诸多因素的影响或需求。升船机初步设计时，船厢外形尺寸可参照同等规模的同类升船机选取。

1）主纵梁外形尺寸

主纵梁是自承载式船厢的重要承载结构之一，在船厢有效水域尺寸确定的条件下，箱形主纵梁的尺寸基本决定了船厢标准断面的外形尺寸。

（1）主纵梁宽度。确定梁宽时需要综合考虑以下因素。①上翼缘板将兼作船厢甲板和人行走道板，宽度一般应不小于 1.5 m。②箱形梁的内腔将布置船厢门启闭机、水深调节系统水泵等设备，并作为船厢结构内的纵向交通通道之一，梁宽和腔内空间需兼顾设备布置和安装、检修及运行维护人员交通的要求。③满足主纵梁强度与变形的控制条件。

（2）主纵梁长度。除有效水域长度外，影响主纵梁长度的主要因素如下。①船厢门厚度和止水座结构厚度。②船厢门形式及其运行方式：卧倒式平板门和下沉式弧形门需要一定的运行空间，其开启状态将占用船厢长度尺寸，占用的长度一般不小于门高；提升或下沉式平板门的启闭运行，则对船厢长度没有影响。③防撞装置形式与缓冲距离：防撞装置采用升降钢梁式方案时，钢梁的水平变形量很小，在总体布置设计时可忽略不计，占用的船厢长度只考虑钢梁结构尺寸和导槽结构的承载要求；防撞装置采用钢丝绳+缓冲油缸方案时，对于提升或下沉式平板门需要预留足够的钢丝绳缓冲距离，初步设计时可考虑 1.5～2.5 m。对于卧倒式平板门和下沉式弧形门，钢丝绳的缓冲距离与闸门运行空间重叠，设计时无须另外预留。

（3）主纵梁高度。确定梁高时主要考虑的因素如下。①干舷高，指设计水深水面至主纵梁上翼板的距离。干舷高大小应适中，过大将会使水满厢或船厢被水淹工况的船厢附加载荷加大，造成结构受力和相关设备的载荷加大；过小将会使船舶进出船厢时的水涌漫过船厢门或主纵梁上翼板，还会加大航道水位变率带来的安全风险。根据已建升船机的工程经验，干舷高一般取 0.7～0.8 m。②间隙密封框的布置。为满足船厢与闸首对接的需要，布置在船厢端部的间隙密封框的总高度 $H_{sl}= h_a + h_f + H + h_r + h_v$。其中，$h_a$ 为闸首工作闸门适应的水位变幅值（当上下闸首的 h_a 不同时，按照大者设计），h_f 为干舷高，H 为船厢有效水深，h_r 为船厢门龛高度，h_v 为 U 形密封框底边断面结构高度。③主纵梁的强度与变形控制要求。在满足以上结构布置条件下，初步设计阶段主纵梁的高度 H_C 可按 $\left(\frac{1}{13}\sim\frac{1}{16}\right)L_C$ 进行估算，其中 L_C 为主纵梁长度，即船厢外形长度。

2）船厢标准断面外形宽

船厢标准断面外形宽是指两侧主纵梁外缘之间的距离，包括船厢有效水域宽、两侧护舷宽和主纵梁宽。其中，单侧护舷宽一般取 0.1～0.2 m。

国内外具有代表性的大型齿轮齿条爬升式升船机自承载式船厢外形尺寸见表 3.1.1。

表 3.1.1　国内外具有代表性的大型齿轮齿条爬升式升船机自承载式船厢外形尺寸表

工程名称	过船吨位/t	船厢有效尺寸（长×宽×设计水深）/m	船厢外形尺寸（长×宽×高）/m	主纵梁梁高与长度的比值	主纵梁截面高宽比
三峡升船机	3 000	120×18×3.5	132×23（39.2）×10	1/13	4.34
向家坝升船机	1 000	116×12×3.0	125×16.4（28.4）×7.5	1/16	3.75
尼德芬诺升船机（新）	3 110	115×12.5×4.0	125.5×18.3（27.9）×7.5	1/16	2.78

注：表中“船厢外形尺寸”一列括号内的数值为包含悬翼结构的船厢外形宽度值。

2. 驱动横梁的布置位置

齿轮齿条爬升式升船机的四套船厢驱动机构安装在两根驱动横梁的两端，在水平面内沿船厢的纵横向中心线对称布置。

在船厢升降过程中，可将船厢主纵梁视作悬臂简支梁，将驱动点作为支承，船厢上所有载荷均简化作用在两根悬臂简支梁上。利用静力平衡条件，结合塔柱结构布置的实际情况求解驱动点间距。正常升降状态的船厢主纵梁挠度，由船厢载荷及其作用位置决定。船厢处于设计水深、钢丝绳悬吊、齿轮驱动条件下，选择钢丝绳数量、吊点分布及驱动机构位置等，使船厢挠度的计算值最小。这是一个优化设计问题，其意义在于最大限度地减小船厢结构变形，降低结构变形对设备运行的不良影响，并尽量减轻船厢结构重量。

该优化设计问题的设计变量为图 3.1.2 中标注的各几何尺寸，约束条件为土建结构和机械设备布置需满足的几何关系及船厢总长度为常量所形成的约束条件，目标函数为根据材料力学推导出的单根简支悬臂主纵梁在图 3.1.2 所示载荷作用下的挠度计算公式，优化目标为相对挠度值最小。

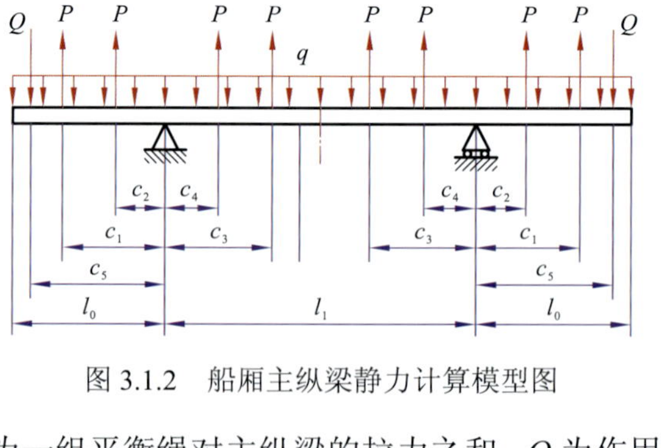

图 3.1.2　船厢主纵梁静力计算模型图

在图 3.1.2 中，P 为一组平衡绳对主纵梁的拉力之和，Q 为作用在厢头一端的水体重力与厢头设备重力之和的 1/2，q 为由船厢结构、设备和水体重力引起的单根主纵梁结构的均布线载荷，l_0 为支座至船厢端部的距离，l_1 为支座之间的距离，c_1、c_2、c_3、c_4、c_5 为集中载荷至支座的距离。上述参数为设计变量，c_5 及船厢总长 $2l_0+l_1$ 为常量。其中，有关钢丝绳吊点位置的参数 c_1、c_2、c_3、c_4 需结合塔柱布置、驱动机房布置及主纵梁挠度尽量小的原则合理确定。

3. 安全横梁布置位置

安全横梁用于安装安全机构旋转螺杆，并与主纵梁、底铺板等共同承担事故工况下的船厢不平衡载荷。

初步设计计算时，可将安全横梁简化为一根简支梁，梁端的安全机构是支点，船厢所有不平衡载荷简化为两个集中载荷，作用在主纵梁与安全横梁相交处。对于安全横梁来说，载荷的大小和位置均已确定，布置位置不影响其强度和变形，但对事故工况下主纵梁的受力和变形有影响。相较于正常工况，事故工况出现的概率极小，船厢结构布置时优先考虑正常工况，即优先考虑驱动横梁的布置以使船厢主纵梁受力条件最优。安全横梁比邻驱动横梁，通常布置在驱动横梁的外侧（厢头侧），安全横梁与驱动横梁的间距在满足设备布置及运行需要的前提下应尽可能小。

3.1.2 船厢主要结构构造形式

自承载式船厢结构由主体结构和附属结构组成。主体结构是船厢的盛水构件和主要承载构件，一般由主纵梁、安全横梁、驱动横梁、底铺板、主横梁、小纵梁等组成。其中，主纵梁和安全横梁、驱动横梁等组成框架梁格体系，主纵梁的内腹板、底铺板与两端船厢门共同构成船厢的盛水构件。船厢附属结构包括钢护舷、系船柱、船厢门门槽、防撞装置导向槽、交通通道及栏杆、电气设备室、消防设备室、液压设备机房及各机构的安装支座或基础等。典型的自承载式船厢结构总体构造见图 3.1.1，标准段横断面示意图见图 3.1.3。

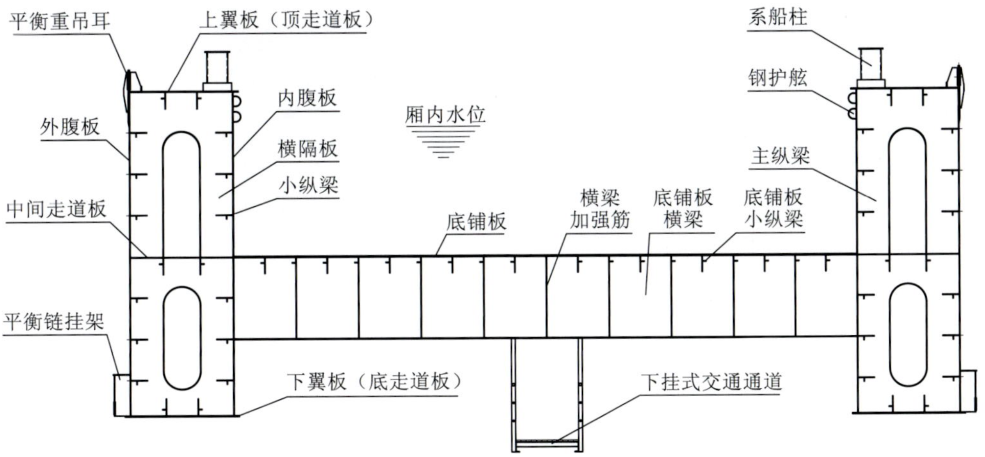

图 3.1.3 船厢标准段横断面示意图

1. 主纵梁

主纵梁是自承载式船厢最主要的承载构件。主纵梁共两根，沿船厢纵向中心线对称布置，长度与船厢总长相等。主纵梁一般采用实腹板式箱形梁结构，主要由上翼板、下翼板、外腹板、内腹板、中间走道板、横隔板、小纵梁、加强筋、钢丝绳吊耳结构及各设备安装支座等组成。一般上翼板兼作船厢顶面的走道板，作为运行维护人员通行及事故时船员和旅客的疏散通道。上翼板顶面还装设有系船柱、护舷架、栏杆等附属结构。下翼板兼作主纵梁内部的底层走道板，供运行维护人员通行。外腹板顶部沿长度方向设置有数组钢丝绳吊耳结构，外腹板底部对应平衡链位置设有挂架结构。内腹板与底铺板共同形成盛水的槽形结构。中间走道板位于船厢箱形主纵梁内部，用于运行维护人员在主纵梁内部的通行，通常与底铺板齐平，沿长度方向满铺布置。在主纵梁内部沿长度方向布置若干横隔板，作为增强主纵梁腹板及翼缘稳定的横向加筋，其位置与底铺板横梁相对应。横隔板上开设有矩形或长圆形孔洞，并设有护圈，供人员穿行。小纵梁设置在翼缘及腹板的内侧，通常采用型材或焊接式的 T 型梁，沿长度方向通长布置。

2. 安全横梁

安全横梁是自承载式船厢事故工况下最重要的承载构件。安全横梁共两根，与主纵梁垂直，沿船厢横向中心线对称布置。安全机构装设在安全横梁的两端，当船厢出现失衡事故时，由安全横梁承载船厢的不平衡载荷。

安全横梁采用实腹板式箱形梁结构，通常采用变截面设计，即中间段梁高大、边段梁高小。安全横梁主要由上翼板、下翼板、腹板、安全机构支座、横隔板、小纵梁等构件组成。上翼板通常与底铺板齐平，下翼板通常与主纵梁下翼板齐平。安全横梁立面图见图 3.1.4。安全横梁端部设有安全机构支座，端部在水平面内通常采用阶梯形或锥形设计，以便结构插入安全机构螺母柱的开口槽内。安全横梁端部构造示意图见图 3.1.5。

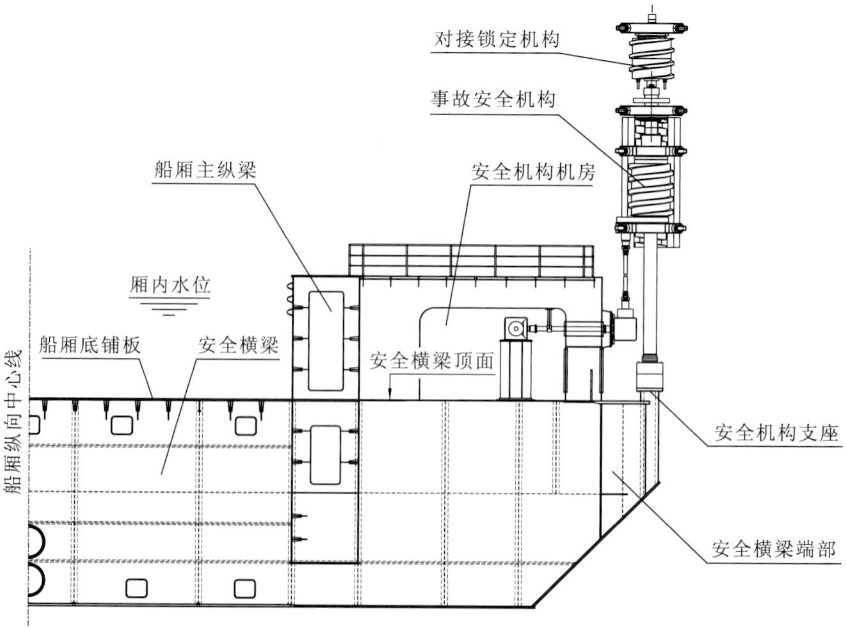

图 3.1.4　安全横梁立面图

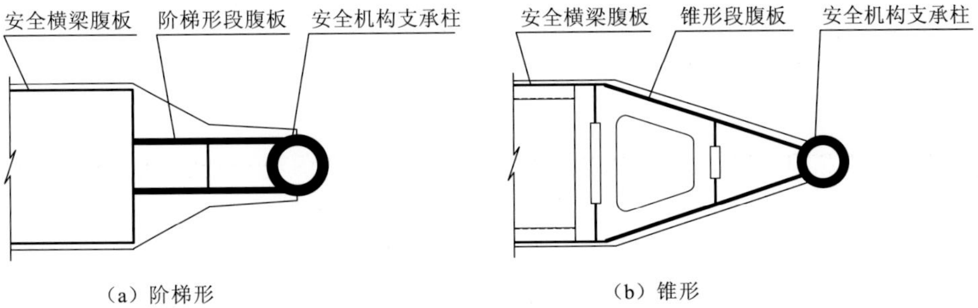

图 3.1.5　安全横梁端部构造示意图

3. 驱动横梁

驱动横梁是装设驱动机构并将驱动力传递给船厢的构件。驱动机构横梁共两根，垂直于主纵梁并沿船厢横向中心线对称布置，通常位于安全横梁内侧；驱动机构的小齿轮托架等装置装设于横梁两端，船厢升降运行时，驱动力通过驱动横梁传递给船厢。

驱动横梁采用实腹板式箱形梁结构，通常采用变截面，主要由上翼板、下翼板、腹板、驱动机构支座、横隔板、小纵梁等部件组成。驱动横梁的构造与安全横梁类似。驱动横梁的悬臂段与安全横梁边段及两者之间搭建的梁系、铺板、顶棚等结构共同构成悬伸于主纵梁外侧的侧翼结构，该侧翼结构内腔即驱动机房，内设驱动机构及机构运行所需的各类机械、电气设备。驱动横梁立面图见图 3.1.6。

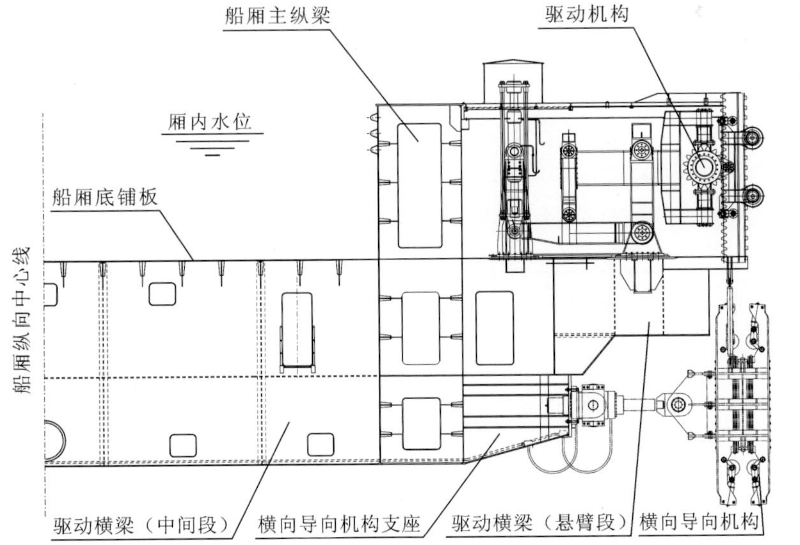

图 3.1.6　驱动横梁立面图

4. 底铺板结构

底铺板结构是船厢水槽的底部结构，用于承受船厢内水体的均布水压力，由底铺板、底铺板横梁、纵梁等组成，沿船厢长度及宽度方向满铺布置。其背水面沿船厢长度方向布置多根横梁，用于将底铺板所承受的水压力传递给主纵梁，正对底铺板横梁的主纵梁内部通常设置数量相等的横隔板，底铺板横梁一般采用单腹板的工字形截面。底铺板背水面沿船厢长度方向通长布置的小纵梁可减小底铺板的区格尺寸，并将水压力传递给底铺板横梁。底铺板还兼作其下挂机房的顶棚。

5. 厢头结构

船厢头部布置有数量众多的设备，如船厢门及启闭机、间隙密封机构、防撞装置、充泄水系统、液压及电气设备等。船厢厢头结构的设计需充分考虑各设备布置及其运行与安装、检修空间的需要，并满足受力要求。

厢头结构主要包括船厢门门龛、厢头机房、各设备支座。采用下沉式弧形门及钢丝绳可开启式防撞装置的厢头结构及设备布置见图 3.1.7（a），采用卧倒式平板门及升降钢梁式防撞装置的厢头结构及设备布置见图 3.1.7（b）。

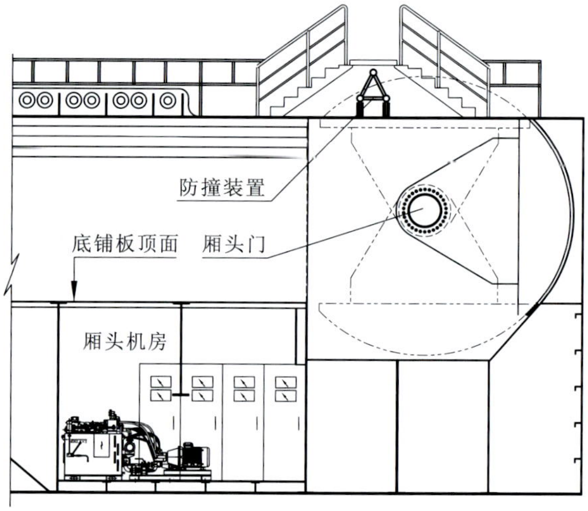

（a）采用下沉式弧形门及钢丝绳可开启式防撞装置的厢头结构及设备布置

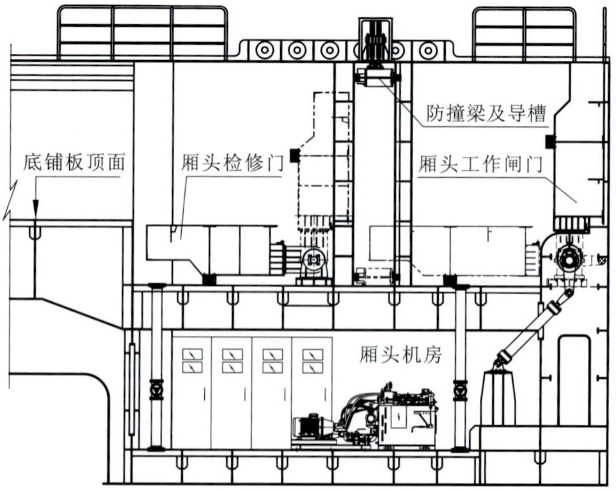

（b）采用卧倒式平板门及升降钢梁式防撞装置的厢头结构及设备布置

图 3.1.7　厢头结构及设备布置示意图

1）船厢门门龛

船厢门门龛由侧龛和底龛组成，侧龛由厢头段凹陷的主纵梁内腹板和船厢门止水座结构组成，主要用来布置船厢门的侧向止水座板，提供支臂的摆动空间，保证水域的通航净宽；底龛由厢头盛水底铺板沉降形成，船厢门全开时卧于底龛内，船厢门背板低于底铺板，保证厢头水域的通航水深。

2）厢头机房

厢头机房主要用于安置厢头的液压系统泵站及电控设备。将这些设备布置在邻近执行机构的地方，可以有效地缩短液压管路、电控线路长度。根据机房内设备的布置需要，确定机房的大小及布置位置，面积需求较大的机房可布置在门龛底部，面积需求不大的机房可布置在紧邻门龛的底铺板底部。机房宽度一般等于两侧主纵梁内腹板的净距，将主纵梁内腹板作为机房的墙壁；机房的长度根据需要确定，一般为底铺板横梁间距的整数倍，即机房的端封板正对某一根底铺板横梁设置。机房内载荷通过机房底铺板梁系传递给主纵梁。

3）设备支座

厢头部位的设备支座主要包括船厢门支铰支座、船厢门液压启闭机支座、船厢门锁定机构支座、防撞装置支座、间隙密封机构驱动油缸支座等。在设计厢头设备支座时需考虑支座上的载荷、支座的布置位置、支座与船厢主承载结构的连接及连接部位的加强、支座处船厢结构的整体变形等因素，船厢门支铰支座还需特别注意防水密封。设备支座布置的一般思路为支座主承载构件正对船厢主承载构件设置，如船厢门支铰支座的耳板一般利用船厢主纵梁内腹板承载；当支座布置无法正对船厢主承载构件时，应设置足够强度的加强梁、加强筋，就近将载荷传递至船厢主承载构件。

6. 主要附属结构

1）钢护舷

钢护舷是船只与船厢发生擦碰时的缓冲保护构件。钢护舷设置在主纵梁内侧、设计水面以上和以下，沿船厢长度通长布置，一般设置 2～3 道。钢护舷为截面呈 U 形的薄壁结构，护舷垂直于水流向的高度一般不超过 200 mm，左右护舷弧面外缘的净距为船厢有效通航宽度。采用 U 形薄壁结构的钢护舷允许在船舶与其擦碰时发生变形或溃缩，从而起到保护船舶与船厢主纵梁结构的作用。

2）系船柱与护舷架

系船柱用于船舶在船厢内停泊系缆。目前国内外已建升船机的系船柱均直接装设在主纵梁顶部的走道板上，以大致的等间距布置，船厢上所有系船柱的形式和安装高度一般都是相同的。我国内河通航船型的种类、吨位、形式等多种多样，干舷高度差异很大，部分船型的干舷高度过高，超过了船厢系船柱的适用高度范围。同时，过高的船舶干舷也超出了船厢两侧钢护舷的防护范围。有的客轮还带有外伸船舷，其上部外展的干舷会伸入船厢走道板范围内，极易擦碰到走道板上的设备设施。为了同时满足不同适航船型在船厢内的停泊系缆需要，三峡升船机和向家坝升船机采用了高低系船柱交替布置的方案，高系船柱安装在护舷架上，以满足高干舷船舶的系缆和防擦碰需求。根据需要，在船厢有效水域的四角还可布置用于带缆制动的系船柱。高低系船柱在船厢主纵梁顶走道板上的布置及系缆示意图见图 3.1.8。

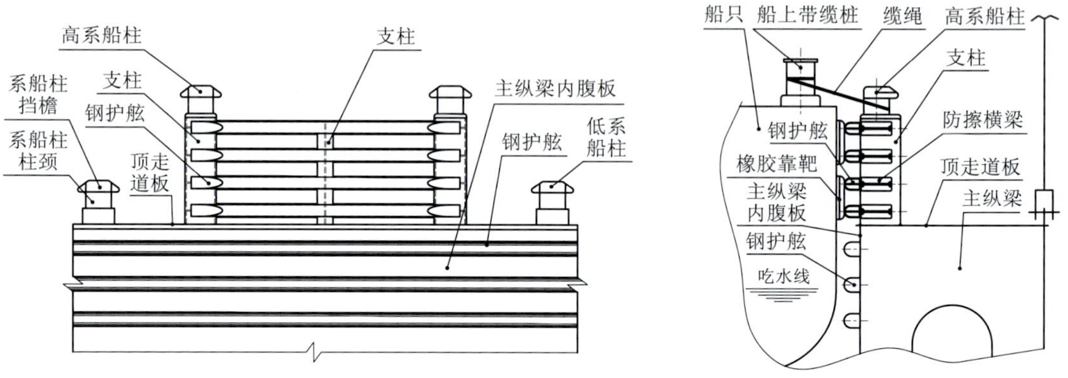

（a）系船柱组成示意图　　（b）组合型系船柱系缆示意图

图 3.1.8　高低系船柱布置及系缆示意图

3）机房结构

根据设备布置需要，机房设在船厢的不同部位，主要包括驱动机房、液压泵站机房、电气设备机房、消防水泵机房等，机房的结构形式有下挂式和悬挑式两种。

液压泵站机房、电气设备机房等均采用下挂式，机房吊挂在船厢底铺板下方，将两侧的船厢主纵梁内腹板及底铺板分别作为机房侧壁和顶棚，正对一组底铺板横梁设置封板，作为下挂式机房的墙壁，在封板上装设防火门，作为机房设备及人员进出的通道。驱动机房采用悬挑式，设置在主纵梁外腹板外侧，利用安全机构横梁和驱动机构横梁的悬臂段搭建，根据需要悬挑式机房可采用开敞式或封闭式，两者的区别为是否带有侧壁。机房的铺板通常采用钢板与加强梁系、型材来构建，铺板梁系将机房内的载荷传递给邻近的主纵梁、铺板横梁、安全横梁、驱动横梁等主承载梁系。

3.1.3　船厢载荷组合与结构应力、变形控制原则

1. 主要载荷

作用在船厢结构上的主要载荷包括水压力、结构和设备重力、钢丝绳拉力、齿轮驱动机构载荷、纵向顶紧支承反力及摩阻力、对接锁定作用力、间隙密封框作用力、对接外水压力、系缆力、风压力、导向装置支承反力及摩阻力等正常运行工况载荷，以及安全机构作用力、船舶撞击力、地震载荷、沉船载荷、水浮力、检修不平衡力等非正常载荷。

1）水压力

正常工况下水压力为船厢正常水深水体及允许的误载水体产生的压力。运行误载水深根据工程的具体情况确定，一般取±（0.1～0.2）m。

2）结构和设备重力

结构和设备重力包括船厢所有结构及装设在船厢结构上的所有设备产生的重力。在船厢结构设计时，船厢结构重力按分布载荷考虑，设备重力按集中载荷考虑。

3）钢丝绳拉力

根据钢丝绳的实际根数、载荷大小及吊点的位置，将钢丝绳拉力视作集中载荷作用在主纵梁吊耳板上。

4）齿轮驱动机构载荷

该载荷是齿轮驱动船厢升降时，船厢误载水体重力、钢丝绳僵性阻力、船厢与平衡重惯性力、滑轮摩阻力、导向系统运行摩阻力等作用在驱动点的合力。

5）系缆力

系缆力是作用在船厢系船柱上的载荷，载荷的大小可按《升船机设计规范》（GB 51177—2016）选取；具有带缆制动功能的系船柱，系缆力应根据船舶制动时缆绳的实际拉力确定。

6）风压力

风压力作用于船厢侧壁及厢内船舶，其计算公式为

$$P_{\mathrm{w}} = CK_h q_{\mathrm{w}} A_{\mathrm{V}} \tag{3.1.1}$$

式中：P_{w} 为作用在船厢上的最大工作风压力，kN；C 为风力系数，与结构物的体形、尺寸等参数有关，按《起重机设计规范》（GB/T　3811—2008）的相关图表选取；K_h 为风压高度变化系数，对于内河升船机，$K_h=(h/10)^{0.3}$；q_{w} 为工作状态计算风压，kPa；A_{V} 为船厢及厢内船舶垂直于风向的迎风面积，m^2。

7）导向装置支承反力及摩阻力

船厢正常升降时，导向装置支承反力的大小可取预紧弹簧的弹力；摩阻力可根据导向装置导轮及导轨的具体形式与材料确定。

8）纵向顶紧支承反力及摩阻力

顶紧装置的纵向载荷主要包括船厢纵向水压力、间隙密封机构顶推力、船舶撞击力、船舶系缆力、纵向风载和地震作用载荷。顶紧装置的摩阻力是在船厢竖向附加载荷作用下顶紧构件与轨道踏面之间的摩擦力，由纵向顶紧载荷和摩擦副的静摩擦系数确定。

9）对接锁定作用力

对接锁定作用力是船厢对接期间作用于锁定机构的竖向载荷，主要包括船厢对接期间水位变化造成的厢内水体重量的变化量，以及船只进出船厢过程中水涌产生的垂直附加载荷。机构通常具有超载退让功能，超载后船厢由安全机构锁定。

10）安全机构作用力

安全机构作用力主要为各种非正常工况和特殊工况下船厢上的不平衡载荷，如船厢水漏空工况下，安全机构作用力为全部水重。

11）检修不平衡力

检修不平衡力主要为空厢或钢丝绳卸载检修时船厢的不平衡载荷，该载荷一般由安全机构承担。

12）对接外水压力

对接外水压力是船厢与闸首对接、船厢门打开后，作用在船厢端部及另一端船厢门上的水压力。

13）间隙密封框作用力

间隙密封框作用力是船厢与闸首对接期间，为保证密封框上的止水橡皮与止水面板紧密贴合，通过油缸作用在密封面的压紧力。

14）沉船载荷

沉船载荷是对接期间船厢水域与航道水域连通状态下，船舶沉没于船厢时的附加竖向载荷。设计时沉船载荷按照设计船型、满载钢铁沉于船厢底铺板考虑，可采用设计船型龙骨处的最大分布载荷，或者近似取船舶排水量除以水线面积的均布载荷。

15）船舶撞击力

船舶撞击力指船舶撞击防撞装置或船厢护舷时的作用力。船舶撞击防撞装置的撞击力与防撞装置形式及吸能方式等有关。

16）地震载荷

在地震工况下，除根据横向、纵向地震加速度因子考虑作用在船厢盛水结构的附加水载荷外，还应根据地震工况下塔柱与船厢耦合动力分析计算结果，确定作用于各机构与塔柱耦合点处的载荷。

17）水浮力

在船厢室和平衡重井进水的特殊工况下，应考虑船厢或平衡重的浮力。浮力的大小根据船厢的内外水位差或平衡重块的淹没体积确定。对于非密闭的箱形梁等构件，可不考虑浮力作用。

2. 设计工况与载荷组合

船厢结构上的载荷组合包括正常工况、非正常工况和特殊工况，可根据工程具体条件进行选择。船厢的具体设计工况和载荷组合见表 3.1.2。

表 3.1.2　船厢设计工况与载荷组合表

序号	载荷分类	工况类型										
		正常工况				非正常工况		特殊工况				
		运行		检修		船舶撞击	对接水满厢	船厢水漏空	对接沉船	船厢室进水	地震	
		升降	对接	空厢锁定	水厢锁定						升降	对接
1	水压力	√	√	—	√	√	√	—	√	√	√	√
2	结构和设备重力	√	√	√	√	√	√	√	√	√	√	√
3	钢丝绳拉力	√	√	—	—	√	√	√	√	√	√	√
4	齿轮驱动力	√	—	—	—	—	—	—	—	—	√	—
5	系缆力	√	√	—	—	—	√	—	√	—	—	√

续表

序号	载荷分类	工况类型										
		正常工况				非正常工况		特殊工况				
		运行		检修		船舶撞击	对接水满厢	船厢水漏空	对接沉船	船厢室进水	地震	
		升降	对接	空厢锁定	水厢锁定						升降	对接
6	风压力	√	√	√	√	√	√	√	√	—	√	√
7	导向装置支承反力及摩阻力	√	—	—	—	—	—	—	—	—	√	—
8	纵向顶紧支承反力及摩阻力	√	√	—	—	√	√	—	√	—	√	√
9	对接锁定作用力	—	√	—	—	√	√	—	√	—	—	√
10	安全机构作用力	—	—	—	—	—	√	√	—	—	—	—
11	检修不平衡力	—	—	√	√	—	—	—	—	—	—	—
12	对接外水压力	—	√	—	—	√	√	—	√	—	—	√
13	间隙密封框作用力	—	√	—	—	√	√	—	√	—	—	√
14	沉船载荷	—	—	—	—	—	—	—	√	—	—	—
15	船舶撞击力	—	—	—	—	√	—	—	—	—	—	—
16	地震载荷	—	—	—	—	—	—	—	—	—	√	√
17	水浮力	—	—	—	—	—	—	—	—	√	—	—

注："检修不平衡力"适用于船厢检修工况。空厢锁定时船厢支承于安全机构，水厢锁定时船厢支承于底部检修支架上。"√"表示参与载荷组合，"—"表示不参与载荷组合。

3. 结构材料

自承载式船厢的主承载结构一般采用 Q355C 钢或 Q355D 钢，非主要承载结构及型材可采用 Q235B 钢或 Q235C 钢，船厢门门槽止水板、厢头端面密封框止水板一般采用不锈钢，附属构件走道、步梯、栏杆、系船柱等一般采用专业厂家的订制产品或成品。

4. 结构应力与整体变形控制原则

船厢主承载结构材料的许用应力按现行行业标准《水利水电工程钢闸门设计规范》（SL 74—2019）规定的材料许用应力乘以调整系数确定，正常工况下许用应力调整系数取 0.85，非正常工况及特殊工况下许用应力调整系数取 1.1。

船厢结构整体变形应能满足设备运行的要求。正常工况下，船厢整体纵向挠度不宜大于船厢长度的 1/1 000，横向挠度不宜大于船厢宽度的 1/750。

3.1.4 船厢结构特性分析

1. 静力分析

静力分析是在船厢结构完成初步设计后，对船厢承载结构在各种工况与载荷组合条件下的静力强度、刚度进行分析计算，得到各承载构件的应力和变形值，复核结构的强度、刚度指标是否满足设计要求，并根据计算结果对船厢承载结构进行优化设计。

1）分析方法

船厢的静力分析方法主要有平面结构体系分析法和空间结构体系分析法。

（1）平面结构体系分析法。

船厢结构是三维空间结构，原则上应当按空间结构体系进行计算分析。但是在船厢设计初期，由于很多布置参数尚未确定，需进行大量试算工作，故在设计初期常采用平面结构体系分析法，即把空间的船厢结构根据构造和功能拆分成许多独立的平面结构，然后分别计算。这样做虽然减小了计算的工作量，但计算结果具有很大的近似性，不能真实地反映船厢结构的工作性状。

按照平面结构体系分析法，可将自承载式船厢的主要承载结构拆分成主纵梁、安全机构横梁、驱动机构横梁、盛水结构铺板及横梁等独立平面结构。

主纵梁可简化为两端带有悬臂段的简支梁。正常工况下，简支梁的支点为驱动点，梁上作用的载荷主要有均布的水体重量及结构自重、机械设备重量、钢丝绳拉力等；事故工况下，简支梁的支点为安全机构，梁上作用的载荷除正常工况下的载荷外还包括船厢的不平衡重量。安全机构横梁、驱动机构横梁均可简化为以安全机构或驱动机构为支点的简支梁，梁上作用的载荷根据载荷工况确定。盛水结构可以取作用宽度范围内的铺板和横梁作为两端固结的梁，梁上作用的载荷为作用宽度范围内均布的水体重量及梁的结构自重。

对上述各简化后的平面结构，分别计算支座反力、弯矩、应力、变形及刚度，按照强度和刚度条件进行复核。底铺板可按照《水利水电工程钢闸门设计规范》（SL 74—2019）中规定的面板计算方法进行计算和复核。

在设计初期采用平面结构体系分析法对船厢结构整体进行强度、刚度试算并确定驱动点及机构位置时，可将船厢简化为一维等值梁模型，根据结构力学、材料力学的经典公式，或者借助结构力学求解器等工具，快速地求解船厢升降及对接等各种工况下等值梁上的内力和变形。

（2）空间结构体系分析法。

船厢结构的空间结构静力分析主要借助有限元法进行。有限元法是当前普遍采用的一种计算方法，它能够比较真实地反映结构的工作性状，且具有自动、快速、标准化的优点。目前比较成熟、通用的大型有限元程序有 MSC Nastran、MSC Patran、ABAQUS、

ANSYS、COSMOS 等，这些通用有限元程序的功能很多，侧重点不尽相同。

由于船厢结构复杂、构件多、尺度大，且多为板结构，采用有限元程序进行船厢空间结构分析时要考虑建模的效率。此外，船厢结构静力分析时主要进行结构线性静应力分析，对非线性等其他功能要求较少。

2）有限元分析流程

船厢结构静力有限元分析过程包含以下三个主要步骤：①前处理，即创建有限元模型，其中包括创建或输入几何模型，定义材料属性，划分网格和确定载荷及约束；②求解，即施加载荷，设定约束条件，采用合适的计算模块，设定分析步，提交计算；③后处理，即整理结构变形、应力计算结果，绘制结构位移及应力云图，供设计人员进行分析评价。

船厢结构有限元分析流程图见图 3.1.9。

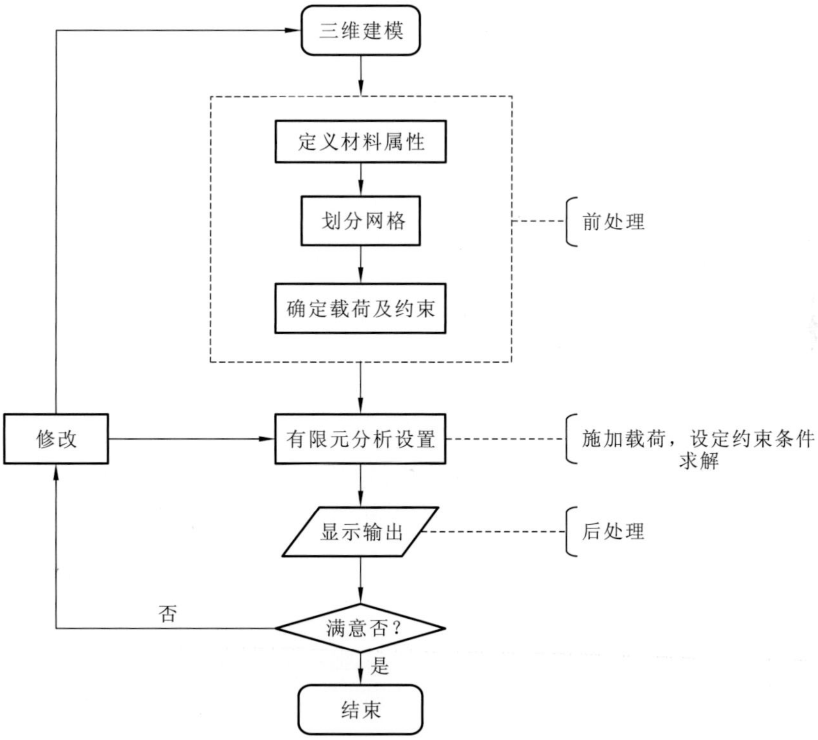

图 3.1.9　船厢结构有限元分析流程图

3）有限元模型的建立

在有限元法中，一个重要的问题是如何建立一个与真实连续结构等价的离散结构的数学模型，使一个无限自由度的结构体系转化为一个有限自由度的结构体系，以便进行分析。这一过程称为结构的离散化，一般可根据结构的具体布置判断确定[1]。因此，建立有限元模型时，要考虑船厢的结构形式。船厢是一种典型的空间薄壁结构体系，由一系列板、梁、杆等构件组合而成。正常工作时，船厢所承受的载荷将通过各构件的相互传递来共同承担，铺板、主纵梁、安全机构横梁、驱动机构横梁等将发生弯曲、轴向拉压、扭转、剪切等组合变形，因此，计算模型的选择必须考虑到各构件的几何性质、变形特征、受力特点及相互作用关系等，以正确地反映出船厢的整体作用及各构件的实际工作状态。

船厢有限元模型中，主纵梁、驱动机构及安全机构横梁、底铺板横梁等主要承载结构的腹板、翼缘、隔板、水平走道板、横向和纵向加强筋等均采用板单元模拟；盛水结构底铺板、机房结构铺板也采用板单元模拟，铺板背面的型材加强梁采用梁单元模拟。

主纵梁、驱动机构及安全机构横梁等主要承载构件均为完整的空间薄壁结构，采用板单元进行模拟，没有对船厢结构进行过多的简化，能够较为真实地反映船厢的空间结构与构造关系，计算结果较为准确。铺板结构采用了板梁结构模型，将梁单元与板单元通过共线的节点耦合在一起，对耦合处的局部应力和变形会产生较大的影响，但对船厢结构整体刚度影响不大，仅起到向船厢主承载结构传递载荷的作用。板梁结构模型的节点、单元数目远远小于完整空间薄壁结构模型，计算速度较快，占用存储空间少。

过去受限于计算机处理器的运算能力和存储器的容量，对大尺度空间薄壁结构进行有限元分析时，首要考虑的是计算效率，所以在建模时都尽可能地使节点数目减少或选用较简单的单元类型。例如，在“七五”国家科技攻关计划中进行船厢结构三维空间有限元计算的模型，单元总数仅7000余个，节点总数仅3000余个，且梁单元和杆单元占据大半；在21世纪初，三峡升船机招标设计阶段，船厢结构三维有限元计算模型的单元总数接近60000个，节点总数接近40000个，且绝大部分单元为板单元，仅少部分单元为梁单元，计算结果更加贴近真实的情况。随着计算机运算能力和存储容量的高速提升，未来进行大尺度船厢结构有限元分析建模时，应以真实模拟实际情况为出发点，而不必过分关注计算效率。

三峡升船机船厢结构有限元模型见图3.1.10。

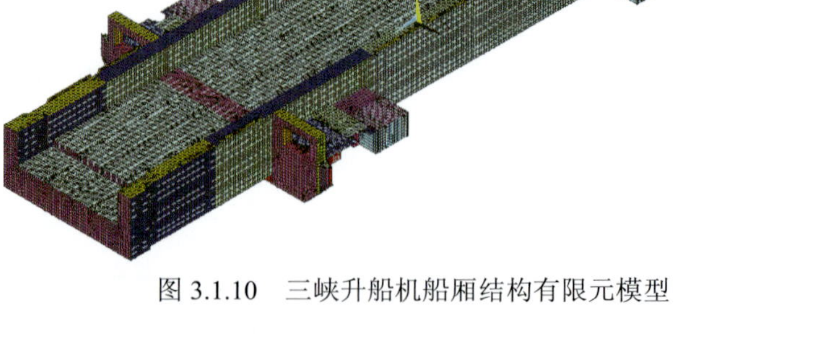

图3.1.10　三峡升船机船厢结构有限元模型

三峡升船机船厢静力有限元分析采用通用有限元软件 MSC Patran 进行前后处理，采用 MSC Nastran 进行计算分析。船厢结构模型总体坐标系的 X 轴指向下游为正，Z 轴垂直向上为正，Y 轴按右手螺旋法则确定。船厢结构采用板单元、梁单元进行模拟，单元总数为 59791，节点总数为 37047。

4）载荷工况及约束条件

（1）载荷工况。对船厢结构进行静力有限元分析时，应尽量按照各计算工况的实际情况对作用在船厢上的载荷的数量、类型、作用位置及大小等进行模拟。考虑的工况主要包括正常工况、非正常工况和特殊工况，不同工况中的具体内容可根据实际情况选择。

表 3.1.3、表 3.1.4 分别为三峡升船机船厢结构静力有限元分析时考虑的计算载荷及载荷工况。

表 3.1.3　三峡升船机船厢结构静力有限元分析计算载荷表

编号	载荷	量值及备注
LS1	船厢结构自重	39 117 kN
LS2	船厢设备自重	29 116 kN
LS3	平衡重	155 000 kN
LS4	船厢正常水深水体重	3.5 m 水体重量
LS5	船厢水满厢水体重	4.3 m 水体重量
LS6	沉船载荷	比压为 26 kN/m^2，范围为 84.5 m×17.2 m
LS7	浮力（对接状态）	对接状态：厢内外水面齐平
LS8	浮力（停靠下游）	停靠下游（未与闸首对接）：厢外水位与主纵梁顶面齐平
LS9	上升过程中停机制动惯性力	制动加速度为 0.04 m/s^2（上升过程中停机）
LS10	下降过程中停机制动惯性力	制动加速度为 0.04 m/s^2（下降过程中停机）
LS11	正常升降误载水深+0.1 m 水体重	3.6 m 水体重量
LS12	正常升降误载水深−0.1 m 水体重	3.4 m 水体重量
LS13	停机制动误载水深+0.2 m 水体重	3.7 m 水体重量
LS14	停机制动误载水深−0.2 m 水体重	3.3 m 水体重量
LS15	对接状态误载水深+0.5 m 水体重	4.0 m 水体重量
LS16	对接状态误载水深−0.5 m 水体重	3.0 m 水体重量
LS17	间隙密封机构处压紧力	3 000 kN，该载荷只发生在特殊工况（地震），正常工况该载荷极小
LS18	横向地震耦合力	加速度因子为 0.23，一侧水均布面载荷为 8 kN/m^2，间隙密封机构处摩擦力为 900 kN
LS19	纵向地震耦合力	加速度因子为 0.27，船厢门水载荷为 600 kN

表 3.1.4　三峡升船机船厢结构静力有限元分析载荷工况表

工况	载荷工况描述	相应的载荷	备注
1	正常升降，正常水深（3.5 m）	LS1+LS2+LS3+LS4	
2	正常升降，过载水深（3.6 m）	LS1+LS2+LS3+LS11	
3	正常升降，欠载水深（3.4 m）	LS1+LS2+LS3+LS12	
4	与下闸首对接，正常水深（3.5 m）	LS1+LS2+LS3+LS4+LS17	船厢闸门关闭
5	与下闸首对接，过载水深（4.0 m）	LS1+LS2+LS3+LS15+LS17	船厢闸门关闭
6	与下闸首对接，欠载水深（3.0 m）	LS1+LS2+LS3+LS16+LS17	船厢闸门关闭
7	与下闸首对接，正常水深（3.5 m）	LS1+LS2+LS3+LS4+LS17	下游船厢闸门卧倒
8	与下闸首对接，过载水深（4.0 m）	LS1+LS2+LS3+LS15+LS17	下游船厢闸门卧倒
9	与下闸首对接，欠载水深（3.0 m）	LS1+LS2+LS3+LS16+LS17	下游船厢闸门卧倒
10	停机制动，正常水深（3.5 m）	LS1+LS2+LS3+LS4+LS9	上升过程
11	停机制动，过载水深（3.7 m）	LS1+LS2+LS3+LS13+LS9	上升过程
12	停机制动，欠载水深（3.3 m）	LS1+LS2+LS3+LS14+LS9	上升过程
13	停机制动，正常水深（3.5 m）	LS1+LS2+LS3+LS4+LS10	下降过程
14	停机制动，过载水深（3.7 m）	LS1+LS2+LS3+LS13+LS10	下降过程
15	停机制动，欠载水深（3.3 m）	LS1+LS2+LS3+LS14+LS10	下降过程
16	水满厢事故工况（水深 4.3 m）	LS1+LS2+LS3+LS5+LS17	
17	船厢水漏空工况	LS1+LS2+LS3	加齿轮处力为 2 200 kN
18	船厢受水浮力事故工况（对接）	LS1+LS2+LS3+LS4+LS7+LS17	厢外与厢内水齐平
19	船厢受水浮力事故工况（停靠）	LS1+LS2+LS3+LS4+LS8	厢外水位较厢内高 0.3 m；加齿轮处力为 2 200 kN
20	沉船工况（水深 3.5 m，沉船）	LS1+LS2+LS3+LS4+LS6+LS17	
21	与下闸首对接时横向地震	LS1+LS2+LS3+LS4+LS17+ LS18	船厢闸门关闭
22	与下闸首对接时纵向地震	LS1+LS2+LS3+LS4+LS17+ LS19	船厢闸门关闭

（2）约束条件。根据船厢结构、设备总体布置及构造特点，进行船厢结构静力有限元计算时，约束部位均为船厢与塔柱发生关联的部位，即驱动机构、安全机构、对接锁定机构、横向和纵向导向机构。

在所有载荷工况下，横向导向机构处施加横向位移约束，纵向导向机构处施加纵向（水流向）位移约束；在正常工况下，驱动机构小齿轮处施加竖直方向的固定约束；在事故工况下，安全机构处施加竖直方向的固定约束，此时驱动机构小齿轮处竖直方向的固定约束解除，但仍在小齿轮处施加竖直方向的额定驱动力；在对接工况下，除正常运行的垂向力外，还作用有水平力，包括间隙密封框作用力、船厢门挡水压力，为此在纵向导向机构处施加纵向水平约束，在对接锁定装置处施加竖直方向的固定约束。

表 3.1.5 为三峡升船机船厢结构静力有限元分析时，各载荷工况下安全机构、驱动机构、横向和纵向导向机构的工作状态。

表 3.1.5　三峡升船机船厢结构静力有限元分析相关机构工作状态表

载荷工况		安全机构	驱动机构	横向导向机构	纵向导向机构
1	正常升降，正常水位（3.5 m）	—	√	√	√
2	正常升降，过载水位（3.6 m）	—	√	√	√
3	正常升降，欠载水位（3.4 m）	—	√	√	√
4	对接，正常水位（3.5 m，闸门关）	√	—	√	√
5	对接，过载水位（4.0 m，闸门关）	√	—	√	√
6	对接，欠载水位（3.0 m，闸门关）	√	—	√	√
7	对接，正常水位（3.5 m，闸门卧）	√	—	√	√
8	对接，过载水位（4.0 m，闸门卧）	√	—	√	√
9	对接，欠载水位（3.0 m，闸门卧）	√	—	√	√
10	停机制动，正常水位（3.5 m，升）	—	√	√	√
11	停机制动，过载水位（3.7 m，升）	—	√	√	√
12	停机制动，欠载水位（3.3 m，升）	—	√	√	√
13	停机制动，正常水位（3.5 m，降）	—	√	√	√
14	停机制动，过载水位（3.7 m，降）	—	√	√	√
15	停机制动，欠载水位（3.3 m，降）	—	√	√	√
16	水满厢事故工况（水位为 4.3 m）	√	—	√	√
17	水漏空事故工况	√	小齿轮处施加竖向力	√	√
18	船厢受水浮力事故工况（对接）	√	—	√	√
19	船厢受水浮力事故工况（停靠）	√	小齿轮处施加竖向力	√	√
20	沉船事故工况（水位为 3.5 m，沉船）	√	—	√	√
21	与下闸首对接时横向地震	√	—	√	√
22	与下闸首对接时纵向地震	√	—	√	√

注：表中“√”表示机构处于工作状态，“—”表示机构处于非工作状态。

5）计算数据后处理

后处理的主要任务是为设计人员提供相关结果，用于复核、判定船厢结构的安全性和合理性，同时也为船厢各机构的设计和布置提供参考。后处理主要得到反力、变形和应力三种结果。

（1）反力。根据需要，在计算结果中提取并整理各约束部位的反力。一来可以对有限元计算结果的准确性进行大体的判断，二来可以为各机构的设计和布置提供参考。

（2）变形。通常大型自承载船厢的结构设计受刚度条件控制，船厢的变形是静力有限元分析最为重要的结果，也是设计人员应该着重关注的结果。变形结果可根据关注的构件整理并列表，较为重要的构件和部位至少应包括船厢整体及主纵梁、安全机构横梁、驱动机构横梁及船厢头关键部位。设计人员可根据计算结果对船厢整体或局部结构进行优化调整。

（3）应力。应力结果也是设计人员应着重关注的结果。等效应力的计算结果可作为结构强度复核的判定依据。除了输出、整理各载荷工况下船厢结构的整体等效应力外，还应对关键部位如主承载结构相交部位、应力集中部位进行分析，对于应力集中部位可采取优化局部模型、调整局部板厚、细分网格等手段进行处理，并重新提交计算，直至局部应力集中数值降至合理范围内。

2. 模态分析

自承载式船厢上装设了正常升降、对接及安全保护所需的大量机械、电气设备，使船厢的动力特性十分复杂，要弄清楚其动力特性，有必要进行包括平衡重系统在内并考虑厢内水体影响的结构模态分析。结构动力学分析中，最基础也是最重要的一种分析类型就是结构模态分析。模态分析主要用于计算结构的振动频率和振动形态，因此也称作频率分析或者是振型分析。动力学分析可分为时域分析与频域分析，模态分析是动力学频域分析的基础分析类型。振动模态是弹性结构固有的、整体的特性。通过模态分析方法搞清楚了结构物在某一易受影响的频率范围内的各阶主要模态的特性，就可以预言结构在此频率范围内在外部或内部各种振源作用下产生的实际振动响应。

1）分析方法

模态分析是研究结构动力特性的一种近代方法，是系统辨别方法在工程振动领域中的应用。模态是机械结构的固有振动特性，每一个模态具有特定的固有频率、阻尼比和模态振型。这些模态参数可以由计算或试验分析取得，这样一个计算或试验分析过程称为模态分析。

（1）数值模态分析。模态的分析过程如果是由有限元法计算取得的，则称为数值模态分析。它是将弹性结构离散化为有限数量的单元后，在计算机上进行数学运算的理论计算方法。它的优点是在结构设计前期，进行有限元分析之后可以预测结构将会有的动态性能和其他一些状态，然后在船厢结构制造之前预估振动的强度和其他动态问题，并根据这些结果优化并改善结构。数值模态分析的不足是需要烦琐地划分小单元进行分析，然后将每个小单元的情况组合成整体，整个过程烦琐耗时。这种方法除要求计算者有熟练的技巧与经验外，得到的结果只能是一个近似值，而不是结构在实际工作状态下的真实值[2]。

（2）试验模态分析。通过试验让采集的系统输入与输出信号经过参数识别获得模态参数，称为试验模态分析。试验模态分析是理论模态分析的逆过程。其主要过程如下：首先，试验测得激励和响应的时间历程，运用数字信号处理技术求得频响函数（传递函数）或脉冲响应函数，得到系统的非参数模型；然后，运用参数识别方法求得系统模态参数；最后，必要时进一步确定系统的物理参数。因此，试验模态分析是综合运用线性振动理论、动态测试技术、数字信号处理和参数识别等手段进行系统识别的过程。试验模态分析以前主要应用在低阻尼的结构上，目前被应用于大阻尼复杂结构。然而它也有明显的局限性，主要表现在：识别大阻尼、模态密集的大型复杂结构的真实模态或伪模态的难度很大；模态参数识别对试验者的实际经验有很大的依赖性，往往需要大量的反复分析过程。

鉴于各种模态分析方法都有其优缺点和应用局限性，目前的研究趋势是把数值模态分析方法和试验模态分析技术有机地结合起来，取长补短，相得益彰。利用试验模态分析结果检验、补充和修正原始有限元动力分析模型；利用修正后的有限元动力分析模型计算结构的动态特性和响应，进行结构的优化设计。

对于大型自承载船厢结构，可在设计阶段采用数值模态分析法，在建设或运行期根据需要确定是否采用试验模态分析法加以验证。本节主要介绍数值模态分析。

2）数值模态分析的基本理论

模态是指结构的固有振型和固有频率等结构的固有特征，结构模态分析中不需要考虑外力的影响，因此可考虑结构的无阻尼自由振动方程：

$$\boldsymbol{M}\ddot{\boldsymbol{Y}}+\boldsymbol{K}\boldsymbol{Y}=\boldsymbol{0} \tag{3.1.2}$$

式中：$\boldsymbol{M}$ 和 $\boldsymbol{K}$ 分别为结构的质量矩阵和刚度矩阵；$\boldsymbol{Y}$ 和 $\ddot{\boldsymbol{Y}}$ 分别为节点位移矢量和节点加速度矢量。式（3.1.2）具有如下形式的解：

$$\boldsymbol{Y}=\boldsymbol{Y}_0\sin(\omega t+\theta_0)$$

则式（3.1.2）可化为

$$(\boldsymbol{K}-\omega^2\boldsymbol{M})\boldsymbol{Y}_0=\boldsymbol{0} \tag{3.1.3}$$

式中：ω 为结构固有圆周频率；θ_0 为船厢结构振动初始相位。

若 $\boldsymbol{Y}_0\neq\boldsymbol{0}$，则它的系数行列式必须为零，即

$$\det(\boldsymbol{K}-\omega^2\boldsymbol{M})=0 \tag{3.1.4}$$

式（3.1.4）是 ω^2 的 n 次代数方程，其根为 ω_i^2，即特征值，其中 i 的范围是从 1 到结构自由度个数。ω_i 为固有圆周频率，结构固有频率 f_i 的计算公式为

$$f_i=\frac{\omega_i}{2\pi} \tag{3.1.5}$$

通过数值模态分析可以得到 f_i 或 ω_i，它们都可以用来描述结构的振动频率。特征值对应的位移特性矢量为 $\boldsymbol{Y}_i$，表示结构在以固有频率 f_i 振动时所具有的振动形状，即振型[2-3]。

3）数值模态分析的步骤

数值模态分析的步骤与静力有限元分析的步骤相似，含以下三个主要步骤。

（1）前处理。创建有限元模型，包括创建或输入几何模型，定义材料属性，指派截面类型和划分网格。

（2）求解。选择分析类型和分析选项，施加约束条件，提交计算。

（3）后处理。提取结构的各阶振型和频率，评价分析结果。

4）数值模态分析的建模和约束

（1）建立模型。建立用于模态分析的船厢有限元模型时，需要考虑的问题与静力有限元分析时基本一致，如果进行模态分析的船厢结构与静力有限元分析所考虑的模型一

致，可直接采用静力有限元分析时的模型。船厢结构采用板梁单元进行模拟，平衡重采用质量点单元进行模拟，钢丝绳采用杆单元进行模拟。三峡升船机船厢共有单元 64259 个，节点 38071 个。船厢结构总体坐标系的坐标原点取在中纵剖面，X 轴指向下游为正，Z 轴垂直向上为正。

（2）载荷和约束。在结构模态分析时不需要考虑外载荷，只需要考虑船厢结构自重、设备自重、平衡重自重、船厢内正常水位水体的重量。在对三峡升船机船厢结构进行模态分析时，在船厢横导向处施加 Y 方向的位移约束，在纵导向处施加 X 方向的位移约束；滑轮采用刚性梁进行模拟，刚性梁中点除 X 向转动外，其余自由度皆约束；平衡重作为质量点进行处理，为了滤去钢丝绳的很多组合模态，又因为平衡重只可能有竖向位移，所以平衡重除 Z 向位移外，其余自由度均加以约束；在正常运行工况下，船厢支承在驱动机构的小齿轮处，在小齿轮处施加垂向固定约束，安全机构和锁定机构不施加约束；在正常对接工况下，船厢支承在船厢对接锁定处，在锁定机构处施加垂向固定约束，小齿轮处不施加约束。

5）数值模态分析的提取方法

数值模态分析的提取方法有很多，主要有子空间法、分块法、缩减法等。不同的提取方法各有优缺点，且适用于不同的场合。

对大型自承载式船厢结构进行数值模态分析，模态提取时采用分块法是较优的选择。分块法具有如下优点：①采用稀疏矩阵求解器，特别适用于大型对称结构的特征分析问题；②适合于多阶振型的提取，振型阶数大于 40 阶时，该方法很有效；③适合于类似船厢结构这种板单元、梁单元和杆单元混合使用的复杂模型；④适合于在一定频率范围内的模态提取；⑤该方法可以有效地处理约束方程，可以很好地处理刚体的模态。

6）数值模态分析的后处理

船厢结构模态分析后处理的主要内容是观察分析过程中提取的各阶振型和频率，按照计算工况将各阶模态进行筛选和整理，一般列出前几阶最有可能出现的振型和频率即可。

以三峡升船机船厢结构模态分析为例，分析时一共计算了前 100 阶的船厢模态。正常升降工况下，钢丝绳在各阶模态下的频率多维持在 0.736 Hz 左右，船厢结构总体较有代表性的前 8 阶模态见表 3.1.6；正常对接工况下船厢结构前 7 阶模态见表 3.1.7。

表 3.1.6　三峡升船机正常升降工况下船厢结构前 8 阶模态表

阶数	频率/Hz	振型
1	1.084 0	厢头为主的弯曲
2	1.160 3	一阶垂向弯曲
3	1.557 2	弯曲、扭转耦合
4	1.559 2	扭转
5	1.711 1	扭转、横向弯曲
6	2.259 2	厢头扭转
7	2.748 5	扭转
8	2.860 2	二阶垂向弯曲

表 3.1.7　三峡升船机正常对接工况下船厢结构前 7 阶模态表

阶数	频率/Hz	振型
1	1.415 0	一阶垂向弯曲
2	1.591 7	厢头为主的弯曲
3	1.948 8	中间为主的弯曲
4	2.192 0	横向弯曲
5	2.657 4	扭转
6	3.298 0	二阶垂向弯曲
7	3.301 5	厢头扭转

3. 屈曲分析

屈曲分析主要用于研究结构在特定载荷下的稳定性，以及确定结构失稳的临界载荷，屈曲分析包括线性屈曲分析和非线性屈曲分析。线性屈曲分析又称特征值屈曲分析，线性屈曲分析可以考虑固定的预载荷，也可以使用惯性释放。非线性屈曲分析包括几何非线性屈曲分析、弹塑性屈曲分析、非线性后屈曲分析。

船厢的受力条件和结构十分复杂，为保证船厢在各种载荷工况下不发生局部或整体屈曲，使升船机能正常、安全运行，进行船厢结构的屈曲分析是很有必要的。对船厢结构进行的屈曲分析是线性屈曲分析，采用的方法为有限元特征值屈曲分析法。

1）有限元特征值屈曲分析的基本理论

在对结构的屈曲问题进行有限元分析时，假设结构在屈曲前处于弹性范围内的小变形状态，可以采用线性分析来求解结构内的位移和应力。当结构发生屈曲时，载荷增加一个很小的值，位移也会发生很大的变化。因此，在有限元中结构的增量平衡方程可以表示为

$$(\boldsymbol{K}_{\mathrm{o}}+\boldsymbol{K}_{\sigma}+\boldsymbol{K}_{\varepsilon})\Delta\boldsymbol{Y}_{\mathrm{e}}=\boldsymbol{0} \tag{3.1.6}$$

式中：$\boldsymbol{K}_{\mathrm{o}}$ 为弹性刚度矩阵；$\boldsymbol{K}_{\varepsilon}$ 为初应变刚度矩阵；$\boldsymbol{K}_{\sigma}$ 为初应力刚度矩阵；$\Delta\boldsymbol{Y}_{\mathrm{e}}$ 为船厢结构达到屈曲临界状态时的位移增量向量。式(3.1.6)在结构达到屈曲临界状态时，具有非零解，即

$$\det(\boldsymbol{K}_{\mathrm{o}}+\boldsymbol{K}_{\sigma}+\boldsymbol{K}_{\varepsilon})=0 \tag{3.1.7}$$

当参考载荷为 $\boldsymbol{N}_{\mathrm{ref}}$ 时，结构对应的初应力刚度矩阵为 $\boldsymbol{K}_{\sigma}^{\mathrm{ref}}$ ，屈曲临界载荷 $\boldsymbol{N}_{\mathrm{cr}}$ 可以表示为

$$\boldsymbol{N}_{\mathrm{cr}}=\lambda_{\mathrm{c}}\boldsymbol{N}_{\mathrm{ref}} \tag{3.1.8}$$

式中：λ_{c} 为屈曲临界载荷系数。

在小变形的假设下，计算中忽略了位移对结构产生的影响，$\boldsymbol{K}_{\sigma}$ 与结构的应力成正比，从而 $\boldsymbol{K}_{\sigma}$ 与外载荷呈线性关系，则屈曲时结构的应力矩阵为

$$\boldsymbol{K}_{\sigma}^{\mathrm{cr}} = \lambda_{\mathrm{c}} \boldsymbol{K}_{\sigma}^{\mathrm{ref}} \tag{3.1.9}$$

在线性屈曲分析中，结构屈曲前始终处于初始的平衡状态，即 $\boldsymbol{K}_{\varepsilon}=\boldsymbol{O}$，从而式（3.1.7）成为

$$\det(\boldsymbol{K}_{\mathrm{o}} + \lambda_{\mathrm{c}} \boldsymbol{K}_{\sigma}^{\mathrm{ref}}) = 0 \tag{3.1.10}$$

可以将式（3.1.10）写成特征方程的形式：

$$(\boldsymbol{K}_{\mathrm{o}} + \lambda_{\mathrm{c}i} \boldsymbol{K}_{\sigma}^{\mathrm{ref}})\boldsymbol{\phi}_i = \boldsymbol{0} \tag{3.1.11}$$

式中：λ_{ci} 为矩阵第 i 阶特征值，λ_{ci} 是结构第 i 阶屈曲临界载荷系数；$\boldsymbol{\phi}_i$ 为与 λ_{ci} 对应的特征向量。

结构屈曲临界载荷为

$$\boldsymbol{N}_{\mathrm{cr}} = \lambda_{\mathrm{c\,min}} \boldsymbol{N}_{\mathrm{ref}} \tag{3.1.12}$$

式中：λ_{cmin} 为船厢结构最小屈曲临界载荷系数。

对结构进行特征值屈曲分析时，取不同阶的屈曲模态可以得到结构在不同屈曲临界载荷下的变形状态，由于当 $i=1$ 时，结构已经发生了屈曲，在一般情况下，取第 1 阶屈曲临界载荷系数为结构特征值屈曲临界载荷。

有限元特征值屈曲分析建立在结构屈曲前一直处于弹性状态的前提下，是一种理想状态下的理论解，无法考虑到结构的初始缺陷、载荷偏心和几何与材料非线性等因素产生的影响，因此特征值稳定性分析的临界载荷是结构屈曲载荷的上限，相比实际情况，其值往往会偏高。

2）屈曲分析的步骤

对船厢结构采用有限元特征值进行屈曲分析，应该在完成船厢静力分析后进行，也就是说必须知道进行屈曲分析的结构的参考载荷 $\boldsymbol{N}_{\mathrm{ref}}$。

屈曲分析的模型、材料属性、网格等前处理的内容可直接利用静力有限元分析的成果，求解步骤中，选取结构线性屈曲分析，并设置相关的分析选项，提交计算。屈曲分析的后处理主要是提取结构在选定工况下的屈曲特征值，即结构的第 1 阶屈曲临界载荷系数 λ_{c1}，并评价分析结果，当整体或局部结构的屈曲临界载荷系数不满足要求时，需对结构进行调整，重新计算，直至满足要求。

3）载荷工况

船厢结构在静力有限元分析中考虑了许多载荷工况，但是在船厢结构屈曲分析中，不必对各种工况都进行屈曲分析，仅需选取常见工况及静力分析中压应力最大的工况进行屈曲分析。

以三峡升船机船厢结构屈曲分析为例，其选取了正常升降和对接工况，以及静力分析中压应力最大的船厢室进水、船厢受浮力的工况进行屈曲分析。屈曲分析计算的载荷和约束情况与静力分析对应的工况相同，即表 3.1.4 中的工况 1、工况 7 和工况 19。

4）计算结果后处理

屈曲分析后处理主要包括提取选定工况下的船厢整体和局部的屈曲临界载荷系数，评价、分析屈曲计算结果，根据结果调整、优化结构。鉴于升船机船厢的受力条件和结

构十分复杂，且结构整体或局部屈曲会给升船机带来较大的事故，因此屈曲临界载荷系数的判定值一般取 2.0。

仍以三峡升船机船厢结构屈曲分析为例，根据正常升降工况（工况 1）、正常对接工况（工况 7）和浮力事故工况（工况 19）的结构屈曲分析结果可知，船厢结构整体的屈曲临界载荷系数均大于 2，正常升降工况下船厢整体的屈曲临界载荷系数特征向量云图见图 3.1.11。

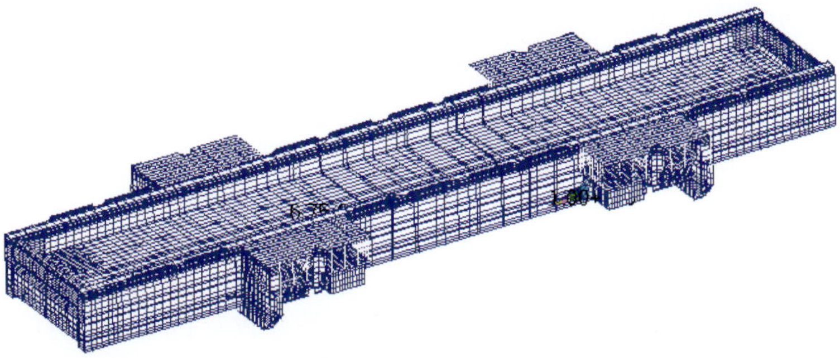

图 3.1.11　三峡升船机船厢正常升降工况下整体的屈曲临界载荷系数特征向量云图

在正常运行工况（工况 1 和工况 7）下，电气房侧板向外延伸至主纵梁的连接板都会产生局部屈曲，屈曲临界载荷系数约为 0.665。需要对结构适当加强，如加大板厚和添加加强筋。

在正常对接工况（工况 7）下，厢头下部纵向和横向隔板会产生局部屈曲（图 3.1.12），这与强度分析中发现的该处变形显著的特点相互印证，说明该处结构刚度不够，应当采取加大板厚、增加构件等措施加以改善。经改进后，该处的屈曲临界载荷系数大于 2。

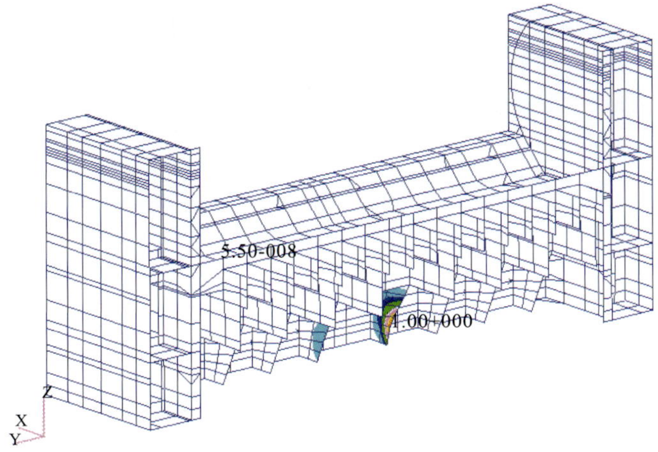

图 3.1.12　三峡升船机船厢正常对接工况下厢头底部结构屈曲状态

船厢室进水、船厢受浮力工况（工况 19）的屈曲分析结果为，驱动机构横梁机房区域腹板的屈曲临界载荷系数为 1.8075，齿条横梁船厢区域腹板的屈曲临界载荷系数为 1.8251，船厢整体及其他局部结构的屈曲临界载荷系数均大于 2。

3.2 齿轮-齿条式驱动系统

齿轮-齿条式驱动系统布置在船厢上，用于驱动船厢沿铺设在塔柱上的四根齿条升降运行，是齿轮齿条爬升式升船机的核心机械设备，其功能、构造、参数的合理性对升船机建成后的正常运行有直接影响。驱动系统的关键技术问题包括合理确定电机功率、齿轮机械传动机构与齿条之间的变位协调、齿轮超载保护及与安全机构的可靠联动、事故工况下安全制动系统的平稳制动，以及齿条的精准安装与连接结构等。

3.2.1 驱动系统载荷与电机功率计算分析

1. 驱动系统载荷

1）驱动系统载荷的组成与计算

驱动系统载荷是指驱动船厢升降运行所克服的外部载荷和系统自身的惯性力与摩擦阻力，包括船厢误载水重量、系统惯性力、平衡滑轮轴承摩阻力、钢丝绳僵性阻力、安全机构摩阻力矩、船厢与平衡重的不平衡重量等。上述载荷分量的组合和计算方法对于不同的设计参量的计算存在着差别。

（1）误载水重量。对于全平衡式垂直升船机，理论上当船厢水深为设计水深时，船厢总重与平衡重总重相等。但实际上，船厢重量和平衡重重量都存在着制造偏差，设计水深条件下的船厢总重量不一定与平衡重重量刚好吻合。为叙述方便，以下均假定设计水深下升船机处于全平衡状态。这样，实际水深与设计水深的差值 ΔH_{hoi} 为误载水深，其所对应的水体重力为误载水重量：

$$F_{ew} = \rho_w g \Delta H_{hoi} L_m B_m \tag{3.2.1}$$

式中：ρ_w 为水体密度；g 为重力加速度；L_m、B_m 分别为船厢水域总长度和总宽度；ΔH_{hoi} 为船厢升降运行过程所允许的最大误载水深。

L_m 和 B_m 属于船厢结构尺寸参数，误载水深则是一个随机变量，与船厢对接期间上下游的水力学状态、船厢对位精度有很大关系。当航道水位稳定或变化较慢时，船厢误载水深可控制在略大于对位误差（对于大中型垂直升船机一般为 30 mm）的范围，即误载水深控制在-50～50 mm；当对接期间航道水位快速变化时，船厢的误载水深则有可能超过规定的升降运行所允许的误载水深最大值。当船厢关门后，通过水深检测装置检测到误载水深超过船厢升降运行允许的最大误载水深值时，可借助布置在船厢或闸首上的船厢水深调节系统对船厢水深加以调节，使得误载水深处于允许范围内。在计算驱动系统最大载荷时，误载水重按最大允许误载水深计算。在大中型齿轮齿条爬升式垂直升船机设计中，最大允许误载水深一般取±0.1 m。在进行小齿轮和齿条疲劳强度计算时，可根据误载水深的随机分布特点，按齿轮和齿条疲劳强度等效原则计算疲劳等效载荷。在三峡升船机和向家坝升船机设计中，开式齿轮和齿条的疲劳等效计算载荷均按误载水深±0.05 m 的发生概率为 80%、误载水深±0.1 m 的发生概率为 20%的设计条件考虑。

（2）系统惯性力。系统惯性力包括两部分：一部分为平衡重、船厢、水体（含误载水）、钢丝绳及平衡链等所有做平面运动的悬吊系统的总质量所产生的惯性力；另一部分为滑轮转动惯量产生的惯性力矩。其中，滑轮惯性力矩按能量等效原理转化为与船厢和平衡重同步升降运动的质量。该转化质量连同船厢和平衡重系统的总质量与船厢升降运行加速度的乘积，构成了驱动系统正常运行最大载荷中的惯性力部分。作用在小齿轮的惯性力的计算公式如下：

$$F_a=(m_s+m_c+m_e)a+J_{pu}\frac{2\varepsilon_p}{D_{pu}} \tag{3.2.2}$$

式中：m_s、m_c和m_e分别为船厢、平衡重系统和误载水的质量；a为船厢正常启制动加速度；J_{pu}为滑轮的总转动惯量；ε_p为船厢正常启制动过程滑轮的角加速度；D_{pu}为滑轮名义直径。

由于$J_{pu}=m_pD_{pu}^2/8$，$\varepsilon_p=2a/D_{pu}$，式（3.2.2）可写为

$$F_a=(m_s+m_c+m_e+\frac{1}{2}m_p)a \tag{3.2.3}$$

式中：m_p为滑轮的总质量。

惯性力的另一部分为驱动系统转动零部件在启制动过程中的惯性力矩。该部分载荷不作用在小齿轮上，而是分布在驱动系统各转动零部件中，因此不计入驱动系统的最大驱动载荷中。电机的输出力矩需克服该部分惯性载荷，因此该部分惯性载荷在计算和确定电机功率时需要计入在内。为便于电机功率的计算，通常将驱动系统不同转速的转动零部件按能量等效原理转化到电机输出轴进行等效负载惯性力矩的计算。假设每台电机驱动n个转动部件，则该电机承受的等效惯性力矩为

$$M_{da}=\sum_{i=1}^{n}\frac{J_i\varepsilon_i}{\gamma_i}=\sum_{i=1}^{n}\frac{J_{mi}\varepsilon_m}{\gamma_i^2}=J_{em}\varepsilon_m \tag{3.2.4}$$

式中：M_{da}为驱动系统不同转速的转动零部件按能量等效原理转化到电机输出轴的等效负载惯性力矩；J_i为第i个零部件相对于自身轴线的转动惯量；ε_i为第i个零部件绕自身轴线旋转的角加速度；γ_i为电机转速与第i个零部件绕自身轴线旋转角速度的比值；ε_m为电机角加速度；J_{mi}为第i个零部件转化至电机输出轴的等效转动惯量；J_{em}为单台电机驱动的转动零部件转化至电机输出轴的总等效转动惯量。

实际计算中，对于双边驱动的驱动机构（如三峡升船机），每套驱动机构的转动零部件转化至电机输出轴的总等效转动惯量为

$$J_{em}=2J_m+4J_{br}+2J_g+J_{bg}+\frac{2J_{GW}}{\gamma_p^2}+\frac{J_p}{\gamma_p^2}+\frac{J_a}{4\gamma_a^2}+\frac{J_s}{\gamma_s^2} \tag{3.2.5}$$

式中：J_m、J_{br}、J_{GW}和J_p分别为单个电机、工作制动器和安全制动器制动盘、万向联轴器、小齿轮绕自身轴线的转动惯量；J_g为单台减速器相对于高速轴的转动惯量；J_{bg}为驱动机构与同步轴系统相连的变速锥齿轮箱相对于高速轴的转动惯量；J_a为同步轴系统所有转动零部件的总转动惯量；J_s为减速器至安全机构传动链及安全机构自身所有转动零部件相对于减速器安全机构输出轴的转动惯量；γ_p为减速器的传动比；γ_a为电机转速与同步轴转速之比；γ_s为电机转速与安全机构传动轴转速之比。

对于单边驱动的驱动机构（如向家坝升船机），每套驱动机构的转动零部件转化至电机输出轴的总等效转动惯量为

$$J_{\text{em}}=J_{\text{m}}+2J_{\text{br}}+J_{\text{g}}+J_{\text{bg}}+\frac{J_{\text{GW}}}{\gamma_{\text{p}}^2}+\frac{J_{\text{p}}}{\gamma_{\text{p}}^2}+\frac{J_{\text{a}}}{4\gamma_{\text{a}}^2}+\frac{J_{\text{s}}}{\gamma_{\text{s}}^2} \tag{3.2.6}$$

（3）平衡滑轮轴承摩阻力。轴承摩阻力是平衡滑轮在承受船厢和平衡重总重及滑轮、钢丝绳与平衡链重量条件下转动时轴承内的摩阻力，驱动系统需要克服的滑轮轴承总摩阻力按式（3.2.7）计算：

$$F_f=\frac{\mu_{\text{r}}d_{\text{pa}}}{D_{\text{pu}}}(2W_{\text{s}}+W_{\text{r}}+W_{\text{ch}}+W_{\text{p}}+F_{\text{ew}}) \tag{3.2.7}$$

式中：μ_{r}为滚动轴承的摩擦系数，一般取 0.003；d_{pa}为滑轮轴直径；D_{pu}为滑轮名义直径；W_{s}为标准水深下船厢的总重量；W_{r}为悬吊钢丝绳及其组件的总重量；W_{ch}为平衡链的总重量；W_{p}为平衡滑轮的总重量。

（4）钢丝绳僵性阻力[4]。钢丝绳僵性阻力是钢丝绳绕入或绕出滑轮时的摩擦功造成的阻力，与钢丝绳张力、钢丝绳直径、滑轮直径及钢丝绳的捻制方式有关。对于同向捻钢丝绳，其僵性阻力按经验公式（3.2.8）计算；对于交互捻钢丝绳，其僵性阻力按经验公式（3.2.9）计算：

$$F_{\text{s}}=0.0063\frac{d_{\text{r}}^2}{D_{\text{pu}}}(S_{\text{r}}+3) \tag{3.2.8}$$

$$F_{\text{s}}=0.009\frac{d_{\text{r}}^2}{D_{\text{pu}}}(S_{\text{r}}+5) \tag{3.2.9}$$

式（3.2.8）和式（3.2.9）中：F_{s}为僵性阻力，kN；d_{r}、D_{pu}分别为钢丝绳和滑轮名义直径，mm；S_{r}为钢丝绳张力，kN。

（5）安全机构摩阻力矩。安全机构摩阻力矩是由安全机构旋转螺杆的重力引起的支承轴承内的摩阻力矩，该负载通过机械传动系统传至驱动系统减速器中间输出轴。单台安全机构摩阻力矩按式（3.2.10）计算：

$$M_{\text{sf}}=W_{\text{sr}}\mu_{\text{r}}r_{\text{m}} \tag{3.2.10}$$

式中：W_{sr}为单根旋转螺杆的重量；μ_{r}为旋转螺杆支承滚动轴承的摩擦系数，一般取 0.003；r_{m}为滚动轴承的平均半径。

（6）其他载荷。其他载荷包括作用在驱动系统的船厢重量和平衡重重量制造偏差引起的不平衡力，以及船厢横向导向机构和纵向导向机构的导轮与轨道之间的摩擦阻力。前者通过设置调整平衡重块予以大部分消除，后者量值较小，对驱动系统正常运行载荷的影响不大，因此可不必专门计算。

2）主要设计载荷的确定

（1）单台驱动机构正常运行载荷。单台驱动机构正常运行载荷为船厢升降运行过程中作用于每个小齿轮上的最大载荷，用于驱动机构除开式小齿轮和齿条之外所有部件的疲劳强度计算。正常运行载荷包括误载水重 F_{ew}、船厢和平衡重系统惯性力 F_a、轴承摩阻力 F_f及钢丝绳僵性阻力 F_{s}，其计算公式如下：

$$F_{dn}=\frac{k_d}{4}(F_{ew}+F_a+F_f+F_s) \tag{3.2.11}$$

式中：k_d为四套驱动机构之间的载荷不均系数。

（2）停机载荷。驱动机构停机载荷是升船机运行的控制参数之一。当事故（如船厢在升降过程中漏水）致使驱动机构齿轮载荷达到该载荷时，电机停机，工作制动器和安全制动器将相继上闸制动。停机载荷按式（3.2.12）计算：

$$F_{ds}=1.25F_{dn}+W_{pu}+\delta F_1 \tag{3.2.12}$$

式中：W_{pu}为单台驱动机构小齿轮和万向联轴器的重量之和；δF_1为载荷裕量，一般取20～30 kN。

（3）液气弹簧变形初始载荷F_{sp}。船厢漏水致使驱动机构停机后，小齿轮载荷将继续增加，增加到一定值时，齿轮托架机构中的液气弹簧开始变形，通常将此载荷称为液气弹簧变形初始载荷。该载荷可通过液气弹簧蓄能器的压力预先设定，并可根据现场调试情况进行调整。对于大中型齿轮齿条爬升式升船机，液气弹簧变形初始载荷可按大于停机载荷80～100 kN进行初始设定。

（4）齿轮极限载荷（最大事故载荷）。随着驱动机构小齿轮载荷的持续增加，液气弹簧变形将持续加大，安全机构的螺纹副间隙逐渐减小，至螺纹副间隙消失时，小齿轮载荷达到最大值。继续增加的船厢不平衡载荷将作用于安全机构，船厢转由安全机构支承。当安全机构螺纹副间隙不同时，所对应的小齿轮最大载荷是不同的。一般将螺纹副最大间隙时的小齿轮最大载荷作为齿轮极限载荷。齿轮极限载荷是驱动机构静强度的计算载荷。该极限载荷在概念上的定义为

$$F_{lim}=F_{sp}+\lambda_r\int_0^{l_s}k_s\mathrm{d}x \tag{3.2.13}$$

式中：λ_r为齿轮托架机构底梁的杠杆比，即齿轮托架底梁支承跨距d_2与底梁支铰至小齿轮中心的水平间距d_1的比值，一般取$\lambda_r=2$；k_s为小齿轮托架液气弹簧的弹性系数函数，该函数是蓄能器参数和液气弹簧瞬时位移的复杂非线性函数；l_s为液气弹簧油缸的最大行程，该行程应大于λ_r倍安全机构最大螺纹间隙，并留有充分的裕量，以避免船厢遭遇巨大不平衡力时，船厢结构变形等导致油缸行程达到极限而安全机构螺纹副间隙尚没有完全消失的情况。在设计中，通常将液气弹簧作为线性弹簧确定齿轮极限载荷，即

$$F_{lim}=F_{sp}+\lambda_r k_{sl} l_s \tag{3.2.14}$$

式中：k_{sl}为线性弹性系数，可根据经验及驱动系统具体设计条件进行预设。对于大中型齿轮齿条爬升式垂直升船机，k_{sl}可取值为400～700 kN/mm^2。按照式（3.2.14）确定齿轮极限载荷后，根据该载荷要求设计驱动系统零部件（包括液气弹簧系统），然后再根据式（3.2.13）对齿轮极限载荷进行复核。

2. 电机功率计算

1）电机功率计算原则

当船厢升降运行过程中遇电机故障而在中途停机时，为避免过坝船舶长期滞留在船厢内，驱动系统电机功率的计算应考虑一台或两台电机发生故障的情况下，其具备继续

升降运行的能力。因此，在《升船机设计规范》（GB 51177—2016）中规定，电机功率宜按一台电机失效、其余电机在不过载的条件下继续完成船厢的本次运行的原则确定。

对于全平衡齿轮齿条爬升式垂直升船机的驱动系统，当一台电机失效时，失效电机所在的驱动机构需由其他驱动机构的电机通过同步轴系统向其输入动力，以维持船厢的升降运行。由于动力传递路径较长，传递路径的设备较多，机械效率会造成较大的功率损失，致使在满足一台或两台电机故障时升船机继续运行条件下驱动系统电机功率的计算较为复杂。而且电机功率的计算方法与多电机协同工作的电气传动控制方式有关。目前中国兴建的两座齿轮齿条爬升式升船机，其驱动系统电机控制包括电气位置同步控制和机械轴同步、电机出力均衡控制两种控制方式，与之对应的电机功率计算方法分别为逆向路径法和功率平衡法[5]。

2）电机功率计算方法

（1）逆向路径法。逆向路径法是在一台或两台电机失效的工况下，从失效电机所在的驱动机构出发，沿着与功率传递路径相反的方向，分步骤地计算机械传动链关键节点的功率及向故障电机所在驱动机构传递动力时的功率损失，从而计算电机功率的方法。逆向路径法用于电气传动系统采用电气位置同步控制方式的多电机驱动的电机功率计算。电气位置同步控制的主要控制策略是，控制四套驱动机构全部电机的输出角速度和角位移的一致性，从而一方面使船厢处于水平姿态，达到驱动机构负载均衡的目的；另一方面，高精度控制多台电机的输出角速度和角位移，使同步轴系统达到无载或低载状态。与该多电机控制方式相适应的同步轴系统采用开式布置方式，即 H 形布置。采用该形式的同步轴系统布置的目的在于，当一套驱动机构的电机失效而无法提供本驱动机构运行所需的全部功率时，其余驱动机构的电机将沿相同（或基本相同）的路径共同向失效电机所在驱动机构输送功率。由于该路径的机械刚度和设备效率相同，其余电机向失效电机所在驱动机构传输的功率相等或接近，避免因部分电机超载，升船机无法完成当次运行的情况[5]。

三峡升船机的运行实践表明，该控制策略所预想的性能要求与该工况下的实际测试结果是完全吻合的。以下以三峡升船机所采用的双边驱动机构设备布置为例，按照八台电机中同一驱动机构两台电机同时失效的情形，说明电机功率计算的逆向路径法的计算方法和步骤。

驱动系统由四套驱动机构和同步轴系统组成。驱动机构有两台电机驱动的双边驱动和单台电机驱动的单边驱动两种形式。图 3.2.1 为双边驱动系统设备布置的三维效果图。图中显示，当一套驱动机构的两台电机同时失效时，可以近似地认为其余电机的功率经各自的路径汇聚到同步轴中心点，然后沿单一路径传递到失效电机所在的驱动机构。

步骤 1：计算失效电机所在驱动机构所需的功率。

当某套驱动机构的两台电机同时失效时，由其他驱动机构的电机通过同步轴系统向失效电机所在驱动机构输送功率。该功率包括四部分：驱动小齿轮的提升力所需功率 P_g、安全机构重量产生的摩阻力矩消耗的功率 P_s、两台电机的惯性力矩产生的电机功率 P_{m1} 和 P_{m2}。注意到由其他三套正常驱动机构输送来的功率经内侧的减速器向开式齿轮传递，之后少量的功率输送至安全机构及另一侧的电机，由于路径不同，驱动两台电机转动的

功率是不同的。因此，输入失效电机所在驱动机构的功率为[5]

$$P_{\mathrm{f}} = P_{\mathrm{g}} + P_{\mathrm{s}} + \frac{P_{\mathrm{m}}}{\eta_{\mathrm{M12}}} + P_{\mathrm{m}} = \frac{F_{\mathrm{dn}} v}{4\eta_{\mathrm{d}}} + \frac{M_{\mathrm{sr}}\omega_{\mathrm{s}}}{\eta_{\mathrm{sf}}} + \frac{J_{\mathrm{em}}\varepsilon_{\mathrm{m}}\omega_{\mathrm{m}}}{\eta_{\mathrm{M12}}} + J_{\mathrm{em}}\varepsilon_{\mathrm{m}}\omega_{\mathrm{m}} \tag{3.2.15}$$

式中：P_{m} 为正常工况单套驱动机构由惯性力产生的功率；v 为船厢额定升降速度；ω_{s} 为旋转螺杆的正常旋转角速度；ω_{m}、ε_{m} 分别为电动机正常旋转角速度和角加速度；η_{d} 为双边驱动系统内侧减速器高速轴至开式齿轮传动链的机械效率；M_{sr} 为单台安全机构摩阻力矩；η_{sf} 为内侧减速器高速轴至安全机构传动链的效率；η_{M12} 为内侧减速器高速轴至外侧电机传动链的效率。内侧减速器高速轴至开式齿轮的传动链，包括一套开式齿轮及齿轮导向装置、一套万向联轴节和一台减速器等机械设备，因此

$$\eta_{\mathrm{d}} = \eta_{\mathrm{P}}\eta_{\mathrm{G}}\eta_{\mathrm{J}}\eta_{\mathrm{R}} \tag{3.2.16}$$

式中：η_{P}、η_{G}、η_{J} 和 η_{R} 分别为小齿轮和齿条、小齿轮导向、万向联轴节、减速器的机械效率。内侧减速器高速轴至安全机构的传动链，包括三台锥齿轮箱、减速器中间轴和安全机构万向联轴节之间的齿轮联轴器与安全离合器、两套万向联轴节及减速器等设备，因此

$$\eta_{\mathrm{sf}} = \eta_{\mathrm{B}}^{3}\eta_{\mathrm{SJ}}\eta_{\mathrm{J}}^{2}\eta_{\mathrm{R}} \tag{3.2.17}$$

式中：η_{B}、η_{SJ} 分别为锥齿轮箱、旋转螺杆与安全机构万向联轴节之间的齿轮联轴器和安全离合器的效率。内侧减速器高速轴外左侧电机传动链上包括两台减速器和两套万向联轴节，因此

$$\eta_{\mathrm{M12}} = \eta_{\mathrm{J}}^{2}\eta_{\mathrm{R}}^{2} \tag{3.2.18}$$

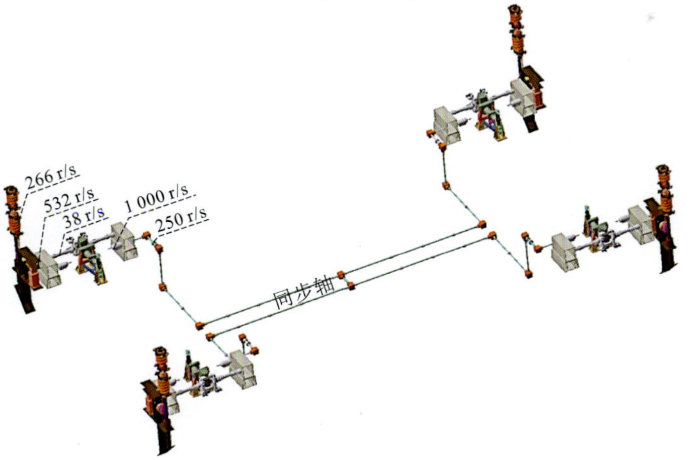

图 3.2.1　双边驱动系统设备布置的三维效果图

步骤 2：计算驱动系统同步轴中点处的功率。

如图 3.2.2 所示，从失效电机所在驱动机构靠近同步轴一侧减速器的高速轴端起步，沿着与功率传递路径相反的方向到达同步轴中心点 B。该段传动链上的机械设备包括五台锥齿轮箱和五个轴承座（联轴器的效率计入邻近的锥齿轮箱和轴承座）及连接轴段。

因此，从内侧减速器高速轴至中心点 B 的机械传动效率 η_{RB} 为

$$\eta_{\mathrm{RB}} = \eta_{\mathrm{B}}^{5}\eta_{\mathrm{C}}^{8} \tag{3.2.19}$$

式中：η_{C} 为与单根连接轴段相连的联轴器和轴承设备效率。向失效电机所在驱动机构传

递功率路径中的 B 点传递的功率为

$$P_B = \frac{P_{\mathrm{f}}}{\eta_{\mathrm{RB}}} \tag{3.2.20}$$

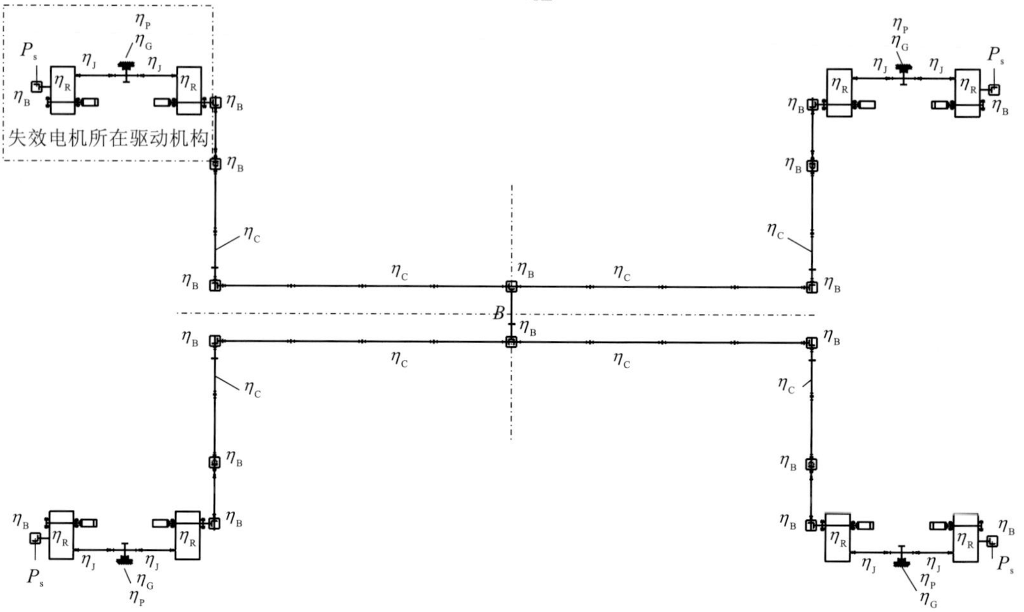

图 3.2.2　驱动系统设备效率分布图

步骤 3：计算其他驱动机构每个电机的功率。

B 点的功率由其余三条路径通向的三个驱动机构分担。由于三条路径至 B 点的距离等长，且每一路径的设备布置完全相同，理论上 B 点的功率可由三台驱动机构均分。但考虑实际电机的出力不均，每台电机按分配系数 0.4 来共同提供 P_B。其他驱动机构每个电机除分担失效电机所在驱动机构的功率外，还必须承担自身驱动机构的功率需求 P_{n}：

$$P_{\mathrm{n}} = P_{\mathrm{g}} + P_{\mathrm{s}} + 2P_{\mathrm{m}} = \frac{F_{\mathrm{dn}}v}{4\eta_{\mathrm{d}}} + \frac{M_{\mathrm{sr}}\omega_{\mathrm{s}}}{\eta_{\mathrm{SN}}} + 2J_{\mathrm{em}}\varepsilon_{\mathrm{m}}\omega_{\mathrm{m}} \tag{3.2.21}$$

式中：η_{SN} 为安全机构至驱动机构左侧电机传动链的效率。

该传动链的机械设备包括三台锥齿轮箱、旋转锁定螺杆输出轴和减速器中间轴（向安全机构传递动力的输出轴）之间的联轴器与安全离合器及减速器中间轴至电机的齿轮等设备。

$$\eta_{\mathrm{SN}} = \eta_{\mathrm{B}}^3 \eta_{\mathrm{SJ}} \eta_{\mathrm{GHS}} \tag{3.2.22}$$

式中：η_{GHS} 为减速器中间轴至高速轴的传动效率。

因此，

$$P_{\mathrm{n}} = \frac{F_{\mathrm{dn}}v}{4\eta_{\mathrm{d}}} + \frac{M_{\mathrm{sr}}\omega_{\mathrm{s}}}{\eta_{\mathrm{B}}^3 \eta_{\mathrm{SJ}} \eta_{\mathrm{GHS}}} + 2J_{\mathrm{em}}\varepsilon_{\mathrm{m}}\omega_{\mathrm{m}} \tag{3.2.23}$$

驱动机构单台电机的计算功率为

$$P_{\mathrm{ra}} = \frac{1}{2}\left(\frac{0.4P_B}{\eta_{\mathrm{RB}}} + P_{\mathrm{n}}\right) \tag{3.2.24}$$

将式（3.2.15）～式（3.2.23）代入式（3.2.24），得

$$P_{\mathrm{ra}}=\frac{1}{2}\left(\frac{0.4P_{\mathrm{f}}}{\eta_{\mathrm{B}}^{10}\eta_{\mathrm{C}}^{16}}+\frac{F_{\mathrm{dn}}v}{4\eta_{\mathrm{d}}}+\frac{M_{\mathrm{sr}}\omega_{\mathrm{s}}}{\eta_{\mathrm{B}}^{3}\eta_{\mathrm{SJ}}\eta_{\mathrm{GHS}}}+2J_{\mathrm{em}}\varepsilon_{\mathrm{m}}\omega_{\mathrm{m}}\right) \tag{3.2.25}$$

以上讨论了双边驱动式的同一驱动机构内两台电机同时失效时单台电机功率的计算方法。对于双边驱动或者单边驱动布置形式，当设计规定任意一台电机失效、升船机继续运行且其余电机不过载时，计算分析原则和方法与上述方法完全相同，只是计算过程和公式相对简便些。

（2）功率平衡法。功率平衡法的基本思想是，根据驱动系统在一台或两台电机失效情况下运行时的功率守恒关系，即未失效电机所在驱动机构的电机输出功率应等于所有驱动机构的负载功率及驱动系统在向失效电机所在驱动机构传递动力时的功率损失，利用合理的近似假定，推导出适合多电机出力均衡控制的多电机系统单台电机的功率计算公式。

设驱动系统共有 n 台电机，单台电机计算功率为 P_{ra}。设计原则是，运行过程中一套驱动机构内有 i 台电机同时失效时，其余电机在不过载的情况下驱动船厢继续运行。i 台电机故障情况下，驱动系统总功率为 $(n-i)P_{\mathrm{ra}}$，根据设计要求，驱动系统总功率应不小于四套驱动机构的负载功率与动力在同步轴系统传输过程中的功率损失之和。由于电机额定功率不小于计算功率，对于电机计算功率，可建立以下功率平衡关系：

$$(n-i)P_{\mathrm{ra}}=3P_{\mathrm{n}}+P_{\mathrm{f}}+\Delta P_{\mathrm{a}} \tag{3.2.26}$$

式中：P_{n} 的计算见式（3.2.23）；P_{f} 和 ΔP_{a} 分别为失效电机所在驱动机构的功率和非故障电机所在驱动机构通过同步轴系统向故障电机所在驱动机构传递功率的功率损失。以下分三种情况进行讨论。

第一种，双边驱动系统一套驱动机构两台电机同时失效。双边驱动系统机械设备布置见图 3.2.3 和图 3.2.4。假定该情形下故障电机所在驱动机构的负载功率和非故障电机所在驱动机构通过同步轴系统向故障电机所在驱动机构传递功率的功率损失分别为 P_{fd} 和 ΔP_{a1}。P_{fd} 按式（3.2.27）计算：

$$P_{\mathrm{fd}}=\frac{F_{\mathrm{dn}}v}{4\eta_{\mathrm{d}}}+\frac{M_{\mathrm{sr}}\omega_{\mathrm{s}}}{\eta_{\mathrm{sf}}}+\frac{J_{\mathrm{em}}\varepsilon_{\mathrm{m}}\omega_{\mathrm{m}}}{\eta_{\mathrm{M12}}}+J_{\mathrm{em}}\varepsilon_{\mathrm{m}}\omega_{\mathrm{m}} \tag{3.2.27}$$

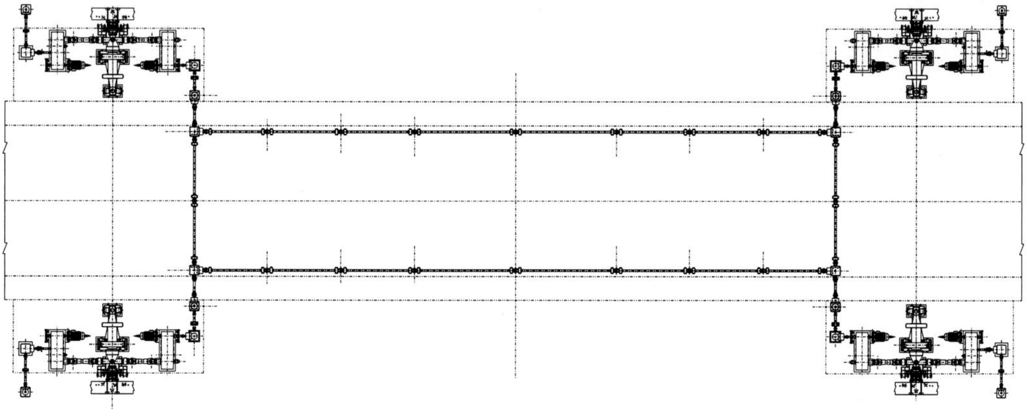

图 3.2.3　双边驱动系统封闭型同步轴系统平面布置

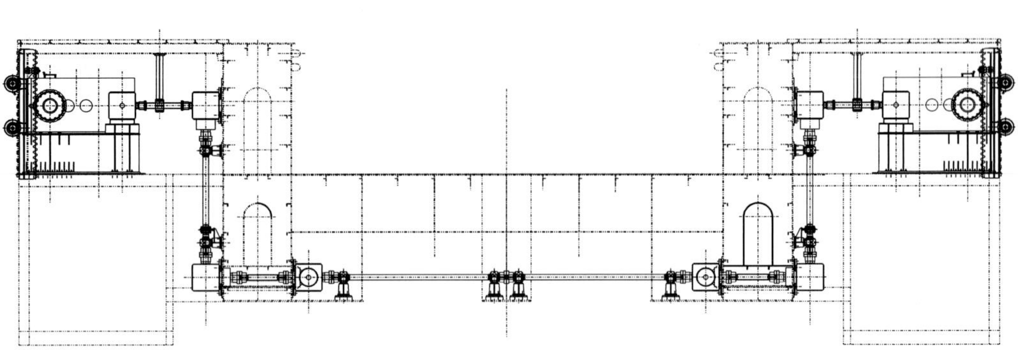

图 3.2.4　双边驱动系统封闭型同步轴系统立面布置

该功率由其余六台非故障电机通过矩形同步轴系统的三条支路向失效电机所在驱动机构输送，假定故障电机所在驱动机构从每套驱动机构获得的功率均为 $P_{fd}/3$，则第 j 条路径输入同步轴系统的功率为

$$P_{a1j} \approx \frac{P_{fd}}{3\eta_{adj}} \tag{3.2.28}$$

式中：η_{adj} 为同步轴系统第 j 条功率传递路径的机械总效率。从式（3.2.28）可以看出，机械效率最低的路径传递的功率最大，因而与三条路径传递功率相等的假定相比，上述假定因消耗在同步轴系统的总的功率损失 ΔP_{a1} 较大而偏于安全。

同步轴系统总的功率损失为

$$\Delta P_{a1} \approx \sum_{j=1}^{3} P_{a1j}(1-\eta_{adj}) = \sum_{j=1}^{3} \frac{(1-\eta_{adj})P_{fd}}{3\eta_{adj}} = \chi_d P_{fd} \tag{3.2.29}$$

式中：χ_d 为双边驱动系统同步轴系统功率损失系数，

$$\chi_d = \sum_{j=1}^{3} \frac{1-\eta_{adj}}{3\eta_{adj}} \tag{3.2.30}$$

以图 3.2.3 和图 3.2.4 所示的机械同步轴布置为例，计算该情形下同步轴系统功率损失系数 χ_d。假设图 3.2.3 中左上角驱动机构的一台或两台电机失效，相邻的左下角驱动机构向左上角驱动机构按最近传递路径输送的效率为

$$\eta_{ad1} = \eta_B^8 \eta_C^{10} \tag{3.2.31}$$

右上角驱动机构向左上角驱动机构按最近传递路径输送的效率为

$$\eta_{ad2} = \eta_B^8 \eta_C^{16} \tag{3.2.32}$$

右下角驱动机构向左上角驱动机构按最近传递路径输送的效率为

$$\eta_{ad3} = \eta_B^9 \eta_C^{18} \tag{3.2.33}$$

同步轴系统功率损失系数为

$$\chi_d = \sum_{j=1}^{3} \frac{1-\eta_{adj}}{3\eta_{adj}} = \frac{1-\eta_{ad1}}{3\eta_{ad1}} + \frac{1-\eta_{ad2}}{3\eta_{ad2}} + \frac{1-\eta_{ad3}}{3\eta_{ad3}} = \frac{1}{3\eta_B^8\eta_C^{10}} + \frac{1}{3\eta_B^8\eta_C^{16}} + \frac{1}{3\eta_B^9\eta_C^{18}} - 1 \tag{3.2.34}$$

对于驱动系统八台电机中同一驱动机构的两台电机同时失效的情形，式（3.2.26）可表达成如下形式：

$$6P_{ra1} = 3P_n + P_{fd} + \Delta P_{a1} = 3P_n + (1+\chi_d)P_{fd} \tag{3.2.35}$$

$$P_{\mathrm{ra1}}=\frac{3P_{\mathrm{n}}+(1+\chi_{\mathrm{d}})P_{\mathrm{fd}}}{6} \tag{3.2.36}$$

第二种，双边驱动系统任意一台电机失效。按较为不利的情况考虑，靠近安全机构一侧的电机发生故障，故障电机所在驱动机构的负载功率与一台驱动机构两台电机同时失效的情形相同，因此依然用 P_{fd} 表示，并按式（3.2.27）计算。其余三套驱动机构的负载功率 P_{n} 按式（3.2.23）计算。假定该情形下非故障电机所在驱动机构通过同步轴系统向故障电机所在驱动机构传递功率的损失为 ΔP_{a2}。由于该情形下一套驱动机构只有一台电机发生故障，可简化假定故障电机所在驱动机构从每套驱动机构获得的功率均为 $P_{\mathrm{fd}}/6$（很明显该假定是偏于安全的），则第 j 条路径输入同步轴系统的功率为

$$P_{\mathrm{a2}j}\approx\frac{P_{\mathrm{fd}}}{6\eta_{\mathrm{ad}j}} \tag{3.2.37}$$

同步轴系统总的功率损失为

$$\Delta P_{\mathrm{a2}}\approx\sum_{j=1}^{3}P_{\mathrm{a2}j}(1-\eta_{\mathrm{ad}j})=\frac{1}{2}\sum_{j=1}^{3}\frac{(1-\eta_{\mathrm{ad}j})P_{\mathrm{fd}}}{3\eta_{\mathrm{ad}j}}=\frac{1}{2}\chi_{\mathrm{d}}P_{\mathrm{fd}} \tag{3.2.38}$$

在该情形下，式（3.2.25）可写成如下形式：

$$7P_{\mathrm{ra2}}=3P_{\mathrm{n}}+P_{\mathrm{fd}}+\Delta P_{\mathrm{a2}}=3P_{\mathrm{n}}+\frac{1}{2}(1+\chi_{\mathrm{d}})P_{\mathrm{fd}} \tag{3.2.39}$$

$$P_{\mathrm{ra2}}=\frac{6P_{\mathrm{n}}+(1+\chi_{\mathrm{d}})P_{\mathrm{fd}}}{14} \tag{3.2.40}$$

第三种，单边驱动系统四台电机中一台电机失效。单边驱动系统的机械布置见图 3.2.5 和图 3.2.6。

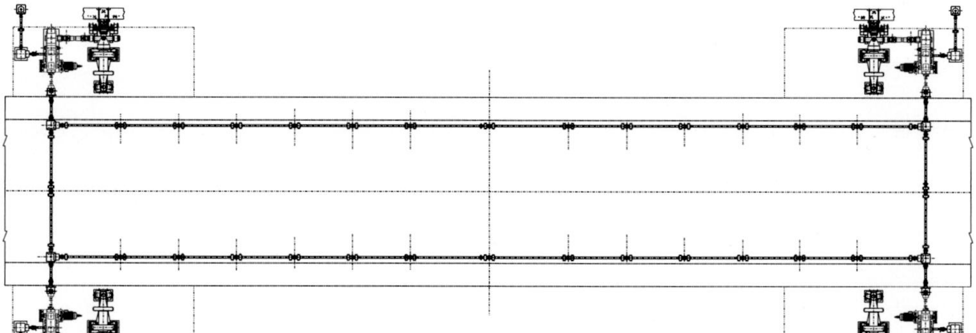

图 3.2.5　单边驱动系统封闭型同步轴系统平面布置

假定该情形下故障电机所在驱动机构的负载功率和非故障电机所在驱动机构通过同步轴系统向故障电机所在驱动机构传递功率的功率损失分别为 P_{fs} 和 ΔP_{a3}。P_{fs} 按式（3.2.41）计算：

$$P_{\mathrm{fs}}=\frac{F_{\mathrm{dn}}v}{4\eta_{\mathrm{d}}}+\frac{M_{\mathrm{sr}}\omega_{\mathrm{s}}}{\eta_{\mathrm{sa}}}+\frac{J_{\mathrm{em}}\varepsilon_{\mathrm{m}}\omega_{\mathrm{m}}}{\eta_{\mathrm{RH}}}=\frac{F_{\mathrm{dn}}v}{4\eta_{\mathrm{d}}}+\frac{M_{\mathrm{sr}}\omega_{\mathrm{s}}}{\eta_{\mathrm{B}}^{3}\eta_{\mathrm{SJ}}\eta_{\mathrm{GSA}}}+\frac{J_{\mathrm{em}}\varepsilon_{\mathrm{m}}\omega_{\mathrm{m}}}{\eta_{\mathrm{RH}}} \tag{3.2.41}$$

式中：η_{RH} 为减速器高速级传动的机械效率；η_{sa} 为减速器次高速轴至安全机构传动链的机械设备总效率；η_{GSA} 为减速器次高速轴至减速器中间轴传动齿轮的机械效率。

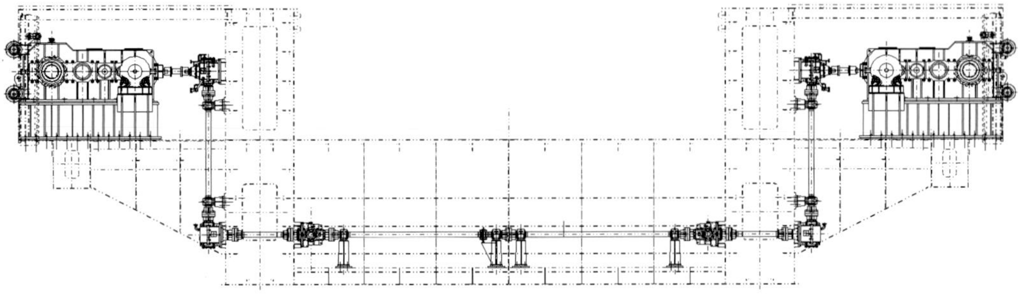

图 3.2.6 单边驱动系统封闭型同步轴系统立面布置

该传动链包括三台锥齿轮箱、减速器旋转锁定螺杆输出轴和万向联轴节之间的齿轮联轴器与安全离合器及减速器次高速轴至减速器中间轴的传动齿轮，因此

$$\eta_{sa} = \eta_B^3 \eta_{SJ} \eta_{GSA} \tag{3.2.42}$$

假定故障电机所在驱动机构从每套驱动机构获得的功率均为 $P_{fs}/3$，则第 j 条路径输入同步轴系统的功率为

$$P_{a3j} \approx \frac{P_{fs}}{3\eta_{asj}} \tag{3.2.43}$$

式中：η_{asj} 为单边驱动系统同步轴系统第 j 条功率传递路径的机械总效率。

同步轴系统总的功率损失为

$$\Delta P_{a3} \approx \sum_{j=1}^{3} P_{a3j}(1-\eta_{asj}) = \sum_{j=1}^{3} \frac{(1-\eta_{asj})P_{fs}}{3\eta_{asj}} = \chi_s P_{fs} \tag{3.2.44}$$

式中：χ_s 为单边驱动系统同步轴系统功率损失系数，

$$\chi_s = \sum_{j=1}^{3} \frac{1-\eta_{asj}}{3\eta_{asj}} \tag{3.2.45}$$

假设图 3.2.5 左上角驱动机构的电机失效，则左下角驱动机构向失效电机驱动机构按最近传递路径输送的效率为

$$\eta_{as1} = \eta_B^6 \eta_C^8 \tag{3.2.46}$$

右上角驱动机构向失效电机驱动机构按最近传递路径输送的效率为

$$\eta_{as2} = \eta_B^6 \eta_C^{20} \tag{3.2.47}$$

右下角驱动机构向失效电机驱动机构按最近传递路径输送的效率为

$$\eta_{as3} = \eta_B^7 \eta_C^{22} \tag{3.2.48}$$

图 3.2.5 所示单边驱动系统的同步轴系统功率损失系数为

$$\begin{aligned} \chi_s &= \sum_{j=1}^{3} \frac{1-\eta_{asj}}{3\eta_{asj}} = \frac{1-\eta_{as1}}{3\eta_{as1}} + \frac{1-\eta_{as2}}{3\eta_{as2}} + \frac{1-\eta_{as3}}{3\eta_{as3}} \\ &= \frac{1}{3\eta_B^6\eta_C^8} + \frac{1}{3\eta_B^6\eta_C^{20}} + \frac{1}{3\eta_B^7\eta_C^{22}} - 1 \end{aligned} \tag{3.2.49}$$

在该情形下，式（3.2.26）可写成如下形式：

$$3P_{ra3} = 3P_n + P_{fs} + \Delta P_{a3} = 3P_n + (1+\chi_s)P_{fs} \tag{3.2.50}$$

$$P_{ra3} = \frac{3P_n + (1+\chi_s)P_{fs}}{3} \tag{3.2.51}$$

3）计算实例

逆向路径法以三峡升船机为例进行驱动电机功率计算，功率平衡法则以向家坝升船机为例进行计算。表 3.2.1 给出了两座升船机驱动系统的基本设计参数，表 3.2.2 给出了驱动系统相关设备的机械传动效率。

表 3.2.1　三峡升船机和向家坝升船机驱动系统的基本设计参数

工程名称	参数						
	F_{dn}/kN	M_{sr}/（kN·m）	v/（m/s）	J_{em}/（kg·m²）	ε_m/s^{-2}	ω_m/s^{-1}	ω_s/s^{-1}
三峡升船机双边驱动系统	4 400	3.5	0.2	22.5	5.24	104.7	2.8
向家坝升船机双边驱动系统	3 320	2.6	0.2	20.5	5.24	104.7	4.19
向家坝升船机单边驱动系统	3 320	2.6	0.2	35	5.24	104.7	4.19

表 3.2.2　驱动系统相关设备的机械传动效率

η_P	η_G	η_R	η_B	η_J	η_C	η_{SJ}	η_{GHS}	η_{GSA}	η_{RH}
0.95	0.99	0.9	0.97	0.99	0.995	0.98	0.95	0.975	0.975

（1）三峡升船机驱动系统电机功率计算。由于三峡升船机采用 X 形同步轴布置，可应用逆向路径法。

根据式（3.2.16），$\eta_d=\eta_P\eta_G\eta_J\eta_R=0.95\times0.99\times0.99\times0.9=0.838$。

根据式（3.2.17），$\eta_{sf}=\eta_B^3\eta_{SJ}\eta_J^2\eta_R=0.97^3\times0.98\times0.99^2\times0.9=0.789$。

根据式（3.2.18），$\eta_{M12}=\eta_J^2\eta_R^2=0.99^2\times0.9^2=0.794$。

根据式（3.2.15），

$$\begin{aligned}P_f &= \frac{F_{dn}v}{4\eta_d}+\frac{M_{sr}\omega_s}{\eta_{sf}}+\frac{J_{em}\varepsilon_m\omega_m}{\eta_{M12}}+J_{em}\varepsilon_m\omega_m \\ &=\frac{4\,400\times0.2}{4\times0.838}+\frac{3.5\times2.8}{0.789}+\frac{22.5\times5.24\times104.7}{1000\times0.794}+\frac{22.5\times5.24\times104.7}{1000}=303\,(\text{kW})\end{aligned}$$

根据式（3.2.25），

$$\begin{aligned}P_{ra} &= \frac{1}{2}\left(\frac{0.4P_f}{\eta_B^{10}\eta_C^{16}}+\frac{F_{dn}v}{4\eta_d}+\frac{M_{sr}\omega_s}{\eta_B^3\eta_{SJ}\eta_{GHS}}+2J_{em}\varepsilon_m\omega_m\right) \\ &=\frac{1}{2}\left(\frac{0.4\times303}{0.97^{10}\times0.995^{16}}+\frac{4\,400\times0.2}{4\times0.838}+\frac{3.5\times2.8}{0.97^3\times0.98\times0.95}+\frac{2\times22.5\times5.24\times104.7}{1000}\right) \\ &=238.4\,(\text{kW})\end{aligned}$$

（2）向家坝升船机驱动系统电机功率计算。以下用向家坝升船机驱动系统的基本参数讨论不同布置形式及失效电机台数下电机功率的计算。向家坝升船机驱动系统采用矩形同步轴布置形式，因此电机功率按功率平衡法计算。现分别考虑双边驱动系统两台电机失效、双边驱动系统一台电机失效和单边驱动系统一台电机失效三种情况。

第一种，双边驱动系统两台电机失效。根据式（3.2.27）计算失效电机所在驱动机构的负载功率：

$$
\begin{aligned}
P_{\mathrm{fd}} &= \frac{F_{\mathrm{dn}}v}{4\eta_{\mathrm{d}}} + \frac{M_{\mathrm{sr}}\omega_{\mathrm{s}}}{\eta_{\mathrm{sf}}} + \frac{J_{\mathrm{em}}\varepsilon_{\mathrm{m}}\omega_{\mathrm{m}}}{\eta_{\mathrm{M12}}} + J_{\mathrm{em}}\varepsilon_{\mathrm{m}}\omega_{\mathrm{m}} \\
&= \frac{3\,320\times 0.2}{4\times 0.838} + \frac{2.6\times 4.19}{0.789} + \frac{20.5\times 5.24\times 104.7}{0.794\times 1\,000} + \frac{20.5\times 5.24\times 104.7}{1\,000} \\
&= 237.3(\mathrm{kW})
\end{aligned}
$$

由于双边驱动系统的各驱动机构具有相同的形式，以上计算中，机械效率 η_{d}、η_{sf} 和 η_{M12} 采用了与三峡升船机完全相同的值。

根据式（3.2.23）计算非故障电机所在驱动机构的负载功率：

$$
\begin{aligned}
P_{\mathrm{n}} &= \frac{F_{\mathrm{dn}}v}{4\eta_{\mathrm{d}}} + \frac{M_{\mathrm{sr}}\omega_{\mathrm{s}}}{\eta_{\mathrm{B}}^{3}\eta_{\mathrm{SJ}}\eta_{\mathrm{GHS}}} + 2J_{\mathrm{em}}\varepsilon_{\mathrm{m}}\omega_{\mathrm{m}} \\
&= \frac{3\,320\times 0.2}{4\times 0.838} + \frac{2.6\times 4.19}{0.97^{3}\times 0.98\times 0.95} + \frac{2\times 20.5\times 5.24\times 104.7}{1\,000} = 233.4(\mathrm{kW})
\end{aligned}
$$

按照式（3.2.34）计算矩形同步轴系统的功率损失系数：

$$
\begin{aligned}
\chi_{\mathrm{d}} &= \frac{1}{3\eta_{\mathrm{B}}^{8}\eta_{\mathrm{C}}^{10}} + \frac{1}{3\eta_{\mathrm{B}}^{8}\eta_{\mathrm{C}}^{16}} + \frac{1}{3\eta_{\mathrm{B}}^{9}\eta_{\mathrm{C}}^{18}} - 1 \\
&= \frac{1}{3\times 0.97^{8}\times 0.995^{10}} + \frac{1}{3\times 0.97^{8}\times 0.995^{16}} + \frac{1}{3\times 0.97^{9}\times 0.995^{18}} - 1 \\
&= 0.388
\end{aligned}
$$

根据式（3.2.36），得考虑双边驱动系统两台电机失效工况的电机功率为

$$
P_{\mathrm{ra1}} = \frac{3P_{\mathrm{n}} + (1+\chi_{\mathrm{d}})P_{\mathrm{fd}}}{6} = \frac{3\times 233.4 + (1+0.388)\times 237.3}{6} = 171.7\ (\mathrm{kW})
$$

第二种，双边驱动系统一台电机失效。该情形下，P_{fd}、P_{n} 和 χ_{d} 与双边驱动系统两台电机失效的情形相同，根据式（3.2.40），得

$$
P_{\mathrm{ra2}} = \frac{6P_{\mathrm{n}} + (1+\chi_{\mathrm{d}})P_{\mathrm{fd}}}{14} = \frac{6\times 233.4 + (1+0.388)\times 237.3}{14} = 123.6\ (\mathrm{kW})
$$

第三种，单边驱动系统一台电机失效。该情形下，P_{n} 和 χ_{d} 与双边驱动系统两台电机失效的情形相同。根据式（3.2.41），得

$$
\begin{aligned}
P_{\mathrm{fs}} &= \frac{F_{\mathrm{dn}}v}{4\eta_{\mathrm{d}}} + \frac{M_{\mathrm{sr}}\omega_{\mathrm{s}}}{\eta_{\mathrm{B}}^{3}\eta_{\mathrm{SJ}}\eta_{\mathrm{GSA}}} + \frac{J_{\mathrm{em}}\varepsilon_{\mathrm{m}}\omega_{\mathrm{m}}}{\eta_{\mathrm{RH}}} \\
&= \frac{3\,320\times 0.2}{4\times 0.838} + \frac{2.6\times 4.19}{0.97^{3}\times 0.98\times 0.975} + \frac{35\times 5.24\times 104.7}{0.975\times 1\,000} = 230.3\ (\mathrm{kW})
\end{aligned}
$$

根据式（3.2.49），得

$$
\begin{aligned}
\chi_{\mathrm{s}} &= \frac{1}{3\eta_{\mathrm{B}}^{6}\eta_{\mathrm{C}}^{8}} + \frac{1}{3\eta_{\mathrm{B}}^{6}\eta_{\mathrm{C}}^{20}} + \frac{1}{3\eta_{\mathrm{B}}^{7}\eta_{\mathrm{C}}^{22}} - 1 \\
&= \frac{1}{3\times 0.97^{6}\times 0.995^{8}} + \frac{1}{3\times 0.97^{6}\times 0.995^{20}} + \frac{1}{3\times 0.97^{7}\times 0.995^{22}} - 1 \\
&= 0.32
\end{aligned}
$$

根据式（3.2.51），得

$$P_{\mathrm{ra3}}=\frac{3P_{\mathrm{n}}+(1+\chi_{\mathrm{s}})P_{\mathrm{fs}}}{3}=\frac{3\times 233.4+(1+0.32)\times 230.3}{3}=334.7\ (\mathrm{kW})$$

3.2.2　适应各向变位的齿轮托架机构设计

对于齿轮齿条爬升式升船机，要求在船厢升降过程中驱动机构的齿轮与齿条之间始终保持精准的啮合状态。齿条安装在混凝土塔柱上，自身不可避免地存在制造、安装误差，并且会随着塔柱结构的变形而产生变位。合理解决驱动机构与塔柱结构的变形协调问题，是关系到齿轮齿条爬升式升船机设计成败的关键技术问题之一。驱动机构适应齿条各向变位的技术措施主要是利用齿轮托架机构多维度的机构运动。

1. 机构形式与组成

齿轮托架机构主要由小齿轮轴、支承及导向机构、位移适应机构和液气弹簧机构几部分组成（图 3.2.7）。小齿轮轴为整体锻件，两轴端为花键轴，以便与万向联轴节组件的端部花键槽连接。小齿轮两侧的轴段支承在支承及导向机构的轴承座内。位移适应机构的管轴承通过其端部的竖直铰轴与支承及导向机构的轴承保持架相连，其底梁端部通过铰轴与液气弹簧机构的油缸活塞杆吊头相连。位移适应机构的前支架通过铰轴与船厢相连，该铰轴使小齿轮托架在载荷传递上呈现杠杆传力的性质，即齿轮竖直载荷与液气弹簧油缸的竖直载荷始终保持固定的比例，设计中一般取该比值为 2。在正常升降运行过程中，由于小齿轮载荷小于停机载荷 F_{ds}，液气弹簧油缸相对于船厢始终处于静止状态，而支承及导向机构和位移适应机构则因为需要适应齿条的变位，需要进行微小的机构运动。当小齿轮竖直载荷达到停机载荷后，装设在液气弹簧油缸上的载荷检测装置发讯，使驱动机构电机停机，齿轮停止转动。齿轮载荷继续增加，直至达到液气弹簧变形初始载荷 F_{sp} 时，液气弹簧油缸的上活塞杆或下活塞杆产生轴向位移，此时，液气弹簧油缸作为齿轮托架机构的一部分进行机构运动，并使船厢产生相对于齿轮齿条啮合点的整体下沉或上升，从而使安全机构螺纹副间隙减小直至消失，安全机构将承受继续增加的船厢不平衡力。

图 3.2.7　齿轮托架机构三维效果图

支承及导向机构包括小齿轮轴承座、上横梁、下横梁、导向架、主导向轮、副导向轮及连接件等（图 3.2.8）。每套机构的两个小齿轮轴承座与上横梁、下横梁之间通过螺栓连接，形成轴承保持架框架结构。轴承座孔与小齿轮轴装配，上横梁、下横梁与管轴承头部接触部位装设了自润滑衬垫，中部铰轴孔装有自润滑轴承，轴承内孔与位移适应机构上的铰轴装配，从而使轴承保持架可相对位移适应机构绕铰轴转动。每个轴承座的座体与两端的透盖在轴承座外表面形成了两道沟槽，导向架的梨形板镶嵌在沟槽内，梨形板与轴承座用沟槽底部的自润滑轴瓦及侧壁的自润滑衬垫相隔，从而使导向架相对轴承座可以自由转动。每套支承及导向机构含两套导向架，每个导向架的顶部和底部各安装一套主导向轮和一套副导向轮。其中，主导向轮利用偏心轴在导向架轴孔内安装，导向轮与齿条主向导轨面接触；副导向轮利用碟形弹簧在导向架上支承，副导向轮的自润滑轴承与导向架装配并用螺钉连接，导向轮与齿条主向导轨面间留有间隙。

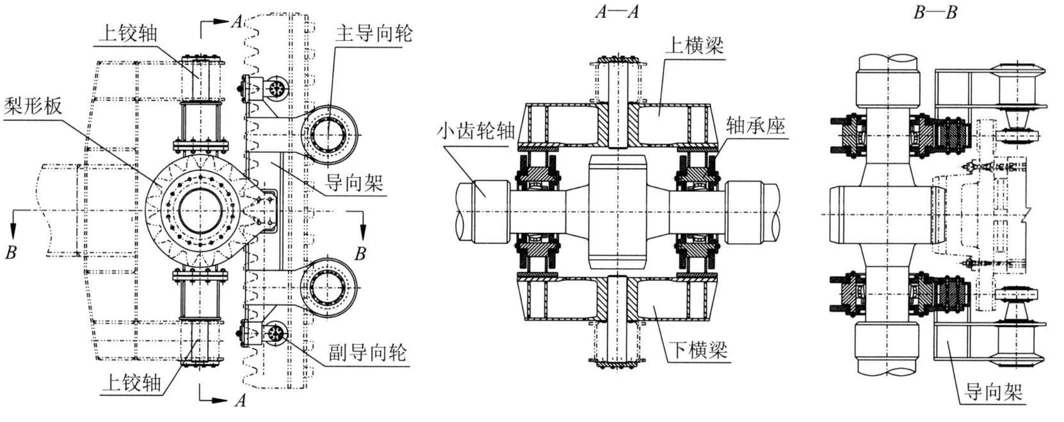

（a）正视图　（b）A—A剖视图　（c）B—B剖视图

图 3.2.8　支承及导向机构示意图

位移适应机构包括管轴承、前支架、后支架、底梁、底部铰座、前支承环、后支承环、测量轴、自调心轴承，以及相关的铰轴、自润滑轴承和连接件等（图 3.2.9）。管轴承的头部用螺栓固定连接了铰轴，以便与支承及导向机构相连；前支承环和后支承环通过自润滑轴承支承在管轴承上，并通过轴端挡板及固定于轴端挡板的衬垫沿轴向定位。前支架、后支架在顶部分别与前支承环和后支承环铰接，在底部则与底梁铰接，其中前支架的底部铰轴固定于与船厢连接的底部铰座；底梁一端铰接于底部铰座，另一端与液气弹簧机构的油缸活塞杆头部铰接。液气弹簧油缸的构造与工作原理详见 3.2.3 小节。

2. 机构适应各向变位的原理

小齿轮轴通过调心滚动轴承支承在支承及导向机构的保持架上，齿轮啮合力的竖向分力通过管轴承、前支架、后支架、底梁及液气弹簧油缸等构件组成的杠杆平衡系统传至船厢，从而形成了齿轮轴的竖向支承。此外，齿轮托架的前支架通过支铰与船厢结构连接，从而为小齿轮轴提供了水平的纵向支承。齿轮啮合力的水平分力通过导向架上的四个主导向轮施加在齿条背面的正向导轨上，齿条对导向架的四点进行水平横向支承，形成了小齿轮轴相对于齿条的水平横向定位，使得齿轮与齿条的啮合精度仅取决于齿条、齿轮的制造精度和主导向轮的安装精度。由于齿条的制造精度可以通过加工设备保证，主导向轮位置可以通过偏心轴精确调整，保证了齿轮和齿条的精确啮合。

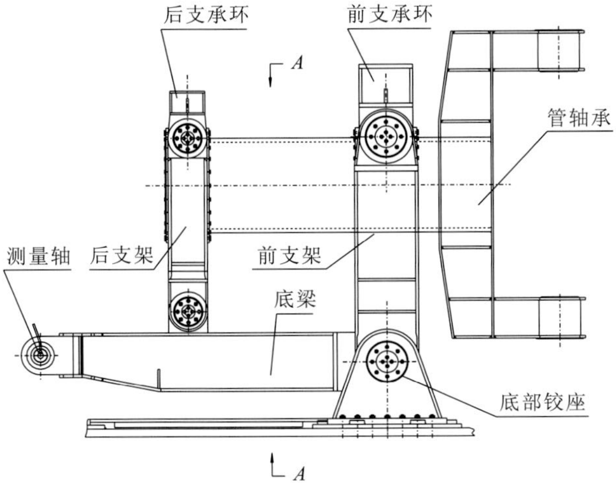

（a）正视图

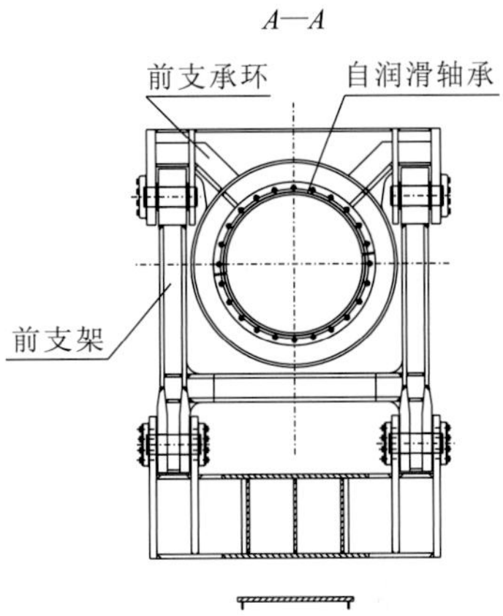

（b）A—A剖视图

图 3.2.9 位移适应机构示意图

船厢与塔柱（齿条）之间的横向相对变位通过四连杆机构适应。当塔柱（齿条）发生相对于船厢的横向变位时，该机构的相关构件通过或平动或转动的运动予以适应。尽管运动后构件的相互位置关系有所变化，但齿条对该机构的约束性质没有改变，因此系统是稳定的。由于该四连杆机构对齿条横向位置的变化具有较强的适应能力，有效避免了船厢与塔柱（齿条）之间的横向相对变位对齿条与齿轮之间正常啮合的影响。

四连杆机构通过水平运动适应齿条的横向变位过程中，小齿轮轴轴线相对于减速器低速轴轴线的距离将发生变化（理想情况下减速器中心线和小齿轮轴轴线重合），从而使小齿轮轴轴线产生相对于船厢的附加竖向位移，该位移会造成安全机构螺纹副间隙的改变。因此，齿轮托架机构的各构件尺寸的设计应使该位移尽可能小，具体来讲，就是合理选择铰点 A 点的位置，使小齿轮中心相对船厢的竖向位移最小化（图 3.2.10）。图 3.2.10 中，d_2 为齿轮托架底梁支承跨距，d_1 为底梁支铰至小齿轮中心的水平间距。

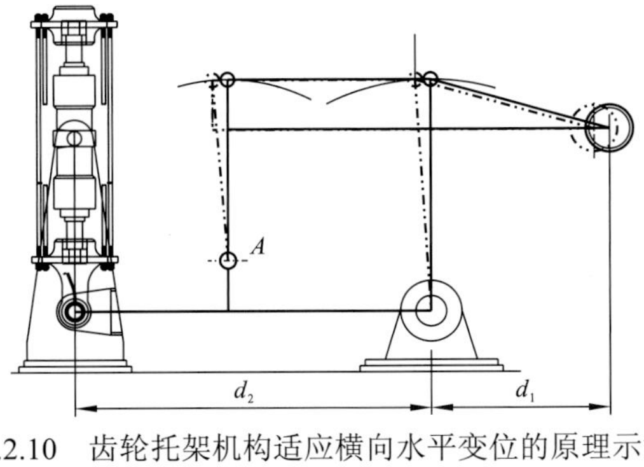

图 3.2.10 齿轮托架机构适应横向水平变位的原理示意图

当齿条出现竖直平面内的偏斜或水平面内的扭转时，齿轮托架机构通过机构的三个自由度予以适应。齿条相对于理想节面绕铅直中心线的局部或整体偏转（该偏转使齿条轮齿节线在水平面转动，造成齿条轮齿节线至小齿轮轴轴线的水平距离沿齿宽方向变化），通过位移适应机构的保持架绕竖直轴线的转动予以适应；齿条相对于理想节面绕水平横向中心线的局部或整体偏转（该偏转使齿条轮齿节线在纵向铅直平面转动，造成齿条轮齿节线至小齿轮轴轴线的铅直距离沿齿宽方向变化），通过管轴承绕水平横向中心线的转动实现。

齿条相对于船厢的纵向水平变位则不需要齿轮托架机构适应。一方面，出现的单程升降时间仅约 10 min，塔柱外载荷在此期间不会有大的改变，发生较大纵向相对水平变位的概率很小。另一方面，即使有较大的水平纵向变位，由于齿轮齿条啮合的特性，单个齿每一次啮合的时间很短（不足 1 s），在此期间发生的水平纵向位移基本可以忽略，可不考虑齿轮和齿条沿齿宽方向的带载滑动。但是在足够长的时间内，当塔柱外载荷发生改变时，齿条相对于船厢之间的水平纵向变位依然较大。为避免在船厢长期处于静止状态时齿轮和齿条轮齿间发生沿宽度方向的带载滑动，导致小齿轮轴承受轴向载荷及由此引起的齿面胶合损伤，设计中规定在每次船厢升降运行完成后，小齿轮应通过液气弹簧卸载退出带载啮合状态。这样，在船厢对接工况和升船机停机检修等工况，尽管小齿轮处于与齿条啮合的位置，并产生齿面间的相对滑动，但因不承受载荷而不会发生齿面胶合损伤。为适应齿条与齿轮的水平纵向相对变位，设计时使齿条的宽度大于小齿轮的宽度，并具有一定的安全裕度，这样，即使出现设计规定的最大水平纵向相对变位，齿轮与齿条仍可保持全齿宽啮合。

3. 齿轮托架机构强度分析

组成齿轮托架机构的主要结构件如位移适应机构的管轴承、前支架、后支架、前支承环、后支承环、底梁与支承及导向机构的上横梁、下横梁、梨形板、导向架等均为焊接钢结构，其主材一般采用 Q355 钢。由于机构的载荷大、构造复杂、构件尺寸较小、焊缝密集，需采用有限元法对齿轮托架机构进行静强度和疲劳强度复核。

1）静强度分析方法

静强度的计算载荷为小齿轮极限载荷，作用于小齿轮中心。除了外载荷大小和方向之外，小齿轮托架在适应塔柱和船厢相对变位及液气弹簧机构动作过程中的机构形态，对于小齿轮的静强度计算也有很大的影响。研究表明，如下两组载荷大小和方向、齿轮托架机构的适应水平横向变位及液气弹簧油缸活塞位移的三因素组合，是齿轮托架机构抵抗静态外载荷的最不利构形。有限元静强度计算可按如下两种极限构形建模。

极限构形 1：小齿轮承受向上的极限载荷，齿轮托架机构产生趋向齿条的最大水平横向变位，液气弹簧油缸下活塞向上移动最大距离[图 3.2.11（a）]。

极限构形 2：小齿轮承受向下的极限载荷，齿轮托架机构产生背离齿条的最大水平横向变位，液气弹簧油缸上活塞向下移动最大距离[图 3.2.11（b）]。

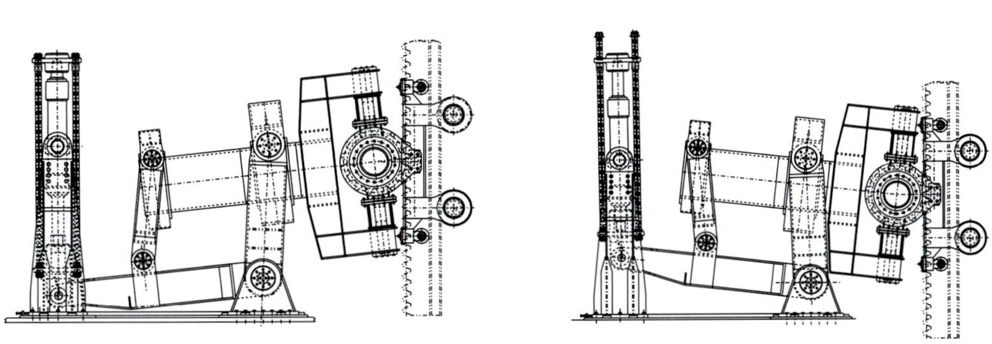

（a）极限构形1　　（b）极限构形2

图 3.2.11　齿轮托架机构静强度分析的极限构形

在主导向轮等部位施加几何约束条件，消除机构自由度，并在小齿轮轴承处施加外载荷，即可建立结构计算的有限元模型。图 3.2.12 为向家坝升船机小齿轮托架极限构形 2 的有限元计算模型及其等效应力分布图。

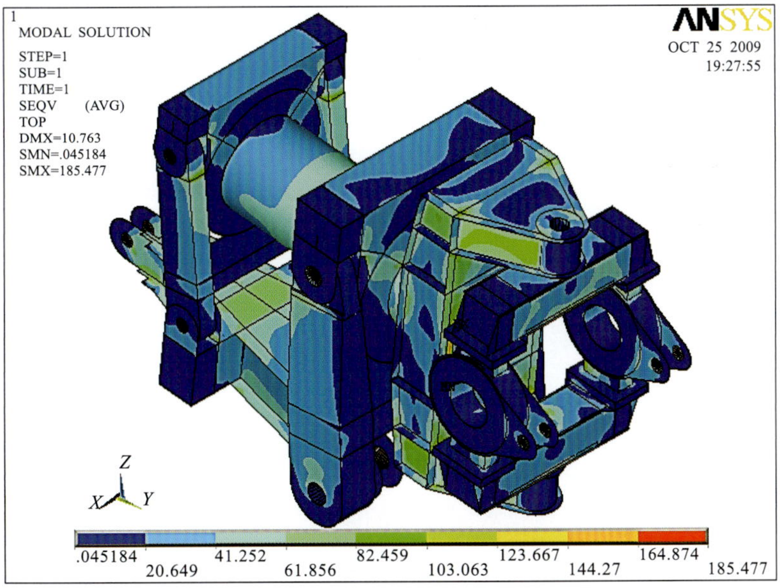

图 3.2.12　向家坝升船机小齿轮托架等效应力分布图

小齿轮托架静强度按许用应力法进行设计和校核，即结构最大等效计算应力不大于许用应力。

2）疲劳强度分析方法

小齿轮托架的疲劳计算载荷，包含 3.2.1 小节中所述的驱动系统正常运行的各项载荷，即船厢误载水重量、系统惯性力、滑轮摩擦阻力和钢丝绳僵性阻力等。其中，误载水重量可在借鉴已建同类升船机实际运行的误载水深出现概率的基础上进行必要的假定，从而形成升船机驱动系统疲劳计算的简化载荷谱。在三峡升船机、向家坝升船机设计中，则是按±0.05 m 和±0.1 m 水深的误载水重对应的驱动系统小齿轮载荷分别计算小齿轮托架相关构件的弯曲应力。

小齿轮托架疲劳强度计算所选取的构形为齿轮托架机构适应最大水平横向变位的构形，至于水平横向变位的方向则对计算结构没有影响。因为疲劳计算工况为驱动系统正常工况，所以液气弹簧机构不产生机构运动，即底梁保持水平静止形态。图 3.2.13 为齿轮托架机构疲劳强度计算所采用的极限构形。

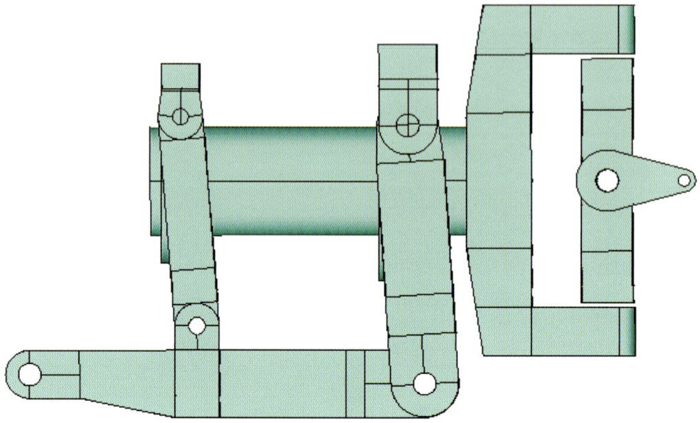

图 3.2.13　齿轮托架机构疲劳强度计算的极限构形

在三峡升船机、向家坝升船机小齿轮托架的疲劳强度计算中，主要是依据欧洲标准《钢结构设计——第 1-2 部分：疲劳分析》（ENV1993-1-2—2001），对小齿轮托架焊缝的安全性进行评估。根据该标准，可将小齿轮托架结构的焊缝形式按应力集中程度的不同归结为 K71、K90、K100 三类。 对不同的焊缝形式，计算两种载荷情况下的疲劳抗力：

$$\Delta\sigma_{\mathrm{R}i}=\left(\frac{2\times10^6\Delta\sigma_{\mathrm{c}}^m}{N_i}\right)^{\frac{1}{m}}\quad(i=1,2)\tag{3.2.52}$$

式中：m 为疲劳抗力曲线梯度，当应力循环次数小于 5×10^6 时，取 $m=3$；$\Delta\sigma_{\mathrm{c}}$ 为钢结构材料循环次数为 1×10^6 时的疲劳抗力值；N_i 为载荷循环次数，其中，N_1 为与 ±0.05 m 误载水深对应的驱动系统小齿轮托架载荷的作用次数，一般按小齿轮托架总载荷循环次数的 80%计算，N_2 为与 ±0.1 m 误载水深对应的驱动系统小齿轮托架载荷的作用次数，一般按小齿轮托架总载荷循环次数的 20%计算。结构的疲劳许用应力为

$$C_{\mathrm{Rd}i}=\frac{\Delta\sigma_{\mathrm{R}i}}{\gamma_{\mathrm{Mf}}}\quad(i=1,2)\tag{3.2.53}$$

式中：$\gamma_{\mathrm{Mf}}=1.35$，为安全系数。

通过对小齿轮托架各焊缝部位进行两种载荷下的弯曲应力计算，选取若干个弯曲应力值较大的焊缝部位，分别计算两种载荷下危险部位的部分损伤系数：

$$C_{\mathrm{da}i}=\frac{\Delta\sigma_{ci}}{\Delta\sigma_{\mathrm{Rd}i}}\quad(i=1,2)\tag{3.2.54}$$

式中：$\Delta\sigma_{ci}$ 为第 i 个载荷下焊缝危险部位的计算应力差值。由于小齿轮托架承受双向竖向载荷，其差值为该载荷竖直向上与向下时的应力差。

相关危险部位的疲劳强度要求为该部位损伤系数不小于 1，即

$$C_{\mathrm{da}} = C_{\mathrm{da1}} + C_{\mathrm{da2}} = \frac{\Delta\sigma_{\mathrm{c1}}}{\Delta\sigma_{\mathrm{Rd1}}} + \frac{\Delta\sigma_{\mathrm{c2}}}{\Delta\sigma_{\mathrm{Rd2}}} \geqslant 1 \qquad (3.2.55)$$

3.2.3　超载保护液气弹簧系统设计

1. 液气弹簧系统结构和原理简介

船厢升降运行过程中，厢内水体重量的变化将直接改变驱动齿轮的载荷，当发生船厢大量漏水事故时，齿轮载荷便会超出设计值。为确保升船机运行安全，需要对驱动机构实施超载保护，采取的技术措施是，在齿轮托架机构上设置液气弹簧系统。液气弹簧系统主要由液气弹簧机构和液压控制系统组成，油缸采用双活塞杆、单作用形式，竖向安装在齿轮托架机构的尾部，油缸下方的活塞杆吊头与托架机构底横梁铰接。液气弹簧机构装设位置见图 3.2.7，液气弹簧机构构造见图 3.2.14。

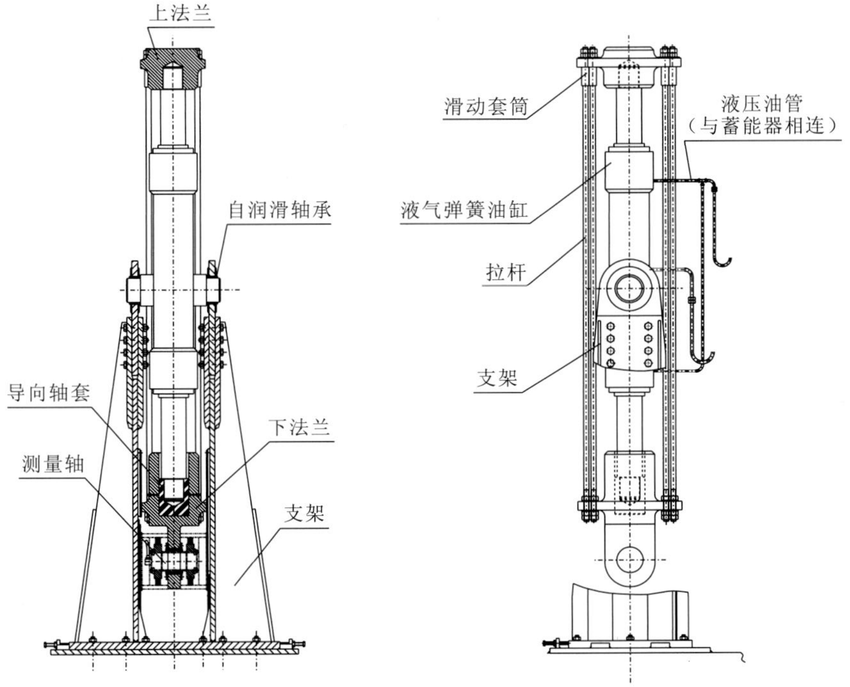

图 3.2.14　液气弹簧机构构造

液气弹簧油缸通过管路与液压泵站的控制阀组及气囊式蓄能器连通，油缸的预紧力由蓄能器的油压确定，并可根据需要调整。油缸与蓄能器组成的液气弹簧具有与机械弹簧相近的特性：当齿轮载荷小于油缸的预紧载荷时，两活塞被预先施加的油压力顶靠在油缸两端，当齿轮负荷超过预紧载荷时，将迫使油缸内的油液进入蓄能器，油缸受压，活塞产生位移，进而造成蓄能器的油压升高，气囊体积缩小。

当驱动机构超载时，设在油缸吊头销轴上的载荷检测装置首先发讯，使驱动电机停机，随后制动器上闸，齿轮轴停止转动。随着载荷的继续增加，液气弹簧产生位移，使船厢与小齿轮之间的相对高度位置发生改变，从而造成安全机构螺纹副间隙的改变，间隙完全消失后，齿轮载荷达到极限值，继续增加的船厢不平衡载荷便经安全机构螺杆传递到螺母柱上。

液气弹簧机构由油缸、支架、自润滑轴承、拉杆、上法兰、下法兰、滑动套筒、导向轴套、测量轴及其轴承等零部件组成。油缸中部的铰轴通过自润滑轴承支承于支架，支架通过螺栓与船厢结构相连。液气弹簧机构的上法兰、下法兰通过拉杆连接，其中，上法兰与上部活塞杆之间采用螺纹连接，下法兰与下部活塞杆之间及上法兰与拉杆均通过可滑动的自润滑轴承连接。拉杆及活塞杆头部的结构形式，可确保当油缸载荷向下时，载荷由上部活塞杆承受，下部活塞杆不受力；当油缸载荷向上时，载荷由下部活塞杆承受，上部活塞杆不受力。

2. 液气弹簧油缸基本参数的确定

1）液气弹簧油缸最大工作行程的确定

油缸的最大工作行程是液气弹簧机构的重要参数之一，油缸最大工作行程必须保证安全机构螺纹间隙消失后仍有足够的富裕度，避免螺纹间隙尚未消失而油缸行程已用尽，造成安全机构无法提供支承的事故。为此，螺纹间隙应尽量考虑较大值，即上下螺纹间隙不相等而偏向一侧时的最大间隙值，同时应考虑安全机构和驱动机构所在船厢结构在船厢发生失衡事故时的变位差值。对于大中型齿轮齿条爬升式升船机，液气弹簧油缸单活塞的最大工作行程可按式（3.2.56）计算：

$$f_s = \lambda_r \left(2d_{sb} + d_f\right) + d_m \tag{3.2.56}$$

式中：f_s 为液气弹簧油缸单活塞的最大工作行程；d_{sb} 为安全机构螺纹副设计间隙；d_f 为船厢发生失衡事故时安全机构和驱动机构所在部位船厢结构变形的差值；d_m 为油缸行程的裕度。

2）蓄能器的总容积计算

液气弹簧机构一般采用充注氮气的气囊式蓄能器，蓄能器内气囊的压力 p 和气体体积 V 满足玻意耳定律，即

$$pV^k = C \tag{3.2.57}$$

式中：k 为指数。对于等温热力学过程，$k=1$；对于绝热热力学过程，$k=1.4$。船厢升降运行中的失衡事故一般是由船厢漏水引起的，漏水过程较缓，因此，液气弹簧蓄能器的设计可按等温过程考虑。蓄能器设计的基本方程为

$$p_0V_0 = p_1V_1 = p_2V_2 = C \tag{3.2.58}$$

式中：p_0 为气囊充气后的初始压力；V_0 为气囊的初始容积，即蓄能器总容积；p_1 为液气弹簧预紧压力，即蓄能器的预紧油压及油缸开始动作时的压力；V_1 为 p_1 对应的气囊体积；p_2 为液气弹簧动作终了时的蓄能器压力，即与齿轮极限载荷对应的油缸压力；V_2 为 p_2 对应的气囊体积。

$$p_1 = \frac{4F_{sp}}{\pi\lambda_r D_{ci}^2} \tag{3.2.59}$$

$$p_2 = \frac{4F_{\mathrm{lim}}}{\pi\lambda_{\mathrm{r}}D_{\mathrm{ci}}^2} \tag{3.2.60}$$

式中：D_{ci}为油缸内径；F_{sp}为液气弹簧变形初始载荷；F_{lim}为齿轮极限载荷。

蓄能器的有效容积为液气弹簧油缸单活塞全行程移动所排出的液压油体积：

$$V_W = V_1 - V_2 = \frac{\pi D_{\mathrm{ci}}^2 f_{\mathrm{s}}}{4} \tag{3.2.61}$$

根据式（3.2.58）和式（3.2.61），可求得蓄能器总容积为

$$V_0 = \frac{V_W}{p_0\left(\dfrac{1}{p_1} - \dfrac{1}{p_2}\right)} = \frac{4F_{\mathrm{lim}}F_{\mathrm{sp}}}{\lambda_{\mathrm{r}} p_0 (F_{\mathrm{lim}} - F_{\mathrm{sp}})} \tag{3.2.62}$$

需要指出的是，由于等温过程是理想的热力学过程，液气弹簧动作过程中系统温度不可避免地会发生变化，特别是当船厢升降过程发生卡阻、船厢发生大量漏水等而使小齿轮载荷快速增加时，蓄能器的实际热力学过程与等温过程会有一定的偏差，按等温过程进行计算使蓄能器总容积偏小，因此按式（3.2.62）计算的蓄能器总容积应视为最小值，在确定蓄能器总容积设计值时，应考虑适度的裕量。

3.2.4　齿轮和齿条强度设计

齿轮和齿条是齿轮齿条爬升式垂直升船机的核心零部件，其强度设计是升船机机械设备设计的一个重要内容。齿轮和齿条的计算方法在国家标准《渐开线圆柱齿轮承载能力计算方法》（GB/T 3480—1997）[①]中有详细的论述，本节的计算公式及相关系数的取值皆源于该规范，但齿轮、齿条静强度和疲劳强度的计算载荷、安全系数等参数的取值与升船机的运行工况及可靠性要求有关联。本节仅对齿轮齿条强度设计方法进行概要介绍，考虑到齿轮齿条设计在齿轮齿条爬升式升船机设备设计的重要性，详细的计算步骤及相关系数取值等需严格遵循《渐开线圆柱齿轮承载能力计算方法》（GB/T 3480—1997）的相关规定。

1. 齿轮强度设计

1）齿轮强度计算载荷

对于大中型齿轮齿条爬升式升船机，由于齿轮载荷较大，齿轮的模数一般要大于国家标准《通用机械和重型机械用圆柱齿轮模数》（GB/T 1357—2008）中所列的最大模数 50 mm。同时，为了满足齿轮的寿命要求，尽量减小外形尺寸，一般选用经渗碳淬火热处理的硬齿面齿轮。齿轮强度计算内容主要包括轮齿的静强度、疲劳强度计算，以及齿轮轴的静强度、疲劳强度计算。其中，齿轮的静强度包括齿根弯曲静强度和齿面接触静强度；齿轮的疲劳强度包括齿根弯曲疲劳强度和齿面接触疲劳强度。齿轮静强度的计算载荷为齿轮极限载荷 F_{lim}（见 3.2.1 小节）。齿轮齿根的疲劳计算载荷和齿轮轴的疲劳计

① 该标准已废止，但设计三峡升船机、向家坝升船机时依据的该标准，故在此仍介绍该标准。

算载荷，按不同误载水深以某个设定的发生概率来确定。例如，一般情况下，假定最大误载水深±0.1 m 在整个运行寿命中出现的总次数占升船机升降运行总次数的 20%，较小误载水深±0.05 m 占 80%，其齿轮齿根的弯曲疲劳和齿轮轴的弯曲疲劳计算载荷按以下齿根弯曲疲劳等效载荷计算：

$$F_{\mathrm{efp}}=(0.2F_1^{p_{\mathrm{fp}}}+0.8F_2^{p_{\mathrm{fp}}})^{\frac{1}{p_{\mathrm{fp}}}} \tag{3.2.63}$$

式中：F_1 为与船厢误载水深±0.1 m 对应的齿轮载荷；F_2 为与误载水深±0.05 m 对应的齿轮载荷；p_{fp} 为小齿轮轴弯曲疲劳计算与材料相关的系数。

齿轮轮齿齿面的接触疲劳计算载荷按以下齿面接触疲劳等效载荷计算：

$$F_{\mathrm{ehp}}=(0.2F_1^{p_{\mathrm{hp}}}+0.8F_2^{p_{\mathrm{hp}}})^{\frac{1}{p_{\mathrm{hp}}}} \tag{3.2.64}$$

式中：p_{hp} 为小齿轮接触疲劳计算与材料相关的系数。

2）齿轮静强度计算

根据《渐开线圆柱齿轮承载能力计算方法》（GB/T 3480—1997），小齿轮轮齿齿根弯曲静应力为

$$\sigma_{\mathrm{Fst}}=\frac{F_{\mathrm{lim}}}{b_{\mathrm{p}}m_{\mathrm{n}}}K_{\mathrm{v}}K_{\mathrm{F\beta}}K_{\mathrm{F\alpha}}Y_{\mathrm{F}}Y_{\mathrm{S}} \tag{3.2.65}$$

式中：b_{p} 为工作齿宽；m_{n} 为齿轮模数；K_{v} 为动载系数；$K_{\mathrm{F\beta}}$ 为计算弯曲强度的齿向载荷分布系数；$K_{\mathrm{F\alpha}}$ 为计算弯曲强度的齿间载荷分布系数；Y_{F} 为载荷作用于单对齿啮合区外界点时的齿形系数；Y_{S} 为载荷作用于单对齿啮合区外界点时的应力修正系数。

本小节所述有关齿轮齿条强度计算的所有相关系数的取值均参见国家标准《渐开线圆柱齿轮承载能力计算方法》（GB/T 3480—1997）。

静强度许用齿根弯曲应力为

$$\sigma_{\mathrm{FP_{St}}}=\frac{\sigma_{\mathrm{F1im}}Y_{\mathrm{ST}}Y_{\mathrm{NT}}}{S_{\mathrm{Fmin}}}Y_{\mathrm{\delta re1T}} \tag{3.2.66}$$

式中：σ_{Flim} 为试验齿轮的弯曲疲劳极限应力；Y_{ST} 为试验齿轮的应力修正系数；Y_{NT} 为弯曲强度的寿命系数，对于静强度计算，按弯曲静强度最大循环次数 N_0 计算；$Y_{\mathrm{\delta relT}}$ 为相对齿根圆角的敏感系数；S_{Fmin} 为弯曲强度最小安全系数，对于齿轮齿条爬升式升船机的开式齿轮，弯曲强度最小安全系数为 1.6。

齿轮齿根弯曲静强度条件为

$$\sigma_{\mathrm{Fst}}\leqslant\sigma_{\mathrm{FP_{St}}} \tag{3.2.67}$$

齿轮齿面接触静应力为

$$\sigma_{\mathrm{Hst}}=\sqrt{K_{\mathrm{v}}K_{\mathrm{H\beta}}K_{\mathrm{H\alpha}}}Z_{\mathrm{H}}Z_{\mathrm{E}}Z_{\varepsilon}Z_{\beta}\sqrt{\frac{F_{\mathrm{lim}}}{d_{\mathrm{p}}b_{\mathrm{p}}}} \tag{3.2.68}$$

式中：$K_{\mathrm{H\beta}}$ 为计算接触强度的齿向载荷分布系数；$K_{\mathrm{H\alpha}}$ 为计算接触强度的齿间载荷分布系数；Z_{H} 为节点区域系数；Z_{E} 为弹性系数；Z_{ε} 为重合度系数；Z_{β} 为载荷作用于单对齿啮合区外界点时的应力修正系数；d_{p} 为小齿轮分度圆直径。

齿面静强度许用接触应力为

$$\sigma_{\mathrm{HPst}}=\frac{\sigma_{\mathrm{H1im}}Z_{\mathrm{NT}}}{S_{\mathrm{Hmin}}}Z_{\mathrm{W}} \tag{3.2.69}$$

式中：σ_{Hlim} 为试验齿轮的接触疲劳极限应力；Z_{NT} 为静强度接触寿命系数，对于静强度计算，按接触静强度最大循环次数 N_0 计算；Z_{W} 为齿面工作硬化系数；S_{Hmin} 为接触强度最小安全系数。对于齿轮齿条爬升式升船机的开式齿轮，接触强度最小安全系数为 1.1。

3）齿轮疲劳强度计算

齿轮齿根弯曲疲劳计算应力为

$$\sigma_{\mathrm{Ffa}}=\frac{F_{\mathrm{efp}}}{b_{\mathrm{p}}m_{\mathrm{n}}}K_{\mathrm{A}}K_{\mathrm{v}}K_{\mathrm{F\beta}}K_{\mathrm{F\alpha}}Y_{\mathrm{F}}Y_{\mathrm{S}} \tag{3.2.70}$$

式中：K_{A} 为使用系数。

齿轮疲劳强度齿根许用弯曲应力为

$$\sigma_{\mathrm{FPfa}}=\frac{\sigma_{\mathrm{Flim}}Y_{\mathrm{ST}}Y_{\mathrm{NT}}Y_{\mathrm{x}}}{S_{\mathrm{Fmin}}}Y_{\mathrm{\delta relT}}Y_{\mathrm{RrelT}} \tag{3.2.71}$$

式中：Y_{RrelT} 为相对齿根表面的状况系数；Y_{x} 为弯曲强度计算的尺寸系数；Y_{NT} 为弯曲强度的寿命系数，对于疲劳强度计算，根据齿轮在整个服务寿命期间的总转动次数计算。

齿轮弯曲疲劳强度条件为

$$\sigma_{\mathrm{Ffa}}\leqslant\sigma_{\mathrm{FPfa}} \tag{3.2.72}$$

设计中也可用弯曲疲劳强度计算安全系数来表征小齿轮的疲劳弯曲安全状况：

$$S_{\mathrm{Ffa}}=\frac{\sigma_{\mathrm{Flim}}Y_{\mathrm{ST}}Y_{\mathrm{NT}}Y_{\mathrm{x}}}{\sigma_{\mathrm{Ffa}}}Y_{\mathrm{\delta relT}}Y_{\mathrm{RrelT}}\geqslant S_{\mathrm{Fmin}} \tag{3.2.73}$$

齿轮的齿面接触疲劳计算应力为

$$\sigma_{\mathrm{Hfa}}=\sqrt{K_{\mathrm{A}}K_{\mathrm{v}}K_{\mathrm{H\beta}}K_{\mathrm{H\alpha}}}Z_{\mathrm{B}}Z_{\mathrm{H}}Z_{\mathrm{E}}Z_{\varepsilon}Z_{\beta}\sqrt{\frac{F_{\mathrm{ehp}}}{d_{\mathrm{p}}b_{\mathrm{p}}}} \tag{3.2.74}$$

式中：Z_{B} 为小齿轮单对齿啮合系数。

小齿轮疲劳强度许用齿面接触应力为

$$\sigma_{\mathrm{HPfa}}=\frac{\sigma_{\mathrm{HLim}}Z_{\mathrm{NT}}Z_{\mathrm{L}}Z_{\mathrm{v}}Z_{\mathrm{R}}}{S_{\mathrm{Hmin}}}Z_{\mathrm{W}}Z_{\mathrm{x}} \tag{3.2.75}$$

式中：Z_{L} 为润滑剂系数；Z_{v} 为速度系数；Z_{R} 为粗糙度系数；Z_{x} 为接触强度计算的尺寸系数；Z_{NT} 为接触强度的寿命系数，对于疲劳强度计算，根据齿轮在整个服务寿命期间的总转动次数计算。

齿轮接触疲劳强度条件为

$$\sigma_{\mathrm{Hfa}}\leqslant\sigma_{\mathrm{HPfa}} \tag{3.2.76}$$

齿轮接触疲劳强度条件也可用计算安全系数表征：

$$S_{\mathrm{Hfa}}=\frac{\sigma_{\mathrm{Hlim}}Z_{\mathrm{NT}}Z_{\mathrm{L}}Z_{\mathrm{v}}Z_{\mathrm{R}}}{\sigma_{\mathrm{Hfa}}}Z_{\mathrm{W}}Z_{\mathrm{x}}\geqslant S_{\mathrm{Hmin}} \tag{3.2.77}$$

需要指出的是，由于齿轮静强度和疲劳强度接触计算应力值与齿条对应应力值非常接近，在升船机设计中齿轮的材料接触疲劳极限一般远大于齿条的材料接触疲劳极限，在此情况下，如果已进行了齿条静强度和疲劳接触强度计算，可不进行齿轮静强度和疲劳接触强度计算。

2. 齿条强度设计

1）齿条强度计算载荷

齿条静强度计算载荷与齿轮静强度计算载荷相同，依然按齿轮极限载荷 $F_{\lim}$ 计算。齿条弯曲疲劳强度和接触疲劳强度计算载荷分别为

$$F_{\text{efr}}=(0.2F_1^{p_{\text{fr}}}+0.8F_2^{p_{\text{fr}}})^{\frac{1}{p_{\text{fr}}}} \tag{3.2.78}$$

$$F_{\text{ehr}}=(0.2F_1^{p_{\text{hr}}}+0.8F_2^{p_{\text{hr}}})^{\frac{1}{p_{\text{hr}}}} \tag{3.2.79}$$

式中：p_{fr}、p_{hr} 分别为齿条齿根弯曲疲劳强度计算和齿面接触疲劳强度计算与材料相关的系数。

2）齿条静强度计算

齿条的齿根弯曲静强度和齿面接触静强度计算公式与小齿轮完全相同，公式中的系数计算应符合齿条的齿形、精度等级、材料性能和硬度等几何与物理特性。

3）齿条疲劳特性计算

尽管齿条每一个单齿的应力循环次数远小于小齿轮单齿的应力循环次数，但由于齿条一般采用铸钢件，其材料强度性能指标逊于与其啮合的小齿轮，加之热处理工艺的限制，只能采用感应淬火的方式提高硬度，齿面硬度和淬硬层深度也达不到小齿轮的标准。因此，齿条的弯曲疲劳极限和接触疲劳极限低于小齿轮的对应值。为安全起见，在升船机设计中往往对齿条的疲劳强度进行计算。

齿条齿根弯曲疲劳计算应力为

$$\sigma_{\text{Ffa}}=\frac{F_{\text{efr}}}{b_{\text{p}}m_{\text{n}}}K_{\text{A}}K_{\text{v}}K_{\text{F}\beta}K_{\text{F}\alpha}Y_{\text{F}}Y_{\text{S}} \tag{3.2.80}$$

齿条疲劳强度齿根许用弯曲应力公式和弯曲疲劳强度条件与小齿轮相同，齿条齿面接触应力计算公式为

$$\sigma_{\text{Hfa}}=\sqrt{K_{\text{A}}K_{\text{v}}K_{\text{H}\beta}K_{\text{H}\alpha}}Z_{\text{D}}Z_{\text{H}}Z_{\text{E}}Z_{\varepsilon}Z_{\beta}\sqrt{\frac{F_{\text{ehr}}}{d_{\text{p}}b_{\text{p}}}} \tag{3.2.81}$$

式中：Z_{D} 为齿条的单对啮合系数。

齿条疲劳强度许用齿面接触应力公式和弯曲疲劳强度条件与小齿轮相同。

3. 设计实例

以下简要介绍三峡升船机齿轮、齿条的基本设计参数、材料性能和强度计算结果。

小齿轮模数为 62.67 mm，齿数为 16，齿宽为 600 mm，齿廓位移系数为 0.5。小齿

轮轴材料采用渗碳钢 18CrNiMo7-6，调质处理。齿轮材料性能指标及材料质量遵循德国标准《渗碳钢交货技术条件》（DIN EN 10084—2008）及《圆柱齿轮承载能力计算——疲劳极限和材料质量》（DIN 3990-5—1987）对应于 ME 的要求。公差等级为符合德国标准《侧隙 齿厚偏差 齿厚公差原则》（DIN 3967—1978）的 10a27。精加工前，表面渗碳、淬火后的齿面和齿根硬度为 HV740，淬硬层深度不小于 6 mm。齿条宽度为 810 mm，采用合金铸钢 G35CrNiMo6-6，调质处理，精加工前表面感应淬火后的齿面硬度为 HV610，淬硬层深度不小于 4 mm。

齿轮弯曲静强度和齿面接触静强度载荷为齿轮极限载荷 2200 kN。齿轮和齿条的齿根弯曲疲劳强度等效载荷和齿面疲劳强度等效载荷见表 3.2.3。

表 3.2.3　三峡升船机齿轮、齿条的疲劳强度等效载荷

设备	p_f	p_h	F_{ef}/kN	F_{eh}/kN
齿轮	8.7	6.6	932	905
齿条	6.2	6.6	900	905

注：p_f 为齿根弯曲疲劳强度计算与材料相关的系数；p_h 为齿面接触强度计算与材料相关的系数；F_{ef} 为齿根弯曲疲劳强度计算等效载荷；F_{eh} 为齿面接触强度计算等效载荷。

齿轮和齿条的弯曲疲劳极限应力与接触疲劳极限应力见表 3.2.4。

表 3.2.4　三峡升船机齿轮、齿条材料的疲劳极限应力

设备	材料	许用值 σ_{Hlim}/（N/mm^2）	计算值 σ_{Flim}/（N/mm^2）
齿轮	18CrNiMo7-6 表面渗碳淬火	1 510	500
齿条	G35CrNiMo6-6 表面感应淬火	1 170	360

齿轮和齿条的计算应力和计算安全系数见表 3.2.5。

表 3.2.5　三峡升船机齿轮、齿条的计算应力与安全系数

参数	齿条				齿轮	
	弯曲静强度	弯曲疲劳强度	接触静强度	接触疲劳强度	弯曲静强度	弯曲疲劳强度
计算应力/（N/mm^2）	403.1	199.7	1 343.1	968.6	374.2	190.1
安全系数	3.77	2.42	1.25	1.36	5.99	2.82

考虑到齿轮的材料接触疲劳极限远大于齿条的材料接触疲劳极限，在表 3.2.5 中未列出小齿轮静强度和疲劳强度的应力与安全系数计算结果。

3.2.5　安全制动系统柔性制动技术

1. 安全制动系统组成与作用

安全制动系统是齿轮齿条爬升式升船机驱动系统运行控制和安全保证体系的重要组

成部分。每一套驱动机构中的一套或两套工作制动器和安全制动器及一套液压控制泵站组成一套安全制动系统。其中，工作制动器布置在电机和减速器高速轴的出轴之间，安全制动器布置在减速器高速轴的另一端出轴，液压控制泵站布置在驱动机房内。工作制动器和安全制动器均采用液压盘式制动器形式。图 3.2.15、图 3.2.16 分别为单边驱动机构和双边驱动机构的安全制动系统设备布置图。

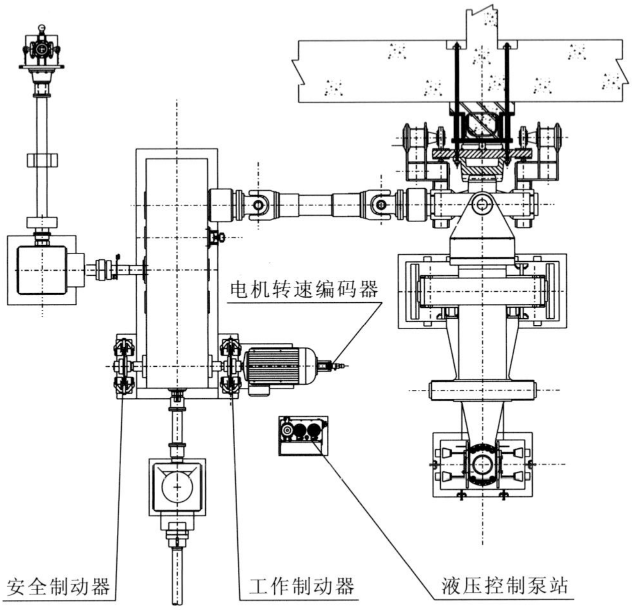

图 3.2.15 单边驱动机构安全制动系统设备布置图

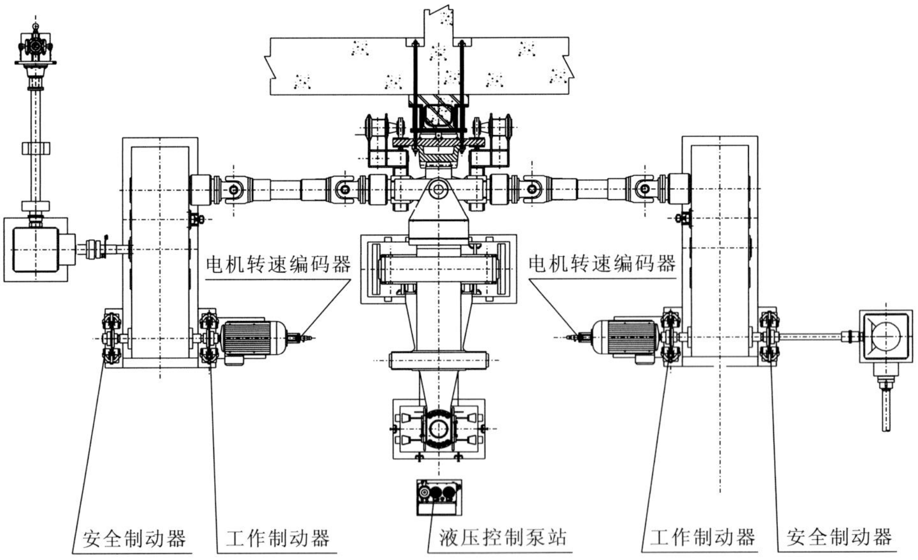

图 3.2.16 双边驱动机构安全制动系统设备布置图

安全制动系统的主要作用，一是作为电机停机后驱动机构的驻车制动，二是在事故工况下对驱动机构实施紧急制动。正常运行工况下，驱动机构的停机制动由电气控制系统实施，电机停止运转后，工作制动器和安全制动器再先后上闸制动；事故工况下，由工作制动器提供紧急制动所需的制动力，安全制动器则在驱动机构停止运转后作为驻车制动上闸。

2. 安全制动系统的功能要求

全平衡垂直升船机的最大特点是，船厢在设计水深条件下总重量与平衡重总重相等，驱动系统只需克服船厢误载水重量、系统惯性力、各运动副的摩擦阻力、风阻力、钢丝绳僵性阻力、船厢与平衡重的不平衡重量等载荷，就可以驱动船厢，使之升降运行。在这些载荷因素中，误载水重量是驱动系统的主要外载荷，其大小和方向都是随机的。按驱动系统载荷和船厢运动方向的一致性来考虑，驱动系统正常工况包括两种基本情况：一种是驱动系统载荷方向与船厢运动方向相反，由驱动系统电机提供动力，驱动船厢升降运行，即电动工况；另一种是驱动系统载荷方向与船厢运动方向相同，船厢在不平衡载荷作用下升降运行，运行过程中产生的能量通过电机的电气控制系统反馈至电网，即发电工况。

事故状态下，对升船机升降运行工况的正确分辨对于工作制动器的设计十分重要。在发电工况下，船厢不平衡载荷使升船机运动系统（船厢、平衡重和驱动系统等）产生加速运动的趋势，因此，安全制动系统施加的制动力的大小应适当，以使升船机运动系统产生合适的制动减速度。在电动工况下，船厢不平衡载荷使之产生减速运动的趋势；在此状态下，即使不施加制动力，船厢和平衡重系统的速度也将因不平衡力的作用而减小，直至静止。合理的制动方案应保证在电动工况和发电工况下，升船机运动系统能平稳、安全地制动。制动系统的安全性和平稳性可用制动加速度的绝对值衡量，制动加速度的绝对值过小，使得船厢在紧急制动过程中继续升降的距离（即冲程）超过设计值，制动安全性不够；制动加速度的绝对值过大，驱动系统传动设备会承受较大的冲击，制动的平稳性不足。合理的制动方案是既要保证实际冲程小于设计冲程，又要保证制动加速度的绝对值小于设计值，也就是要控制紧急制动加速度在一定的范围内[6]。

在较早时期的全平衡钢丝绳卷扬提升式垂直升船机设计中，主提升机安全制动系统一般采用工作制动器调压上闸方式施加制动力矩，在工作制动器液压控制回路上设置电液比例溢流阀，使工作制动器输出双阶梯形的制动力矩曲线（图 3.2.17）。出于制动安全的考虑，该制动力矩曲线对于发电工况和电动工况均适用，这意味着一旦升船机控制总站发出紧急制动指令，安全制动系统将不区分载荷的大小和方向，按照预先设定的双阶梯形制动力矩曲线实施制动。该制动方案要求系统在第一级制动力矩（图中第一个水平阶梯）结束前完成制动。在发电工况，由于制动力矩需克服负载力矩，第一级制动力矩与负载力矩的差值决定运动系统的制动加速度和角加速度值。考虑误载水深的变化，在计算冲程时将发电工况最大负载力矩作为计算负载力矩，得出实际最大冲程，同时以实际最大冲程小于设计冲程并留一定裕量的设计条件确定第一级制动力矩，然后以此制动力矩校核发电工况和电动工况的制动加速度。第二级制动力矩主要起安全作用，用于在系统故障等使第一级制动力矩不足的情况下，确保制动距离小于规定值。主提升机的载荷和速度方向均为双向，系统在负载速度特性坐标平面的四象限工作，因此按最不利条件确定的制动加速度计算负载力矩：在发电工况下，当船厢不平衡力为零时，制动加速度的绝对值最大，以此条件计算的制动加速度应小于《升船机设计规范》（GB 51177—2016）规定的发电工况最大制动减速度允许值 0.08 m/s^2；在电动工况下，当船厢不平衡力最大时，制动加速度的绝对值最大，以此条件计算的制动加速度应小于《升船机设计规范》（GB 51177—2016）规定的电动工况最大制动减速度允许值 0.3 m/s^2。

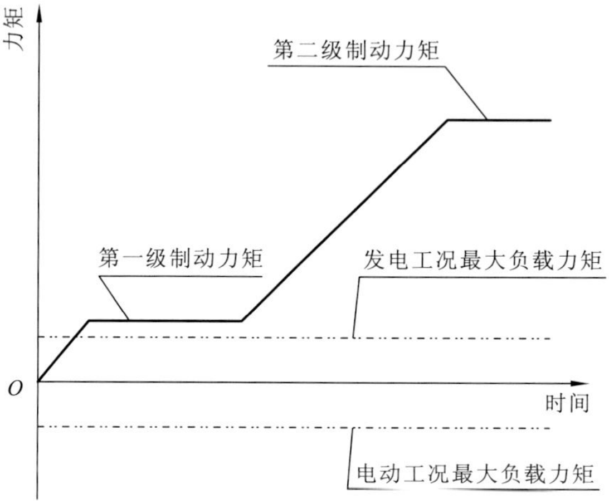

图 3.2.17　调压上闸双阶梯形制动力矩曲线

以上所述的全平衡钢丝绳卷扬提升式垂直升船机采用的开环制动控制方案，具有系统简单的优点，但也存在明显的缺点。首先，对于电动工况，安全制动系统在接到指令后实施紧急制动时，按图 3.2.17 预设的制动力矩曲线施加制动力矩，由于系统负载力矩和制动力矩进行了叠加，制动加速度的绝对值偏大。其次，对于发电工况，同时满足制动距离和制动加速度的要求也绝非易事，这是因为升船机系统属于大惯性复杂系统，质量巨大，且很大一部分为流体质量，对制动平稳性要求较高，否则会产生系统振荡，从而增加驱动系统负载。此外，采用多点驱动的驱动系统存在受力不均现象，并且驱动载荷中的摩阻力、钢丝绳僵性阻力及制动器的实际制动摩擦力等还受到环境条件的影响，液压系统的压力损失也难以准确计算，难以实现对制动加速度的准确控制。

在三峡升船机和向家坝升船机安全制动系统设计中均采用了速度闭环控制方案，调试试验结果表明，驱动系统发电工况下紧急制动加速度的绝对值不大于 0.04 m/s^2，电动工况下不大于 0.15 m/s^2，该速度闭环达到了预期的对制动加速度的精确控制。

3. 安全制动系统速度闭环控制方案

1）基本原理

安全制动系统的控制与检测设备包括现地控制单元（local control unit，LCU）、主拖动电机转速检测装置、液压泵站压力检测装置及连接升船机传动协调控制站的网络通信模块等。

速度闭环控制的基本原理是，测量制动过程中的电机转速，并与制动过程理想速度曲线（以制动加速度为斜率的斜直线）相比较，将两者的差值反馈至控制器，控制器对工作制动器紧急制动回路的油压力进行调节，从而使工作制动器的制动力产生微量变化，纠正此前的速度偏差，通过设置适当的控制精度，保证制动过程实际速度曲线与理想速度曲线一致。

对紧急制动速度曲线的控制有两种技术方案：一种是通过反馈控制器控制电液比例溢流阀的输出压力；另一种是采用数字式带宽调制控制技术，通过组合电磁阀控制输出压力和加载次数。三峡升船机和向家坝升船机采用的是前一种技术。

2）液压控制原理

电液比例溢流阀速度反馈控制方案的液压控制原理见图 3.2.18。当驱动系统启动时，传动协调控制站向液压控制泵站 LCU 发出正常启动指令，工作制动器液压控制回路的电磁换向阀 SV4A 和 SV4B 失电，关闭与油箱相连的泄压回路；电磁换向阀 SV3A、SV3B 和 SV5 得电，蓄能器向工作制动器充压，使工作制动器松闸。与此同时，安全制动器液压控制回路的电磁换向阀 SV1A 和 SV1B 失电，关闭与油箱相连的泄压回路；SV2A 和 SV2B 得电，蓄能器向安全制动器充压，使安全制动器松闸。传动协调控制站在接收到工作制动器和安全制动器松闸到位的信号后，发出电气传动系统启动指令，驱动系统开始启动运行。

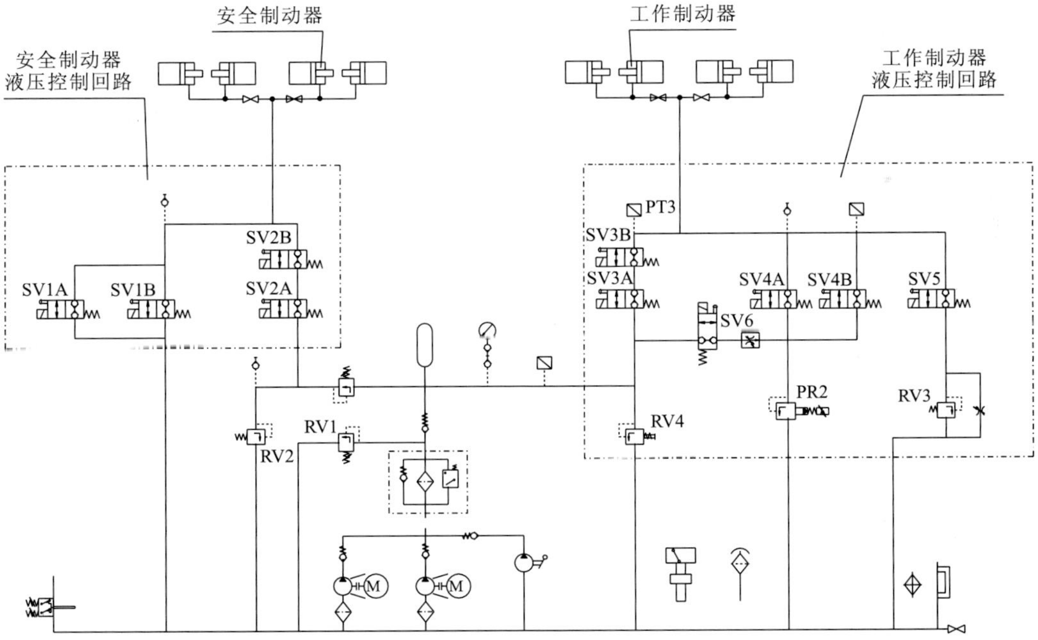

图 3.2.18　制动器液压控制原理图

SV1A、SV1B、SV2A、SV2B、SV3A、SV3B、SV4A、SV4B、SV5、SV6—电磁换向阀；RV1、RV2、RV3、RV4—溢流阀；PR2—电液比例溢流阀

驱动系统正常停机后，传动协调控制站发出正常制动指令，工作制动器液压控制回路的电磁换向阀 SV3A、SV3B 和 SV5 失电，切断与蓄能器连通的充压回路；电磁换向阀 SV4A 和 SV4B 得电，连通泄压回路，此时电液比例溢流阀 PR2 处于全开位置，工作

制动器通过泄压回路快速泄压，在碟形弹簧作用下上闸。工作制动器上闸 10～15 s 后，安全制动器液压控制回路的电磁换向阀 SV2A 和 SV2B 失电，切断与蓄能器连通的充压回路；SV1A 和 SV1B 得电，连通泄压回路，安全制动器油缸快速泄压，安全制动器在碟形弹簧作用下上闸。

当升船机在船厢升降过程中遇到故障需紧急停机时，传动协调控制站发出紧急制动指令，并根据主传动系统电流和转速的相对关系，判断驱动系统的载荷工况是发电工况还是电动工况，电气传动系统退出工作状态，并将相关速度和载荷信息（电机转速和电机退出前的定子电流转矩分量）发送至液压控制泵站 LCU。与此同时，工作制动器液压控制回路的电磁换向阀 SV3A、SV3B 和 SV5 失电，SV4A 和 SV4B 得电，工作制动器油缸通过泄压回路中的电液比例溢流阀 PR2 泄压。在此过程中，电液比例溢流阀 PR2 按照给定的采样周期，通过速度反馈控制系统不断调整其开度，从而输出合理的油压值，进而控制工作制动器的瞬时上闸力，最终使电机输出角速度和角加速度（对应升船机船厢的速度和制动减速度）的偏差在规定的范围内。传动协调控制站发出紧急制动指令后 10～15 s，安全制动器液压控制回路的电磁换向阀 SV2A 和 SV2B 失电，关闭与液压泵组相连的充压回路；SV1A 和 SV1B 得电，安全制动器上闸。

对于电动工况，液压控制泵站 LCU 将根据传动协调控制站的载荷信息计算无制动力矩条件下驱动系统由载荷引起的电机角减速度，若该角减速度大于 95%的设计电机角减速度，则发出初始电压信号，控制电液比例溢流阀的阀芯移动，使其产生适当开度，输出初始压力至工作制动器油缸，使工作制动器油缸端部的摩擦比与制动盘抵近，但保持工作制动器制动力为零（或接近于零），使驱动系统在外载荷作用下自然减速。当电机速度编码器检测到速度降至零后，电机速度换向，进入发电工况，液压控制泵站 LCU 根据电机负载力矩载荷发出新的电压信号，控制电液比例溢流阀输出新的油压，使工作制动器按设定的减速度进行速度反馈制动。若液压控制泵站 LCU 根据传动协调控制站的载荷信息计算的无制动力矩条件下驱动系统由载荷引起的电机角减速度小于 95%的设计电机角减速度，则发出初始电压信号，控制电液比例溢流阀的阀芯移动，使其产生适当开度，输出初始压力至工作制动器油缸，使工作制动器施加与设计减速度对应的制动力矩，并随后进行与发电工况相同的速度反馈控制制动。传动协调控制站发出紧急制动指令后 10～15 s，安全制动器全压上闸。发电工况下实施紧急制动的液压阀件动作原理与电动工况相同。

3）安全制动系统速度反馈控制工作原理

齿轮齿条爬升式升船机的安全制动系统采用分散控制方式，即每个驱动机构设置一套独立泵站，根据传动协调控制站的指令，独立控制该机构内的全部工作制动器和安全制动器。图 3.2.19 为多泵站液压制动系统 LCU 结构原理图。图 3.2.19 中，PS 表示电源模块，CPU 表示控制器模块，DI/DO 表示数学量输入/数学量输出模块，AI/AO 表示模拟量输入/模拟量输出模块，IP1 表示通信模块 1，IP2 表示通信模块 2，LCU 表示现地控制单元。升船机安全制动系统配置四套 LCU，LCU 与传动协调控制站之间采用 100 M 工业级光纤以太环网相连。每套 LCU 控制软件均配置一套制动运算模型，实现各自的制动分散控制，在此基础上，四套制动运算模型共用一个制动速度曲线，给定信号，实现升船机安全制动系统的多泵站同步制动控制。比例阀电压调节器采用 PI 调节器。

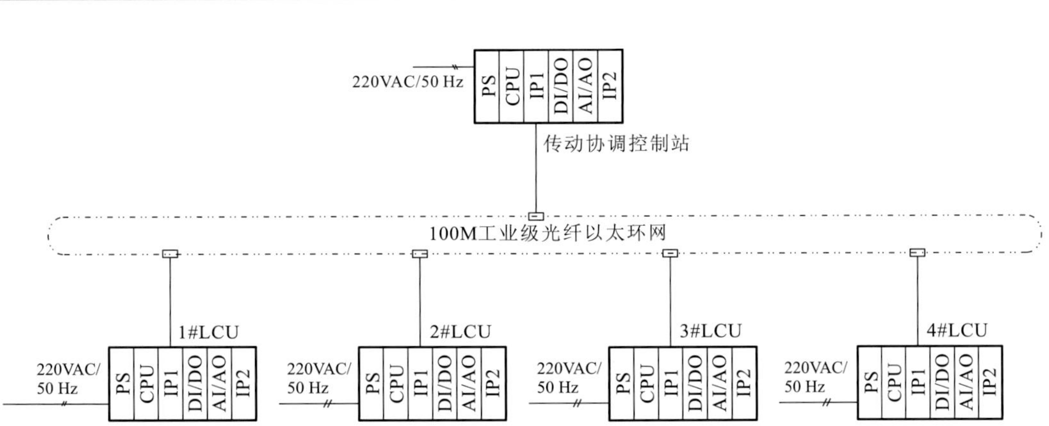

图 3.2.19　多泵站液压制动系统 LCU 结构原理图

速度反馈控制调压上闸的具体过程如下：传动协调控制站首先判断驱动系统的载荷工况是发电工况还是电动工况，并将相关速度和电机负载力矩信息（电机转速和电机定子电流转矩分量）发送至液压控制泵站 LCU，然后电气传动系统退出工作。

（1）发电工况。对于发电工况，液压控制泵站 LCU 根据传动协调控制站输入的驱动系统载荷信息（电机负载力矩）及设定的制动减速度，经过制动模型运算器的计算，发出首次时间采样电压信号 U_1，从而使电液比例溢流阀 PR2 输出首次采样时间内的系统油压 p_{g1}（相对于制动之前的系统油压降低）。由于紧急制动过程中工作制动器油缸回油流经 PR2，其系统压力由 PR2 控制，工作制动器油缸压力降低，工作制动器在碟形弹簧压力作用下与制动盘接触，进而产生一定的正压力和与之对应的摩擦制动力。制动模型运算器给出的初始电压信号的运算如下。

给定电机负载力矩 M_L 和发电工况下电机理论角减速度 ε_{g0}，其中 M_L 为电气传动系统退出前电机负载力矩的测量值，ε_{g0} 根据船厢紧急制动加速度的绝对值预先算出：

$$\varepsilon_{g0} = i_r \frac{2a_g}{d_p} \tag{3.2.82}$$

式中：a_g 为紧急制动加速度的绝对值；i_r 为驱动机构减速器传动比。

计算所需的制动力矩为

$$M_{gb} = M_L + J_{em}\varepsilon_{g0} \tag{3.2.83}$$

电液比例溢流阀输出的液压系统油压为

$$p_{g1} = \frac{N_b}{\eta_{bh}A_b} - \frac{M_{gb}}{n_b\eta_{bh}\mu_b r_{sb}A_b} \tag{3.2.84}$$

式中：N_b 为一套制动单元对制动盘施加的最大正压力的总和；η_{bh} 为考虑液压管路沿程压力损失的效率值；r_{sb} 为工作制动器制动圆半径；A_b 为制动器油缸有杆腔面积；μ_b 为制动头与制动盘接触的摩擦系数；n_b 为单台工作制动器的制动单元数目。

在所施加的制动摩擦力矩作用下，驱动系统电机的实际转速降低为

$$\omega_{m1} = \omega_{m0} - \Delta\omega_{m1} \tag{3.2.85}$$

式中：ω_{m0} 为紧急制动实施之前的电机测量转速；$\Delta\omega_{m1}$ 为第一次采样时间间隔内电机测量转速减少量。

电机测量转速通过速度编码器测量，并传送至安全制动器液压控制泵站 LCU 的制动模型运算器，通过与给定理论转速曲线的比较及闭环反馈 PI 调节控制律，计算出电磁阀的输出压力和电压的增量值，将该电压增量值作为电液比例溢流阀控制电压的偏差，给定输入信号，实现安全制动器的速度偏差反馈控制。

制动模型运算器的运算过程如下。

根据 t_1 时刻电机理论角速度 ω_{d1} 与实测角速度 ω_{m1} 的差值，计算相对偏差，并判断绝对值是否大于偏差给定值。偏差给定值可由设计根据实际情况进行规定。若相对偏差的绝对值小于偏差给定值，则继续按首次采样输出电压信号 U_1 对应的输出压力 p_{g1} 保持制动力不变；若大于偏差给定值，则根据角速度差值的正负，按电机设计角减速度的 7.5%～10%给定一个角加速度调整量（为正值）。角加速度调整量按式（3.2.86）给定：

$$\Delta\varepsilon = \frac{k_\varepsilon \varepsilon_{g0}}{20} \tag{3.2.86}$$

式中：k_ε 为以电机角速度偏差为变量的调整函数。设定电机角速度相对偏差 δ_ω 大于 0.025 时开始实施速度反馈控制，调整函数按如下方式确定：

$$\begin{cases} k_\varepsilon = 0, & |\delta_\omega| < 0.025 \\ k_\varepsilon = 1 + 20|\delta_\omega|, & 0.025 \leqslant |\delta_\omega| \leqslant 0.05 \\ k_\varepsilon = 2, & |\delta_\omega| > 0.05 \end{cases}$$

计算工作制动器所施加的制动力矩增量：

$$\Delta M_{gb} = \pm J_{em}\Delta\varepsilon \tag{3.2.87}$$

式中：“±”表示相对于初始制动力矩增加或减少。当实测瞬时速度值低于该时刻的设计值时，需减少制动力矩，式（3.2.87）取负值；当实测速度值高于该时刻的设计值时，需增加制动力矩，式（3.2.87）取正值。因此，ΔM_{gb} 的正负号与 δ_ω 的正负号相反。

计算电液比例溢流阀出口的压力增量：

$$\Delta p_{g1} = -\frac{\Delta M_{gb}}{n_b \eta_{bh} \mu_b r_{sb} A_b} \tag{3.2.88}$$

计算电液比例溢流阀出口的压力值：

$$p_{g2} = p_{g1} + \Delta p_{g1} \tag{3.2.89}$$

根据电液比例溢流阀的电压压力特性曲线 $p=f(U)$，计算与 p_{g2} 对应的电液比例溢流阀的输入电压值：

$$U_2 = f^{-1}(p_{g2}) \tag{3.2.90}$$

电液比例溢流阀电压压力特性曲线 $p=f(U)$ 一般由供货商提供。电液比例溢流阀输入新的定常电压 U_2 之后，通过阀芯开度变化输出新的油压值，使制动器产生新的制动力。在该制动力作用下，船厢速度发生改变，从而产生新的电机转速，电机转速通过速度编码器测量，并通过 LCU 产生新一轮的反馈控制。如此往复循环，直至理论电机转速与实测值的偏差小于设定值。

（2）电动工况。对于电动工况，外载荷与运动方向相反，外载荷本身具有使运动系统减速的制动作用，此时运算器应首先计算电机负载力矩所引起的电机角加速度绝对值。如果此时外载很小，导致系统加速度的绝对值很小，工作制动器有必要施加制动力矩，使得电机的角加速度等于发电工况下的制动角加速度，否则船厢或平衡重系统的实际冲程将超过设计值。如果电机负载引起的电机角加速度大于发电工况所要求的电机角加速度，此时没有必要施加制动力矩，因为系统外载荷本身引起的加速度可使船厢和平衡重系统的冲程小于设计值，施加制动力矩只会增大系统制动加速度的绝对值。当电机速度编码器测得的速度为零时，安全制动系统工作，制动器制动。考虑到工作制动器制动瞬间，系统有可能因外载荷作用反向加速，从而具有一个微小的反向初始速度，工作制动器按发电工况的制动程序实施制动。此时系统的运算和控制过程如下。

LCU 根据传动协调控制站输入的驱动系统载荷信息（电机退出前的负载力矩），计算在不施加制动力时由外载荷引起的电机制动角加速度的绝对值：

$$\varepsilon_{d0}=\frac{M_L}{J_{em}} \tag{3.2.91}$$

如果 $\varepsilon_{d0}\leqslant\varepsilon_b$（$\varepsilon_b$ 为紧急制动过程与紧急制动加速度对应的电机输出轴的额定角加速度），计算需要施加的制动力矩：

$$M_{db}=J_{em}\varepsilon_b-M_L=J_{em}(\varepsilon_b-\varepsilon_{d0}) \tag{3.2.92}$$

LCU 发出初始电压信号，电液比例溢流阀根据其电压压力特性曲线 $p=f(U)$输出初始压力，使其产生初始压力计算值：

$$p_{d1}=\frac{N_b}{\eta_{bh}A_b}-\frac{M_{db}}{n_b\eta_{bh}\mu_b r_{sb}A_b} \tag{3.2.93}$$

此后的控制过程及相关控制运算与前述发电工况相同。

如果第 i 次采样测得的电动机轴角加速度 $\varepsilon_{di}>\varepsilon_b$，LCU 发出初始电压信号，使电液比例溢流阀输出初始压力 p_{d1}，其满足：

$$p_{d1}=\frac{N_b}{\eta_{bh}A_b} \tag{3.2.94}$$

此时，工作制动器与制动盘接触，但由于制动器碟形弹簧预压力与油缸的液压力平衡，工作制动器制动力为零（或接近于零）。升船机在外载荷作用下自然减速，其加速度绝对值大于设计加速度绝对值，从而保证设计规定的制动距离。当电机速度编码器检测到电机转速为零时，升船机在外载荷作用下开始反向运行，驱动系统转化为发电状态，LCU 计算出电液比例溢流阀的输出压力 p_{g1}，并向电液比例溢流阀输入对应的电压信号。其后的控制过程与前述发电工况相同。电机转速的取样周期为 10～25 ms。

升船机驱动系统四套驱动机构由机械同步轴连接，各电机输出速度差值极小，而且电机转速的取样周期较小，通过在设计上保证液压控制泵站元件性能的一致性和管路布置的对称性，以及现场调试，可精确控制紧急制动期间全部工作制动器的上闸时间差和工作制动器的上闸压力（上闸到位时的压力）相对差，从而避免升船机同步轴系统承受附加载荷，同时控制制动减速度，保持制动过程平稳。由于液压泵站与制动器油缸距离较短，系统泄压迅速，制动时间短，且管道长度短、接头少，压力损失少，上闸压力调整难度小，可靠性高。

3.3 短螺杆-长螺母柱式事故安全机构

事故安全机构的主要功能是，在船厢升降运行和对接过程中发生全平衡状态遭受破坏的失衡事故时，承受船厢的不平衡力，将失衡的船厢安全锁定在塔柱结构上。目前世界上已建齿轮齿条爬升式升船机的安全机构形式主要有两种：一种是德国吕内堡升船机的长螺杆-短螺母式；另一种是德国尼德芬诺升船机和中国三峡升船机、向家坝升船机的短螺杆-长螺母柱式。本节介绍的是短螺杆-长螺母柱式事故安全机构。

3.3.1 事故工况与载荷

根据《升船机设计规范》（GB 51177—2016），齿轮齿条爬升式升船机安全机构的设计应考虑船厢水漏空、对接水满厢、对接沉船等事故工况及空厢检修工况。此外，根据工程的具体情况，必要时还应考虑船厢室进水后船厢被淹及平衡重井进水后平衡重被淹的特殊情况。

1. 水漏空工况

水漏空工况下的不平衡载荷为船厢内设计水深水体的重量，方向竖直向上。每套安全机构所承受的载荷另考虑 1.1 的分配不均匀系数，即

$$F_{\mathrm{swe}}=\frac{1.1W_{\mathrm{t}}}{4} \tag{3.3.1}$$

式中：F_{swe}为水漏空工况每套安全机构的计算载荷；W_{t}为船厢设计水深下的水体重量。

2. 对接水满厢工况

船厢与闸首对接、水满厢工况下的不平衡载荷为船厢最大超载水深水体的重量，方向竖直向下。每套安全机构所承受的载荷另考虑 1.1 的分配不均匀系数，即

$$F_{\mathrm{swf}}=\frac{1.1W_{\mathrm{f}}}{4}=\frac{1.1\rho_{\mathrm{w}}gL_{\mathrm{m}}B_{\mathrm{m}}h_{\mathrm{f}}}{4} \tag{3.3.2}$$

式中：F_{swf}为船厢对接水满厢工况每套安全机构的计算载荷；W_{f}为深度等于船厢干舷高的超载水体重量；ρ_{w}为水体密度；g为重力加速度；L_{m}为船厢水域总长度；B_{m}为船厢水域总宽度；h_{f}为船厢干舷高度。

3. 对接沉船工况

对接沉船工况是指船厢与闸首对接期间船厢水域与航道水域连通状态下，船厢内的船舶发生沉船事故，造成船体与船厢底铺板接触的工况。该工况下的不平衡载荷为船舶总重（载重+自重）与船舱进水后（进水深度为船厢设计水深）船舶结构所受浮力的差值，方向竖直向下。为了安全，该工况下的不平衡载荷一般按船舶总重考虑，且全部由

安全机构承担。此外，考虑船舶在船厢内的位置不对中因素的影响，四套安全机构的承载不均匀系数采用 1.2，则船厢对接沉船工况下每套安全机构的载荷为

$$F_{\mathrm{ssw}}=\frac{1.2W_{\mathrm{sd}}}{4} \tag{3.3.3}$$

式中：F_{ssw} 为对接沉船工况每套安全机构的计算载荷；W_{sd} 为船舶最大排水量（船舶名义载重和自重之和）。

4. 船厢空厢检修工况

当需排干船厢内的水体进行例行大修时，船厢必须由安全机构锁定。该工况下安全机构的计算载荷与船厢水漏空工况完全相同。

5. 船厢室进水船厢被淹工况

当船厢位于下游高程、船厢室意外进水、船厢被淹没在水中时，船厢将承受浮力，不平衡载荷由设计水深下的厢内水体重量、船厢水面以上结构空间的浮力、船厢水密结构浮力及浸入水中的船厢实心结构的浮力构成，方向竖直向上。每套安全机构所承受的载荷另考虑 1.1 的分配不均匀系数，即

$$F_{\mathrm{swd}}=\frac{1.1(W_{\mathrm{t}}+F_{\mathrm{fh}}+F_{\mathrm{fs}}+F_{\mathrm{fm}})}{4} \tag{3.3.4}$$

式中：F_{swd} 为船厢室进水船厢被淹没工况下每套安全机构的计算载荷；F_{fs} 为船厢水面以上结构空间的浮力，计算式为

$$F_{\mathrm{fs}}=\frac{\rho_{\mathrm{w}}gL_{\mathrm{m}}B_{\mathrm{m}}h_{\mathrm{f}}}{4} \tag{3.3.5}$$

F_{fh} 为船厢所有水密结构空腔的浮力，计算式为

$$F_{\mathrm{fh}}=\sum_i F_i=\sum_i \rho_{\mathrm{w}}V_i \tag{3.3.6}$$

其中：F_i 为第 i 个封闭结构的浮力；V_i 为第 i 个水密结构的空腔体积；F_{fm} 为浸入水中的船厢实心结构承受的浮力，计算式为

$$F_{\mathrm{fm}}=\frac{\rho_{\mathrm{w}}W_{\mathrm{sol}}}{\rho_{\mathrm{s}}} \tag{3.3.7}$$

其中：W_{sol} 为被淹没的船厢钢结构的实体结构重量；ρ_{s} 为钢材密度。

6. 平衡重井进水平衡重被淹工况

当平衡重位于下游高程、平衡重井进水、平衡重块被淹时，平衡重块将承受浮力，该工况下的不平衡载荷为所有受淹平衡重块的浮力和，方向竖直向下。考虑承载不均匀系数 1.1，每套安全机构的载荷为

$$F_{\mathrm{fc}}=\sum_i \rho_{\mathrm{w}}h_{ci}A_{ci} \tag{3.3.8}$$

式中：h_{ci} 为第 i 个平衡重块浸入水中的深度；A_{ci} 为该平衡重块的水平断面面积。

3.3.2 旋转螺杆机构适应水平变位的技术措施

旋转螺杆位于竖向安装的螺母柱内，由撑杆支承在船厢安全横梁的端部，撑杆下端通过球面滑动轴承与支座连接，上端通过球面滚动轴承与螺杆连接。旋转螺杆通过布置在上下两端的导向小车实现水平定位，使旋转螺杆轴线始终保持与螺母柱中心轴线同轴。

旋转螺杆机构适应塔柱（螺母柱）变位的工作原理图见图 3.3.1，旋转螺杆与相关零部件装配关系图见图 3.3.2。当船厢与螺母柱之间出现水平变位时，撑杆轴线偏离铅垂线，使撑杆上部绕顶部球心产生相对螺杆的偏转，同时，撑杆底部也绕与安全横梁相连的底部球面支座旋转。撑杆上部的转动中心通过球面轴承在螺杆上定位，撑杆的偏摆将使螺杆产生竖向位移，螺杆与螺母柱之间的螺纹间隙使螺杆相对于螺母柱的竖向运动不受约束（但使螺纹间隙发生改变）。此外，水平变位会使安全机构的传动齿轮与锥齿轮箱之间的相对位置发生改变，进而使连接小齿轮轴与锥齿轮箱的可伸缩万向联轴节的长度产生延伸。

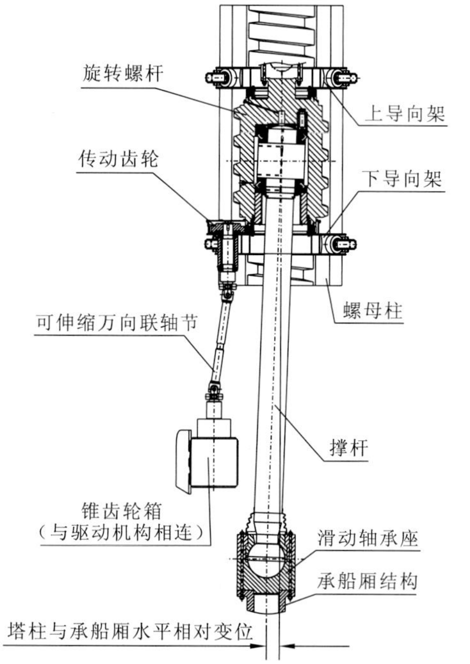

图 3.3.1 旋转螺杆机构适应塔柱（螺母柱）变位的工作原理图

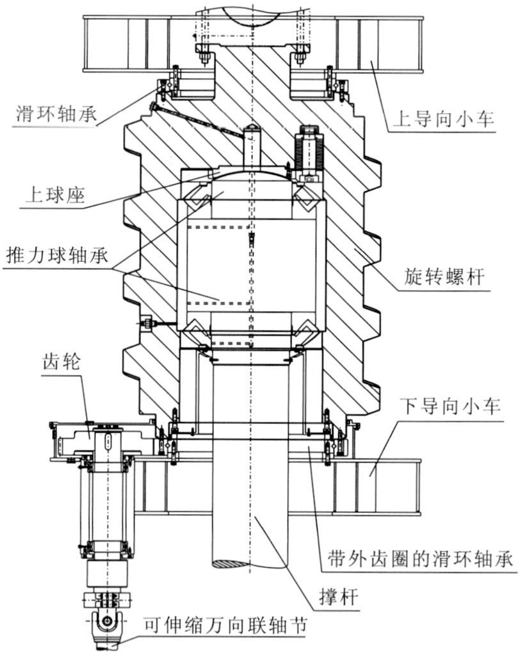

图 3.3.2 旋转螺杆与相关零部件装配关系图

3.3.3 旋转螺杆机械传动系统设计

1. 机械传动系统的组成和工作原理

安全机构螺杆在船厢升降过程中处于旋转状态，其旋转的动力来自驱动机构，该动力主要用于克服螺杆自重作用于撑杆上部球面轴承上产生的摩擦力矩和螺杆的转动惯量。其传动路径如下：驱动机构减速器的中间输出轴端输出动力，经离合器、水平换向锥齿轮箱、带齿式联轴器中间轴、垂直换向锥齿轮箱、可伸缩万向联轴节、小齿轮、大齿轮，最终传递至旋转螺杆。水平换向锥齿轮箱和垂直换向锥齿轮箱的作用是使机械传动设备的布置满足预定的空间要求和功能要求。其中，水平换向锥齿轮箱的锥齿轮正交轴线位于水平面，实现动力传递轴线由水平纵向至水平横向的转换；垂直换向锥齿轮箱的锥齿轮正交轴线位于铅垂平面，实现动力传递轴线由水平横向至铅垂向的转换。

离合器内部带有扭矩检测装置，其主要作用有两点：一是监测船厢升降过程中安全机构机械传动系统的扭矩，避免安全机构卡阻造成的驱动机构过载；二是便于安装、调试、检修时切断驱动机构与安全机构之间的机械连接。

2. 机械传动系统零部件的设计载荷和强度设计

1）设计载荷

机械传动系统的设计载荷包括正常运行载荷和极限载荷，分别用于机械传动系统零部件的疲劳强度计算和静强度计算。机械传动系统的正常运行载荷为船厢升降过程中旋转螺杆支承轴承由旋转螺杆的自重和轴承内外圈之间的相对转动引起的传动系统机械摩阻力矩。该机械摩阻力矩 M_{sf} 根据式（3.2.10）计算。机械传动系统的极限力矩则为由离合器所限定的打滑扭矩。该扭矩值可设定为正常运行扭矩值的 2 倍，也可由设计者根据具体情况确定。

2）强度设计

安全机构机械传动系统大多为定型产品和专业设备，可根据系统的载荷进行选型设计或由专业设备制造厂家按照需要进行特别设计。例如，机械传动系统中最末一级传动为齿轮传动，该齿轮副的大齿圈是定型标准产品带齿圈滑环轴承中的一个零件，因此可根据其载荷要求选择带齿圈滑环轴承定型产品。可伸缩万向联轴节则根据设计载荷和极限载荷及适应水平变位所需的最大轴向位移进行定型产品的选型设计。离合器也根据设计载荷和极限载荷进行选型设计。锥齿轮箱则根据机械传动系统设计载荷和极限载荷及结构形式要求等进行专项设计。

3. 机械传动系统的几何与运动学设计

1）螺杆的螺纹节距

当旋转螺杆的螺纹中径确定后，旋转螺杆的螺纹节距需满足螺纹副机械自锁要求，即螺纹螺旋线升角的正切函数值需小于钢构件之间的最小摩擦系数。自锁条件用数学公式表示如下：

$$\tan\alpha_s = \frac{p_s}{\pi D_{sm}} \leqslant \mu_s \tag{3.3.9}$$

式中：α_s 为螺纹升角；p_s 为螺纹节距；D_{sm} 为螺纹中径；μ_s 为钢构件之间的最小摩擦系数，在安全机构设计中，螺纹副的最小摩擦系数一般取 0.1。螺纹节距应满足如下条件：

$$p_s \leqslant \mu_s \pi D_{sm} \tag{3.3.10}$$

此外，为降低驱动机构齿轮爬升速度与安全机构螺杆旋升速度的不同步误差对螺纹副间隙的影响，齿轮的分度圆周长与螺杆螺纹节距的比值应为整数。

2）机械传动系统的传动比

船厢升降过程中，旋转螺杆的升降速度与驱动机构小齿轮爬升速度相等，即

$$v_p = v_s = n_s p_s \tag{3.3.11}$$

式中：v_p 为驱动机构小齿轮分度圆转动线速度；v_s 为旋转螺杆升降速度；n_s 为旋转螺杆转速；p_s 为螺纹节距。

假设驱动机构小齿轮轴至螺杆之间机械传动系统的总传动比为 i_s，即

$$i_s = \frac{\pi d_p}{p_s} \tag{3.3.12}$$

$$n_s = i_s n_p \tag{3.3.13}$$

式中：d_p 为小齿轮分度圆直径；n_p 为小齿轮转速。

可以看出，旋转螺杆节距所满足的几何条件（3.3.12）和转速条件（3.3.13）构成了驱动机构小齿轮与安全机构旋转螺杆同步升降的必要条件。

为精确满足式（3.3.12），齿轮与螺杆之间的传动比 i_s 及驱动机构中间轴转速与减速器低速轴的传动比 i_{rs}、安全机构的齿轮传动比 i_{gs} 均应为整数，且满足如下条件：

$$\frac{i_{gs}}{i_{rs}} = i_s \tag{3.3.14}$$

3.3.4 螺牙强度设计

安全机构螺杆和螺母柱的螺牙强度计算是安全机构设计的一个重要内容。螺牙强度计算主要采用基于材料力学短悬臂梁理论的解析计算方法和有限元整体建模计算方法，两种方法各有优缺点：解析计算方法简单，便于设计，但计算精度较差；有限元整体建模计算方法将螺杆、螺母柱、埋件结构和混凝土结构作为一个整体对象，采用接触有限元的分析方法，计算复杂，工作量大，但可对安全机构、螺母柱及其埋件和相关联的混凝土结构应力进行相对准确的分析。鉴于安全机构螺杆、螺母柱的强度设计对于保证升船机事故安全的重要性，两种方法有必要同时运用。在设计的初始阶段，采用解析计算方法以便确定旋转螺杆和螺母柱螺牙根部断面的尺寸，待结构形式和尺寸基本确定后，有必要采用有限元整体建模计算方法对螺牙应力进行复核。由于有限元整体建模计算方法的建模更多地涉及螺母柱、埋件结构和局部混凝土结构，相关的内容将在 3.6 节介绍。本节主要介绍螺牙强度计算的解析方法。

1. 螺杆螺牙强度计算

螺杆螺牙根部的弯曲应力按端部受集中载荷的短宽悬臂梁材料力学模型计算，承载宽度取与螺母柱螺牙接触区域的弧段，其弯曲应力计算公式与强度条件为[7]

$$\sigma_{sw}=\frac{3k_{sz}F_{z\max}h_{st}}{\phi_n D_{sr}b_{st}^2 z_s}\leqslant[\sigma]_s \quad (3.3.15)$$

$$\tau_s=\frac{k_{sz}F_{z\max}}{\phi_n D_{sr}b_{st}z_s}\leqslant[\tau]_s \quad (3.3.16)$$

$$\sigma_{sv}=\sqrt{\sigma_{sw}^2+3\tau_s^2}\leqslant 1.1[\sigma]_s \quad (3.3.17)$$

式中：τ_s、σ_{sw}、σ_{sv} 分别为螺杆螺牙根部的计算弯曲剪应力、弯曲正应力和等效合成应力；$[\tau]_s$、$[\sigma]_s$ 分别为螺杆材料的许用弯曲剪应力和许用弯曲正应力，且满足$[\tau]_s=0.7[\sigma]_s$，考虑到安全机构载荷最大的船厢室进水船厢被淹没和船厢水漏空事故工况的发生概率极小，许用弯曲正应力$[\sigma]_s$可取为螺杆材料屈服强度的 80%；k_{sz} 为载荷分布不均匀系数，可取 1.05～1.1；$F_{z\max}$ 为安全机构最大载荷，当升船机设计需考虑船厢室进水船厢被淹没工况时，则按该工况下的安全机构载荷 F_{swd} 取值计算，如不考虑该工况，则应按船厢水漏空工况安全机构载荷 F_{swe} 取值计算；h_{st} 为螺纹牙高度；D_{sr} 为螺杆螺纹牙根部直径；b_{st} 为螺牙厚度；z_s 为旋转螺杆螺纹牙承载圈数，考虑到螺牙接触载荷的不均匀性，一般按螺杆螺牙总圈数的一半选取，通常螺杆螺纹牙圈数为 4，计算时取 $z_s=2$；ϕ_n 为单片螺母柱螺牙根部圆弧段所对应的圆心角（图 3.3.3）。

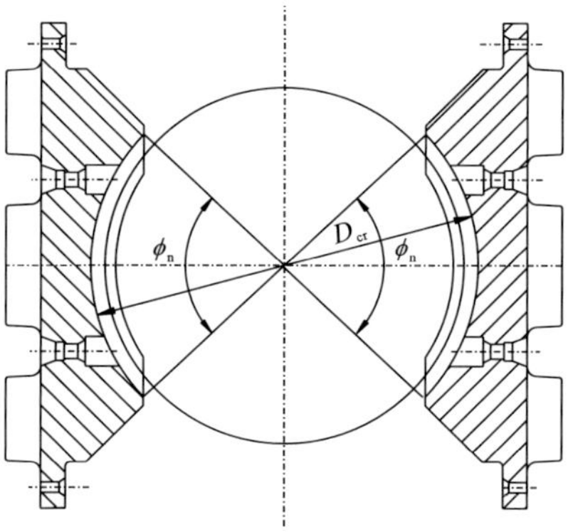

图 3.3.3　螺母柱螺纹牙接触弧长示意图

D_{cr}—螺母柱螺牙根部直径

2. 螺母柱螺牙强度计算

螺母柱螺牙根部的弯曲应力和强度条件为

$$\tau_c=\frac{k_{sz}F_{z\max}}{2\phi_n D_{cr}b_{st}z_s}\leqslant[\tau]_c=0.7[\sigma]_c \quad (3.3.18)$$

$$\sigma_{cw}=\frac{3k_{sz}F_{z\max}h_{st}}{\phi_n D_{cr}b_{st}^2 Z_s}\leqslant[\sigma]_c \quad (3.3.19)$$

$$\sigma_{cv}=\sqrt{\sigma_{cw}^2+3\tau_c^2}\leqslant 1.1[\sigma]_c \quad (3.3.20)$$

式中：τ_c、σ_{cw}、σ_{cv} 分别为螺母柱螺牙根部的计算弯曲剪应力、弯曲正应力和等效合成应力；$[\tau]_c$、$[\sigma]_c$ 分别为螺母柱材料的许用弯曲剪应力和许用弯曲正应力，$[\sigma]_c$ 可取为 80%的螺母柱屈服极限。

螺杆、螺母柱螺牙部位的应力计算更精确的方法为有限元法。在 3.6 节，将对螺母柱传力结构的有限元建模和计算进行讨论，其模型范围包含螺杆和螺母柱。有限元计算应力云图显示，螺杆和螺母柱的最大等效应力均出现在螺牙部位，因而云图中所显示的最大应力即螺牙部位的最大应力。

根据向家坝升船机螺杆和螺母柱螺牙部位在假定两圈螺纹接触条件下的等效应力计算结果，螺杆螺牙的最大等效应力发生在与螺母柱螺牙接触区域的牙根部位，其最大值为 325.8 N/mm^2，略大于按材料力学解析计算方法计算出来的最大等效应力值，其应力分布规律和量值与根据材料力学的分析结果较为接近。螺母柱的最大等效应力为 477.8 N/mm^2，发生于螺牙弧段边缘棱角的局部区域。螺杆和螺母柱螺牙的最大等效应力均小于螺杆材料 42CrMo4 V 和螺母柱材料 GS-25 CrNiMo4 的屈服极限 500 N/mm^2。

3. 螺母柱螺牙接触应力计算

为了保证螺杆和螺母柱传力的明确性，螺杆螺牙的上下接触表面采用凸形圆弧面，而螺母柱螺牙的上下接触表面为平面，因此螺杆螺牙与螺母柱螺牙的接触为线接触，需按赫兹接触理论计算螺牙的接触应力。由于螺母柱材料的性能指标较旋转螺杆材料低，仅计算螺母柱的接触强度即可。其接触应力与强度条件为

$$\sigma_H = 0.418\sqrt{\frac{F_{z\max}E}{\pi z_s D_{sm} R_s}} \leqslant [\sigma_H]_c \tag{3.3.21}$$

式中：σ_H 为计算接触应力；$[\sigma_H]_c$ 为螺母柱许用接触应力，其值为 2.3 倍的螺母柱材料屈服极限；E 为钢材的弹性模量；D_{sm} 为螺纹中径；R_s 为螺杆螺牙上下接触面的凸面曲率半径。

3.3.5 撑杆设计

1. 撑杆的结构和支承

撑杆是安全机构传递载荷及适应变位的重要构件。如图 3.3.1、图 3.3.2 和图 3.3.4 所示，撑杆由顶部带有球头的杆件与下端部的球头通过螺纹连接而成。其中，顶部带球头的杆件是撑杆的主体结构，由顶部球面结构、与推力轴承内圈配合的轴段、轴肩段、撑杆杆体（其底部带螺纹孔）组成。当安全机构不承受压力载荷时，撑杆顶部通过轴肩顶靠在推力轴承上实现定位；当安全机构承受压力载荷时，其压力载荷通过轴肩传递至推力轴承和支承块，并压缩支承块上部的弹簧，使撑杆顶部球头与球座之间的间隙消失，压力载荷通过撑杆的球头和顶部的球座传递至螺母柱。撑杆的底部结构主要由底部球头、与主体结构螺纹孔相连的螺杆轴段及过渡段组成。当撑杆受压时，压力载荷通过支承座下底座及滑动球面轴承传递至撑杆；当撑杆受拉时，拉力载荷通过连接螺杆、外箱体、上底座、球面滑动轴承传递至撑杆。

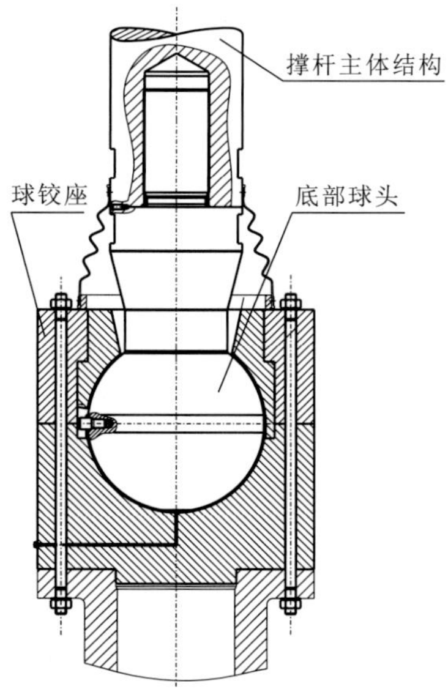

图 3.3.4　撑杆底部及其支承结构

撑杆为两端简支轴向受力构件，承受拉压双向载荷，应对撑杆进行抗压强度、抗拉强度和抗压稳定性计算。此外，当对接锁定装置采用开合螺杆方案时，撑杆在正常对接工况还传递对接锁定机构的工作载荷，应进行疲劳强度计算。

2. 撑杆的静强度计算

撑杆的受压强度计算载荷为船厢水漏空或船厢室进水船厢被淹没工况下安全机构的计算载荷。受压强度的核算部位为撑杆主体结构下端带螺纹孔空心轴段。撑杆压应力计算及强度条件为

$$\sigma_{pr} = \frac{4F_{zp}}{\pi(d_{re}^2 - d_{ri}^2)} \leqslant [\sigma_{pr}] = \frac{\sigma_{rs}}{n_s} \tag{3.3.22}$$

式中：σ_{pr} 为撑杆的最大压应力；F_{zp} 为撑杆最大受压载荷，根据升船机的总体安全要求取值为 F_{swe} 或 F_{swd}；d_{re} 为撑杆主体结构杆体外径；d_{ri} 为撑杆主体结构杆体底部螺纹孔大径；$[\sigma_{pr}]$为撑杆主体结构的许用压应力；σ_{rs} 为撑杆主体结构材料的屈服极限；n_s 为安全系数，其值不小于 1.4。

撑杆的抗拉强度核算部位为底部球头结构的螺纹杆段，其拉应力及强度条件为

$$\sigma_{tr} = \frac{4F_{zt}}{\pi d_{b1}^2} \leqslant [\sigma_{tr}] = \frac{\sigma_{bs}}{n_s} \tag{3.3.23}$$

式中：σ_{tr} 为撑杆的最大拉应力；F_{zt} 为撑杆最大受拉载荷，取对接沉船工况事故载荷 F_{ssw} 和对接水满厢工况事故载荷 F_{swf} 之间的较大值；d_{b1} 为撑杆底部球头杆段螺纹小径；$[\sigma_{tr}]$ 为底部球头结构的许用拉应力；σ_{bs} 为底部球头结构材料的屈服极限。

3. 撑杆的压杆稳定性计算

船厢室进水船厢被淹、对接沉船和对接水满厢事故工况下，安全机构撑杆将承受压

力载荷，除了需验算撑杆局部结构的压应力之外，还应按照最大压力载荷验算撑杆的整体压杆稳定性。撑杆整体压杆稳定性的条件为[7]

$$F_{cr} \geqslant S_{rs} F_{zmax} \tag{3.3.24}$$

式中：F_{zmax} 为安全机构最大载荷，也是撑杆的最大压力载荷；S_{rs} 为压杆稳定最小安全系数，对于升船机安全机构撑杆，压杆稳定最小安全系数为 3.0；F_{cr} 为临界载荷，根据压杆长细比的大小，临界载荷可分为弹性稳定临界载荷和弹塑性稳定临界载荷。长细比的计算公式为

$$\lambda_p = \frac{\mu_{sr} L_{sr}}{i_{min}} = \frac{4\mu_{sr} L_{sr}}{d_{re}} \tag{3.3.25}$$

式中：μ_{sr} 为杆件的长度系数，对于两端铰接的杆件，$\mu_{sr}=1$；L_{sr} 为撑杆全长；i_{min} 为杆件截面的最小惯性半径，其值为

$$i_{min} = \sqrt{\frac{I_{min}}{A_{sr}}} \tag{3.3.26}$$

其中：I_{min} 为最小截面惯性矩；A_{sr} 为截面面积。对于实心圆杆，最小截面的惯性半径为其杆径 d_{re} 的 1/4。

弹塑性范围压杆长细比的最小值和最大值分别为

$$\lambda_{p1} = \pi\sqrt{\frac{E}{\sigma_p}} \tag{3.3.27}$$

$$\lambda_{p2} = \frac{a_r - \sigma_s}{b_r} \tag{3.3.28}$$

式中：E 为钢材的弹性模量；σ_p 为材料的强度极限；σ_s 为材料的屈服极限；a_r、b_r 为与材料力学性能有关的参数，对于安全机构撑杆常用的铬钼钢，$a_r = 980.7\ \text{N/mm}^2$，$b_r = 5.3\ \text{N/mm}^2$。

根据长细比 λ_p 与 λ_{p1}、λ_{p2} 大小的比较，可判别压杆稳定性的性质，并确定压杆稳定的计算方法。如果 $\lambda_p > \lambda_{p1}$，压杆稳定属于弹性稳定性问题，采用欧拉公式计算临界载荷：

$$F_{cr} = \frac{\pi^2 E I_{min}}{(\mu_{sr} L_{sr})^2} \tag{3.3.29}$$

如果 $\lambda_{p1} \geqslant \lambda_p \geqslant \lambda_{p2}$，压杆稳定属于弹塑性稳定性问题，采用直线经验公式计算临界载荷：

$$F_{cr} = A_{sr}(a_r - b_r \lambda_p) \tag{3.3.30}$$

如果 $\lambda_p < \lambda_{p2}$，撑杆不需要进行压杆稳定计算。

4. 撑杆的疲劳强度校核

安全机构支撑杆同时作为对接锁定装置的承载构件，应根据对接锁定机构的载荷特性进行疲劳强度核算。核算的主要部位为撑杆底部球头的连接螺纹部位及轴肩部位。计算方法参见 3.4 节对接锁定机构中有关中心轴螺纹连接部位的疲劳强度计算内容。

3.3.6　螺纹副合理间隙研究

齿轮齿条爬升式升船机安全机构螺纹副间隙是一个事关升船机运行安全的重要参数。间隙值大小应适中，过大将造成安全机构和驱动机构设备规模的不合理增大，过小则将影响升船机的正常运行。但是在实际工程中，安全机构的螺纹副间隙受到齿轮托架机构变形、机械传动系统间隙、船厢与塔柱之间的水平相对变位、设备制造安装误差及运行造成的零件磨损等诸多因素的影响，使得在设计阶段准确计算、分析螺纹副间隙的变化量有很大的难度。本小节以三峡升船机安全机构为研究对象，综合地分析影响安全机构螺纹副间隙变化的因素及其影响结果。

1. 设备制造、安装误差对螺纹副间隙的影响

1）螺杆、螺母牙型尺寸制造误差 Δt_1

螺纹制造精度等级取为《梯形螺纹　第四部分　公差》（GB/T 5796.4—2005）的 8 级。受螺纹中径误差的影响，螺纹中径齿厚误差外螺纹（螺杆）为 B−1.2，内螺纹（螺母柱）为 B+1.2，即螺杆、螺母牙型厚度制造误差造成的螺纹副间隙的改变量为 $\Delta t_1 = 0\sim 2.4$ mm。此误差将加大螺纹副的间隙。

2）螺母柱螺纹节距制造误差 Δt_2

国家标准中没有对非传动螺母柱梯形螺纹的螺距公差制定标准，若参照《机床梯形丝杠、螺母　技术条件》（JB/T 2886—2008），则对螺距精度要求很高，加工难以达到。根据国内大型机械制造厂的分析，安全机构螺母柱的螺距误差可控制在±0.3 mm 以内，一节螺母柱（4.95 m）内的螺距累积误差可不大于±3 mm。根据螺母柱、齿条分节制造安装的实际条件，螺母柱螺纹节距制造误差在节与节之间并不累积。为此，螺母柱螺纹节距制造误差造成的螺纹副间隙的变化量为 $\Delta t_2 = \pm 3$ mm。

3）螺杆导向轮与导轨面间隙 Δt_3

由于螺母柱的导轨面不可避免地会存在制造、安装误差，螺杆导向轮与导轨面间必须预留适当的间隙，以防止导轮的运行卡阻。当间隙量为 1.0 mm 时，该因素造成的螺纹副间隙的变化量 $\Delta t_3 < 0.01$ mm，可忽略不计。

4）小齿轮/齿条齿距累积误差（含齿轮/齿条侧隙）Δt_4

齿条齿距累积误差受加工精度、齿轮齿条侧隙等因素的综合影响。单个齿距偏差按手册推算应满足 $f_{pt} \leqslant \pm 95$ μm，则单节齿条（长 4.725 m）24 个齿的齿距最大累积误差为±2.28 mm，由于齿距累积误差在齿条节间并不累积，齿条齿距累积误差对螺纹副间隙的影响为 $\Delta t_{41} = \pm 2.28$ mm。齿轮齿条轮齿最大侧隙按 2.0 mm 考虑，则侧隙对螺纹副间隙的影响为 $\Delta t_{42} = \pm 2$ mm。齿条齿距累积误差及小齿轮/齿条侧隙对螺纹副间隙的影响为 $\Delta t_4 = \Delta t_{41} + \Delta t_{42} = \pm 4.28$ mm。

5）相邻同一高程齿条与螺母柱的高度位置相对误差 Δt_5

螺母柱和齿条在安装时，要求同一高程的单节螺母柱和齿条的位置尽量相同，以减小对螺纹副间隙的影响。此安装误差为±2 mm，即相邻同一高程的齿条与螺母柱的高度位置相对误差对螺纹副间隙的影响为 $\Delta t_5=2.0$ mm。

6）同一根螺母柱中两个螺母柱片之间的高度位置相对误差 Δt_6

同一根螺母柱中两个螺母柱片是整体加工、分别安装的，两片之间的相对位置精度将对螺母柱和螺杆的承载条件及螺纹副间隙产生一定的影响，安装时必须予以严格控制。其影响为 $\Delta t_6=\pm 0.5$ mm。

7）螺杆相对于螺母柱的高度位置安装误差 Δt_7

螺杆相对于螺母柱的高度位置在升船机设备安装时可以精密调节，假设调节后的误差为 $\Delta t_7=\pm 1.0$ mm。

8）齿轮托架机构支铰间隙对螺纹副的影响 Δt_8

齿轮托架机构是用于传递、监测并限制齿轮载荷，适应船厢与塔柱之间的各种误差与变位的装置。齿轮托架机构内的支铰均采用轴/孔间隙配合，各部分具有一定的转动自由度，因此，齿轮托架机构才具有适应各向变位的能力。但是，间隙的存在使齿轮托架机构铰接处发生径向位移，最终小齿轮与齿条啮合受力时会发生相对于船厢的竖向位移（刚性位移）。

图 3.3.5 是齿轮托架机构简图，图中尺寸单位为 mm。S_1～S_7 为各铰接处径向间隙，七处铰接处可分为两类：第一类铰接处只需考虑一处轴/孔间隙配合，如齿轮轴/保持架铰接，这类铰接处的径向间隙为间隙配合的径向间隙；第二类铰接处需考虑两处间隙配合，如液气弹簧/底横梁铰接、底横梁/后摆臂铰接、底横梁/前摆臂铰接、后管轴承座/后摆臂铰接、前管轴承座/前摆臂铰接、管轴承座/旋转架铰接，这类铰接处的径向间隙为两处间隙配合的径向间隙之和。

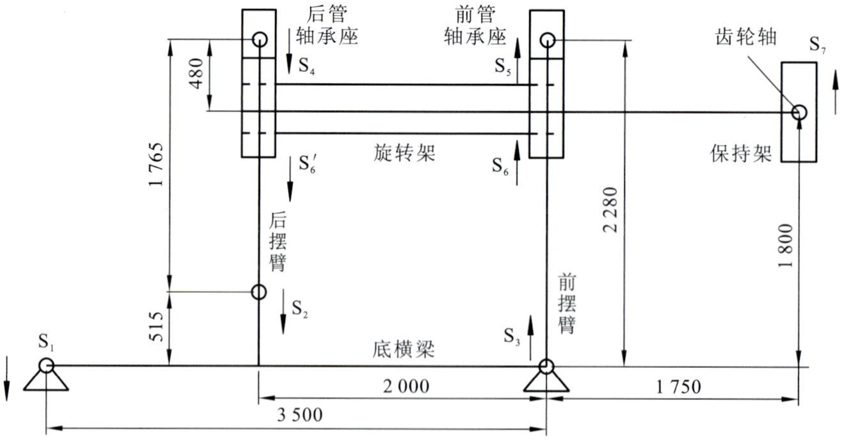

图 3.3.5　齿轮托架机构简图

在已知铰接处间隙配合的基本尺寸、基本偏差与公差等级条件下，通过查表可以得到铰接处轴/孔的极限偏差。在间隙配合中，将轴在孔的中心位置确定为初始位置零点，孔的最大极限尺寸减去轴的最小极限尺寸所得代数的 1/2 为最大径向间隙，孔的最小极限尺寸减去轴的最大极限尺寸所得代数的 1/2 为最小径向间隙。标准公差数值及基本偏差数值参考《产品几何技术规范（GPS）极限与配合 第 2 部分：标准公差等级和孔、轴极限偏差表》（GB/T 1800.2—2009）。但在实际工程设计中，齿轮托架机构尚未深入设计，支铰间隙只能预估，假设所有支铰的配合间隙对螺纹副间隙的影响值为 $\Delta t_8=\pm 2.0$ mm。

以上设备制造、安装误差对螺纹副间隙的影响 Δt_1～Δt_8 见表 3.3.1。

表 3.3.1 设备制造、安装误差对螺纹副间隙的影响

序号	影响螺纹副间隙的主要因素	代号	影响结果/mm
1	螺杆、螺母牙型尺寸制造误差	Δt_1	0～2.4
2	螺母柱螺纹节距制造误差	Δt_2	±3
3	螺杆导向轮与导轨面间隙	Δt_3	—
4	小齿轮/齿条齿距累积误差（含齿轮/齿条侧隙）	Δt_4	±4.28
5	相邻同一高程齿条与螺母柱的高度位置相对误差	Δt_5	2
6	同一根螺母柱中两个螺母柱片之间的高度位置相对误差	Δt_6	±0.5
7	螺杆相对于螺母柱的高度位置安装误差	Δt_7	±1
8	齿轮托架机构支铰间隙对螺纹副的影响	Δt_8	±2

2. 结构与设备的变形、变位对螺纹副间隙的影响

1）船厢水深变化对螺纹副间隙的影响 Δt_9

对安全机构螺纹副间隙的对中调节是在船厢装载设计水深水体、由四套驱动机构齿轮支承的条件下进行的，该工况下船厢结构变形对螺纹副间隙的影响已经消除。升船机运行过程中，当船厢水深发生变化时，船厢结构变形将随之改变，此时，在附加载荷作用下船厢结构螺杆所在部位相对于齿轮所在部位的竖向变形将对螺纹副间隙产生影响。根据分析、计算结果，在船厢误载水深为±0.1 m 的条件下，$\Delta t_9=\pm 3.0$ mm。

2）齿轮托架机构横向变位对螺纹副间隙的影响 Δt_{10}

当船厢与齿条之间没有横向相对变位时，齿轮托架机构的前摆杆、后摆杆与底横梁垂直，当船厢与齿条之间有横向相对变位时，齿轮托架机构的姿态需要发生变化以适应横向相对变位，此时前摆杆、后摆杆绕底横梁上的支铰横向摆动，小齿轮的竖直方向上的高度位置也将发生改变。当船厢相对于齿条的最大横向位移为±110 mm 时，小齿轮中心与船厢的竖直距离将减小约 2 mm，即由齿轮托架机构横向变位引起的螺纹副间隙的变化量为 $\Delta t_{10}=2.0$ mm。

3）安全机构撑杆摆动对螺纹副间隙的影响 Δt_{11}

当船厢与塔柱之间产生纵横向相对变位时，安全机构的撑杆将在水平面内绕下部的球头摆动，撑杆上部则受限于螺杆导向轮的约束水平位置不发生改变，但高度位置将发生变化，从而造成螺杆的高度位置改变，即螺纹副间隙改变。按照最大横向相对变位

±110 mm、最大纵向相对变位±95 mm、撑杆竖直高度 6 400 mm 计算，撑杆上端的竖向位移量，即螺纹副间隙的变化量为 $\Delta t_{11}=1.0$ mm。

4）齿轮托架机构弹性变形对螺纹副间隙的影响 Δt_{12}

在齿轮竖向载荷作用下，齿轮托架机构将产生弹性变形。根据对齿轮托架结构的有限元计算结果，在最大横向相对变位为 110 mm，同时船厢误载水深为±0.2 m 的情况下，齿轮托架机构的弹性变形造成的齿轮中心在高度方向的位移量为 $\Delta t_{12}=\pm 12$ mm。

5）螺杆机械传动系统零部件刚弹性扭转对螺纹副间隙的影响 Δt_{13}

驱动机构齿轮轴至安全机构螺杆之间的机械传动系统包括小齿轮万向联轴节、减速器末级齿轮副、锥齿轮箱、离合器、安全机构万向联轴节、开式齿轮副及传动轴等设备，这些设备内均存在传动间隙，并且在所传递扭矩的作用下会产生弹性变形，这些间隙和变形将造成螺纹副间隙的改变。经估算，在齿轮最大工作载荷条件下 $\Delta t_{13}=7.7$ mm。

6）齿条、螺母柱温差对螺纹副间隙的影响 Δt_{14}

相邻的齿条和螺母柱遇温度变化时，如果两者的变化温差不同，变形量也将不一致，此差值将直接影响螺纹副的间隙。由于相邻的同一组齿条和螺母柱的温差应很小，假设两者之间的温差为 2 ℃，那么在 113 m 全程内，两者的温度变化差值为 $\Delta t_{14}=\pm 2.4$ mm。

上述结构与设备的变形、变位对螺纹副间隙的影响 Δt_9～Δt_{14} 见表 3.3.2。

表 3.3.2　结构与设备的变形、变位对螺纹副间隙的影响

序号	影响螺纹副间隙的主要因素	代号	影响结果/mm
9	船厢水深变化对螺纹副间隙的影响	Δt_9	±3
10	齿轮托架机构横向变位±110 mm	Δt_{10}	2
11	安全机构撑杆摆动横向±110 mm、纵向±95 mm	Δt_{11}	1
12	齿轮托架机构弹性变形	Δt_{12}	±12
13	螺杆机械传动系统零部件刚弹性扭转	Δt_{13}	7.7
14	齿条、螺母柱温差	Δt_{14}	±2.4

3. 齿条磨损对螺纹副间隙的影响 Δt_{15}

在升船机的设计寿命周期内，运动零件的磨损不可避免，包括齿轮齿条齿厚的磨损、齿轮托架机构中轴承的磨损、螺杆导向轮与导轨的磨损，以及螺杆机械传动系统零件的磨损。其中，对螺纹副间隙影响较大的是齿条的磨损。

齿轮齿条为开式传动，磨损是主要的损坏形式。若运行初期轮齿最大侧隙按 2 mm 考虑，稳定磨损阶段后期齿条轮齿的单侧磨损量按齿厚的 2.5%计算，即轮齿总的磨损量为 5 mm。齿条磨损对螺纹副的影响 $\Delta t_{15}=\pm 5$ mm。

4. 螺纹副合理间隙取值

1）各因素对螺纹副间隙的综合影响结果

综合以上第 1～3 部分对各影响因素的分析，按照各因素影响结果在同一方向上叠加

的原则保守计算，上述所有因素的最大影响结果为

$$\Delta t = \sum_{i=1}^{n} \Delta t_i = 48.78\,(\text{mm}) \tag{3.3.31}$$

2）螺纹副间隙的设计值的选取

以上分析计算中，各因素的影响结果是按照在同一个方向叠加考虑的，而实际情况是某些因素的影响是相互抵消的。此外，在设备制造、安装过程中，采用了比上述分析计算中假定的精度更为严格的精度要求，因此，实际的综合影响结果会比上述初步计算的数值小。

三峡升船机安全机构螺纹副间隙按照±60 mm 进行设计，并对螺杆的螺牙厚度预留了适当的余量，作为加大间隙量的预留措施。待升船机运行一段时期后，若磨损等造成实际间隙不能满足运行要求，可将螺杆拆下，进行重新加工，以加大螺纹副间隙。

三峡升船机运行实践表明，在正常运行工况、船厢全行程内，安全机构螺纹副间隙的最大变化量不超过±15 mm，说明安全机构螺纹副间隙的取值是安全可靠的。

3.4 对接锁定机构

3.4.1 对接锁定机构功能要求

与建在人工运河上的升船机相比，水电工程升船机的突出特点是，其上下游航道的水位处于不断变化中。其中，电站机组日调节及大坝泄洪、船闸泄水等因素均会使升船机下游引航道水位在短时间内快速变化。当升船机船厢与下闸首对接时，下游航道水位的快速变化会引起船厢水深的改变，使船厢产生不平衡载荷。此外，在船厢对接期间，船只进出船厢时的船型波和水涌也会引起船厢水压力大小和分布的改变。船厢在对接期间厢内水深的整体和局部改变，将对船厢形成远大于升降工况的不平衡力和不平衡力矩。为保证船厢在对接工况处于稳定静止状态，确保对接密封机构、对接顶紧机构及驱动机构的工作安全可靠，需要设置对接工况下将船厢在竖向进行定位的对接锁定机构。

对接锁定机构的设计输入参数是船厢对接期间由上下游水域的水位变化及船舶进出厢造成的船厢不平衡力和力矩。上下游航道水位变化速率是确定对接期间船厢水深变化的重要资料和分析依据，较为准确的数据需要通过对水位变化的原型水文观测和水工模型试验获得。船舶进出船厢产生的不平衡载荷需由物理模型试验确定，或者参照已建同等规模的升船机确定。

需要指出的是，出于对接锁定机构设计技术经济合理性的考虑，设备规模不可能无限制地加大，因此对接锁定机构的正常运行载荷一般不会按照水深达到船厢满厢的状态进行设计，而是按照一个相对合理的规定水深差进行设计。由于上下游水域的水位及其变化速率是一个随机变量，升船机运行中难以完全避免对接锁定机构超载的情况。此外，升船机的设计还应考虑对接水满厢和对接沉船等事故工况。因此，从承载的角度考虑，对接锁定

机构应设置载荷保护装置，当载荷超过设定值时，超过的载荷由安全机构承受。此外，对接锁定机构作为船厢向塔柱转递载荷的设备，与埋设在塔柱上的固定设备相配合，同时又随船厢升降，因此，对接锁定机构应能够适应船厢和塔柱之间的水平相对变位。

目前国内已建的两座齿轮齿条爬升式升船机中，三峡升船机采用了开合螺杆式对接锁定机构，向家坝升船机则采用了摩擦撑紧式对接锁定机构。

3.4.2　对接锁定机构最大工作载荷的确定

船厢上设四套对接锁定机构，每套机构的最大工作载荷可按式（3.4.1）计算：

$$F_{ml} = k_1 \frac{\rho_w g \Delta H_{loc} L_m B_m}{4} \tag{3.4.1}$$

式中：ρ_w为水体密度；g为重力加速度；L_m和B_m分别为船厢水域总长和总宽；ΔH_{loc}为对接期间船厢水深相对于设计水深的最大变化量；k_1为四套机构之间的载荷不均匀系数。

与驱动系统载荷计算中的最大误载水深 ΔH_{hoi} 有所不同的是，对接过程中由于船厢水域与上下游水域连通，水深变化量与上下游航道的水位变化密切相关。受机组调峰、枢纽泄洪等因素的影响，升船机下游航道的水位变率较快，使对接过程中的船厢水深处于不稳定状态。为保证升船机运行安全，在对接时间段内（自闸首工作门开启至关闭），船厢水深增量不得漫过干舷高，减量不得造成厢内船舶搁浅。在“七五”国家科技攻关计划中，对三峡升船机下游引航道的水力学条件进行了水工模型试验，研究结果表明，升船机下游引航道的水位变率不超过±0.5 m/h，并以此作为三峡升船机的设计条件之一。

在三峡升船机和向家坝升船机设计中，以±0.5 m 船厢水深的水体重量为对接锁定机构的设计载荷，以±0.6 m 船厢水深的水体重量为对接锁定机构的控制载荷，即当任意一套对接锁定机构的载荷超过控制载荷时，机构将产生退让，继续增加的载荷将由安全机构承担。

为避免对接期间船厢内的水深发生较大变化，向家坝升船机还在下闸首的下游设置了辅助闸室（半船闸），由辅助闸室的挡水闸门将下游航道与升船机下闸首隔离，以保证船厢与下闸首对接期间水位的稳定。

3.4.3　摩擦撑紧式对接锁定机构

1. 设备布置和结构形式

对接锁定机构采用摩擦撑紧式的主要目的是，对接锁定机构与安全机构相互独立，可避免对接锁定机构油缸和液压管路泄漏的液压油污染安全机构的螺纹面，造成安全机构失效的事故。

四套摩擦撑紧式对接锁定机构对称布置在船厢两侧四个塔柱结构的凹槽内，凹槽的上下游端部埋设有承载轨道和导向轨道，凹槽结构沿塔柱的整个高度设置，船厢升降时锁定机构沿凹槽内的轨道运行。对接锁定机构至船厢横向中心线的距离根据对接工况下船厢挠度的控制条件、船厢设备的布置条件及塔柱结构条件合理确定。摩擦撑紧式对接锁定机构布置图见图 3.4.1。

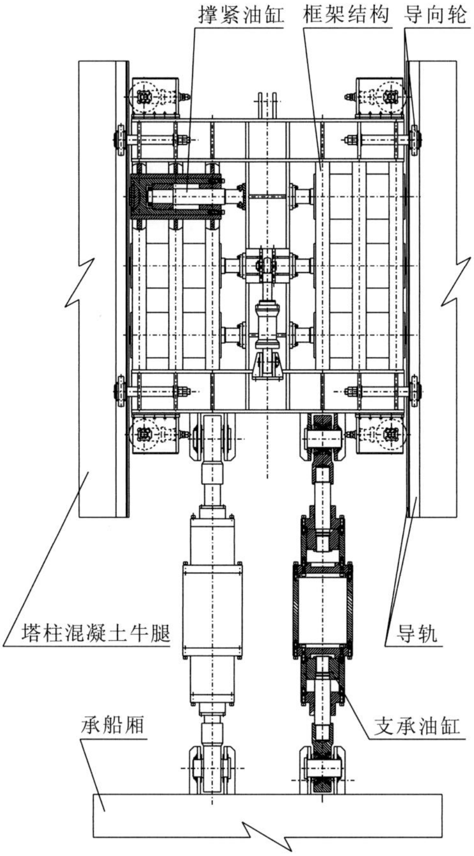

（a）正视图（垂直河道方向）

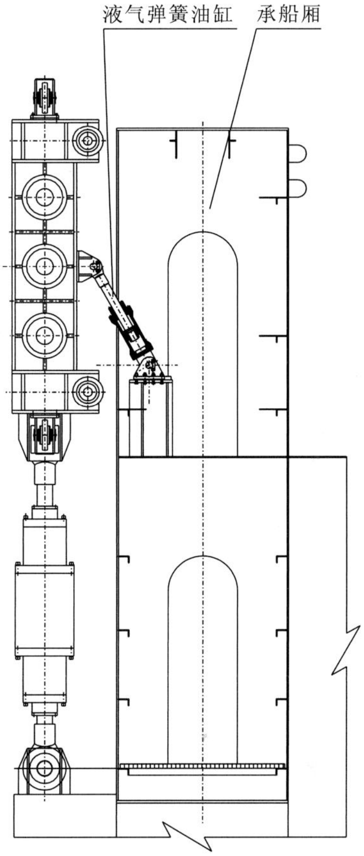

（b）侧视图（顺河道方向）

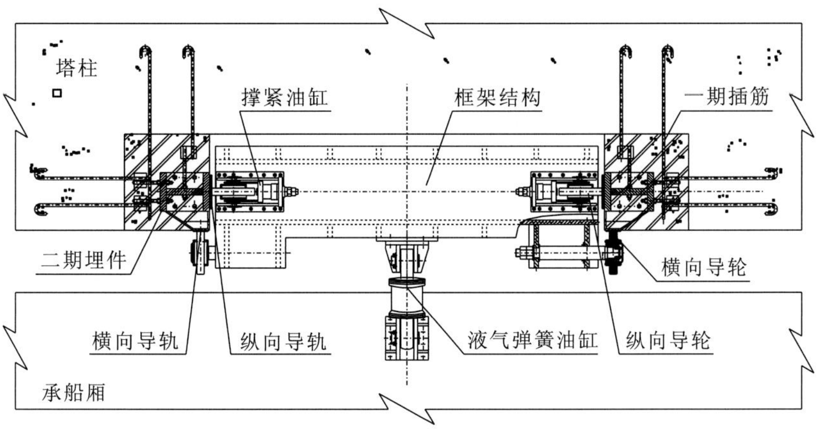

（c）平面布置图

图 3.4.1　摩擦撑紧式对接锁定机构布置图

对接锁定机构主要由撑紧油缸、支承油缸、液气弹簧、框架结构、导向装置等组成。撑紧油缸使机构获得对轨道的压紧力及竖向静摩擦力，采用活塞杆固定、缸体移动的形式。成对的撑紧油缸对称装设在框架结构内，活塞杆端部固定在框架结构中部的箱形梁上，缸体以间隙配合装设在套筒内，可在套筒内移动，套筒则与框架结构焊接成一体。缸体端部装设有球面支承的压块，压块上镶嵌具有高摩擦系数、高抗压强度的特制摩擦片。撑紧油缸的有杆腔充油、加压后，缸体推出，摩擦片压紧导轨踏面；无杆腔充油、加压后，缸体缩回到套筒内，脱离与摩擦轨道的接触。

支承油缸用于向撑紧油缸传递船厢的竖向附加载荷，两套支承油缸装置安装在框架结构下方，每套油缸装置包含两只单作用油缸，两只单作用油缸的缸体尾部由钢管连接，油缸活塞杆通过关节轴承分别与框架结构及船厢结构连接。在船厢升降期间和对接锁定过程中，上下油缸的活塞均处于上极限位置，活塞与端盖处于顶紧状态。

在框架的上下两端各装设两套纵向导轮和两套横向导轮，纵向导轮采用预紧弹簧支承，横向导轮采用刚性支承。横向导轮通过液气弹簧油缸压紧于横向导轨，液气弹簧油缸位于船厢主纵梁内，其两端分别通过关节轴承与框架结构和船厢结构连接。对接锁定机构中的油缸和液气弹簧全部由设在船厢机房内的液压泵站控制。

2. 机构动作原理

船厢升降过程中，撑紧油缸处于退回状态，两个油腔均闭锁；上位支承油缸的活塞与油缸前端盖顶死，下位支承油缸的活塞与油缸的尾部端盖顶死，上位支承油缸的无杆腔油路和下位支承油缸的有杆腔油路分别设限压阀；液气弹簧油缸的无杆腔油路与液压系统的蓄能器连接。在液气弹簧的作用下，框架上的横向导轮将始终以一定的压力压紧横向导轨，以保证撑紧油缸的摩擦片与摩擦轨道的相对位置不会因各种变位和误差而改变。弹性纵向导轮在弹簧力的作用下压紧摩擦轨道，并可适应一定的安装误差。

上下位支承油缸和液气弹簧油缸的两端均通过关节轴承连接，框架结构可以适应船厢与塔柱之间的各种变位及轨道的安装误差，保持框架在凹槽内的相对位置不变。

船厢与闸首对接时，撑紧油缸推出，并以一定的压力压紧摩擦轨道，随后在整个对接期间撑紧油缸由高压小流量泵和蓄能器联合保压。对接期间的船厢附加载荷通过摩擦副传至塔柱。

船厢完成对接后，首先通过可逆水泵系统调节船厢水深，直至水深误差小于允许值。在船厢门关闭、间隙水泄除、密封框退回后，锁定机构的支承油缸首先缓慢卸载，直至上下位油缸承载腔的油压消失，在此过程中残留的船厢附加载荷将平稳转移到驱动机构。然后退回撑紧油缸，使船厢解除对接状态。最后由液压系统重新向支承油缸的承载腔加压，直至设定压力，锁定机构可随船厢升降运行。

在对接期间，当船厢的附加载荷超出锁定机构的锁定能力时，支承油缸将通过限压阀卸载，同时船厢高度位置将发生改变，当船厢的竖向位移使安全机构螺纹副的间隙消除后，增加的附加载荷将通过安全机构传递到螺母柱，可确保升船机的安全。

3. 设备和结构设计

1）撑紧油缸

撑紧油缸为单活塞杆双作用油缸，油缸上设位置检测装置，油路上设压力检测装置。缸体端部的摩擦块可在一定范围内摆动，以适应轨道的制造、安装误差及船厢的变形。撑紧油缸构造图见图 3.4.2。

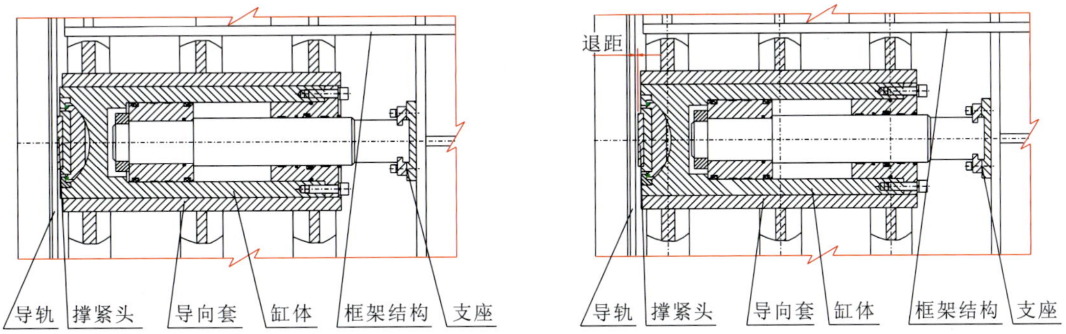

（a）撑紧状态　　（b）退出状态

图 3.4.2　撑紧油缸构造图

撑紧油缸通过缸体与导向套的间隙配合面向框架结构传递竖向载荷，水平压力载荷通过活塞杆及支座传递至框架结构。由于撑紧油缸相对框架结构中心线对称布置，同一轴线上两只撑紧油缸的水平正压力对框架结构形成平衡力系。单个撑紧油缸的水平正压力 N_{lh} 按式（3.4.2）确定：

$$N_{lh} \geqslant \frac{F_{m1}}{n_h \mu_h} \tag{3.4.2}$$

式中：n_h 为单套对接锁定机构撑紧油缸的数目；μ_h 为撑紧头摩擦片与轨道之间的最小静摩擦系数。

撑紧头摩擦片是三峡升船机"七五"国家科技攻关计划成果，为铜基粉末冶金材料，其与合金结构钢轨道之间在水湿条件下的静摩擦系数≥0.55，抗压强度≥180 MPa，抗剪强度≥40 MPa。

2）支承油缸

支承油缸为单活塞单作用油缸，油缸上设位置检测装置，油路设压力检测装置。

对接期间的船厢竖向附加载荷通过支承油缸传至框架结构。由于对接锁定机构的支承油缸装置有两套，每套油缸装置的设计载荷为对接锁定机构最大载荷的一半。

3）液气弹簧

液气弹簧用于使横向导轮始终压紧轨道运行，由一只双作用油缸和相应的液压控制系统组成。油缸无杆腔通过管路与液压系统的蓄能器连通，构成具有机械弹簧效果的液气弹簧。油缸上设行程检测装置。

4）横向导轮组与纵向导轮组

横向导轮组悬臂支承在框架结构上，主要由导轮、滚动轴承、盖板、轴端卡板及连接件组成。纵向导轮组安装在框架结构上下方，由导轮、碟形弹簧、调节螺杆及支座等构件组成，导轮通过碟形弹簧预紧，使导轮以一定的压力压紧轨道，随船厢升降。

5）框架结构

框架结构用于承受支承油缸、撑紧油缸和液气弹簧油缸的载荷，安装纵向导轮和横向导轮。框架一般采用焊接结构，主材采用低合金结构钢。

框架结构的静强度和疲劳强度采用有限元法进行计算。以下以向家坝升船机为例，讨论对接锁定机构框架结构的有限元静强度和疲劳强度的分析方法。图 3.4.3 为对接锁定机构框架结构有限元模型。采用 ADINA 有限元通用软件进行计算，利用 solid45 单元进行结构模拟。框架结构载荷主要包括结构自重、撑紧油缸竖向摩擦力与正压力、支承油缸竖向载荷、液气弹簧油缸推力。向家坝升船机每套对接锁定机构设置了三对、六只对称布置的撑紧油缸。

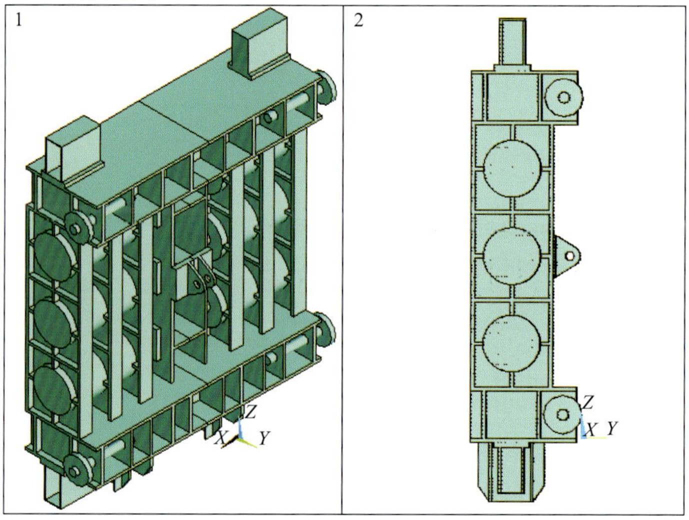

图 3.4.3　框架结构有限元模型

（1）框架结构静强度计算。静强度条件为最大等效应力不大于许用静应力，即

$$\sigma_{\mathrm{vmax}} \leqslant [\sigma_{\mathrm{v}}] = \frac{\sigma_{\mathrm{s}}}{S_{\mathrm{s}}} \tag{3.4.3}$$

式中：σ_{vmax} 为结构最大等效应力；$[\sigma_{\mathrm{v}}]$为许用应力；σ_{s} 为材料的屈服极限；S_{s} 为静强度安全系数，其值为 1.8。对于框架结构所选材料 Q345，屈服极限为 345 N/mm^2，许用应力为 192 N/mm^2。

（2）疲劳强度计算。由于对接锁定机构的工作载荷是一个随机变量，而且存在向上和向下两种情况，在两种载荷情况下，高值集中应力均发生在撑紧油缸导向套与竖向支承板的连接部位，所以应对该部位的结构焊缝的疲劳强度进行核算。由于目前尚无升船机在对接工况下船厢的水深变化或对接锁定机构载荷的统计记录资料，无法确定对接锁定机构的载荷谱，疲劳强度按偏于安全的对称交变循环载荷特性考虑，单向最大载荷按名义最大载荷取值，其疲劳强度条件为

$$\Delta\sigma_c \leqslant \Delta\sigma_{Rd} \tag{3.4.4}$$

式中：$\Delta\sigma_c$ 为框架结构应力变化的最大值，其值取为载荷向上和向下两种工况有限元静力计算结果的应力差值；$\Delta\sigma_{Rd}$ 为框架结构疲劳许用应力。由于等效应力无法反映应力的拉压性质，疲劳计算所选取的应力为各方向的拉压应力值，即式（3.4.4）中的应力差为同一部位同一方向的应力在载荷向上和向下情况下的差值。两种情况下的应力同为拉或压时，应力绝对值相减；应力一拉一压时，应力绝对值相加。

3.4.4　开合螺杆式对接锁定机构

1. 机构构造与工作原理

开合螺杆式对接锁定机构布置在安全机构上方，其底部与安全机构螺杆顶部相连，在船厢升降过程中随安全机构螺杆同步旋转，在船厢与闸首对接期间，开合式螺杆在油压作用下张开，使螺纹副间隙消失，从而将船厢沿竖直方向锁定。开合螺杆式对接锁定机构构造图见图 3.4.4[4]。

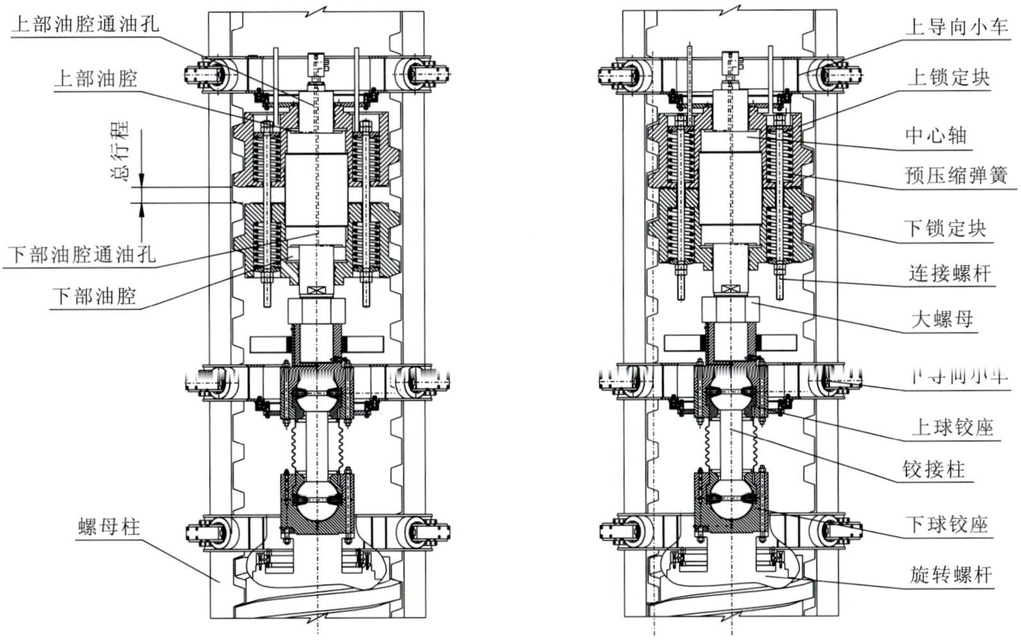

（a）锁定状态　　（b）非锁定状态

图 3.4.4　开合螺杆式对接锁定机构构造图

对接锁定装置主要由作为油缸活塞杆的中心轴、作为油缸缸体且带外螺纹的上下锁定块、连接安全机构与锁定机构的铰轴及其球铰座，以及上下导向小车等部件组成。上下锁定块之间由八根螺杆连接，螺杆两端与锁定块之间装设有预压缩弹簧，在油缸油压卸载后，张开的上下锁定块在弹簧的作用下自动闭合复位。锁定块外螺纹的螺距与安全机构相同，上下锁定块闭合后，其螺牙成为连续的螺旋线。上下锁定块分别通过滑键与中心轴连接，中心轴通过滑键带动上下锁定块转动。中心轴两端分别与上下锁定块形成两个相互隔离的油腔，通过输入压力油将上下锁定块张开，螺纹副间隙消失后将油路闭锁，封闭的油腔可承担外载荷产生的压力，从而将船厢锁定在螺母柱上。油腔泄压后，被压缩的螺旋弹簧产生伸长变形，将张开的上下锁定块重新闭合。当船厢正常升降运行时，闭合的上下锁定块在安全机构螺杆及中心轴的驱动下同步旋转，并保持与螺母柱的螺牙间隙。

船厢在对接过程中产生的竖直不平衡力，通过中心轴和上下锁定块的油腔，传递给上下锁定块，再传递给螺母柱。当竖直不平衡力超过锁定机构的设计载荷时，锁定块承载油腔油液溢流，使中心轴带动安全机构螺杆产生竖向位移，直至安全机构螺纹间隙消失，继续增加的船厢不平衡力由安全机构承担。

在船厢退出对接状态前，将通过船厢水深调节系统消除大部分锁定载荷。为避免对接锁定装置的残存载荷对驱动机构的齿轮、齿条造成冲击，对接锁定装置的上下油腔需缓慢泄压。

为确保事故工况下船厢的不平衡载荷由安全机构承担，对接锁定机构的螺纹副间隙应大于安全机构。

2. 主要零件强度计算

1）锁定块静强度和疲劳强度计算

上下锁定块是开合螺杆式对接锁定机构的重要承载构件之一，因其形状不规则，适合采用有限元法进行强度计算。上下锁定块的主要载荷包括作用于外螺纹的锁定载荷、自重载荷、油腔压力和弹簧压力。上锁定块与下锁定块承受相同的工作载荷和自重载荷，由于下锁定块的工作载荷与锁定块的自重载荷方向相同，油缸下腔的工作油压略大于油缸上腔的工作油压。在此以三峡升船机对接锁定机构为例，对下锁定块的有限元建模方法和强度条件进行分析。

下锁定块的力学模型见图 3.4.5。图 3.4.5 中，p_{wl} 为作用在下锁定块的油压力；F_{sl} 为下锁定块受到的单个弹簧作用力。

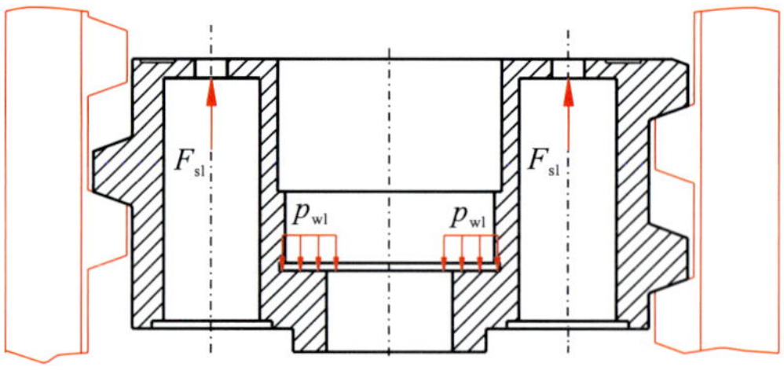

图 3.4.5　下锁定块静强度分析力学模型图

锁定块除需进行静强度计算外，还需进行疲劳强度计算。静强度计算直接将结构计算中出现的最大等效应力与许用应力比较，即

$$\sigma_{\mathrm{v\,max}} \leqslant [\sigma_{\mathrm{v}}] = \frac{\sigma_{\mathrm{s}}}{S_{\mathrm{s}}} \tag{3.4.5}$$

式中：σ_{vmax} 为结构最大等效应力；$[\sigma_v]$为许用应力；σ_s 为材料的屈服极限；S_s 为静强度安全系数，一般不小于 1.8。

现以三峡升船机对接锁定机构下锁定块为例进行说明。根据图 3.4.5 所示的力学模型图建立了下锁定块的有限元模型。有限元计算采用商用软件 ADINA，下锁定结构采用实体单元，在与螺母柱螺牙接触的下锁定块螺牙施加接触边界条件。

根据有限元计算结果，下锁定块的最大等效应力 σ_{vmax} 为 79.5 N/mm^2，锁定块材料 42CrMo4 的屈服极限 σ_s 为 480 N/mm^2，$S_s \geqslant 1.8$，为静强度安全系数，许用应力$[\sigma_v]=\sigma_s/S_s \approx 267$ N/mm^2，静强度满足要求。

锁定块的疲劳强度根据欧洲规范《钢结构设计第 1-9 部分抗疲劳设计》（BS EN 1993-1-9—2005）进行计算。由于对接锁定机构在升降运行中不承受工作载荷，锁定块仅承受弹簧力和块体自重，与对接锁定载荷相比，该部分载荷很小，可忽略不计，疲劳载荷特性的类型可视作脉动循环，锁定块的最大应力差值等于结构最大等效应力。下锁定块疲劳强度条件为

$$\Delta\sigma_{vmax} = \sigma_{vmax} \leqslant \Delta\sigma_{Rd} \tag{3.4.6}$$

式中：$\Delta\sigma_{vmax}$ 为锁定块的最大应力差值；$\Delta\sigma_{Rd}$ 为结构的疲劳许用应力。

对于锁定块，基于上述欧洲规范对应力集中程度的评估，可确定疲劳细节类别参数为 K125，因此，$\Delta\sigma_c=125$ N/mm^2。γ_{Mf} 取值为 1.35。三峡升船机总运转次数按机械设备寿命为 35 年，每年运转 335 天，每天双向运转 18 次计算，对接锁定机构载荷作用总次数为 422 100 次。

根据式（3.4.5）求得下锁定块应力集中部位疲劳许用应力为 156 N/mm^2，下锁定块的最大应力差值为 79.5 N/mm^2，小于疲劳许用应力，下锁定块疲劳强度满足要求。

2）球铰座外箱体静强度和疲劳强度计算

对接工况下船厢的不平衡力经安全机构的撑杆和旋转螺杆传至对接锁定机构，其中球铰座是一个重要的传力环节。图 3.4.6（a）为对接锁定机构球铰座的结构组成。计算分析表明，球铰座外箱体是对接锁定机构一个较为薄弱的构件，在对接锁定机构承受竖直向下载荷时，上箱体的止口部位承受较大的竖直向上的载荷，导致该处局部应力较大。图 3.4.6（a）展示出了球铰座传递竖直向下载荷时的传力关系（下座体因与外箱体载荷分析关联不大，故未示出），图 3.4.6（b）则展示出了外箱体承受的载荷。

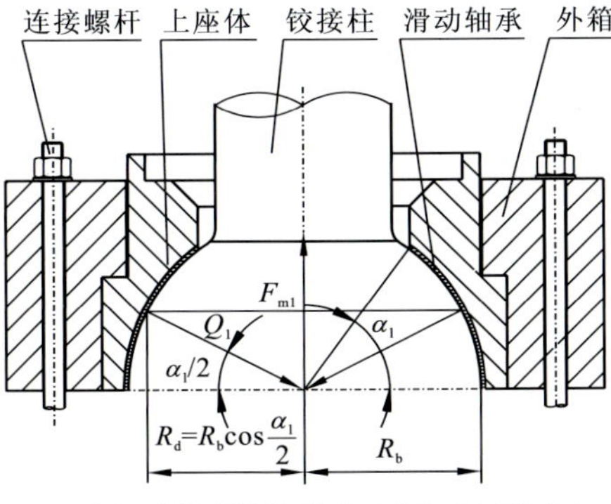

（a）球铰座结构组成（未示出下座体）

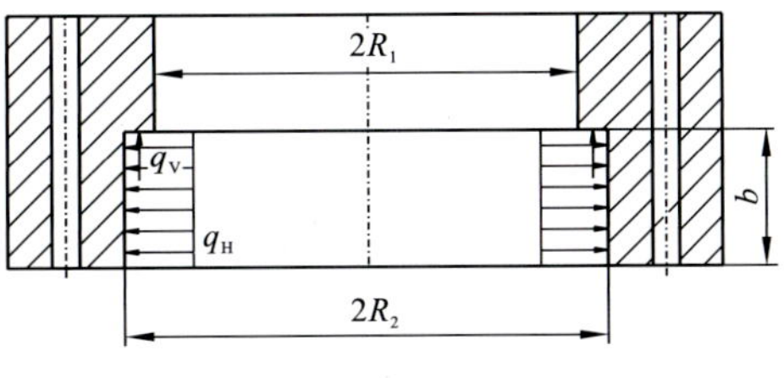

（b）外箱体载荷示意图

图 3.4.6　球铰座外箱体受力分析示意图

当对接锁定机构承受竖直向下的外载荷时，载荷经连接螺杆、外箱体、上座体、滑动轴承传递至铰接柱。对于铰接柱而言，作用于两端球头的拉力载荷构成了一组平衡力系，而球头的拉力则是球头与球面轴承接触分布线载荷 Q_1 的合力。假定滑动轴承与球头之间的分布载荷是均匀的，且滑动轴承上半部分分布区域为两个球心角为 α_1 的球面区域，则可将滑动轴承对球头的法向均布面载荷简化为与水平面夹角为 $\alpha_1/2$、沿球面上半径为 R_d 的圆周分布的线载荷 Q_1，根据力的平衡关系

$$2\pi R_d Q_1 \sin\frac{\alpha_1}{2} = F_{m1} \tag{3.4.7}$$

求得分布线载荷为

$$Q_1 = \frac{F_{m1}}{2\pi R_d \sin\frac{\alpha_1}{2}} = \frac{F_{m1}}{\pi R_b \sin\alpha_1} \tag{3.4.8}$$

由铰接柱通过滑动轴承和上座体传递至外箱体的载荷，包括作用在下部内圆柱面中部圆周线的水平向分布面载荷 q_H 和作用在止口台阶面中部圆周线的竖直向分布线载荷 q_V，分别为

$$q_H = \frac{R_d}{bR_2} Q_1 \cos\frac{\alpha_1}{2} = \frac{F_{m1}}{2\pi R_2 b \tan\frac{\alpha_1}{2}} \tag{3.4.9}$$

$$q_V = \frac{2R_d}{R_1 + R_2} Q_1 \sin\frac{\alpha_1}{2} = \frac{F_{m1}}{\pi(R_1 + R_2)} \tag{3.4.10}$$

进行外箱体有限元建模时，在外箱体上部连接螺杆部位施加竖直方向约束，则可应用商用有限元软件进行相关的应力计算。根据计算出来的等效应力进行强度判定。其静强度条件和疲劳强度条件的判别与锁定块相同。

将三峡升船机对接锁定机构球铰座的相关几何尺寸 $R_b = 200$ mm、$\alpha_1 = 53.55°$、$R_1 = 202$ mm、$R_2 = 230$ mm、$b = 130$ mm，以及对接锁定机构最大工作载荷 3 700 kN 代入式（3.4.9）和式（3.4.10），求得外箱体水平向分布面载荷为 $q_H = 39.03$ N/mm^2，竖直向分布线载荷 $q_V = 2726.3$ N/mm。

根据有限元计算结果，外箱体的最大等效应力为 146.5 N/mm^2。外箱体材料为 Q345D，考虑球铰座为实体结构，屈服极限 σ_s 为 275 N/mm^2，取静强度安全系数为 $S_s = 1.8$，许用应力$[\sigma_v] = \sigma_s/S_s \approx 153$ N/mm^2。最大计算等效应力小于许用应力，静强度满足要求。

外箱体的疲劳强度根据欧洲规范《钢结构设计第 1-9 部分抗疲劳设计》（BS EN 1993-1-9—2005）进行计算。根据外箱体的结构形状，可确定疲劳细节类别参数为 K125，则 $\Delta\sigma_c = 125$ N/mm^2，根据与锁定块相同的分析，疲劳强度许用应力为 156 N/mm^2。由于上箱体在不承受外载荷的情况下应力很小，疲劳载荷特性可视作脉动循环，其应力差值近似地等于承载工况最大等效应力 146.5 N/mm^2，小于疲劳许用应力，疲劳强度满足要求。

3）中心轴螺纹连接疲劳强度计算

作为油缸活塞杆的中心轴，其底部通过螺纹与上球铰座上座体连接。该螺纹在中心轴螺纹连接部位形成应力集中，需要对该部位的疲劳强度进行计算。

计算依然采用欧洲规范《钢结构设计第 1-9 部分抗疲劳设计》（BS EN 1993-1-9—2005）提供的方法。现以三峡升船机对接锁定机构为例，说明中心轴螺纹部位疲劳强度的计算方法。中心轴螺纹部位的应力为

$$\sigma_{ct}=\frac{4F_{ml}}{\pi d_{c1}^2} \tag{3.4.11}$$

式中：d_{c1}为中心轴螺纹小径，对于螺纹公称直径为 310 mm、螺距为 4 mm 的螺杆，螺纹小径为 305.67 mm。根据式（3.4.11）求得应力为 50.42 N/mm^2。由于该螺纹段仅承受拉力，疲劳特性为脉动循环，最大应力差 $\Delta\sigma_{ct}=\sigma_{ct}=50.42$ N/mm^2。

根据欧洲规范《钢结构设计第 1-9 部分抗疲劳设计》（BS EN 1993-1-9—2005），对于直径大于 50 mm 的螺纹，疲劳细节类别参数为 K50，钢结构材料循环次数为 10^6 时的疲劳抗力值 $\Delta\sigma_c=50$ N/mm^2。由于三峡升船机运行总次数为 422 100 次，根据式（3.4.5），求得疲劳强度许用应力为 62.2 N/mm^2，大于最大应力差 50.42 N/mm^2，说明中心轴螺纹段的疲劳强度符合要求。

3.5 船厢设备与塔柱之间相对变位分析

3.5.1 相对变位对船厢设备正常运行的影响

塔柱结构在各种载荷作用下将产生变形，装设在塔柱上的齿条、螺母柱、导轨的位置将随之发生改变，船厢结构、设备及齿条、螺母柱、导轨在制造、安装时均不可避免地会存在误差，此外，在不同水深或环境温度下，船厢结构的变形也会发生改变。以上诸多因素都会使船厢上的设备与装设在塔柱结构上的齿条、螺母柱、导轨的相对位置发生改变，即船厢设备与塔柱之间产生相对变位[4]。

该相对变位存在于三维空间的各个方向。根据船厢各设备的具体构造和运行特性，对水平纵向（顺河道方向，设为 X 向）和水平横向（垂直于河道方向，设为 Y 向）相对变位较为敏感的设备，主要是驱动机构、安全机构、对接锁定机构、纵向导向与顶紧机构、横向导向机构、间隙密封机构等，对竖向（设为 Z 向）相对变位较为敏感的设备是驱动机构、安全机构和开合螺杆式对接锁定机构。

船厢通过四套驱动机构的开式齿轮沿装设在混凝土塔柱的四根齿条升降，带动船厢上下升降运行，根据齿轮齿条的机械传动特性，要求齿轮、齿条沿程必须保持准确的啮合状态，即驱动机构需要具有适应水平（X 向和 Y 向）最大相对变位的能力；与驱动机构相邻的四套短螺杆-长螺母柱式安全机构和四套开合螺杆式对接锁定机构的旋转螺杆沿竖向装设在塔柱上的四条螺母柱内，通过传动轴与驱动机构的齿轮轴相连，驱动机构运转时螺杆在中空的螺母柱内空转，并与齿轮同步升降，根据安全机构、开合螺杆式对接锁定机构的承载和运行要求，螺杆必须始终与螺母柱保持对中状态，即机构需要适应水平（X 向和 Y 向）相对变位。此外，装设在船厢上的摩擦撑紧式对接锁定机构、横向

导向装置、纵向导向装置等设备，均沿铺设在塔柱上的导轨运行，在船厢升降和对接过程中，为保持设备应有的工作性能，均不得有脱轨现象。在对接状态下，间隙密封机构的密封橡皮不得脱离止水座板。要求上述设备对水平（X 向和 Y 向）相对变位具有足够的适应能力。

在船厢升降过程中，安全机构和开合螺杆式对接锁定机构的螺纹副上、下必须保持一定的间隙，避免两者的螺牙接触，造成运行卡阻。船厢与螺母柱之间的竖向（Z 向）相对变位将会直接造成螺纹副间隙的改变，为此，安全机构和开合螺杆式对接锁定机构需要具有适应竖向相对变位的能力。

船厢在安装位置调整为水平状态，升降过程中四个开式齿轮的同步误差和四条齿条的不均匀竖向变位将影响船厢的水平度，设计中需要对塔柱的不均匀沉降及其对升船机运行的影响进行综合计算分析。

3.5.2 产生相对变位的主要因素

船厢与塔柱之间产生相对变位的主要因素包括塔柱结构变形、船厢结构变形、外载荷作用下船厢导向装置的位移、设备制造与安装误差等。

（1）塔柱结构变形。塔柱结构变形包括塔柱结构在各种载荷、各种工况下的变形。对设备运行影响较大的是塔柱结构在水平面内的横向变形和纵向变形。

（2）船厢结构变形。船厢结构变形包括船厢结构的温度变化和变化载荷作用下的变形。

（3）外载荷作用下船厢导向装置的位移。根据船厢纵横向导向装置设计方案，在正常运行载荷作用下，横向导向装置不会产生位移，但纵向导向装置与船厢结构之间将产生相对位移。

（4）设备制造误差。对变位影响较大的主要是作为导轨的齿条、螺母柱、纵向导轨、对接锁定导轨及沿导轨运行的设备的制造误差。

（5）设备安装误差。设备安装误差主要是齿条、螺母柱、纵向导轨、对接锁定导轨及相关设备的安装误差。

（6）船厢位置安装误差。船厢在水平面内的初始安装位置与设计位置之间存在偏差，该偏差将直接造成船厢相对于塔柱的变位。

（7）地震载荷作用下导向装置的位移。在地震工况下，当横向地震载荷超过横向导向装置弹簧系统的预紧力时，由碟形弹簧组和液气弹簧构成的弹簧系统将产生变形，使船厢与塔柱之间产生横向相对变位；船厢升降过程或悬吊状态下，当纵向地震载荷超过纵向导轮碟形弹簧的预紧力时，将使弯曲钢梁或碟形弹簧组产生弹性位移，造成船厢与塔柱之间的纵向相对变位；船厢与闸首对接状态下，纵向地震载荷与纵向导向装置的工作载荷叠加，使弯曲钢梁或碟形弹簧组的弹性变形进一步加大，即船厢与塔柱之间的纵向相对变位进一步加大。

3.5.3　横向相对变位分析

船厢升降过程中的横向（垂直河道方向）位置受到横向导向装置的制约，横向导向装置具有对中运行功能（参见 2.5.5 小节内容），作用于船厢的横向载荷只能造成油缸的压力变化，而不能使船厢产生横向位移，并使船厢能在任何相对变位条件下均处于左右两侧齿条的正中位置。因此，塔柱结构的横向绝对变位对船厢设备的正常运行不再产生影响，有影响的是左右两侧塔柱结构的相对变位，以及各导轨相对于作为横向导轨的齿条的实际位置偏差。地震工况下，横向导向系统的弹性支承受地震载荷作用将产生弹性变形，该工况下驱动机构的齿轮、齿条应保持正常的啮合状态，安全机构应保持安全保护功能。

1. 塔柱结构变形

塔柱结构变形是对设备运行影响最大的因素，在完成结构布置初步设计后，即可对不同载荷组合工况下的塔柱结构变形进行分析计算。设计载荷主要包括结构自重、设备自重、风载荷、温度载荷、运行载荷、活载荷、地震载荷等。载荷的基本组合包括永久载荷组合、永久载荷＋活载荷＋风载荷、永久载荷＋活载荷＋风载荷＋0.5×温度载荷，特殊组合包括船厢事故锁定工况和地震组合工况，即永久载荷＋活载荷＋风载荷＋事故载荷和永久载荷＋活载荷＋0.2×风载荷＋地震载荷。

对机构运行有直接影响的是塔柱结构在齿条、螺母柱、对接锁定轨道、纵向轨道等部位的变形。根据塔柱结构静动力计算结果，可分别获得在各种载荷组合工况下齿条、螺母柱、对接锁定轨道、纵向轨道等不同设备的部位和不同高程左右侧塔柱结构的相对变形。为便于分析，取两侧塔柱结构的最大横向相对变形为 $\varDelta_{Y1}$。

2. 船厢结构变形与安装误差

1）温度变形

由于船厢设备（主要包括驱动机构小齿轮、安全机构螺杆、对接锁定装置、纵向导向装置等）的位置是在现场安装时按当时的气温条件调定的，气温改变后，船厢结构在横向上会产生变形，机构需对此变形予以适应。

假设升船机运行期间的温度与设备安装时温度的最大差值为 ΔT，船厢结构最大宽度为 B_s，则单边结构的最大温度变化量为 $\varDelta_{Y2}=1/2（\alpha_{ST}B_s\Delta T）$，其中 α_{ST} 为钢材的热膨胀系数。

2）误载水作用下的变形

设备安装时，船厢内的水深为设计水深，运行过程中水深发生变化后船厢结构变形将同时改变，船厢设备需适应由此改变而产生的变位。由于在误载水载荷作用下，船厢结构横向变形的变化量很小，此影响可忽略。

3）安装误差

安装误差为船厢安装时的实际横向中心线相对于理论位置的偏差，设为 $\varDelta_{Y3}$。

3. 横向导向装置安装误差

横向导向装置将在船厢安装位置进行系统调整、调试，其安装位置偏差将作为固有偏差存在于船厢升降过程中，并对其他设备的运行产生影响，将此偏差设为 $\varDelta_{Y4}$。

4. 设备制造、安装误差

1）制造误差

在升船机全行程范围内，由于齿条、螺母柱、轨道的制造误差，其上导轨面的实际位置相对于理论位置会产生偏差。不同埋件的制造误差量值是不同的，为便于分析，取其中的最大值 $\varDelta_{Y5}$。由于埋件均在工厂内分段制造，精度可控，该误差的影响较小。

2）安装误差

按照埋件的基本尺度与规模参数，制订适当的安装精度要求，取螺母柱、齿条、纵向导轨、对接锁定导轨中横向安装偏差的最大值进行分析，设为 $\varDelta_{Y6}$。

5. 地震力作用下横向导向装置的位移

横向导向系统是船厢与塔柱之间的横向连接结构，发生地震时，横向导向装置将承受船厢与塔柱之间的横向地震耦合力。横向导向系统应具有适宜的刚度，若刚度太大，两者之间虽有较小的相对位移，但地震耦合力将过大；若刚度太小，两者之间虽有较小的地震耦合力，但由于相对位移太大，安全机构有可能会丧失保护能力，驱动机构的齿轮与齿条有可能脱离。

设计中通过建立包括混凝土塔柱结构和载水船厢在内的整体数学模型，计算、分析船厢中水体的动态影响、导向装置的刚度与相对位移及地震耦合力之间的关系。重点是通过改变导向装置的弹簧刚度求得弹簧作用力和相对位移的最优化组合，使地震时安全机构和驱动机构的功能不被破坏。由于安全机构和驱动机构适应船厢与塔柱之间的相对位移是有限的，在地震设计计算中，船厢与塔柱之间的允许相对位移是最重要的边界条件之一。

根据计算、分析结果，在相同的横向导向装置弹簧刚度条件下，船厢位于上游最高位置时，横向导向装置需传递的地震力最大，相应的横向导向装置弹簧系统的位移也最大。设地震力作用下横向导向装置的位移为 $\varDelta_{Y7}$，则

$$\varDelta_{Y7} = P_{st} / k_{tg} \tag{3.5.1}$$

式中：P_{st} 为船厢与塔柱之间的横向地震耦合力；k_{tg} 为横向导向系统的弹簧刚度，该系统由机械碟形弹簧与液气弹簧串联而成。

三峡升船机的设计计算结果如下：横向导向装置的弹簧刚度为 100 MN/m，横向最大地震载荷为 4 500 kN，地震时船厢与塔柱之间的最大横向相对位移为 $\varDelta_{Y7}$=45 mm。向家坝升船机的设计计算结果如下：横向导向装置弹簧刚度为 100 MN/m，横向最大地震载荷为 4 180 kN，地震时船厢与塔柱之间的最大横向相对位移为 $\varDelta_{Y7}$=42 mm。

6. 最大横向相对变位

综合以上因素，对最不利的各因素的变位线性叠加，那么，船厢相对于塔柱结构（齿条、螺母柱、对接锁定轨道、导向轨道等部位）的最大横向变位为 $\Delta_{Y\max}=\Delta_{Y1}+\Delta_{Y2}+\cdots+\Delta_{Y7}$。

根据实际工程的分析计算结果，正常运行工况下，三峡升船机船厢设备相对于塔柱的最大横向相对变位值不大于±70 mm，向家坝升船机不大于±50 mm；地震工况下，三峡升船机船厢设备相对于塔柱的最大横向相对变位值不大于±115 mm，向家坝升船机不大于±95 mm。

3.5.4 纵向相对变位分析

1. 塔柱结构变形

塔柱结构变形计算分析见3.2.3小节，取上下游塔柱结构的最大纵向相对变形为 Δ_{X1}。根据塔柱结构静力计算结果，上下游两塔柱的最大纵向相对变形发生在塔柱中部高程。在地震载荷作用下，塔柱结构在接近顶部高程的纵向相对变形最大。静动力计算结果显示，齿条、螺母柱部位的最大纵向相对变形值接近。

2. 船厢结构变形

1）温度变形

升船机运行时的环境温度与安装时的环境温度差，将会使船厢结构沿纵向产生变形。船厢温度变化时，温度变形将以纵向导向装置所在的船厢横向中心线为原点向两端延伸。假设升船机运行期间的温度与设备安装时温度的最大差值为 Δ_{X2}，船厢外形长度为 L_C，则单边结构的最大温度变化为

$$\Delta_{X2}=\frac{1}{2}\alpha_{ST}\Delta TL_C \tag{3.5.2}$$

2）误载水作用下的变形

运行过程中，船厢水深变化后将使船厢结构的变形发生改变。假设在误载水载荷作用下，船厢结构纵向长度的变化量为 Δ_{X3}。

3. 设备制造、安装误差

1）制造误差

齿条、螺母柱、纵向导轨均在工厂内分段制造，机加工精度较高，假设由设备的制造误差造成的相对于船厢的纵向变位为 Δ_{X4}。

2）安装误差

（1）纵向导轨的安装误差。纵向导轨的安装误差将会使船厢在纵向产生位移。假设在整个高度范围内纵向导轨的安装误差为 Δ_{X5}。

（2）螺母柱、齿条、对接锁定轨道的安装误差。螺母柱、齿条、对接锁定轨道均在船厢设备安装前完成安装，驱动机构、安全机构、对接锁定装置现场安装时，均以齿条、螺母柱、对接锁定轨道的实际位置为基准，因此，船厢设备的安装偏差基本上对设备的运行没有影响，有直接影响的是螺母柱、齿条、对接锁定轨道的安装偏差。取螺母柱、齿条、对接锁定轨道中纵向安装偏差的最大值进行分析，设为 $\varDelta_{X6}$。

4. 正常对接时纵向导向系统的弹性位移

船厢与闸首对接期间，作用于船厢纵向的载荷主要有水压力、间隙密封橡皮推力、船舶碰撞力等，它们通过纵向导向装置传给塔柱。三峡升船机的纵向导向系统将弹性钢梁作为弹性缓冲，钢梁在上述运行载荷的作用下将产生弹性变形，从而使船厢产生纵向位移。若弹性弯曲梁的弹簧刚度为 k_{lb}，正常对接工况纵向总载荷为 P_{nh}，则该弹性位移为 $\varDelta_{X7}=P_{nh}/k_{lb}$。

向家坝升船机的纵向导向装置将碟形弹簧组作为弹性构件，安装时按照正常对接载荷对碟形弹簧进行预紧，因此，在正常对接载荷作用下船厢不会产生纵向位移。

5. 地震力作用下纵向导向系统的位移

发生地震时，船厢与塔柱之间的纵向地震耦合力由纵向导向系统承担，如前所述，纵向导向系统的弹簧刚度是根据地震载荷和允许的位移条件专门设计的，确保在地震工况下安全机构保持应有的能力，驱动机构的齿轮与齿条保持啮合。

根据计算、分析结果，船厢位于上游最高位置时，纵向导向装置需传递的地震力最大，相应的纵向导向装置弹簧系统的位移也最大。设船厢与塔柱之间的纵向地震耦合力为 P_{sl}，纵向导向系统的弹簧刚度为 k_{sl}，则地震力作用下纵向导向装置的位移 $\varDelta_{X8}=P_{sl}/k_{sl}$。

6. 最大纵向相对变位

综合以上因素，对最不利的各因素的变位线性叠加，那么，船厢相对于塔柱结构的最大纵向变位为 $\varDelta_{Xmax}=\varDelta_{X1}+\varDelta_{X2}+\cdots+\varDelta_{X8}$。

根据实际工程的分析、计算结果，正常运行工况下，三峡升船机船厢设备相对于塔柱的最大纵向相对变位值不大于±70 mm，向家坝升船机不大于±50 mm；地震工况下，三峡升船机船厢设备相对于塔柱的最大纵向相对变位值不大于±90 mm，向家坝升船机不大于±70 mm。

3.5.5 水平相对变位对竖向变位的影响

安全机构的旋转螺杆通过两端带有球轴承的撑杆支承在船厢主横梁上，螺杆通过导向小车保持与中空螺母柱的圆心对中，安全机构构造示意图见图 3.5.1。

图 3.5.1　安全机构构造示意图

船厢升降过程中的水平横向（Y 向）和水平纵向（X 向）相对变位将会使撑杆上端绕下端偏摆，从而使撑杆上端相对于船厢的高度发生改变。

旋转螺杆的下端通过球轴承与撑杆连接，撑杆上端的竖向位移带动螺杆产生竖向位移，从而造成安全机构螺纹副间隙的改变。水平相对变位造成的螺纹副间隙变化量 δ_c 可根据图 3.5.2 计算：

$$\delta_c = L_{sr} - H_{sr} \tag{3.5.3}$$

其中，

$$H_{sr} = L_{sr}^2 - \varDelta_{max}^2 \tag{3.5.4}$$

$$\varDelta_{max}^2 = \varDelta_{X\max}^2 + \varDelta_{Y\max}^2 \tag{3.5.5}$$

式中：L_{sr} 为撑杆长度（两端球心间距）；$\varDelta_{max}$ 为最大水平相对变位；$\varDelta_{X\max}$ 为最大水平纵向相对变位；$\varDelta_{Y\max}$ 为最大水平横向相对变位；H_{sr} 为倾斜撑杆的竖直高度。

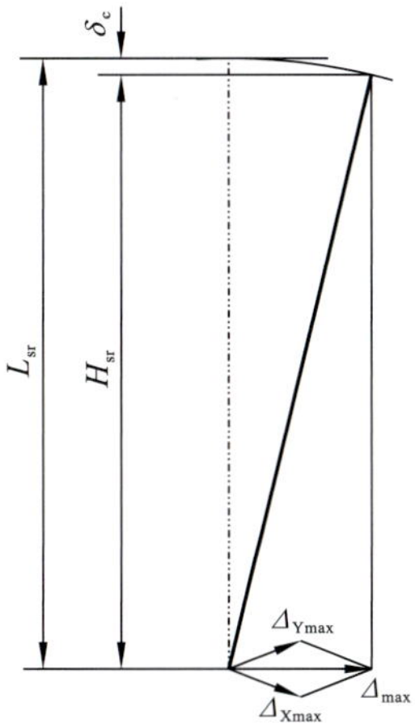

图 3.5.2　水平相对变位造成的螺纹副间隙变化示意图

3.5.6 船厢设备需具有的对变位的适应能力

安装在船厢不同位置的设备需适应的船厢与塔柱间的相对变位的方向和量值是不同的：驱动机构需要适应齿条部位的最大横向和最大纵向相对变位；安全机构需要适应螺母柱部位的最大横向、最大纵向和最大竖向相对变位；对接锁定机构需要适应轨道部位的最大横向、最大纵向相对变位；横向导向机构需要适应齿条部位的最大纵向相对变位和地震工况下的横向相对变位；纵向导向机构需要适应轨道部位的最大横向相对变位和对接并发生地震时的纵向相对变位。为简便起见，在方案设计阶段可暂规定驱动机构、安全机构、船厢横向导向装置、纵向导向装置、对接锁定装置等有关设备具有相同的对变位的适应能力，即适应横向相对变位的能力≥$\varDelta_{\mathrm{Ymax}}$，适应纵向相对变位的能力≥$\varDelta_{\mathrm{Xmax}}$。安全机构需要适应竖向变位的能力将在后面章节另外进行分析。对三峡升船机，规定设备适应横向相对变位的能力≥±150 mm，适应纵向相对变位的能力≥±120 mm；向家坝升船机规定设备适应横向相对变位的能力≥±120 mm，适应纵向相对变位的能力≥±90 mm。

3.6 螺母柱支承传力结构

3.6.1 螺母柱支承传力结构特点及主要技术难点

1. 支承传力结构简介

螺母柱是与安全机构螺杆配合的固定在塔柱结构上的设备。正常工况下，螺杆与齿轮同步升降，螺杆与螺母柱的螺牙之间保持一定的间隙。当发生驱动机构超载事故时，驱动机构液气弹簧动作，使螺牙间隙消失，船厢继续增加的不平衡力通过螺纹副传递至螺母柱结构，最终传递至塔柱。当发生对接锁定机构超载事故时，对接锁定机构支承油缸产生竖向位移，进而使船厢继续增加的不平衡力通过安全机构螺纹副传递至螺母柱结构。

螺母柱是通过支承传力结构安装在混凝土塔柱墙壁上的，由于螺母柱承受的事故载荷巨大，设备运行对其安装精度又有很高的要求，支承传力结构应具有传力可靠、便于螺母柱安装调整的特性。

三峡升船机、向家坝升船机所采用的螺母柱支承传力结构主要由螺母柱、预埋钢构件、接缝灌浆材料、预应力锚栓、高强度螺栓、U 形钢筋、一期埋件及一二期混凝土等组成。螺母柱通过高强度螺栓固定在预埋钢构件上，螺母柱底板与预埋钢构件之间采用梯形齿交错方式接缝，接缝内用灌浆材料填充。预埋钢构件埋设在二期混凝土中，并通过 U 形钢筋与埋设在塔柱一期混凝土内的钢筋相连。通过预应力钢筋束将螺母柱、预埋钢构件和塔柱一二期混凝土连成整体。螺母柱支承传力结构平面布置见图 3.6.1。

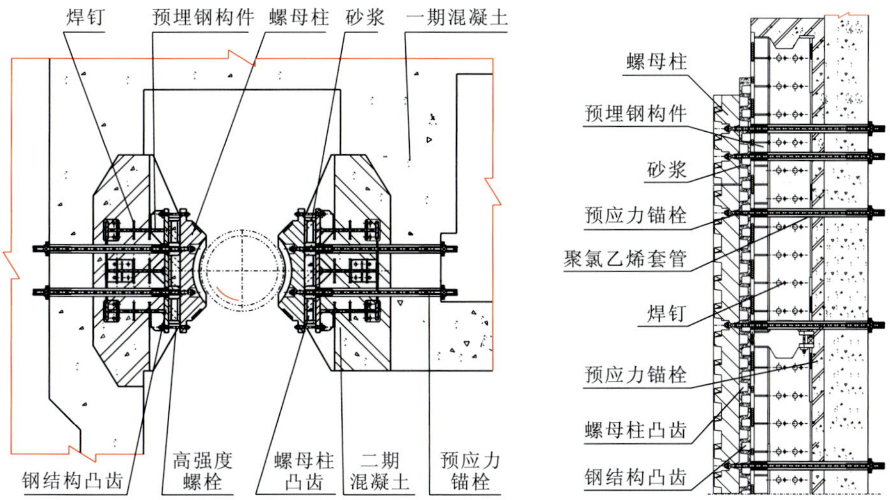

（a）俯视图　（b）立面图

图 3.6.1　螺母柱支承传力结构平面布置示意图

螺母柱底板背面和工字梁的外翼缘表面均有梯形齿，两者的梯形齿相互咬合，齿上下方均预留适量间隙，用于安装时螺母柱的调整，螺母柱定位后齿间的缝隙由灌浆材料充填，使螺母柱和预埋钢构件连成整体。螺母柱受到的垂直载荷和水平载荷通过灌浆材料传递给预埋钢构件。

2. 支承传力结构技术特点

（1）螺母柱竖向载荷采用分布式齿梯传递至预埋钢构件。在螺母柱背面和预埋钢构件正面，沿高度方向均匀布置水平梯形齿，两者呈相嵌状态，但梯形齿的齿面并不接触，而是留有间隙，待螺母柱调整定位后，该间隙由特制高强度砂浆（Pagel 砂浆）填充，由梯形齿和砂浆组合结构构成载荷传递环节。该结构形式既保证了螺母柱竖向载荷向预埋钢构件的可靠传递，又方便了螺母柱安装时的调整定位，实现了设备和埋件沿高度方向均匀竖向传力的构想。竖向载荷转移引起的附加力矩通过连接螺母柱与二期埋件的高强度螺栓及连接螺母柱与塔柱结构一期混凝土的预应力锚栓传递。

（2）预埋钢构件的竖直载荷采用分布式焊钉传递至二期混凝土。在预埋钢构件的背部均匀、密集地布置了焊钉，使预埋钢构件与二期混凝土形成联合受力结构，由螺母柱传递至预埋钢构件的载荷通过受剪焊钉均匀传递至二期混凝土。竖向载荷转移引起的附加力矩由焊钉端部的凸台及焊钉与二期混凝土之间的握裹力承担。

（3）由一二期混凝土界面的摩擦力分布式传递竖向载荷。为保证一二期混凝土界面的最大静摩擦力大于实际的界面竖直向载荷，在螺母柱传力结构系统中设置了沿高度方向分布的水平预应力锚栓。预应力锚栓的一端位于螺母柱柱体表面开设的沉孔内，另一端位于螺母柱安装部位所在的一期混凝土内墙表面。预应力锚栓通过在一二期混凝土内埋设的聚氯乙烯（polyvinyl chloride，PVC）套管实现其与混凝土结构的隔离，避免由于预应力锚栓与混凝土直接接触而产生轴向摩擦力。在预应力锚栓的任一端部施加预张力，使一二期混凝土的交界面产生较大的初始接触压力。由设备和埋件传至二期混凝土的竖向载荷通过一二期混凝土界面上的摩擦进行传递。

（4）以各传力构件界面的接触力分布式传递水平分布载荷。虽然螺母柱的外载荷方向为竖直向，但由于支承传力结构系统在向塔柱结构传递外载荷的过程中，不可避免地会在构件内部及构件界面产生附加力矩，界面之间的力矩是通过界面水平力的分布来传递的。螺母柱、砂浆、预埋钢构件、一二期混凝土通过高强度螺栓和预应力锚栓施加预应力之后，在各界面上形成了以接触和摩擦为特征的约束结构系统，从而通过界面上的接触压力和摩擦力传递水平载荷。螺母柱在水平方向通过高强度砂浆、高强度螺栓和预应力锚栓支承，可将螺母柱视为承受集中竖直载荷及集中弯矩的弹性地基弯曲梁，预应力锚栓在砂浆和一二期混凝土内部所产生的预应力，使砂浆和一二期混凝土构成整体结构，可对螺母柱形成双向水平支承。

3. 支承传力结构技术难点

螺母柱支承传力结构设计的主要难点在于：螺母柱承受的外部载荷都是以接触集中力的形式施加的，而且载荷值很大；由于螺母柱固定于混凝土塔柱上，相对于螺母柱的巨大集中载荷而言，支承螺母柱的墙体厚度仍显得单薄，传统水工金属结构埋件的单点传力方式将由于结构系统水平纵深尺度不够产生非常大的结构应力而无法实现。因此，在螺母柱支承传力系统设计中，其总体技术路线是利用螺母柱在高度方向的结构长度，实现沿高度的分布式传力。

4. 设计需解决的关键技术问题

（1）合理的砂浆灌浆工艺。Pagel 砂浆的力学性能和灌浆的工艺性能应能保证结构的连续性与传力的可靠性。

（2）预应力锚栓的预张力值及其分布。施加于预应力锚栓的预张力应能使一二期混凝土和 Pagel 砂浆内部的初始压应力有效抵消因竖直载荷而产生的混凝土与砂浆内部的拉应力，同时保证一二期混凝土界面传力的可靠性。

（3）焊钉规格与分布。焊钉在预埋钢构件上的布置及焊钉的规格应能保证预埋钢构件向二期混凝土均匀、可靠地传递竖向载荷并承受附加力矩。

针对以上问题，进行了一系列的数值计算分析和试验研究，以下分别予以介绍。

3.6.2 螺母柱支承传力结构有限元分析

1. 有限元建模方法

1）有限元模型

为便于计算并获得尽可能多的信息，一般将安全机构的旋转螺杆与螺母柱及其支承传力系统放在同一个有限元模型中进行计算，该模型除安全机构螺杆外，还包括图 3.6.1

中螺母柱支承传力系统的主要传力构件，有螺母柱、预埋钢构件、高强度螺栓、预应力锚栓、Pagel 砂浆、一二期混凝土。其中，一期混凝土墙体取有限宽度，但该宽度远大于二期混凝土的宽度，以尽量降低边界条件对螺母柱支承传力结构应力分布的影响。螺母柱和螺杆仅取结构的一半。模型坐标轴规定如下：垂直混凝土墙面水平方向为 X 轴；平行混凝土墙面水平方向为 Y 轴；竖直方向为 Z 轴。边界条件设定如下：模型顶面 X、Y、Z 方向约束，底面全约束，两个侧面只约束 Y 方向，螺杆对称面施加对称约束。螺杆与螺母柱采用接触约束条件，即螺杆与螺母柱的螺牙在节圆按线接触分布，分布圈数为 2 圈。

根据螺母柱支承传力系统的设计，螺母柱与预埋钢构件在全高程分节安装，相邻两节螺母柱之间和预埋钢构件之间用垫板连接，使竖向载荷可在节间进行传递，因为金属结构在节间不连续，所以不能传递弯矩。此外，各节螺母柱与各节预埋钢构件沿高度方向交错布置，即两节相邻预埋钢构件的节间位于该高程一节螺母柱的中部；两节相邻螺母柱的节间位于该高程一节预埋钢构件的中部［图 3.6.1（b）］。根据系统的这一结构特点，计算模型沿竖直方向取一节螺母柱、两节预埋钢构件及两节预埋钢构件高度范围内的混凝土。螺杆位于螺母柱底部的不利位置。螺杆取 1/2 对称模型，螺母柱、灌浆、预埋钢构件、一二期混凝土、钢筋、锚栓、高强螺栓均按设计图纸建模。图 3.6.2 为螺母柱支承传力系统有限元分析模型。

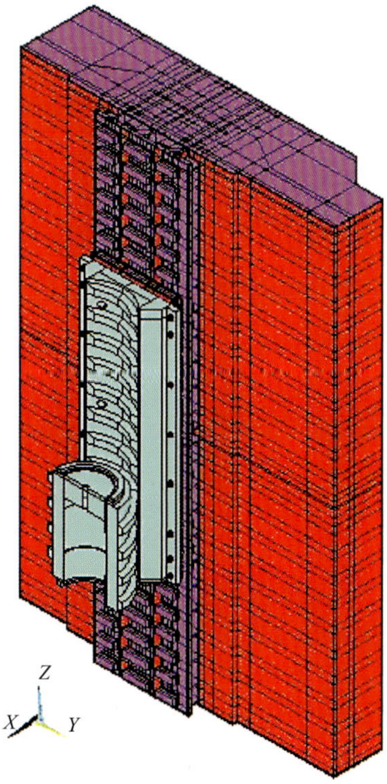

图 3.6.2　螺母柱支承传力系统有限元分析模型

2）计算工况和载荷

有限元计算模型包含了安全机构螺杆，计算工况和计算载荷与安全机构完全相同，相关内容见 3.3.1 小节。

安全机构承受的竖直向上的载荷（最大事故载荷）主要通过撑杆、顶部球轴承传至螺杆空腔顶部与隔环接触的环形区域，少量载荷通过撑杆的轴肩、推力轴承、压缩弹簧作用在螺杆顶部的弹簧腔内（图 3.3.2）。由于竖直向下的载荷远远小于竖直向上的载荷，在此仅讨论安全机构承受竖直向上载荷的情况。螺杆空腔顶部环形区域的面接触载荷可按式（3.6.1）简化计算：

$$q_{\mathrm{s}}=\frac{4F_{\mathrm{zmax}}}{\pi(d_{\mathrm{g}}^2-d_{\mathrm{s}}^2)} \tag{3.6.1}$$

式中：F_{zmax} 为安全机构最大载荷，当升船机设计需考虑船厢室进水船厢被淹没的工况时，按该工况下的安全机构载荷 F_{swd} 取值计算，如不考虑该工况，按水漏空工况安全机构载荷 F_{swe} 取值计算；d_{g} 为螺杆顶部球轴承座安装圆形浅槽的直径；d_{s} 为该圆形浅槽的中心孔直径。

对预应力锚栓施加预张力，使螺母柱支承传力系统内部和界面产生预应力，进而使螺母柱与砂浆之间、一二期混凝土界面及砂浆和混凝土实体内部产生预压力，实现机械设备与混凝土之间以接触为主要特征的连接形式，使之具备双向水平约束的功能，并保持混凝土界面传力的连续性，这是螺母柱支承传力系统的重要特点。预应力锚栓初张力的施加，应保证螺母柱支承传力系统在任何极端载荷下，同时考虑混凝土收缩、温度变化、蠕变及预应力锚栓机械效率损失等导致的预应力锚栓预张力减小的不利影响，其一二期混凝土、Pagel 砂浆和螺母柱之间的界面始终维持一定的压力，并且预应力锚栓预张力与螺母柱支承传力系统受外载荷时所产生的附加张力之和，应满足预应力锚栓自身的强度条件。由于该结构系统的复杂性，预应力锚栓的初始预张力在设计过程中需进行多次试算才能确定。

3）材料特性

支承传力系统构件主要是钢结构和混凝土结构。钢结构包括螺杆、螺母柱、预埋钢构件、预应力锚栓、高强度螺栓及混凝土内的钢筋等。所有材料均采用线弹性本构关系，其弹性模量均为 $2.1\times10^5\ \mathrm{N/mm^2}$，泊松比为 0.3。

一二期混凝土采用 C35 和 C30 两种标号。以 C35 为例，按照《混凝土结构设计规范》（GB 50010—2010），混凝土受压的应力应变关系曲线按下列规定取用：

$$\sigma_{\mathrm{c}}=f_{\mathrm{c}}\left[1-\left(1-\frac{\varepsilon_{\mathrm{c}}}{\varepsilon_0}\right)^{n_0}\right]\quad(\varepsilon_{\mathrm{c}}\leqslant\varepsilon_0) \tag{3.6.2}$$

$$\sigma_{\mathrm{c}}=f_{\mathrm{c}}\quad(\varepsilon_0<\varepsilon_{\mathrm{c}}\leqslant\varepsilon_{\mathrm{cu}}) \tag{3.6.3}$$

式中：σ_{c} 为混凝土压应力；ε_{c} 为混凝土压应变；f_{c} 为混凝土轴心抗压强度设计值，对 C35 混凝土，其值为 $16.7\ \mathrm{N/mm^2}$；ε_0 为混凝土受压的应力应变关系曲线上与 f_{c} 对应的混凝土压应变，其值为 0.002；$\varepsilon_{\mathrm{cu}}$ 为正截面的混凝土极限压应变，处于非均匀受压时取为 0.0033，处于轴心受压时取为 0.002；n_0 为指数，其值为 2.0。C35 混凝土的泊松比为 0.167。砂浆按线弹性材料考虑，其材料性能指标根据产品特性标定参数或实测参数确定。

2. 计算实例

以下以三峡升船机为例介绍螺母柱支承传力系统有限元计算的方法和结果。

1）工况和载荷计算

根据三峡升船机的设计准则，升船机的设计必须考虑水漏空、船厢室进水船厢被淹没、对接沉船、对接水满厢、平衡重井进水平衡重受浮力等事故工况。对于螺母柱支承传力系统而言，强度计算的控制工况为船厢室进水船厢被淹没工况，该工况下最大载荷为 123 000 kN，方向竖直向上。该载荷按 1.1 的不均匀系数在四套安全机构分配，则 $F_{zmax}=F_{swf}=33\,825$ kN。将三峡升船机螺杆的有关尺寸 $d_g=320$ mm、$d_s=80$ mm 代入式（3.6.1），计算出接触面载荷 q_s 为 448.6 N/mm^2。对于单侧的螺母柱支承传力系统，以上面载荷作用在接触面的半环形区域。

如上所述，在三峡升船机螺母柱支承传力系统设计中，单个预应力锚栓的初始预紧力为 900 kN。但是，混凝土收缩、温度变化、蠕变及预应力锚栓机械效率损失等将使其预张力减小。研究表明，在最不利的情况下，单个预应力锚栓在 100 年之后预张力最大可能损失 200 kN。因此，在有限元分析中，分别考虑了单个预应力锚栓预张力不损失和预张力损失 200 kN 的情况。高强度螺栓的初始预紧力根据设计取为 200 kN。

2）模型处理

采用 ANSYS 10.0 有限元计算软件对螺母柱支承传力系统进行计算分析。有限元计算模型中螺杆、螺母柱、灌浆、钢结构、高强螺栓与预应力锚索采用 8 节点实体单元 solid45；忽略螺杆螺牙的弧面曲率，螺牙和螺母柱按面接触考虑，其接触界面的单元为接触单元 contact 和 target；钢筋采用 2 节点杆单元 link8；混凝土采用专门用于模拟混凝土的 8 节点非线性实体单元 solid65；预紧单元 prets179 建立在高强螺栓与锚栓有效作用长度的中间位置。一二期混凝土作为同一实体，不分开处理。

3）材料特性

三峡升船机承重结构采用了 C30 和 C35 两种标号的混凝土，其中 84.5 m 以下高程的一二期混凝土均采用 C35，84.5 m 以上高程的一二期混凝土均采用 C30。由于所选工况为船厢室进水船厢受浮力工况，所对应的螺母柱承载区域位于 84.5 m 以下高程，所以混凝土仅考虑 C35。钢结构材料特性按线弹性考虑，弹性模量和泊松比如前所述。灌浆材料采用 Pagel 公司生产的灰浆 V1/50，该材料在灌注施工 90 天后抗压强度可达 110 N/mm^2，弯曲强度为 10 N/mm^2，该材料为线弹性材料，弹性模量为 3.93×10^4 N/mm^2，泊松比取为 0.167。

4）主要计算结果

分别对不考虑预应力锚栓预张力损失（该工况下每根预应力锚栓的预张力为 900 kN）（简称工况一）和考虑预应力锚栓预张力损失（该工况下每根预应力锚栓的预张力为 700 kN）（简称工况二）两种工况下各主要构件的等效应力进行了计算，有限元计算结果如下。

（1）二期混凝土结构在工况一和工况二的最大等效应力分别为 10.6 N/mm^2 与 9.17 N/mm^2，说明预应力锚栓的预张力损失降低了一二期混凝土结构的内应力。此外，在两种计算工况下，混凝土 Z 向的最大拉应力分别为 2.15 N/mm^2 和 2.17 N/mm^2，均低于 C35 抗拉强度标准值 2.20 N/mm^2，满足混凝土抗拉强度要求。

（2）Pagel 砂浆在工况一和工况二的最大等效应力分别为 28.52 N/mm^2 与 55.22 N/mm^2，低于 Pagel 砂浆抗压强度设计值 73.3 N/mm^2，满足 Pagel 砂浆抗压强度要求；在工况一下，Pagel 砂浆的最大拉应力为 6.73 N/mm^2，位于 Pagel 砂浆与螺母柱接触面底部，低于抗拉强度标准值 10 N/mm^2，但高于 Pagel 砂浆抗拉强度设计值 5.56 N/mm^2。由于船厢室进水船厢受浮力是发生概率极小的事件，可以认为局部的拉应力超过抗拉强度设计值不影响 Pagel 砂浆的静强度。两种工况下最大等效应力的差异说明预应力锚栓预张力的大小对 Pagel 砂浆的应力分布有较大影响。

（3）两种工况下预埋钢构件的最大等效应力分别为 111.35 N/mm^2 和 114.55 N/mm^2，出现在上翼缘与腹板之间加劲板的局部区域，均低于钢结构材料 Q235D 的屈服极限 235 N/mm^2，满足强度要求，同时也说明预应力锚栓预张力损失对预埋钢构件的应力影响不大。

（4）两种工况下螺杆的最大等效应力分别为 487.583 N/mm^2 和 487.981 N/mm^2，出现在承载螺牙根部的局部区域，均低于螺杆材料 42CrMo4 V 的屈服极限 500 N/mm^2，满足强度要求。预应力锚栓的预张力损失对旋转螺杆的应力影响不大。

（5）两种工况下螺母柱的最大等效应力分别为 472.469 N/mm^2 和 470.327 N/mm^2，出现在螺牙局部区域，均低于螺母柱材料 GS-25 CrNiMo4 的屈服极限 500 N/mm^2，满足强度要求。预应力锚栓的预张力损失对螺母柱的应力影响不大。

（6）两种工况下高强度螺栓的最大轴向应力分别为 508.809 N/mm^2 和 508.877 N/mm^2，均低于 10.9 级高强度螺栓材料的屈服极限 1 000 N/mm^2。

（7）两种工况下预应力锚栓的最大轴向应力分别为 1 051 N/mm^2 和 816.222 N/mm^2，均低于设计所选预应力锚栓产品的锚杆材料屈服极限 1 080 N/mm^2。

3.6.3 螺母柱支承传力结构物理模型试验

1. 物理模型范围与重点研究内容

针对螺母柱支承传力系统设计的关键技术问题，长江勘测规划设计研究院与长江科学院联合开展了螺母柱支承传力结构的物理模型试验研究[8]。

模型的模拟范围为，取螺母柱结构的一侧作为研究对象，高度取一节螺母柱长，并在非锁定载荷作用端延长 1 m。为了使模型边界条件不影响试验成果的真实性，对模型的模拟范围做了多方案的有限元计算（线弹性）分析和比较，确定了最终的模型范围。为了说明模型的相似性，采用三维接触非线性有限元法分别对 1∶2 的试验模型及其放大了 1 倍的结构进行了对比计算分析。计算结果表明，两者的变形与应力成果满足相似要求。最终确定仿真模型试验按 1∶2 的比例尺模拟，其试验成果真实可靠。

本项物理模型试验重点研究预埋件工字钢腹板与翼缘、焊钉、贯穿钢筋、高强度螺栓和预应力锚栓及一二期混凝土等结构的应力状态，研究螺母柱与预埋钢构件之间的相对位移，验证性检测挤压凸齿和灌浆材料的应力状态。模型模拟的载荷有施工期高强度螺栓和预应力锚栓的张拉载荷、运行期安全机构锁定载荷（包括竖向载荷和 15%的水平载荷）。其中，锁定载荷作用在一节螺母柱的端部，竖向载荷的作用方向竖直向上，水平载荷指向混凝土内部。施工期为高强度螺栓和预应力锚栓的预应力共同作用，运行期为事故工况锁定载荷与施工期预应力共同作用。根据相似判据要求，模型的预应力和锁定载荷按原型的 1/4 施加。

模型的预埋钢构件分四个部分加工，即螺母柱、预埋钢构件的两侧工字钢及中间工字钢。挤压凸齿由实心钢材制作，与其他预埋钢构件之间焊接连接，为了避免焊接变形及残余应力，焊接后采取退火处理。

螺母柱、预埋钢构件、高强度螺栓、预应力锚栓、灌浆材料、钢筋、混凝土等的材料特性与原型一致。螺母柱、预埋钢构件采用 Q245A 和 Q345A 钢材；高强度螺栓采用 10.9 级螺栓；预应力锚栓采用 12.9 级高强钢筋；混凝土预埋钢筋全部采用螺纹筋；混凝土标号为 C30；灌浆材料采用原型使用的德国 Pagel 公司的灰浆。

在螺母柱主体结构及其凸齿、预埋钢构件主体结构及其凸齿和焊钉、贯穿钢筋、一二期混凝土中共布置 450 多枚应变片，在所有高强度螺栓和预应力锚栓中共布置了 180 枚应变片，在螺母柱和预埋钢构件翼缘上布置了 5 对相对位移测点。

2. 主要试验结果

1）螺母柱与预埋钢构件的相对位移

在高强度螺栓预张力单独作用下，螺母柱与预埋钢构件 Y 向的相对位移在外侧为压缩，在内部呈张开趋势。而在预应力锚栓的预张力作用下，螺母柱与预埋钢构件 Y 向的相对位移趋势正好相反。两者的相对位移叠加后，变形仍呈压缩状态。在螺母柱载荷单独作用下，螺母柱与预埋钢构件之间在 Y 向都有张开的趋势，在高强度螺栓和预应力锚栓预张力与螺母柱外载荷共同作用下，变形呈压缩状态。Y 向与 Z 向相对位移的最大值均位于外载荷作用部位，分别为 0.015 mm 和 0.031 mm。

2）螺母柱应力

螺母柱边排凸齿外侧的绝大多数测点在 Y 向和 Z 向为压应力，最大压应力为 70.48 N/mm^2，位于外载作用部位；最大剪应力为 15.58 N/mm^2，位于螺母柱节间附近。螺母柱中排凸齿在 Y 向和 Z 向均有拉应力产生，最大拉应力为 37.28 N/mm^2，位于外载作用部位；最大剪应力为 8.81 N/mm^2，位于螺母柱分缝附近。螺母柱应力水平较低，但分布比较复杂，特别是 Z 向的拉压状态和数值大小与测点和高强度螺栓之间的距离有密切的关系。

3）预埋钢构件应力

预埋钢构件翼缘板和腹板的应力水平较低。预埋钢构件边排凸齿外侧的绝大多数测点在 Y 向和 Z 向为压应力，最大压应力为 71.06 N/mm^2，最大剪应力为 41.61 N/mm^2，均位于工字钢节间附近。预埋钢构件边排凸齿内侧的大部分测点产生拉应力，最大拉应力发生在外载作用部位，其值为 35.66 N/mm^2。预埋钢构件中排凸齿 Y 向和 Z 向均产生拉应力，最大拉应力为 5.58 N/mm^2，作用在外载作用部位；最大剪应力为 6.38 N/mm^2，出现在工字钢节间附近。焊钉的应力水平较低，最大拉应力仅为 5.46 N/mm^2，最大剪应力为 5.87 N/mm^2，均位于中排工字钢节间附近。

4）Pagel 砂浆应力

Pagel 砂浆 Y 向的最大压应力约为 5.2 N/mm^2，Z 向产生拉应力，最大值约为 2.1 N/mm^2，均出现在螺母柱分缝处。在边排与中排凸齿中剖面，灌浆材料中内埋测点的 Z 向应力均为拉应力，最大值为 0.66 N/mm^2。预应力载荷和锁定载荷基本上与应变呈线性关系，说明构件与灌浆材料之间的传力效果理想。

5）高强度螺栓和预应力锚栓的应力

物理模型中高强度螺栓和预应力锚栓的张拉载荷分别为 97.5 kN 与 225 kN，应力值分别为 552.02 N/mm^2、781.64 N/mm^2。螺母柱施加外载荷后，载荷作用部位的高强度螺栓在外载荷作用区域附近的拉应力呈减小趋势，其他部位的高强度螺栓的拉应力呈增加趋势。预应力锚栓的拉应力都呈增加趋势。高强度螺栓的拉应力小于 557 N/mm^2，预应力锚栓的拉应力小于 793 N/mm^2，均小于材料的屈服极限和抗拉强度。

3. 主要试验结论

（1）高强度螺栓与预应力锚栓的布置位置对螺母柱与预埋钢构件的预压效果有较大影响。高强度螺栓预张力对边排凸齿的预压效果明显，但对中排凸齿产生拉应力；预应力锚栓预张力的预压效果相反，但数值不大。综合效果是，对边排挤压凸齿的预压效果较好，对中排挤压凸齿的预压效果不是很明显[8]。

（2）一二期混凝土底界面均处于受压状态，侧界面处于受拉状态。这表明预应力锚栓的预张力对一二期混凝土底界面起到了预压作用。

（3）在外载荷作用区域附近，Pagel 砂浆存在拉应力，但拉应力区的范围不大，其值小于 3.0 N/mm^2。应力测量值远低于该材料的强度指标。

（4）预埋钢构件和螺母柱应力水平较低，远小于材料的屈服极限。

（5）高强度螺栓和预应力锚栓的应力值低于材料的屈服极限。

（6）在预应力、锁定载荷作用下，测点位移、应变与载荷基本呈线性变化关系，说明包括 Pagel 砂浆在内的各构件的传力性能较好。

3.6.4 齿梯间隙灌浆材料性能与工艺试验

为了实现螺母柱与预埋钢构件之间的分布式传力，在螺母柱底板背面和预埋钢构件外表面设置了交错相间的凸齿，凸齿间的锯齿形间隙空间由 Pagel 砂浆填充。Pagel 砂浆是一种以水泥、高强度材料为主要原料，辅以高流态、微膨胀、防离析的物质，配制而成的水泥基高强无收缩灌浆料。砂浆填充空间呈锯齿形，两个方向的设计间隙仅有 40～50 mm（图 3.6.3），因此要求砂浆材料在灌注过程中具有较好的流动性，能够顺畅、密实地填充整个间隙空间区域，同时需要在砂浆凝固之后保证设计规定的力学性能指标。为了检验设计所选用的 Pagel 砂浆的灌注流动性和凝固后的力学强度性能指标，并探索相关的灌浆工艺，业主委托中国水利水电科学研究院开展了“三峡升船机螺母柱接缝灌浆料检测试验研究”项目，除对 Pagel 砂浆的灌注流动性能和凝固后的力学强度指标进行对比性检测验证之外，还针对灌浆施工中有可能出现的结合面胶结不好、灌浆固结体不密实等问题，对相关的灌浆工艺参数进行了试验研究[9]。本项试验主要包括材料物理性能检测试验、材料力学性能检测试验、室内模型灌浆试验和灌浆效果质量检测试验。

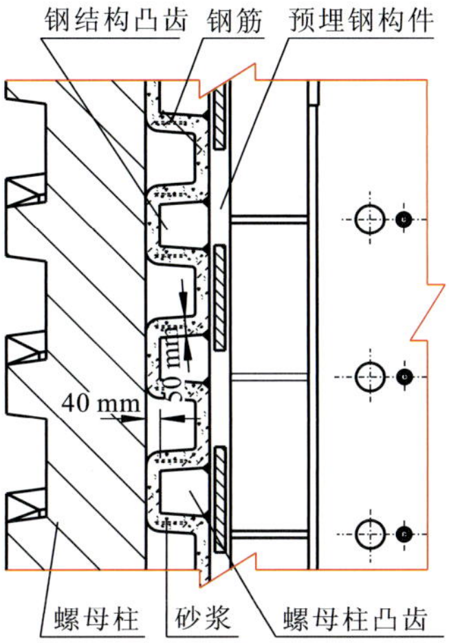

图 3.6.3　Pagel 砂浆填充间隙空间示意图

主要试验研究结论如下[9]：

（1）Pagel 砂浆的物理力学性能指标总体上与厂家提供的性能指标一致，能满足螺母柱支承传力结构接缝灌浆材料的要求。

（2）二次灌注对固结体抗压强度和抗折强度（垂直于结合面方向）有一定的影响，但降低幅度均在 10%以内。

（3）室内灌浆模拟试验结果表明，在考虑重力影响的情况下，灌浆料的灌入能力可达到 5m 以上，且灌浆固结体上下各层不存在密度变化。

（4）超声波检测法对固结体密实度的检测结果与实际灌浆效果较一致，但对固结体与钢凸轮结合面的检测，由于影响因素较多，与实际灌浆效果有一定的差别。模型灌浆试验和质量检测表明，良好的灌浆效果和质量主要靠合适的灌浆工艺与灌浆过程的严格控制来保证。

（5）模型灌浆试验表明，注入率和灌浆压力的双限控制技术可以有效保证固结体内部灌浆的密实、均匀，以及使固结体与凸轮结合面不出现脱空现象。为获得合适的注入率、压力限值等施工参数，可根据现场实际情况，在灌浆施工前进行施工性灌浆试验。

3.7 船厢防撞系统

3.7.1 防撞系统构成与设备主要形式

船舶在驶入船厢过程中，由于操控不当或船舶失去控制，将有可能擦碰水槽两侧的船厢结构或撞击迎面的船厢门，对船厢设备和船舶造成损伤。为此，在船厢设计中需要考虑加设防撞系统。防撞系统一般由船厢门防撞装置和侧向防护结构组成。

升船机常用防撞装置的形式主要有钢梁式和钢丝绳+缓冲油缸式。其中，钢梁式又分为固定钢梁式和下沉钢梁式，固定钢梁式的防撞钢梁与闸门结构做成一体，常用于中小型升船机提升式平板门的防撞；下沉钢梁式防撞装置与船厢门相互独立，可用于各种形式闸门的防护。钢丝绳+缓冲油缸式分为钢丝绳固定式和钢丝绳开启式，钢丝绳固定式用于提升/下沉式平板门，钢丝绳开启式可用于各种形式的船厢门。

侧向防护结构通常采用钢/木护舷式，为了适应实际通航船型的需要，三峡升船机和向家坝升船机采用了钢护舷与护舷架组合式。

3.7.2 船舶动能与防撞能力

1. 船舶动能

防撞装置的工作目标是，在船舶与阻拦构件的碰撞过程中，将船舶的全部动能转换成其他形式的能量，从而使船舶在有限距离内制动。两者开始接触时船舶所具有的动能为

$$E_c = \frac{m_{sh} v_{sh}^2}{2}$$

式中：E_c 为船舶动能，N·m；m_{sh} 为船舶总质量，kg；v_{sh} 为船舶进厢航速，m/s。

其中，船舶质量除船舶与所载货物的质量（等于排水量）外，还需考虑船舶的附连水质量。附连水质量的计算是一项复杂的工作，与船舶尺度、排水量、运行速度及加速度、船厢水域边界条件等因素有关，“八五”国家科技攻关计划中对此进行了专门的研究，相关内容见 3.7.3 小节。

2. 防撞能力

不同形式防撞装置的设计理念也是不同的，下沉钢梁式利用钢梁的变形吸收船舶的动能，并允许钢梁产生塑性变形，以尽量减小钢梁的结构尺寸和重量，其防撞能力只需略大于设计船型的动能；钢丝绳+缓冲油缸式利用液压油缸活塞做功将大部分船舶动能转化为热能，将少量动能转化为钢丝绳弹性伸长的弹性势能，要求碰撞过程中钢丝绳、油缸等关键零部件不得破坏，因此，其应具有足够的防撞能力，根据三峡升船机、向家

坝升船机的设计经验，安全系数可按 2.0 考虑。

3.7.3　船舶附连水质量研究

1. 附连水质量的一般理论

在防撞装置设计中，船舶动能及其变化需要考虑厢内水体的影响，一般用附加在船舶上的水体的质量来代表水体对船舶撞击过程中的作用，即水体对刚性船舶的作用力等于该质量附着在船舶上一起做减速运动时的惯性力。以下对附连水质量的定义和基本理论进行简要说明[10]。

理想流体的速度 $\boldsymbol{v}$ 可用速度势 Φ 表示：

$$\boldsymbol{v}=\nabla\Phi \tag{3.7.1}$$

根据刚性浮体在理想流体中运动的理论，做平面运动的刚性船舶由于运动速度变化受到的理想流体压力为

$$\boldsymbol{F}=\iint_{S_b(t)} p_w\boldsymbol{n}\mathrm{d}s \tag{3.7.2}$$

式中：$S_b(t)$为船舶与水的接触表面；$\boldsymbol{n}$ 为船舶与水接触表面的单位法向向量；p_w 为水体对船舶的动压力，由伯努利方程确定，即

$$p_w=-\rho_w\left(\frac{\partial\Phi}{\partial t}+\frac{1}{2}\nabla\Phi\cdot\nabla\Phi\right) \tag{3.7.3}$$

其中，ρ_w 为水体密度。将式（3.7.3）代入式（3.7.2），可得

$$\boldsymbol{F}=-\iint_{S_b(t)}\rho_w\left(\frac{\partial\Phi}{\partial t}+\frac{1}{2}\nabla\Phi\cdot\nabla\Phi\right)\boldsymbol{n}\mathrm{d}s \tag{3.7.4}$$

在船舶与水的接触表面上，速度势应满足船舶与水体法向速度相等的条件：

$$\boldsymbol{u}\cdot\boldsymbol{n}=\frac{\partial\Phi}{\partial\boldsymbol{n}} \tag{3.7.5}$$

式中：$\boldsymbol{u}=(u_1,u_2,u_3)^{\mathrm{T}}$，为 $S_b(t)$界面上的速度向量。

假设船舶周围的流体区域足够大。在距离船舶很远处取一个将船舶包含在内且与时间无关的控制面 S_c。利用三维空间的格林公式、流体力学迁移定理、船舶与水体法向速度相等的条件，以及控制面 S_c 与时间无关且该面速度为零等条件，将动压力 $\boldsymbol{F}$ 的表达式（3.7.4）转化为

$$\boldsymbol{F}=-\rho_w\frac{\mathrm{d}}{\mathrm{d}t}\iint_{S_b(t)}\Phi\boldsymbol{n}\mathrm{d}s+\rho_w\iint_{S_b(t)}\left[\frac{\partial\Phi}{\partial\boldsymbol{n}}\nabla\Phi-\frac{1}{2}(\nabla\Phi\cdot\nabla\Phi)\boldsymbol{n}\right]\mathrm{d}s \tag{3.7.6}$$

不难验证

$$\iint_{S_b(t)+S_c}\left[\frac{\partial\Phi}{\partial\boldsymbol{n}}\nabla\Phi-\frac{1}{2}(\nabla\Phi\cdot\nabla\Phi)\boldsymbol{n}\right]\mathrm{d}s=\boldsymbol{0} \tag{3.7.7}$$

因此，式（3.7.6）变为

$$\boldsymbol{F}=-\rho_{\mathrm{w}}\frac{\mathrm{d}}{\mathrm{d}t}\iint_{S_{\mathrm{b}}(t)}\Phi\boldsymbol{n}\mathrm{d}s-\rho_{\mathrm{w}}\iint_{S_{\mathrm{c}}}\left[\frac{\partial\Phi}{\partial\boldsymbol{n}}\nabla\Phi-\frac{1}{2}(\nabla\Phi\cdot\nabla\Phi)\boldsymbol{n}\right]\mathrm{d}s \tag{3.7.8}$$

现取远方控制面 S_{c} 为无限大球面，则 Φ 的远方特征为

$$\Phi=o(r^{-2})\quad(r\to\infty) \tag{3.7.9}$$

根据控制面的远方特征式（3.7.9）可知，式（3.7.8）中控制面 S_{c} 上的积分都等于零，因此，式（3.7.8）可以表示为

$$\boldsymbol{F}=-\rho_{\mathrm{w}}\frac{\mathrm{d}}{\mathrm{d}t}\iint_{S_{\mathrm{b}}(t)}\Phi\boldsymbol{n}\mathrm{d}s \tag{3.7.10}$$

对于船舶做平面运动的周边水体，其速度势可分解为

$$\Phi=\sum_{i=1}^{3}u_i\Phi_i \tag{3.7.11}$$

由于 $\boldsymbol{u}=(u_1,u_2,u_3)^{\mathrm{T}}$ 是只与时间有关的向量，Φ_i 是只与空间有关的函数，分解式(3.7.11)分离了时间和空间变量。Φ_i 就是物体以单位速度做第 i 态运动时流体的单位速度势。确定单位速度势的定解条件为

$$\nabla^2\Phi_i=0\quad（流场内） \tag{3.7.12}$$

$$\frac{\partial\Phi_i}{\partial\boldsymbol{n}}=n_i\quad[在\ S_{\mathrm{b}}(t)上] \tag{3.7.13}$$

$$\Phi=o(r'^{-2})\quad(r'\to\infty) \tag{3.7.14}$$

将式（3.7.11）代入式（3.7.10），得

$$\boldsymbol{F}=-\rho_{\mathrm{w}}\sum_{i=1}^{3}\frac{\mathrm{d}u_i(t)}{\mathrm{d}t}\iint_{S_{\mathrm{b}}(t)}\Phi_i(x_1',x_2',x_3')\boldsymbol{n}\mathrm{d}s \tag{3.7.15}$$

注意到边界条件式（3.7.13），得到在 u_i 速度方向上的水动力，为

$$F_i=-\rho_{\mathrm{w}}\frac{\mathrm{d}u_i(t)}{\mathrm{d}t}\iint_{S_{\mathrm{b}}(t)}\Phi_i(x_1',x_2',x_3')\frac{\partial\Phi_i}{\partial\boldsymbol{n}}\mathrm{d}s \tag{3.7.16}$$

令

$$m_i=\rho_{\mathrm{w}}\iint_{S_{\mathrm{b}}(t)}\Phi_i(x_1',x_2',x_3')\frac{\partial\Phi_i}{\partial\boldsymbol{n}}\mathrm{d}s \tag{3.7.17}$$

则

$$F_i=-m_i\frac{\mathrm{d}u_i(t)}{\mathrm{d}t} \tag{3.7.18}$$

从式（3.7.18）可以看出，力 $\boldsymbol{F}$ 是由船舶的速度、加速度和附连水质量确定的，m_i 为纵向水平运动船舶附连水质量。

为便于升船机防撞装置的设计，定义船舶附连水质量系数为

$$\lambda_{\mathrm{a}}=\frac{m_{\mathrm{sh}}}{m_i} \tag{3.7.19}$$

式中：m_{sh} 为船舶总质量。

2. 升船机船舶附连水质量初步研究

在“八五”国家科技攻关计划中，长江勘测规划设计研究院承担了“三峡升船机整体动态数学模型研究”课题的研究，其中“对接状态动力特性”子课题的研究由大连理工大学承担，船舶附连水质量是其中一个研究内容，取得的初步研究成果如下[11]。

防撞装置的设计工况是，船厢与闸首对接，船厢水域已与航道水域连通，船舶自航道进入船厢。该工况下的水域为半无限长狭窄浅两梯级渠道水域空间。图 3.7.1 为船舶进入船厢时由船舶、防撞装置、船厢及闸首、引航道和水域等组成的系统的几何与位置关系示意图，其中船舶简化为外形尺寸与设计船型相近的刚性长方体。

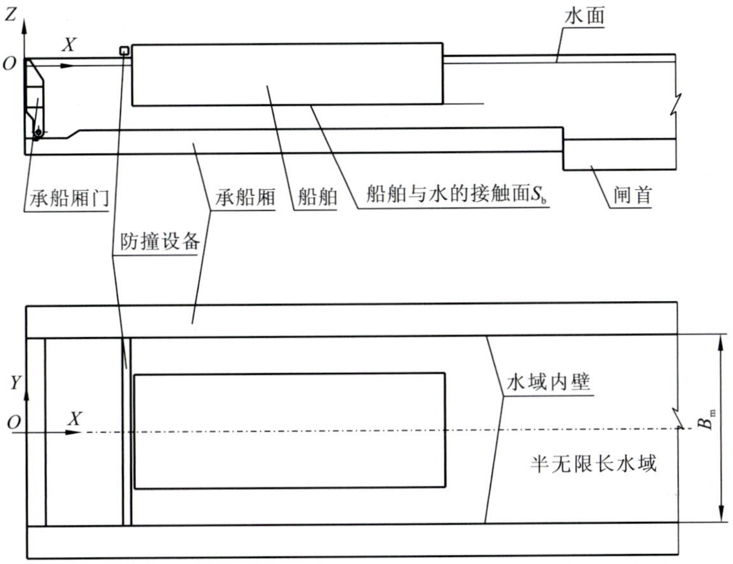

图 3.7.1 船舶、船厢和闸首引航道几何与位置关系示意图

B_m为承船厢水域总宽度

1）数学模型定解条件

反映船厢和闸首引航道水域、船舶等流固耦合关系的数学模型，可用如下定解条件表示。

（1）流场内部满足连续性条件。假定水体为理想流体，满足无旋假设，则存在速度势 Φ，满足如下连续性条件：

$$\nabla^2\Phi=0 \quad \text{（在流场内）} \tag{3.7.20}$$

（2）在忽略大气压的条件下，满足水体自由面压力为零的条件：

$$\frac{\partial\Phi}{\partial t}+\frac{1}{2}\nabla\Phi\cdot\nabla\Phi=0 \quad (Z=0) \tag{3.7.21}$$

（3）船舶与水体接触面 S_b 上的速度应满足物面不可穿透条件。其中，在正方体的两个端面，满足：

$$\frac{\partial\Phi}{\partial X}=v_{sh} \tag{3.7.22}$$

式中：v_{sh}为船舶进厢航速。

（4）在船厢、闸首、引航道等固定结构与水的接触面，其水体速度应为零：

$$\frac{\partial \Phi}{\partial X}=0 \quad (X=0，船厢门与水的接触面) \tag{3.7.23}$$

$$\frac{\partial \Phi}{\partial Y}=0 \quad (Y=\pm B_m/2) \tag{3.7.24}$$

$$\frac{\partial \Phi}{\partial Z}=0 \quad (在船厢底部和闸首、引航道底部) \tag{3.7.25}$$

（5）无穷远处速度势为零：

$$\Phi=0 \quad (X\to\infty) \tag{3.7.26}$$

鉴于升船机设计船型尺度与船厢水域尺度相对接近，可采用适合升船机船厢-水体-船舶-防撞系统特征的附连水计算近似方法，即利用有限元法求解式（3.7.20）～式（3.7.26）的定解问题，通过计算速度式进而求出船舶在变速运动过程中所受到的水动压力，然后根据定义式（3.7.18）和式（3.7.19）最终求出附连水质量与附连水质量系数。

有限元计算表明，在水深为3.5 m，船舶吃水深度为2.5 m的情况下，船舶从距离前方防撞装置1 m至0.005 m的进厢过程中，附连水质量系数从1.78增加到1.82。

2）附连水质量初步研究结论

在不同参数下附连水质量有如下规律：

（1）在船舶进厢过程中，随着船舶与前方船厢门距离的减小，船舶附连水质量增大。

（2）船舶与船厢侧壁的距离越近，附连水质量越大。

（3）船厢水深的减小或船舶吃水深度的增大，将使船舶附连水质量增大。

（4）引航道水深的减小会增大附连水质量。

（5）船舶长度越小，附连水质量越大。

3. 成果应用

在向家坝升船机船厢防撞系统设计中，船舶动能按设计船型和厢内最大允许航速计算，其中运动质量为与船舶排水量对应的质量和船舶附连水质量之和。借鉴“八五”国家科技攻关计划对三峡升船机船舶附连水质量系数的研究结果，同时考虑到计算误差及船舶和船厢尺度的差异，船舶附连水质量系数取值为2.0。对防撞装置的实船撞击试验显示，根据动能计算出的撞击力和船舶冲程与实测值很接近，且都在设计允许范围以内，证明附连水质量系数的取值是合理的。

3.7.4 几种常用的升船机防撞装置

1. 钢丝绳可开启式防撞装置

1）设备构造与运行原理

防撞装置布置在船厢门内侧、闸门启闭活动区间以外，主要由钢丝绳组件、钢丝绳锁门装置、钢丝绳导向滑轮、吊架结构、吊架启闭油缸、吊架锁定装置、缓冲油缸、制动装置、限载与导向装置等设备组成。钢丝绳可开启式防撞装置的设备布置见图 3.7.2。

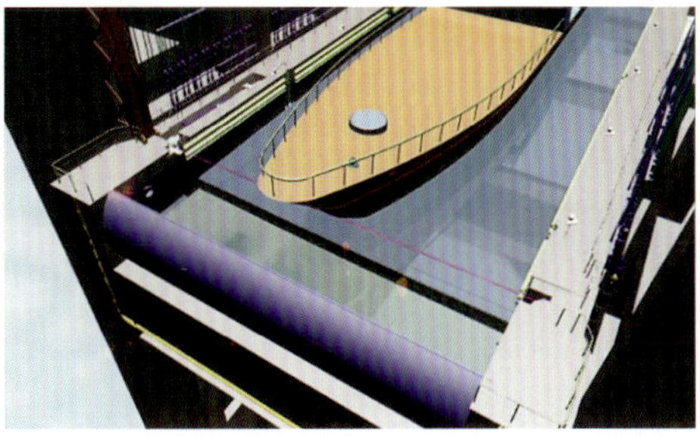
（a）设备布置三维效果图

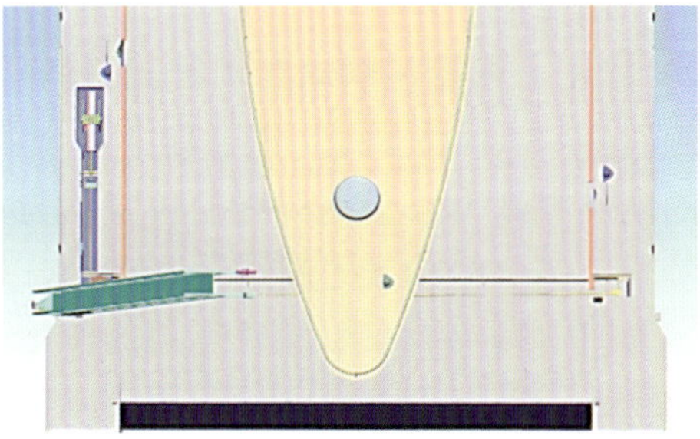
（b）平面布置示意图

图 3.7.2　钢丝绳可开启式防撞装置的设备布置

作为阻拦构件的钢丝绳，一般布置在船厢设计水面以上约 0.5 m 处，钢丝绳的两端带有结构形式不同的锥套，一端经限载与导向装置和缓冲油缸的活塞杆连接，缓冲油缸顺河道方向布置在船厢主纵梁顶部，钢丝绳通过水平安装的滑轮转向 90°，另一端的锥套可锚定在对侧主纵梁顶部的卡槽内。吊架布置在缓冲油缸的同侧，其长度横跨船厢，吊架端部设有支铰，在液压启闭机的驱动下可竖向 90° 转动，液压启闭机布置在主纵梁的外侧。吊架在开启和关闭状态均由液压锁定装置锁定。在吊架的自由端装有一套液压锁门机构，用于将钢丝绳锥套放置到卡槽内，或者将锥套从卡槽内提出。缓冲油缸中部通过万向支架支承，活塞杆端部通过预断接头与导向块及钢丝绳锥套连接，通过设定预断接头的最小断面可限制油缸载荷，对缓冲油缸起到安全保护作用。当缓冲油缸过载、预断接头破断后，钢丝绳锥套继续带动导向块沿轨道移动直至与制动块接触，制动块与轨道之间的摩擦力做功，继续转化船舶动能，以阻止船只撞击船厢门。

正常挡船时，钢丝绳横越船厢，钢丝绳的自由端卡在卡槽内，液压控制系统通过缓冲油缸将钢丝绳预紧。吊架呈开启状态，并由锁定装置锁定。当钢丝绳受到船舶撞击后，缓冲油缸的压力升高，压力达到液压控制系统溢流阀的设定压力时，溢流阀开启，开始溢流，将船只动能转化为热能。受到船只撞击后，松弛的钢丝绳将由液压控制系统重新张紧。

过船时，钢丝绳由吊架提升，让开通道（图 3.7.3）。首先由吊架端部的锁门机构夹持住钢丝绳锥套，吊架在启闭机油缸驱动下向上转动时，将带动锥套脱离卡槽。船厢升降过程中，吊架处于关闭状态（图 3.7.4）。

图 3.7.3　过船状态的防撞装置

图 3.7.4　船厢升降状态的防撞装置

防撞装置的缓冲油缸、吊架启闭油缸、吊架锁定装置、液压锁门机构等液压设备由液压系统控制，液压泵站设在船厢头底部的机舱内。

为减轻重量，一般吊杆采用桁架结构，也可在桁架上设人行走道和护栏，兼作船厢两侧的交通通道。

2）撞击力与船舶制动距离计算分析

钢丝绳+缓冲油缸式防撞装置制动船舶的过程分为三个阶段：第一个阶段，撞击力造成的钢丝绳张力小于钢丝绳的预紧张力，钢丝绳和缓冲油缸均不产生变形或位移；第二个阶段，钢丝绳的张力超过预紧张力，但还不足以使油缸有杆腔的压力达到溢流阀的开启压力时，钢丝绳在船舶碰撞力的作用下产生弹性伸长，船舶的动能转化成了钢丝绳的弹性势能；第三个阶段，若船舶仍未停止、继续前行，钢丝绳的张力将进一步加大，弹性势能也进一步增加，直到油缸有杆腔的压力升高到溢流阀的开启压力后，溢流阀溢流，油缸有杆腔的油液减少，活塞产生位移，船舶动能转化为热能。

设缓冲油缸内径为 D_{ci}，活塞杆直径为 d_{pr}，溢流阀设定压力为 p_e；钢丝绳弹性模量为 E_r，张力为 T_r，钢丝绳横断面积为 A_{rm}，最小破断拉力为 T_{rb}，总长度为 L_r，其中垂直河道向长度为 $2L_1$；船舶制动距离为 d_{sh}。上述参数除溢流阀设定压力 p_e 外，其他参数均可在设计中初步确定。为保证船厢门的安全，船舶制动距离 d_{sh} 必须小于钢丝绳至门叶内侧的尺寸，该尺寸一般在进行船厢设备布置时已基本确定。设计时该尺寸需要结合设计船型的船艏形状、船厢门形式等因素，参照已建同等规模的升船机选取。

制动过程中钢丝绳和液压油缸的受力与变形计算简图见图 3.7.5。

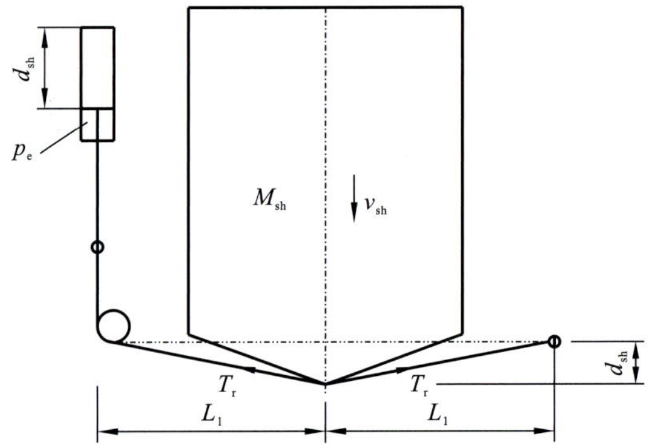

图 3.7.5　钢丝绳、液压油缸受力与变形计算简图

M_{sh}—船舶总质量与船舶附连水质量之和

在忽略钢丝绳预紧力的情况下，钢丝绳弹性伸长量为

$$\Delta L_r = \frac{T_r L_r}{E_r A_{rm}} \tag{3.7.27}$$

船舶制动距离为

$$d_{sh} = \sqrt{\left(L_1 + \frac{1}{2}d_{cp} + \frac{1}{2}\Delta L_r\right)^2 - L_1^2} \tag{3.7.28}$$

式中：d_{cp} 为油缸活塞的位移。

船舶动能与油缸做功及钢丝绳弹性势能之间的关系为

$$\frac{1}{2}M_{sh}v_{sh}^2 = T_r d_{cp} + \frac{E_r A_{rm} \Delta L_r^2}{2L_r} \tag{3.7.29}$$

通过式（3.7.27）～式（3.7.29），可以求出钢丝绳张力（即油缸拉力），根据油缸拉力与油压的关系，可求得缓冲油缸溢流阀的设定压力为

$$p_e = \frac{4T_r}{\pi(D_{ci}^2 - d_{pr}^2)} \tag{3.7.30}$$

在该压力及其他已确定的参数条件下，船舶的制动距离 d_{sh} 将不会超过允许范围。设计时还需要根据钢丝绳张力，对钢丝绳强度进行复核，按照《升船机设计规范》（GB 51177—2016）的规定，钢丝绳安全系数不宜小于4.0。

也可以初步确定溢流阀的开启压力 p_e，通过式（3.7.27）～式（3.7.30）求出油缸活塞的位移 d_{cp}，再复核船舶的制动距离。

以上计算分析假设船艏与水面成90°的直角，实际上船艏与水面之间的倾角均小于90°，船艏与钢丝绳接触后，钢丝绳将产生三维空间运动，并且两者之间还会产生相对滑动，从而加大了船舶的制动距离，因此，计算时需要根据船艏的实际倾角，对钢丝绳张力、制动距离进行复核。

3）与通航船型船艏的适配问题

防撞装置是按照升船机的设计船型进行设计的，因此，在已经设计好船型船艏条件下，防撞装置与船型之间没有不相适应的问题。德国升船机的通航船型基本上都是欧洲标准的驳船，也不存在这个问题。中国升船机的防撞装置尽管也是按照设计船型设计，但除三峡升船机外，其他已建成的升船机由于无船可过，建成后基本上处于停运状态，无法真实反映防撞装置与通航船型的适配情况。由于三峡升船机建成后，当初的设计船型已经退出了航运市场，过坝船型趋于大型化、多样化，在满足升船机尺度条件的船型中，有少量的船艏形状与设计船型之间存在较大差异，尤其是具有球鼻艏和小倾角船艏的船舶，其船艏形状与防撞装置之间存在不匹配问题。主要是球鼻艏与钢丝绳接触区域的倾角大于90°，在接触点钢丝绳承受向上的分力，而位于卡槽内的钢丝绳端受到向上的推力后将会脱槽；小倾角船艏的制动距离会增加，当倾角小于45°时，船艏上部结构将有可能撞到船厢门。为保证升船机和通航船舶的运行安全，这部分船型原则上是不允许通过升船机的，因此，运行时需要对每艘申请过机船舶的型线图按照设计条件进行复核。

2. 钢丝绳固定式防撞装置

钢丝绳固定式防撞装置通常用在提升式平板门或下沉式平板门场合，安装在闸门顶部，随闸门升降。其主要由钢丝绳组件、导向滑轮、支臂、缓冲油缸、钢丝绳调节装置等组成。钢丝绳位于闸门内侧，高度与门顶基本齐平，两端绕过导向滑轮后通过调节装置与缓冲油缸活塞杆连接。两套缓冲油缸垂直于河道方向固定安装在闸门顶部，有杆腔内设有压缩弹簧，用于使活塞移动后复位，缸体上设储油箱与阀块，不另设液压控制系统。支臂通过竖向铰轴与闸门连接，用于支承钢丝绳并将撞击载荷传递给闸门结构。防撞装置布置与构造见图3.7.6。

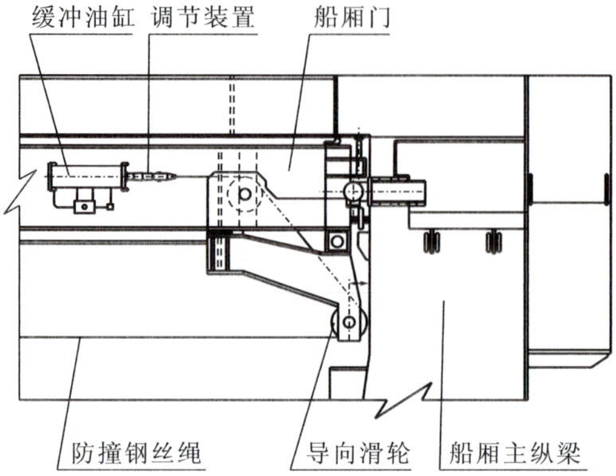

图 3.7.6　钢丝绳固定式防撞装置的布置与构造

初始运行时，缓冲油缸活塞杆全部缩回，调定设在油缸有杆腔油路上的溢流阀压力，通过调节装置将钢丝绳预紧。钢丝绳受到船舶顶压后，首先产生弹性变形，当钢丝绳张力使油缸有杆腔油压达到溢流阀设定压力时，溢流阀开启溢流，油缸活塞杆产生位移，最终将船舶制动停止。船舶撤离后，钢丝绳在油缸复位弹簧的作用下自动重新张紧。

该方案的优点是设备布置紧凑，无须专门的液压控制系统。其缺点是适用范围小，闸门结构需要承受撞击载荷。此外，油缸产生泄漏后，将不能按照预期建立压力，使制动距离加大，严重时失速的船舶有可能会接触到闸门结构，建议按照防撞部分失效、船舶撞击闸门的事故工况，对闸门结构强度、变形进行复核，闸门结构复核结果不应出现塑性变形。

3. 升降钢梁式防撞装置

1）设备布置、组成与运行原理

该形式的防撞装置以钢结构梁为挡船构件，利用钢梁的弹性变形、塑性变形吸收船舶动能。钢梁被撞受损后需进行报废处理，重新更换备用的新梁。

该形式的防撞装置由一根钢梁、两套液压启闭机、两套钢丝绳与导向滑轮组等设备组成。钢梁采用单腹板、工字形结构，以腹板水平、翼板竖直状态横跨船厢，内侧翼板外缘装设橡胶或木制垫块，用于碰撞时的防护与缓冲，梁的两端置于竖向导槽内，正反向支承采用滑块并兼作导向，梁的两端由钢丝绳悬吊，通过液压启闭机油缸驱动，可在导槽内升降运行。滑轮组包括一组定滑轮和一组动滑轮，定滑轮组安装在导槽顶部，动滑轮组与油缸活塞杆吊头连接，油缸竖向布置。钢丝绳经滑轮组换向后，另一端固定在主纵梁上翼板上。两液压启闭机油缸由液压系统操作控制。升降钢梁式防撞装置的设备布置与构造见图 3.7.7。

挡船或船厢升降状态，钢梁由油缸提升至工作位置，油缸有杆腔油路闭锁；过船状态，钢梁下降至停放位置，钢梁顶面与船厢底铺板齐平，让开过船通道。

当钢梁受到船舶的迎面撞击后，产生弹性变形，船舶动能转化为钢梁的弹性势能。若要求钢梁在弹性变形范围内吸收全部的船舶动能，钢梁需要具有足够的抗弯模量，即断面尺寸要足够大，从而造成钢梁结构尺寸大、重量大、启闭设备规模大，以及传递至船厢结构的撞击力大的后果。为减小撞击力和钢梁结构尺寸，可以考虑利用钢梁的塑性变形吸收部分动能。钢梁受撞产生塑性变形后不得继续使用，应进行报废处理，更换备用的新梁。因此，设计时应制订合理可行的新旧梁拆装与吊运预案。

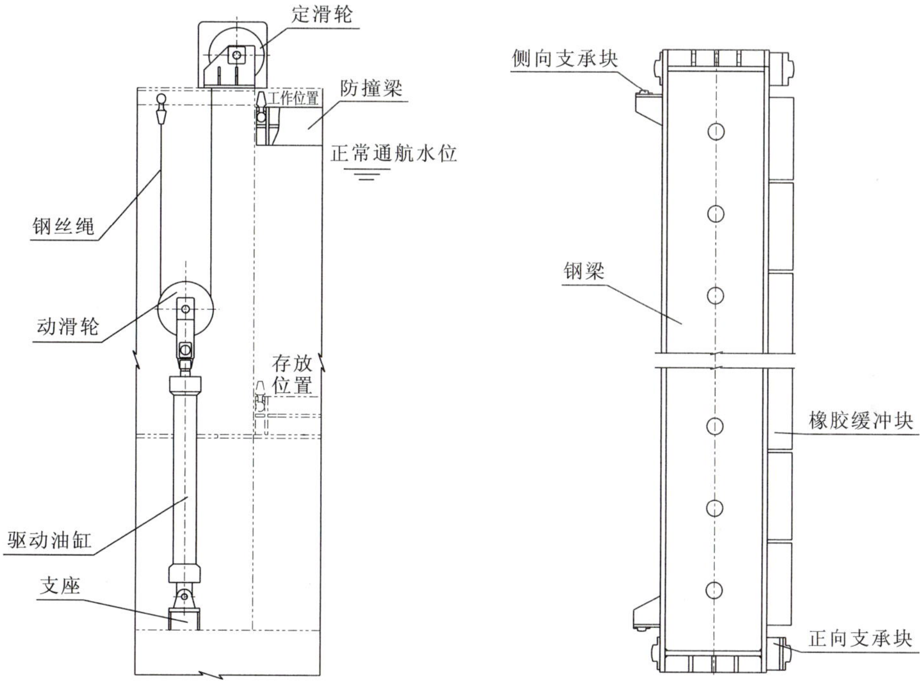

图 3.7.7　升降钢梁式防撞装置的设备布置与构造

对于具有一定倾角的船艏，船舶会对钢梁产生下压力，设计时需要针对具体船型的船艏形状，对钢梁悬吊钢丝绳、液压启闭机等有关零部件进行强度复核。

2）钢梁塑性变形吸能计算分析

钢防撞梁设计的关键：一是应保证钢梁能吸收失速船舶的全部动能，且具有足够的裕量，以保证在发生船舶失速事故情况下升船机设备的安全，为此，要求钢梁的截面不能太弱；二是应保证船厢受到的撞击力在其强度允许范围内，为此，要求梁的截面不能太强。在《通航设施防撞梁的塑性吸能原理与应用》中，作者首次提出了钢梁的塑性吸能原理，并利用梁的刚塑性理论对钢梁的塑性吸能原理进行了初步的探讨。在《高坝洲升船机防撞梁设计》中，作者对防撞梁采用幂函数弹塑性本构关系，将失速船舶撞击防撞梁的过程假设为一准静态过程，利用能量原理，推导了控制防撞梁碰撞终了时刻最大应变的梁截面设计公式，并结合高坝洲升船机防撞梁进行了设计计算，进一步证明了利用钢梁的弹塑性应变吸能在理论和实践上都是可行的。

假定钢梁材料的本构关系满足幂函数弹塑性本构关系：$\sigma = A\varepsilon^n$（σ 为应力，ε 为应变，A、n 为表征材料性质的常数），钢梁受力计算简图见图 3.7.8，钢梁截面尺寸见图 3.7.9。

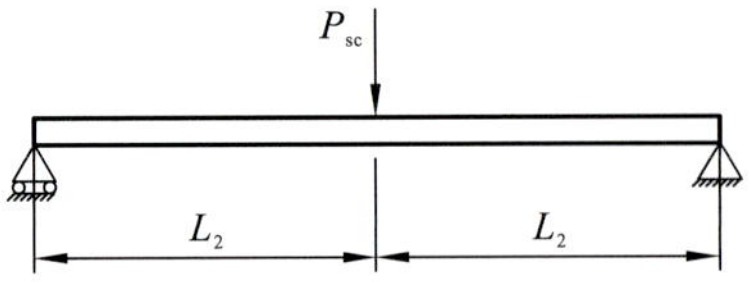

图 3.7.8　钢梁受力计算简图

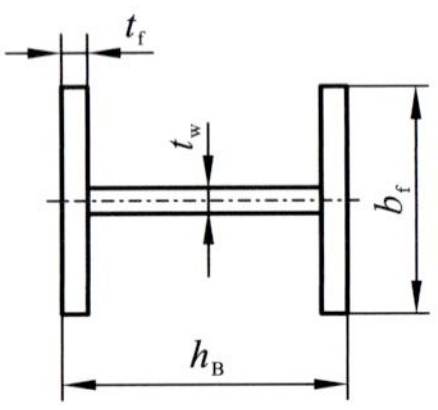

图 3.7.9　钢梁截面尺寸

钢梁在船舶撞击力 P_{sc} 作用下的跨中挠度为

$$W_{max}=\left(\frac{P_{sc}}{2D}\right)^{\frac{1}{n}}\frac{L_2^{\frac{1}{n}}}{\frac{1}{n}+2} \tag{3.7.31}$$

钢梁的变形能为

$$E_b=\frac{2^{n+2}L_2D\varepsilon_{0m}^{n+1}}{(n+1)\left(\frac{1}{n}+2\right)h_B^{n+1}} \tag{3.7.32}$$

最大应变为

$$\varepsilon_{0m}=\left[\frac{M_{sh}v_{sh}^2(2n+1)(n+1)h_B^{n+1}}{2^{n+3}nL_2D}\right]^{\frac{1}{n+1}} \tag{3.7.33}$$

钢梁受到的最大撞击力为

$$P_{sc\max}=\frac{2D}{L_2}\left(\frac{2\varepsilon_{0m}}{h_B}\right)^n \tag{3.7.34}$$

式（3.7.31）～式（3.7.34）中，

$$D=\frac{2At_w\left(\frac{h_B}{2}-t_f\right)^{n+2}}{n+2}+\frac{2Ab_f}{n+2}\left[\left(\frac{h_B}{2}\right)^{n+2}-\left(\frac{h_B}{2}-t_f\right)^{n+2}\right] \tag{3.7.35}$$

式中：L_2 为钢梁 1/2 跨度；h_B、t_f、t_w、b_f 为钢梁横截面尺寸参数。

按照上述研究成果完成了高坝洲升船机防撞钢梁设计。高坝洲升船机过船吨位为 300 t，船舶速度为 0.5 m/s，附连水系数取 1.3；梁断面尺寸为 $h_B=500$ mm，$b_f=300$ mm，$t_f=25$ mm，$t_w=25$ mm。梁支承跨度为 $2L_2=11\,000$ mm，材料为 Q345。计算结果为，梁受到的最大撞击力 $P_{sc\max}=900$ kN，梁跨中最大挠度为 $w_{max}=62$ mm。

3.7.5　船厢侧向防护技术

为了防止船舶进出船厢过程中直接擦碰船厢结构，一般是在水槽两侧水位线的上下布置多道护舷，大中型升船机均采用钢质护舷，小型升船机有的采用木质护舷。船厢护舷布置见图 3.7.10。这种护舷对甲板高度较低的船舶尚可以起到防护作用，对甲板高度较高船舶的防护作用则有限（图 3.7.11），对于有外伸甲板的船舶基本上没有防护作用，船舶在船厢内偏斜行驶时，会使船舶甲板擦碰船厢两侧走道板上的设施。

图 3.7.10　船厢护舷布置

图 3.7.11　护舷对高甲板客轮的防护效果

中国内河通航船舶不像欧洲已经标准化，船舶的排水量、外形、甲板高度等多种多样，给船厢侧向防护和系缆带来很大困难。在三峡升船机工程实践中便遇到了这个棘手的难题，在升船机试运行期间发生了船舶甲板与船厢走道板上的设施互相擦碰的现象。为统筹解决船厢侧向防护与系缆问题，针对三峡升船机的实际运行条件，专门研发了护舷架与系缆桩相结合的侧向防护技术。

护舷架具有一定的高度和适当的长度，间断布置在船厢走道板的邻水侧，与设在主纵梁内腹板上的护舷共同承担侧向防护任务。在两组护舷架之间布置系缆桩，以满足低甲板船舶的系缆需要。

护舷架是整体焊接结构，由立柱、联系梁、钢护舷及系缆桩等构件组成。三根立柱通过三根水平横梁连接，立柱底部与作为走道板的船厢主纵梁上翼板焊接。两端立柱的顶部分别设一套系缆桩，用于满足高甲板船舶的系缆需要；横梁邻水侧设钢护舷，用于满足高甲板船舶的侧向防护需要。系缆桩与护舷架布置见图 3.7.12。

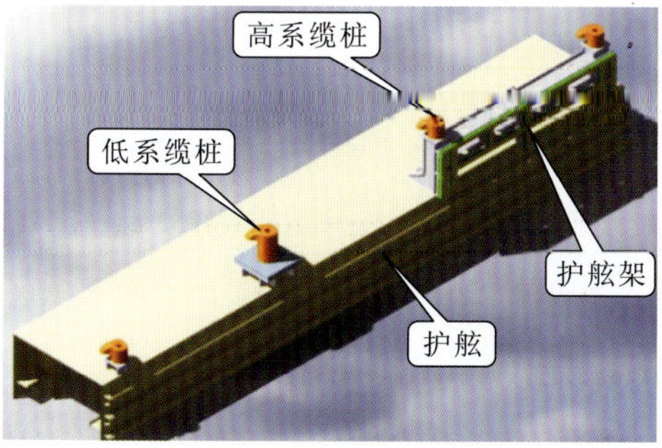

（a）三维效果图

（b）结构实型

图 3.7.12　高低系缆桩与护舷架布置

选用带檐的码头用标准系缆桩，高系缆桩采用焊接结构，低系缆桩采用铸造结构。低系缆桩通过螺栓安装在底座上，底座与船厢结构之间通过焊接进行连接，高系缆桩直接焊接在护舷架立柱的顶部。护舷架需要参照《码头附属设施技术规范》（JTS 169—2017）的相关规定，或者遵照通航管理部门提供的设计条件进行强度、变形复核。

3.8 闸首大型工作闸门关键技术

3.8.1 适应上游大水位变幅的上闸首工作闸门关键技术

1. 上闸首工作闸门概述

全平衡升船机上下闸首工作闸门的主要作用：一是承挡上下游水流，使船厢室形成船厢升降运行所需的无水空间；二是与船厢对接，使船厢水域与上下游水域连通，形成船只进出船厢的航行条件。上闸首工作闸门是升船机上闸首的关键设备，它需要在上游通航水位变化范围内与船厢可靠对接，保证船只安全进出船厢，同时它还是升船机段大坝前沿的挡水闸门，对运行可靠性有更高的要求。

国外升船机大多位于人工运河上，其上下游通航水位变幅很小，闸首布置相对简单。中国已建和在建的大中型升船机，则都位于水电工程上，其上游通航水位受电站发电和水库防洪的影响，一般具有很大的水位变幅，使升船机上闸首的结构形式和设备选型布置比较复杂。因此，为了能使升船机上闸首工作闸门适应上游大水位变幅，它的门型选择和布置，以及运行条件与操作程序，是设计中需要研究、解决的重要技术问题。三峡升船机设计中首次提出了卧倒小门过船、平板门对接、叠梁门调位的组合式门型，作为适应上游大水位变幅的上闸首工作闸门。

2.布置形式研究

三峡升船机上游最高通航水位为 175.0 m，最低通航水位为 145.0 m，水位变幅达 30 m；上闸首工作闸门最大挡水水头达 34 m；航槽通航净宽为 18 m，通航净空为 18 m。根据升船机的总体运行条件，上闸首工作闸门作为大坝的挡水前沿，若发生止水失效或结构崩溃，将会造成上游水直泄船厢室，危害船舶乘客和船厢设备安全的重大事故，因此工作闸门上游应设置事故门；同时考虑到工作闸门的检修需要，事故门还应兼顾检修门的功能，门型采用多节叠梁门加平板门的组合形式，即在升船机正常运行时门槽下部由多节叠梁门挡水，上部由一扇可快速下门的平板门作为事故门。

在三峡升船机的前期设计中，对上闸首工作闸门的布置形式进行了多方案的研究比较，包括同门槽叠梁加提升式平板门方案、双门槽下沉门方案、船厢挡水方案、整扇下沉式工作闸门方案等[12]。

1）同门槽叠梁加提升式平板门方案

同门槽叠梁加提升式平板门方案的工作闸门形式与布置见图 3.8.1。工作平板门采用带过船卧倒小门的提升式平板门形式，卧倒小门的高度可以适应一节工作叠梁高度的水位变化，当通航水位变幅超过一节工作叠梁高度时，通过增加或减少一节工作叠梁的方式实现。为达到工作闸门在无水条件下调整门位的目的，在工作闸门的上游布置了一道兼有事故检修门功能的辅助门，辅助门由同一门槽内的多节叠梁和一扇可快速下门的平板门组成，辅助门除可作为工作闸门的事故检修门外，当工作闸门需要调节叠梁时，由辅助门承挡上游水，协助工作闸门完成叠梁调整工作。工作闸门和辅助门的操作分别由一台布置在闸顶上方的双吊点桥式启闭机承担。

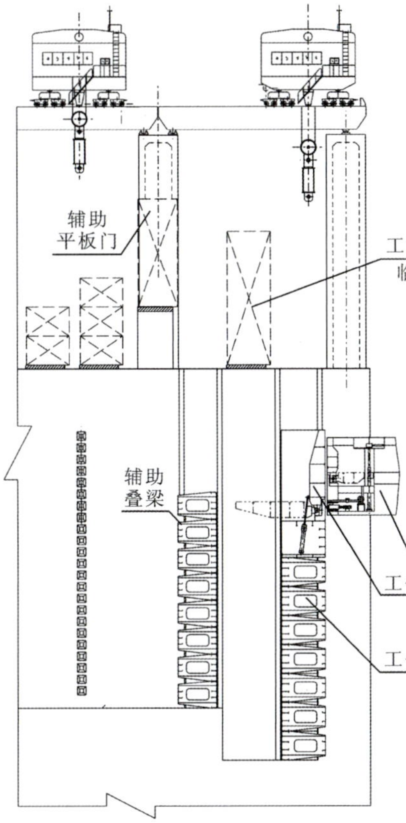

图 3.8.1　同门槽叠梁加提升式平板门方案的工作闸门形式与布置示意图

当上游水位在卧倒小门可适应的范围内变化时，船厢可与上闸首工作闸门的平板门对接，升船机正常运行。而当上游水位变化大于一节工作叠梁高度时，船厢与平板门的对接位置已超出了正常对接运行范围，同时导致工作闸门的超高不足或卧倒小门坎上水深不足，需要增加或减少一节叠梁调整平板门的门位，使工作闸门恢复到可与船厢正常对接的位置。其具体过程如下：首先放下辅助平板门（辅助叠梁门已在水下，其数量根据上游水位情况适时调整），阻断上游水流；其次利用设置在两道闸门之间的泄水系统泄除两门间的部分水体（当需要增加叠梁时，两道闸门之间的水位应降至工作闸门底缘以下；当需要减少叠梁时，两道闸门之间的水位应降至最上方一节叠梁的底缘以下），使工作平板门和待减除的叠梁处于无水状态；再次通过工作闸门启闭机将工作平板门提出门槽，再将需增加的一节叠梁放入门槽，或将需要减少的一节叠梁提出门槽；最后将工作平板门重新放入门槽。辅助门的平压则采用辅助门节间充水的方式，待两道闸门之间的水位与上游水位齐平后，提出辅助平板门，并在辅助门槽内增加或减少一节辅助叠梁，使辅助叠梁以上的水深满足通航要求。

该方案的最大优点是工作闸门的运行安全可靠。工作闸门和辅助门处于各自的门槽内，上层平板门与叠梁门间、各节叠梁间及它们与门槽间的止水均采用常规闸门止水，可以保证闸门长期安全工作。另外，船厢密封框止水只与工作平板门对接，相对位置稳定，止水面小，易于加工制造。该方案的主要缺点是调节叠梁时操作过程相对繁杂，所需时间较长。

2）双门槽下沉门方案

采用双门槽下沉门方案的上闸首工作闸门形式与布置见图 3.8.2。上闸首布置有三道门槽，上游侧为辅助门，与同门槽叠梁加提升式平板门方案相同，下游侧为工作闸门，工作闸门由多节叠梁和一节带卧倒小门的下沉式平板门组成，但叠梁与平板门分别位于单独的门槽内。辅助门和工作闸门各由一台桥式启闭机操作。

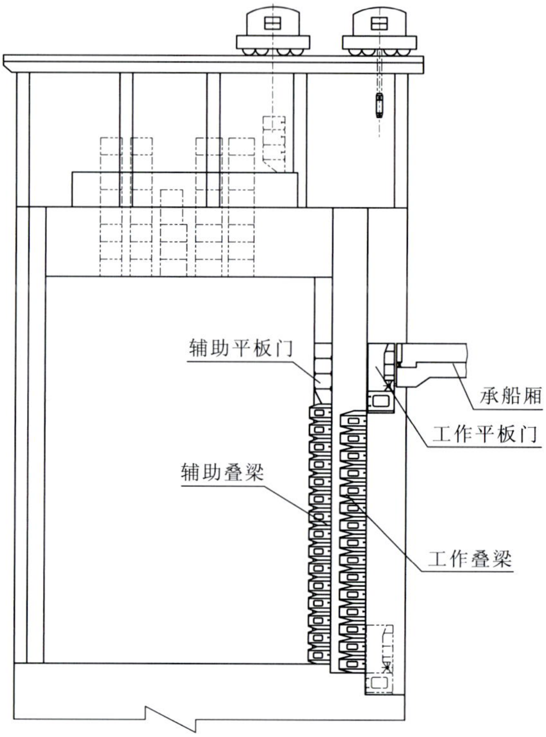

图 3.8.2　双门槽下沉门方案的上闸首工作闸门形式与布置示意图

工作平板门上的卧倒小门能适应一节叠梁高度的水位变化，升船机正常运行时船厢与工作平板门对接。当水位变化到一定程度，需要加或减工作叠梁时，仍需辅助门的配合完成。具体操作过程如下：先放下辅助平板门，截断上游水流，通过两门间的泄水系统，将两门间的水体泄至一定高度，使工作平板门和待减除的工作叠梁处于无水状态。这时不必将工作平板门提出门槽，在叠梁门槽内直接增加或减少一节叠梁，然后将工作平板门升降至与顶部叠梁的对接位置并锁定即可。最后在两门间充水，使辅助平板门在无压状态下提出，即达到通航工况。

此方案的优点是更换工作叠梁时只需将工作闸门锁定，而不需要将其吊出和吊回门槽，减少了操作环节，节省了操作时间。通航时船厢只与工作平板门对接，密封框止水相对稳定。

其缺点是工作平板门与叠梁及闸墙之间同时存在止水要求，三者间的止水技术复杂，止水效果难以保证。另外，工作平板门需要多级锁定，增加了技术难度和操作环节。

3）船厢挡水方案

闸首工作闸门仍是由同槽的多节叠梁和一节平板门组成，与同门槽叠梁加提升式平板门方案的主要区别是，事故检修门不参与工作闸门的调整，提升式平板门上不带卧倒小门。通航时，船厢上的密封框侧面止水与闸墙上的埋件对接，底部止水与叠梁止水面板对接。工作闸门与船厢头之间充水平压后，将工作平板门提出门槽，船厢门开启后即可使上游水域与船厢水域连通。当水位变化超过一节叠梁高度，需要调节叠梁时，将船厢与顶部第一节或第二节叠梁对接，间隙充水平压后，提出工作平板门，然后在门槽内增加或减少一节叠梁。最后卸除间隙水，移开船厢，使工作平板门回到挡水状态。

该方案闸首设备相对简化，在调节叠梁时操作简便、省时。但它的致命弱点仍然是止水不可靠。叠梁与闸首间，厢头与闸首、叠梁间止水交错，要处理好止水技术难度很大，并且所有叠梁的下游面均为止水面，精加工面大，制造难度大。

4）整扇下沉式工作闸门方案

该方案的上闸首设备布置见图 3.8.3。上闸首事故检修门仍采用叠梁加提升式平板门形式，由单向桥机操作。工作闸门采用整扇带有卧倒小门的下沉式平板门，下沉式平板门由固定式启闭机操作。卧倒小门能适应一定的水位变化，当上游水位变化超过卧倒小门的适应范围时，由启闭机操作工作闸门，使之在带压条件下提升或下降，将工作闸门调整到卧倒小门可以正常工作的位置，工作闸门锁定后即可在变化了的水位条件下通航。

该方案的主要优点是工作闸门的调节在带压条件下进行，操作过程相对简便，并且可基本不占用通航时间。其主要缺点是适应上游水位变幅的能力相对有限，否则将导致闸门尺寸、重量及其启闭机容量过大，会加大闸门和启闭机的制造、安装难度。此外，闸门止水在带压条件下运行容易磨损，影响闸门止水的可靠性；闸门需要设置机械式有级锁定，否则将影响升船机运行的安全。另外，闸门的检修问题没有理想的解决方案，若提出门槽在闸顶检修，则需要抬高启闭机布置高程，影响上闸首设备布置的合理性；若在门槽内检修，则由于空间有限，闸门检修困难。

中国已建的水口、岩滩、思林、沙沱、向家坝等升船机，由于上游水位变幅均不超过 20 m，整扇下沉式工作闸门的门体结构规模也不大，上闸首工作闸门都采用了整扇下沉式工作闸门方案。

5）方案比选

上述四种上闸首工作闸门形式与布置方案各有优缺点。经比较，同门槽叠梁加提升式平板门方案在闸门止水可靠性与设备运行安全性方面具有突出的优点，适用于具有大通航水位变幅的升船机；整扇下沉式工作闸门方案的闸门调节比较简便，适用于上游水位变幅较小的升船机。其他两种方案因存在目前难以克服的技术缺陷，不建议采用。

三峡升船机上闸首工作闸门最终选用了同门槽叠梁加提升式平板门方案的布置形式，上闸首工作闸门及其他设备布置见图 3.8.4。

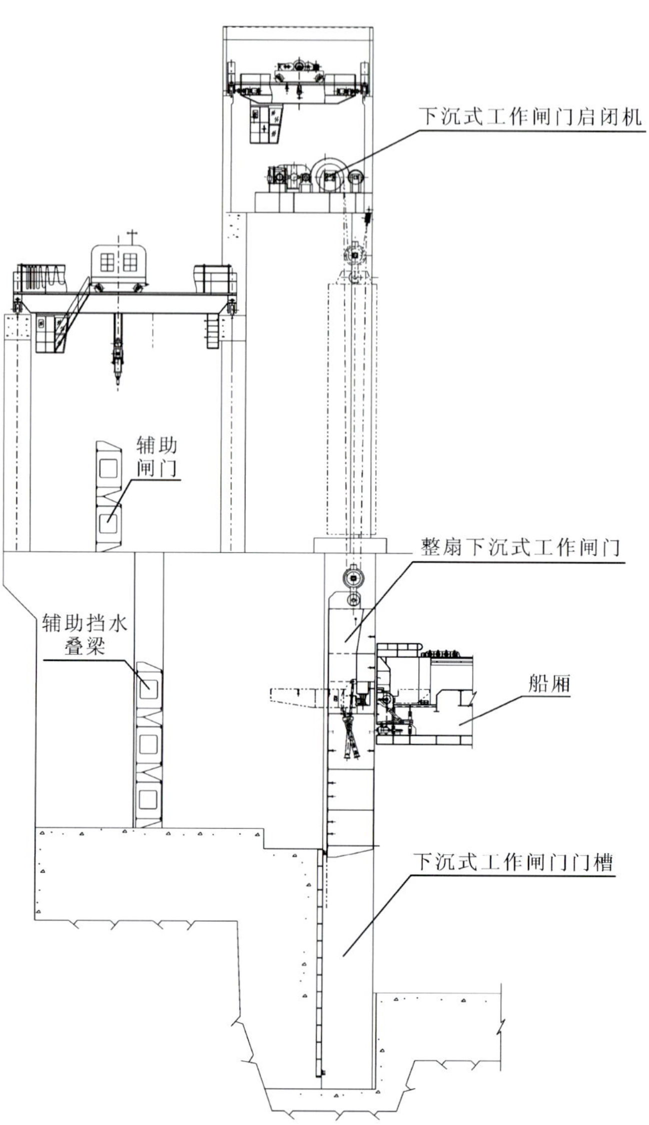

图 3.8.3　采用整扇下沉式工作闸门方案的上闸首设备布置示意图

3. 运行条件与操作程序

以三峡升船机上闸首闸门为例，阐述运行条件要求，并描述调整门位的操作流程。

1）门位

三峡升船机上闸首工作闸门采用同门槽叠梁加提升式平板门的布置形式，工作叠梁共 7 节，工作平板门 1 扇；辅助挡水门采用同槽叠梁加提升式平板门的布置形式，位于工作闸门的上游，辅助门兼作事故检修门，辅助叠梁共 8 节，辅助平板门 1 扇。

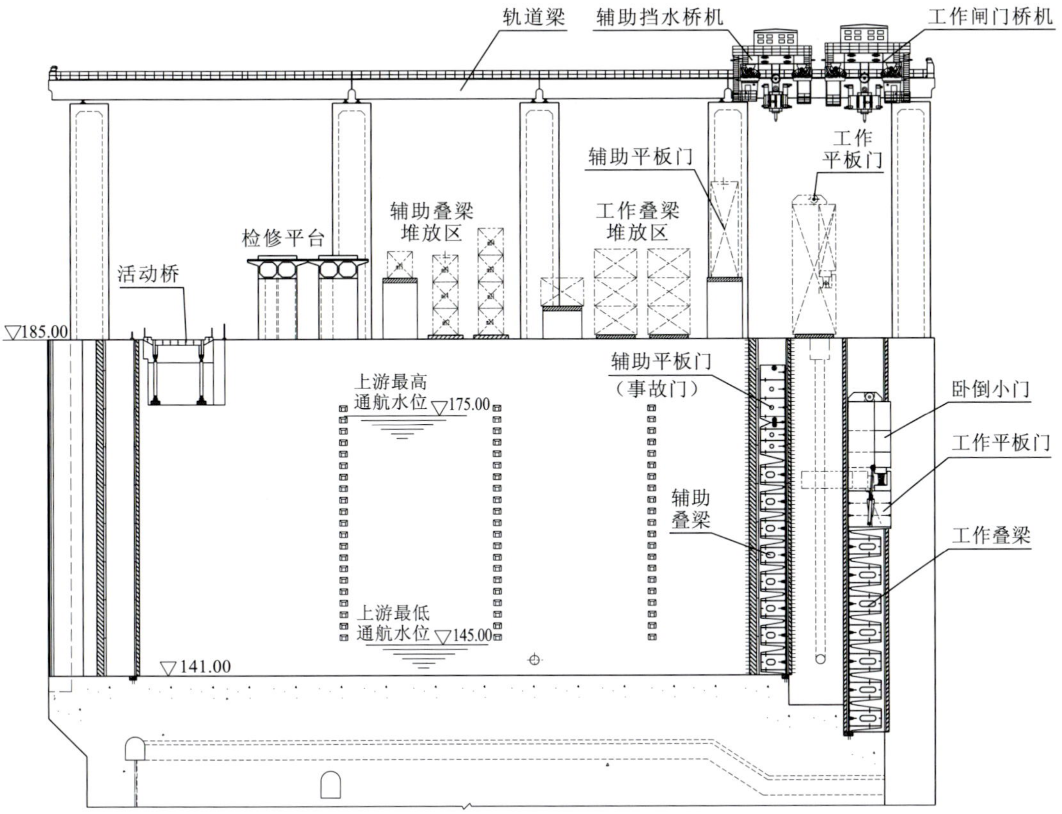

图 3.8.4　三峡升船机上闸首工作闸门及其他设备布置示意图

随着上游航道水位自高而低变化，上闸首闸门门位包括 8 个通航门位（门位一至门位八）和 1 个防汛门位（门位九）。门位一：工作闸门为工作平板门+7 节工作叠梁，辅助门为 7 节辅助叠梁。以此类推，随着水位的降低，工作叠梁和辅助叠梁节数递减。门位八：工作闸门为工作平板门，辅助门为空槽（无辅助叠梁）。门位九为防汛门位，工作平板门、工作叠梁及辅助平板门、辅助叠梁全部入槽。不同门位的示意图见图 3.8.5。

2）上游航道水位与门位的对应关系

（1）各门位所对应的设计通航水位是指，在设计条件下，升船机正常通航时该门位所适应的上游航道水位的变化范围。当上游航道水位达到或超过设计通航水位的上限水位或下限水位时，原则上需调整门位。

（2）各门位所对应的极限通航水位是指，满足船厢对接条件的各门位的极限通航水位范围。当上游航道水位达到或超过极限通航水位的上极限水位或下极限水位时，上闸首需停止通航，及时调整门位。当上游航道水位超过各门位的极限通航水位时，不允许进行船厢与上闸首的对接操作。

（3）各门位所对应的最高挡水位是指，该门位能承挡的上游最高水位。当上游航道水位达到或超过各门位的最高挡水位时，需及时调整门位至上一个门位。

上游航道水位与上闸首闸门门位的对应关系见表 3.8.1。

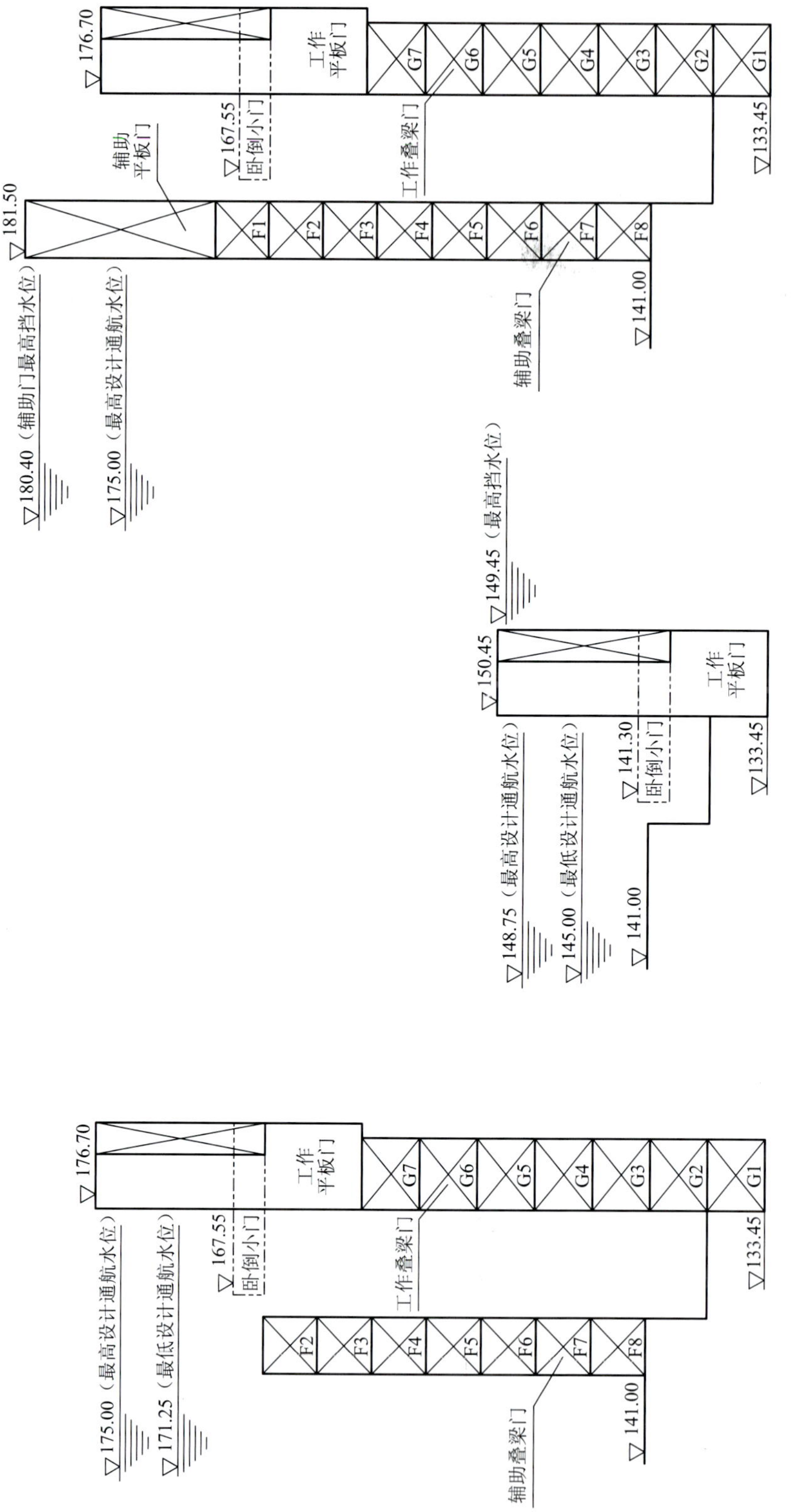

（a）门位一　（b）门位八　（c）门位九

图 3.8.5　三峡升船机上闸首门位示意图

Fi（i=1, 2, …, 8）—辅助叠梁门的代号，Gi（i=1, 2, …, 7）—工作叠梁门的代号

表 3.8.1　上游航道水位与上闸首闸门门位的对应关系表

闸门门位			设计通航水位/m	极限通航水位/m	最高挡水位/m
门位编号	工作平板门状态	辅助门状态			
门位一	工作平板门+7 节工作叠	7 节辅助叠梁	171.25～175.00	171.25-0.15～175.00+0.1	175.00+0.70
门位二	工作平板门+6 节工作叠	6 节辅助叠梁	167.50～171.25	167.50-0.15～171.25+0.1	171.25+0.70
门位三	工作平板门+5 节工作叠	5 节辅助叠梁	163.75～167.50	163.75-0.15～167.50+0.1	167.50+0.70
门位四	工作平板门+4 节工作叠	4 节辅助叠梁	160.00～163.75	160.00-0.15～163.75+0.1	163.75+0.70
门位五	工作平板门+3 节工作叠	3 节辅助叠梁	156.25～160.00	156.25-0.15～160.00+0.1	160.00+0.70
门位六	工作平板门+2 节工作叠	2 节辅助叠梁	152.50～156.25	152.50-0.15～156.25+0.1	156.25+0.70
门位七	工作平板门+1 节工作叠	1 节辅助叠梁	148.75～152.50	148.75-0.15～152.50+0.1	152.50+0.70
门位八	工作平板门	无辅助叠梁	145.00～148.75	145.00-0.15～148.75+0.1	148.75+0.70
门位九	工作平板门+7 节工作叠梁	辅助平板门+8 节辅助叠梁	不通航	不通航	工作闸门为 175.0+0.70，辅助门为 180.40

3）门位调整要求

（1）在升船机通航期间，当上游航道水位达到或超过设计通航水位的上限水位即最高设计通航水位，但尚未达到极限通航水位的上极限水位时，需根据水情预报情况确定是否需要调整门位：①当水情预报显示未来 24 h 内库水位将持续上涨时，升船机暂时停航，将上闸首门位调整为与当前门位相邻的高水位门位（如当前门位为门位二，则需调整为门位一）；②当水情预报显示未来 24 h 内库水位不再上涨时，升船机可继续在当前门位下通航，无须调整门位；③若以上水位变化发生在船厢与上闸首对接的过船状态，可继续完成本次运行，然后根据水情预报情况确定是否需要调整门位。

（2）在升船机通航期间，当上游航道水位达到或超过极限通航水位的上极限水位时，升船机暂时停航，将上闸首门位调整为与当前门位相邻的高水位门位。若上述水位变化发生在船舶进出船厢期间，船舶驶入或驶出船厢后，需即时解除船厢与上闸首的对接，将当前门位调整为相邻的高水位门位。

（3）在升船机通航期间，当上游航道水位达到或低于设计通航水位的下限水位即最低设计通航水位，但高于极限通航水位的下极限水位时，需根据水情预报情况确定是否需要调整门位：①当水情预报显示未来 24 h 内库水位将持续下降时，升船机暂时停航，将上闸首门位调整为与当前门位相邻的低水位门位（如当前门位为门位二，则需调整为门位三）；②当水情预报显示未来 24 h 内库水位不再下降时，升船机可继续在当前门位下通航，无须调整门位；③若船厢处于与上闸首对接的过船状态，可继续完成本次运行，然后根据水情预报情况确定是否需要调整门位。

（4）在升船机通航期间，当上游航道水位达到或低于极限通航水位的下极限水位时，升船机暂时停航，将上闸首门位调整为与当前门位相邻的低水位门位。若上述水位变化发生在船舶进出船厢期间，船舶驶入或驶出船厢后，需即时解除船厢与上闸首的对接，将当前门位调整为相邻的低水位门位。

（5）在上闸首工作闸门挡水条件下，当上游水位达到或超过最高挡水位时，无论升船机是否处于通航状态，均需停航，尽快将当前门位调整为相邻的高水位门位。当上述水位变化发生在门位一时，需将门位调整为门位九（防汛门位）。

4）调整门位的操作程序

（1）增加一节叠梁的操作程序。由低水位门位调整为相邻高水位门位，操作程序如下：①辅助门桥机将对应编号的一节辅助叠梁置于当前最上一节辅助叠梁顶部；②辅助门桥机吊运辅助平板门，使之入槽挡水，然后辅助门桥机向上游避让出工作闸门桥机的运行空间；③泄水系统工作阀门开启，泄水至最上一节工作叠梁的顶缘露出水面，关闭阀门；④工作闸门桥机将工作平板门提出门槽，放置在上游存放平台上；⑤工作闸门桥机将对应编号的一节工作叠梁吊运至工作闸门槽，置于最上一节工作叠梁顶部；⑥工作闸门桥机将工作平板门放回工作闸门槽内，然后向下游避让出辅助门桥机运行空间；⑦辅助门桥机小开度提升辅助平板门，进行节间充水，至辅助门上下游水位齐平；⑧辅助门桥机将辅助平板门提出门槽，置于原存放位。

（2）减少一节叠梁的操作程序。由高水位门位调整为相邻低水位门位，操作程序如下：①辅助门桥机将最顶部一节辅助叠梁门提出门槽，放置到闸顶存放位；②辅助门桥机吊运辅助平板门入槽，挡住上游水，然后辅助门桥机向上避让出工作闸门桥机运行空间；③泄水系统工作阀门开启，泄水至最顶部一节工作叠梁的底缘露出水面，关闭阀门；④工作闸门桥机将工作平板门提出门槽，放置在存放平台上；⑤工作闸门桥机将最上一节工作叠梁提出门槽，并置于叠梁存放位；⑥工作闸门桥机将工作平板门放回工作门槽内，然后向下游运行，避让出辅助门桥机运行空间；⑦辅助门桥机小开度提升辅助平板门，进行节间充水，至辅助门上下游水位齐平；⑧辅助门桥机将辅助平板门提出门槽，置于原存放位；⑨辅助门桥机提出最上一节辅助叠梁，置于航槽上方存放位。

3.8.2 适应下游快水位变率的下闸首工作闸门关键技术

1. 下闸首工作闸门概述

建于水电工程上的升船机，其下游航道水位受机组调负、枢纽泄洪及下游洪水影响，一般变化速率较快（三峡升船机下游水位变率约为±0.50 m/h）。为了适应该特点，三峡升船机将带压调位、充气止水、分级锁定的特大型、带有卧倒小门的双扉平板下沉式闸门作为下闸首工作闸门。

升船机下闸首下沉式工作闸门由布置在下闸首顶部混凝土排架上的双吊点启闭设备操作，根据升船机下游水位变化情况，适时调整工作闸门的位置，满足下闸首挡水和船厢对接要求。下闸首下沉式工作闸门及其启闭机布置见图 3.8.6。

下闸首工作闸门由U形门体结构、卧倒小门及其启闭机、工作闸门正反向支承、侧向导轮、工作闸门锁定装置、卧倒小门支铰、卧倒小门锁定装置、液压系统及电气设备等组成。工作闸门上部开设有过船航槽，在挡水状态下过船航槽由卧倒小门封闭。卧倒小门能够适应一定的水位变化，适应的水位变化数值越大，工作闸门调整的频次越低，但卧倒小门及启闭机规模越大。卧倒小门通过下部的两个支铰与 U 形门体结构连接，由两台液压启闭机操作。过船时卧倒小门开启，不过船时卧倒小门关闭，并由设在 U 形门体结构两侧的插销式液压锁定装置锁定。工作闸门的挡水面板和止水设在下游迎水面。正向支承采用定轮，反向支承采用滑块，侧止水、底止水采用两道充压止水。操作卧倒小门液压启闭机、工作闸门锁定装置及卧倒小门锁定装置的两套液压泵站分别布置在工作闸门两侧的结构空腔内。

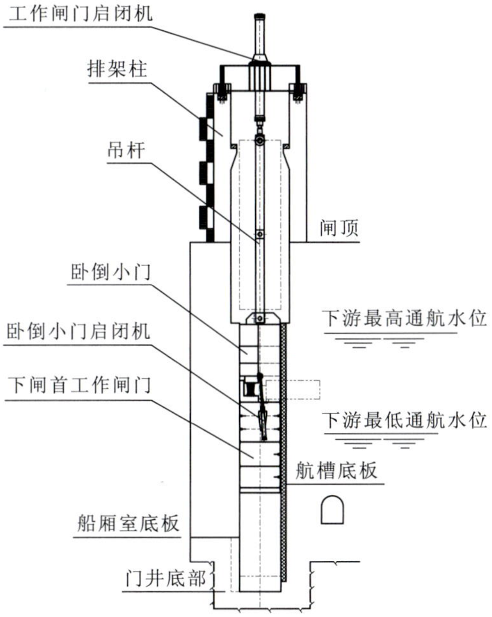

图 3.8.6　下闸首下沉式工作闸门及其启闭机布置图

为适应升船机下游水位运行条件，下闸首工作闸门需频繁调整门位，其充压止水装置、锁定装置和卧倒小门的同步与变速运行是下闸首工作闸门设计中的关键技术问题。

2. 充压止水装置研究

1）需解决的技术难题

首先，下闸首工作闸门调整门位时是带压操作的，止水处于工作状态，每一次调整都会造成止水橡皮的磨损，升船机下游水位变率快，工作闸门频繁调整门位会加速橡皮的磨损。然后，在工作闸门挡水及调整门位过程中，闸门结构的变形量随挡水水头的改变而变化，即止水面板与座板之间的间隙是变化的，止水装置应能适应此特点。最后，工作闸门的挡水面板和止水均布置在下游侧（迎水侧），门体变形方向与止水橡皮预压方向相反。因此，为保证止水效果，常规设计方案中止水橡皮需采用很大的预压缩量，但过大的预压缩量会加剧止水橡皮的磨损。

中国已建升船机中，上下闸首下沉式工作闸门的止水均采用常规的 P 型橡皮止水。从实际运行情况来看，均存在止水效果不理想、止水橡皮磨损严重的情况。为解决下闸首工作闸门止水橡皮的快速磨损问题，提高止水效果，在三峡升船机下闸首工作闸门的设计中提出采用活动式充压止水方案，即向止水装置的封闭背腔充入适当压力的压缩空气，使止水橡皮与座板之间保持一定的压紧力，以达到封水效果，并适应止水橡皮与座板之间不同的间隙及间隙的变化；同时，设置两道交替工作的充压止水，并在止水橡皮封头上包覆聚四氟乙烯减摩材料，减缓止水橡皮的磨损速度。

2）物理模型试验

以空气为充压介质维持止水橡皮背腔压力的技术方案，在国内外水电工程上均无先例可循。为探寻充压止水合理可靠的结构形式、止水橡皮截面形状尺寸、橡皮性能参数及合适的空气压力等指标，对充压止水开展了专项研究：采用截面尺寸比为 1∶1 的整体物理模型进行了试验研究。

（1）物理模型试验装置。充压止水整体物理模型试验装置主要由高压水箱、承压面板、加压机、稳压器和相关的控制、测量仪器组成。承压面板用以模拟止水座板，通过调节四根传力杆，可实现止水座板与闸门之间不同的止水间隙；高压水箱通过高压水泵和稳压器等设备，可以将试验水压提高至 2.2 MPa。

（2）主要试验内容。主要试验内容包括充压止水元件的自由外伸量试验和充压止水的水密性试验。

（3）封头自由外伸量试验。不同背压下止水元件封头的外伸量见表 3.8.2。

表 3.8.2　不同背压下止水元件封头的外伸量

序号	背腔水压/MPa	止水元件封头外伸量/mm				
		测点 1	测点 2	测点 3	测点 4	平均外伸
1	0.05	10.46	9.05	10.80	11.78	10.52
2	0.10	21.71	20.23	22.20	23.32	21.87
3	0.15	25.45	24.95	25.57	27.11	25.77
4	0.20	27.41	26.68	27.47	29.17	27.68
5	0.25	29.09	28.14	29.13	30.90	29.32
6	0.30	30.39	30.79	30.52	32.25	30.99

（4）水密性试验。水密性试验是在不同的封水间隙（即止水元件封头与止水面板间的间隙）下，测试封水时背压与库压的关系。试验结果见表 3.8.3。

表 3.8.3　止水元件水密性试验记录表

库压/MPa	背压/MPa					
	间隙 5 mm	间隙 10 mm	间隙 15 mm	间隙 20 mm	间隙 25 mm	间隙 30 mm
0.05	0.07	0.07	0.08	0.12	0.14	0.22
0.10	0.09	0.10	0.11	0.14	0.15	0.23
0.15	0.11	0.12	0.14	0.17	0.22	0.25
0.20	0.14	0.15	0.16	0.21	0.27	0.32
0.25	0.16	0.18	0.19	0.25	0.30	0.35
0.30	0.21	0.24	0.25	0.28	0.33	0.38

试验结果表明：止水元件封头在背压作用下具有足够的外伸量，在背压为 0.3 MPa 的条件下，自由外伸量已达到 30 mm。因此，在充压止水设计中，将止水元件压板与埋件止水面板的间隙设定为 10 mm，可以很好地保证充压止水的水密性效果，并便于现场安装。在确定的挡水水头条件下，封水间隙越大，止水水密所需的背压越大。在确定的封水间隙条件下，止水水密所需的背压随水压的增大而呈线性增长。当封水间隙小于 20 mm 时，止水背压小于 0.3 MPa 能够封堵 30 m 水头；背压卸压后止水元件可以正常回缩复原。

根据试验研究结果，在三峡升船机工作闸门中使用的充压止水能适应门体变形所产生的封水间隙（最大间隙约为 15 mm），且在低水头（最大挡水水头为 17.92 m）条件下，只需 0.16 MPa 的背压，即可达到很好的封水效果。在升船机现场实际设置的背压为 0.2 MPa，完全满足止水水密性的要求。

3）数学模型计算

对不同截面形状尺寸的充压止水进行了数学模型计算。数学模型计算主要是采用有限元法对充压止水橡皮进行非线性仿真分析。分析内容主要包括背腔密封性能、封头自由外伸量、封头水密性、封头对启闭力的影响等。

（1）计算软件。采用有限元分析软件 ABAQUS 对止水橡皮进行非线性仿真计算。由于橡胶止水元件的轴向尺寸比横向尺寸大得多，且水压力作用方向平行于横截面方向，整个止水元件的一般性问题可以近似按平面应变问题处理。

（2）单元划分。橡胶止水元件采用 8 节点平面应变杂交单元（非线性超弹性单元与黏弹性单元）；压板、座板和止水面板采用 8 节点平面应变弹性单元。上述三种类型单元的每个节点都有 *X*、*Y* 两个方向的自由度。采用刚体-柔体的面面接触单元。止水元件模型的表面为接触单元，刚性压板、座板和止水面板的表面为目标单元。整个止水橡皮按上述进行网格划分。装配时，止水元件肢体与金属压板有接触，止水元件翼头与金属压板、座板均有接触；受背腔压力作用后，止水元件封头与止水面板有接触；受库水压力作用后，止水元件与金属外压板有接触，在库水面不设置接触单元，共有[illegible]组接触对。

（3）计算参数。止水橡皮止水元件断面的计算，按背压由 0 变化到 0.60 MPa 及库压由 0.05 MPa 变化到 0.30 MPa 考虑，计算止水橡皮头部与闸门止水面板不同间隙（5 mm、10 mm、15 mm、20 mm、25 mm、30 mm）条件下，止水元件封头的压缩量、接触宽度、接触应力和第一主应力。摩擦系数取值如下：外有增强四氟涂层的橡胶与钢板接触的摩擦系数取 0.2，其他部位的橡胶与钢板接触的摩擦系数取 0.5，计算参数按表 3.8.4 取值。

表 3.8.4　止水元件材料的计算参数

材料	参数			
	C_{10}	C_{01}	摩擦系数	泊松比
止水橡皮封头	0.604 2	0.519 6	0.5	0.499 67
止水橡皮翼头（肢体）	0.250 1	0.180 2	0.5	0.499 67

注：摩擦系数不特定指出为表中值；C_{10}、C_{01} 为曲线拟合系数。

（4）约束与载荷。约束如下：坐标系取水平（河道）向为 X 向，垂直向为 Y 向。止水面板和座板沿 X 向与 Y 向有位移约束，压板在 X 向有位移约束，在 Y 向施加位移载荷。载荷如下：水封非线性有限元计算时，分四步（两阶段）施加载荷。第一阶段为超弹性阶段。第一步，安装止水元件，采用位移载荷，即将上压板向下移动到与底板接触，并且共同作用压缩并夹紧止水元件的两个翼头；第二步，对止水元件施加零水压力载荷；第三步，给止水元件施加水载荷，施加方式是将背水和库水压力以均布载荷的方式按增量法逐步增加。第二阶段为黏弹性阶段。第四步，水压按均布载荷以增量法施加在止水元件背压腔的边缘线上。背水压力施加在止水元件的下边线上，库水压力施加在止水元件封头的上游侧边线上。翼头附近载荷依照第一步安装计算结果，分析水封接触状态，确定其加载的部位。根据有限元载荷施加理论，所有载荷最终转化为节点载荷，但如果网格划分较细，可将之视为线压力，直接施加均布载荷。充压止水装置的有限元模型见图 3.8.7。

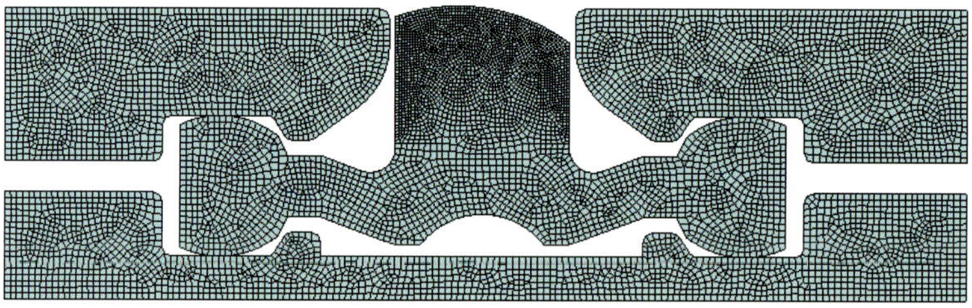

图 3.8.7　充压止水装置的有限元模型

（5）背腔密闭性计算分析。充压止水装置背腔的密闭性主要取决于两个翼头受压面接触应力的大小，分别对水封在安装阶段和工作阶段进行非线性仿真计算，通过调整翼头的体型，改变翼头与压板的接触应力，通过接触应力的分布范围、大小及背腔气压来判定背腔密闭性，翼头宽度范围内的接触应力大于背腔气压，即可认为背腔密闭性满足要求，同时橡皮在不同阶段的第一主拉应力均应小于止水材料的最小扯断强度。

（6）封头自由外伸量计算分析。为研究水封封头向闸门止水面膨胀的力学过程，有必要首先研究水封封头在未受到闸门面约束时封头的自由膨胀过程。因此，不考虑止水面板的约束及库压作用，对水封在各种背压力作用下封头的自由外伸量进行非线性仿真计算，封头自由外伸量与背压的关系见图 3.8.8。

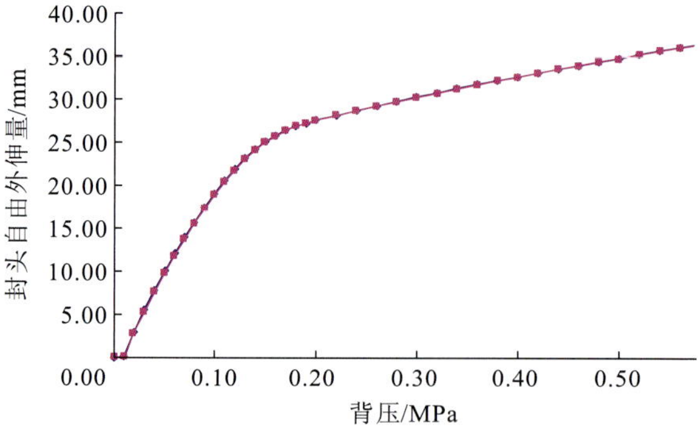

图 3.8.8　水封封头自由外伸量与背压的关系曲线

（7）封头水密性计算分析。影响水封封头水密性的主要因素有背压、库压及封头与止水面板的间隙量。为研究这三个因素对封头水密性的影响，有必要研究其单独变化时封头的水密性。主要从水封水密性和耐久性出发，对水封止水元件进行应力、变形等方面的具体理论分析，最终得到在不同间隙量下库压对应的临界封水背压曲线（图 3.8.9）。

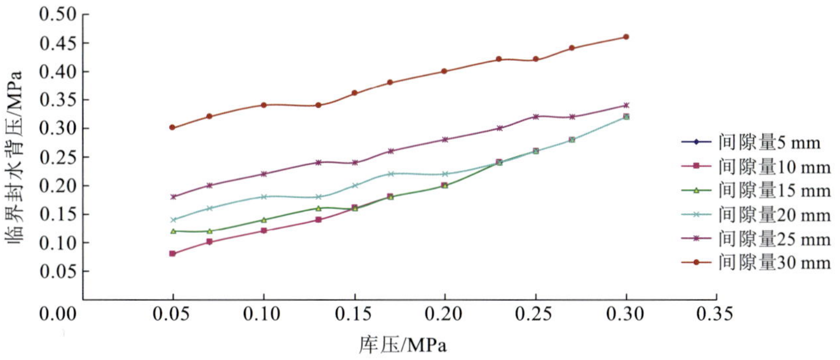

图 3.8.9　库压对应的临界封水背压曲线图

通过分析可知：库压对应的临界封水背压均大于此时的库压；当封头与止水面板的间隙量相同时，临界封水背压随着库压的增加而增加；封头与止水面板的间隙量为 5 mm 和 10 mm 时，相同库压所需要的临界封水背压也相同（图 3.8.9 中两条曲线完全重合）；在库压较小（小于 0.23 MPa）条件下，封头与止水面板间隙量为 10～20 mm 时，临界封水背压随间隙量的增大而增大，库压相同时，间隙量为 25 mm 和 30 mm 所需的临界封水背压远大于间隙量为 5～20 mm 时；当库压超过 0.23 MPa 后，间隙量为 10～20 mm 的水封在库压相同时所需的临界封水背压也相同。

（8）水封启闭力计算分析。下闸首工作闸门为带压调整门位，对于水封来说，带压调整门位是指闸门在启闭过程中，水封装置仍然需要封水，同时还承受背压。此时，水封封头与止水面板间的正压力和摩擦系数对闸门的启闭力有直接的影响，因此，有必要计算水封背腔有压时闸门启闭力的变化规律，以便为选择合适的启闭机容量提供有效的参考依据。由于闸门在开始启闭时需要克服的是最大静摩擦力，而最大静摩擦力＝正压力×静摩擦系数，需要先计算出水封封头与止水面板间的正压力和静摩擦系数。正压力的具体计算方法为，将前面计算得到的封头与止水面板间的接触应力进行积分，静摩擦系数可由滑动摩擦系数乘以 1.2 的放大系数得到，根据《水利水电工程钢闸门设计规范》（SL 74—2019），在计算启闭力时，橡胶材料与钢板之间的滑动摩擦系数取大值 0.5，故静摩擦系数取 0.6。最大静摩擦力的计算公式为最大静摩擦力＝正压力×0.6，可作为闸门启闭力的参考值。

分别按照以下两种典型工况计算、分析封头与止水面板间最大静摩擦力的变化。

工况一：20 m 水头工作状态下，背压为 0.40 MPa，封头与止水面板的间隙量分别为 5 mm、10 mm、15 mm、20 mm、25 mm、30 mm；封头止水面板间隙与最大静摩擦力的关系曲线见图 3.8.10。

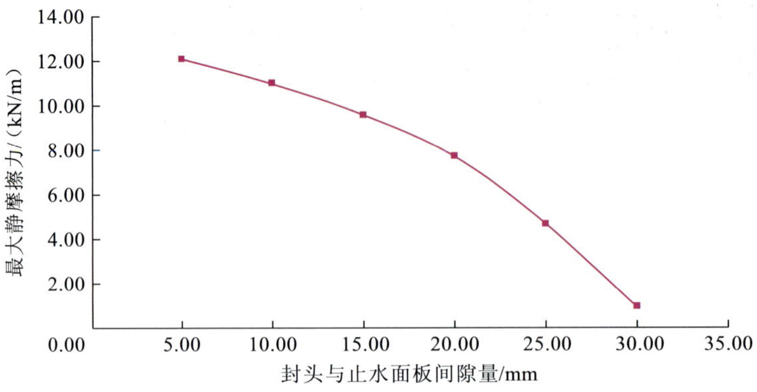

图 3.8.10　间隙量与最大静摩擦力的关系曲线图

工况二：20 m 水头工作状态下，封头与止水面板的间隙量为 25 mm，背压由 0.00 变化到 0.40 MPa；背压与最大静摩擦力的关系曲线见图 3.8.11。

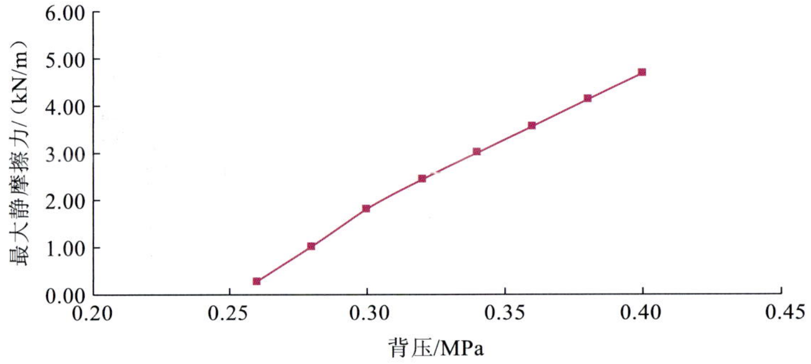

图 3.8.11　背压与最大静摩擦力的关系曲线图

通过分析可知：20 m 水头工作状态下，背压为 0.40 MPa 时，封头与止水面板间的最大静摩擦力随封头与止水面板间间隙量的增大而减小，且变化规律为非线性；20 m 水头工作状态下，封头与止水面板的间隙量为 25 mm 时，封头与止水面板间的最大静摩擦力随背压的增大而增大，且变化规律近似为线性。

（9）水封上下移动时的动态计算分析。由于下闸首工作闸门需要在水封带压条件下上下移动，需要对水封上下移动过程进行动态分析。当水封开始上下移动时，水封的变形随着水封的移动而不断变化；当水封移动一定的距离后，水封的变形逐渐达到稳定，得到的移动后的结果均为水封稳定状态时的结果。

在库压为 20 m 水头，封头间隙量为 20 mm，背压分别为 0.30 MPa 和 0.35 MPa，动态计算中取最不利止水摩擦系数 0.50 条件下，对上移、下移过程中水封的最大第一主应力、封头接触应力和封头水平偏移量进行了分析。

分析结果表明：止水元件最大第一主应力均小于 3 MPa，远小于水封止水材料的扯断强度，因此，水封向上移动的过程中止水元件不会发生强度破坏现象；水封移动至稳定状态时，止水元件的最大第一主应力、封头接触应力和封头水平偏移量均大于水封移动前，其中止水元件最大第一主应力的差别较小，封头接触应力和封头水平偏移量的差别较大，但均满足背腔密闭和封头封水的要求。

4）充压止水装置的设计

充压止水装置由止水元件、压力源设备及其电气控制设备等组成。充压止水装置共设两道，呈 U 形布置，安装在工作闸门门叶的迎水面，两套压力源设备及其电气控制设备分别布置在 U 形门体结构两侧的空腔内。

止水元件主要由可伸缩的“山型”止水橡皮、止水基座、止水压板及连接螺栓组成。根据充压止水研究成果，确定止水元件的布置与截面形式（图 3.8.12）。

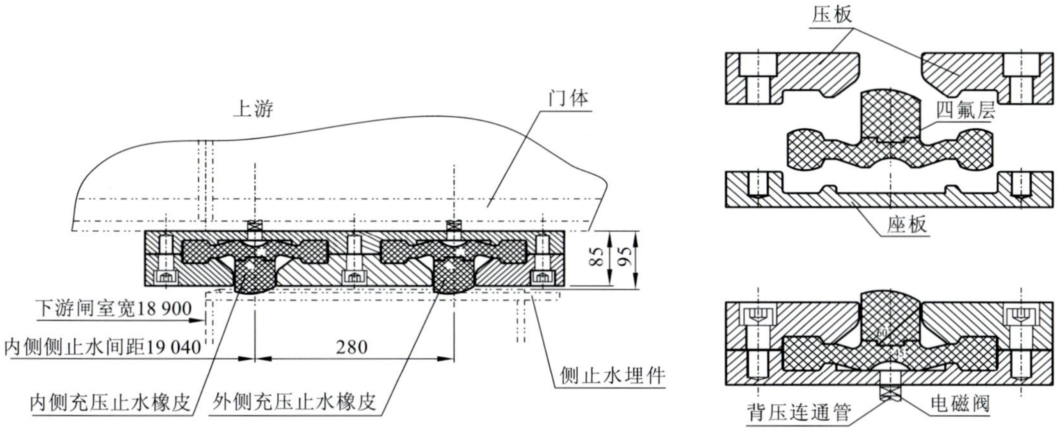

图 3.8.12　充压止水元件的布置与截面形式

在自然状态下，止水橡皮压板表面与工作闸门埋件止水座板之间需有合理的间隙。设计中确定间隙时主要考虑了以下因素：自然安装状态下，橡皮头部突出止水压板 8 mm；门体在外水压力作用及温度变形影响下，底止水处主梁沿水流方向的最大变形为 14 mm；在背腔压力作用下的自由伸出量必须大于门体最大变形量。综合考虑以上因素，最终确定水封橡皮压板与止水埋件面板的间隙为 10 mm。

根据止水运行要求，两道充压止水共用压力源，压力源设两套，两者互为备用。压力源系统由空压机、储气罐、各种阀门及压力传感器等组成。充压止水的压力可调，根据现场调试试验结果最终调定。充压止水系统原理见图 3.8.13。

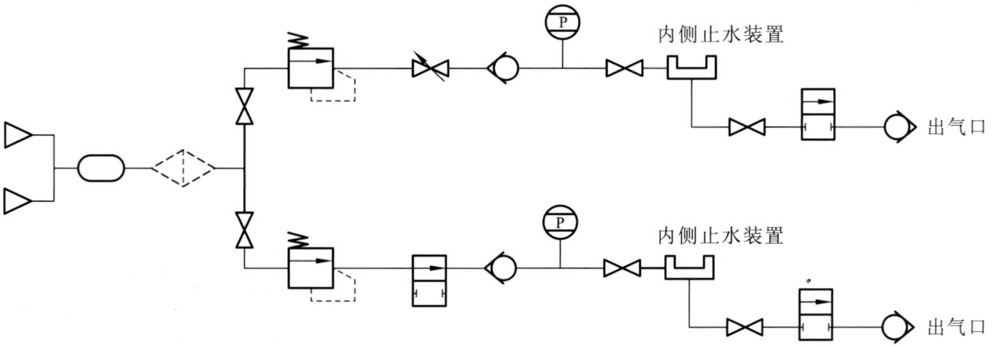

图 3.8.13　充压止水系统原理图

工作闸门正常挡水时，充压止水装置保压，两道充压止水同时工作，当压力下降到设定压力时，压力源启动，向止水装置充压，至设定压力后停机。调整门位过程中，内侧充压止水通过泄压退出工作，门位调整结束后，内侧充压止水重新充压，投入工作。为尽量减小在调整闸门过程中止水橡皮的磨损，两道充压止水定期交替运行。

3. 摆臂式锁定机构

1）设备构造

下闸首工作闸门由液压启闭机悬吊，由于液压油缸不可避免地会存在内外泄漏，在挡水条件下工作闸门需要由锁定机构可靠锁定。

水电工程的提升式平板门多采用液压穿销式锁定机构，这种机构对闸门的停位精度要求较高。也有利用启闭机构自身的锁定功能实现对闸门的锁定的，如液压启闭机保压持住、固定卷扬机的驻车制动器等，这种方式对启闭机性能要求较高，且存在一定的安全风险。

在三峡升船机下闸首工作闸门的设计中，采用了由液压油缸驱动的摆臂式锁定机构。锁定机构由驱动油缸、摆臂、锁定轴及轴套、支承块、锁定支承轨道、有级锁定架及驱动油缸铰座等设备组成。摆臂式锁定机构见图 3.8.14。

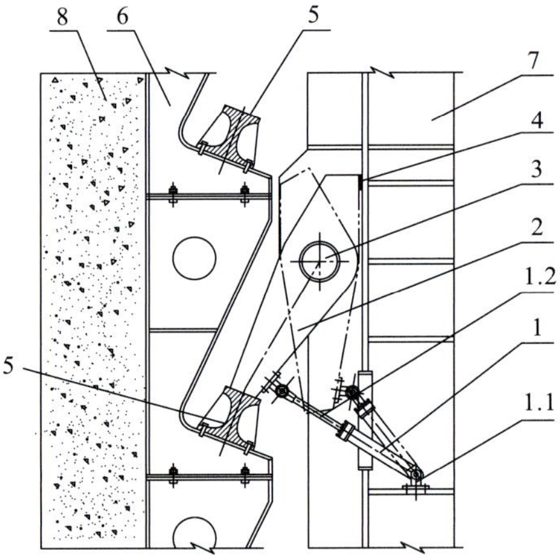

图 3.8.14　摆臂式锁定机构示意图

1—驱动油缸（1.1—闸门边柱铰座，1.2—油缸活塞杆）；2—摆臂；3—锁定轴及轴套；4—支承块；5—锁定支承轨道；6—有级锁定架；7—闸门；8—闸墙混凝土

摆臂式锁定机构安装在闸门两侧的边柱结构上，每侧边柱上设置两套。驱动油缸装设在摆臂下方的闸门边柱上，缸体尾部与闸门边柱铰座铰接，活塞杆吊头与摆臂底部铰接，摆臂上部通过锁定轴及轴套与设置在闸门边柱上的耳板铰接。支承块安装在闸门边柱的上端，在门槽两侧的闸墙上设有有级锁定架，相邻的锁定轨道在高度方向的间距为 1.97 m。摆臂的承压面为弧形，在闸门被锁定支承时，摆臂的弧形承压面与锁定支承轨道的上表面相切，摆臂的上部顶紧支承块并形成几何不变体。

2）机构动作程序

在工作闸门调整门位过程中，摆臂通过驱动油缸收回，驱动油缸油路闭锁。平板门门位大体调整完毕、准备进入支承锁定状态前，摆臂由驱动油缸推出，直至摆臂上部与支承块接触，驱动油缸闭锁，并保持摆臂推出状态。此时，摆臂下端的弧形承压面与锁定支承轨道的轨面留有约 20 mm 的间隙，缓慢放下闸门，直至摆臂的弧形承压面与锁定支承轨道的轨面接触，完成闸门的锁定，此时驱动油缸可解除闭锁状态并泄压。当闸门需要重新调整门位时，先将闸门缓慢提升约 20 mm，摆臂的弧形承压面与锁定支承轨道的轨面脱离，由驱动油缸收回摆臂并闭锁，闸门方可升降来调整门体位置。

3）技术特点

摆臂式锁定机构通过液压油缸驱动摆臂开合，可快速实现闸门启闭时的锁定或解锁；对闸门停位精度要求不高，锁定机构受载后自锁，不受液压系统失效的影响；在混凝土闸墙上设置有级锁定轨道，满足了闸门在不同高度位置锁定的需要。

4. 卧倒小门同步与变速控制技术

卧倒小门底部通过两套支铰座与 U 形门体结构连接，由两套液压启闭机启闭，启闭机油缸拉门点位于门叶结构的下方，在宽度方向与支铰座位置相对应，支铰座与拉门点间距均为 13.92 m。启闭机油缸通过位于缸体前部的支铰座安装在工作闸门结构上，卧倒小门开启时，油缸缸体绕支铰摆动，活塞杆直线运动，带动卧倒小门绕支铰轴转动。每只油缸上均设有内置式行程检测装置。

根据升船机的运行要求，闸首卧倒小门与船厢门同时开启，在船厢门关闭并调节船厢水深后关闭。因此，受间隙水域条件和卧倒小门两侧过水断面尺寸的限制，在卧倒小门关终位置附近，门叶前后会形成一定的水位差，该水位差产生的作用于门叶上的水压力，构成了卧倒小门阻力的主要因素。为尽量减小启闭机容量，降低间隙壅水与水位降的高度，要求在卧倒小门关终和启始阶段的角速度尽量小，同时为尽量缩短启闭时间，提高通航效率，又要求卧倒小门在水下运行阶段的角速度适当提高。为此，需要卧倒小门在启闭过程中做变速运动，即开启初始阶段采用低速，开启到一定开度后转为高速；关闭初始阶段采用高速，关闭到一定开度后转为低速。在卧倒小门启闭过程中，为避免门叶结构产生扭转变形，要求两拉门点同步运行。

在卧倒小门启闭机液压系统设计中，采用了刚性同步方案，即将两启闭机油缸的相同油腔通过管路直接连通，确保两启闭机具有相同的启闭力，充分利用卧倒小门的刚性，实现两拉门点同步运行的目标。试运行期间对卧倒小门启闭过程中两启闭机油缸行程、压力的检测结果表明，两拉门点的同步精度满足设计要求，两启闭机启闭力基本一致，卧倒小门结构没有明显的扭转变形。

启闭机的变速运行则通过比例阀实现，利用预先设定的比例阀放大器的斜坡曲线实现对卧倒小门启闭过程的变速控制。在卧倒小门全开位至 65°～75° 位置采用高速（v_1），在 65°～75° 位置至全关位采用低速（v_2），速度比 $v_2/v_1=1/6\sim1/4$。在启始、关终、开终及中间变速段，均采用匀加/减速。经现场调试，卧倒小门启闭时间均不大于 2 min，每只油缸的启闭力不大于 1 000 kN，关闭后的间隙壅水高度不大于 300 mm，满足设计要求。

参 考 文 献

[1] 刘志明, 温续余. 水工设计手册 第 7 卷 泄水与过坝建筑物[M]. 2 版.北京: 中国水利水电出版社, 2014: 1.

[2] 王文亮, 杜作润. 结构振动与动态子结构法 [M]. 上海: 复旦大学出版社, 1985: 1.

[3] 梁君. 模态分析方法综述[D]. 成都: 西南科技大学, 2014.

[4] 杨长骙. 起重机械[M]. 北京: 机械工业出版社, 1982: 1.

[5] 廖乐康, 方扬, 林新志. 齿轮齿条爬升式升船机驱动系统的电机功率计算方法[J]. 机电工程, 2013, 30(4): 459-463.

[6] 张莉, 廖乐康. 全平衡垂直升船机紧急制动力曲线研究[J]. 人民长江, 2015, 46(9): 1-4, 8.

[7] 徐灏. 机械设计手册[M]. 北京: 机械工业出版社, 2000: 1.

[8] 姜小兰, 曾平, 孙绍文. 三峡升船机螺母柱结构仿真模型试验研究[J]. 长江科学院院报, 2011, 28(1): 61-65.

[9] 詹剑霞, 李纪虎. 三峡升船机齿条及螺母柱间隙灌浆工艺试验[J]. 中国工程科学, 2013, 15(9): 45-49.

[10] 戴遗山. 舰船在波浪中运动的频域与时域势流理论[M]. 北京: 国防工业出版社, 1998: 1.

[11] 姜昱汐. 三峡升船机中船进出承船厢的附加质量计算[D]. 大连: 大连理工大学, 2002.

[12] 刘小敏, 伍友富. 适应大水位变幅的垂直升船机上闸首布置探讨[J]. 人民长江, 1998, 29(3): 35-37.

第4章

主要建筑结构设计关键技术

4.1 高水头上闸首结构关键技术

4.1.1 闸首结构形式

升船机闸首的结构按其受力状态，分为整体式和分离式两种结构形式。在较软弱地基上，为避免不均匀沉陷，一般采用整体式结构；在坚硬基岩上，可采用分离式结构。

整体式结构的特点是两侧边墙和底板连成整体，可最大幅度地减小升船机在枢纽坝轴线上的布置宽度，较好地适应地质条件差的基础，减少开挖和混凝土的工程量。整体式结构受力条件明确，底板尺度较大，为减少施工期温度应力和浇筑强度，需分缝分块。施工期结构的分缝需根据基础的约束条件、混凝土材料性能、入仓温度、浇筑层厚、施工期温控措施等条件综合确定。根据结构受力条件确定缝面形式，根据温控措施、结构内外的温度条件选择合适的并缝时机。对于高水头闸首，由于两侧边墩承受的水载荷大，底板应力大，采用整体式结构的底板钢筋用量较多。

分离式结构的特点是闸首边墩和底板分开，施工相对简单，底板钢筋用量少，但相对于整体式结构，混凝土用量多。为减小闸首占用挡水前缘的长度，保证闸首侧墙在双向水载荷作用下的强度与稳定性，有时需考虑闸首边墩与两侧相邻建筑物联合受力，从而使闸首的设计条件和运行工况复杂。这种闸首形式的航槽底板顺水流方向设纵缝止水，尤其是航槽底板纵缝水平止水的可靠性不易保证，施工时不容易做好，运行维护十分困难，一旦止水失效，将危及结构安全，后果极为严重。

根据结构布置条件、受力特征及地质条件，三峡升船机上闸首对以上两种结构形式进行了全面的技术比较。经分析，两种结构形式均能满足各种载荷工况组合下的稳定和强度要求，技术上都是可行的，且工程量也没有大的区别，但从运行的可靠性和结构的安全度考虑选用了整体式闸首方案[1]。理由如下：①上闸首地基的性状较差，存在直接影响基础稳定和强度的规模较大的断层（F_{23}、F_{215}、F_{548}等）和中缓倾角结构面，下游及右侧面均为深切开挖，形成高陡边坡，受开挖卸荷及施工爆破的影响，近坡面岩体完整性受到一定程度的损伤，承载能力下降，稳定性变差。为此，需提高闸首结构的整体性，以适应下部基岩力学性能的不均匀性。分离式结构的整体性较差，对提高上闸首的整体性能、改善混凝土结构和基面的应力分布，以及控制结构的变形不利。②整体式上闸首为一独立结构，受力条件明确，工作门的受力条件较好。分离式结构为改善左右侧闸墙在双向水载荷作用下的强度与稳定条件，闸首边墩需与两侧非溢流坝段连成一体，从而使闸首及左右侧非溢流坝的设计条件和运行工况复杂化。③分离式结构航槽底板纵缝水平止水的可靠性不易保证，施工时不容易做好，运行维护十分困难。整体式闸首采用填缝处理，辅以止水设施，可靠性较高。三峡升船机上闸首为降低混凝土块体施工期的温度应力和避免出现裂缝，设置两条纵缝（C1 和 C2）和三条横缝（C3、C4、C5），其中纵缝 C1、C2 位于闸首航槽底板中，为下部键槽缝和上部宽槽缝的组合缝面形式；横缝 C3、C4 位于闸首前部和中部，为键槽缝；横缝 C5 位于闸首后部，为宽槽缝。所有缝在迎水面均设止水，纵横键槽缝和宽槽回填缝在混凝土块体内部温度降至稳定温度后在低温季节实施接缝灌浆与宽槽回填。对近几年上闸首施工缝监测资料的分析表明，闸首高程 141.0 m 以下的底板纵横缝面基本闭合，上闸首的整体性得到了保证。④分离式结构的工作闸门段需独立承受工作闸门传递的水载荷，由于该段结构高大，不仅水载荷作用在上部，而且动力载荷较大，结构的稳定和强度条件比整体式结构差得多。

4.1.2　闸首结构分析

升船机闸首结构分析包括稳定性、结构强度及裂缝限制等方面的内容。

1. 结构稳定性研究

影响上闸首稳定性的主要因素包括结构形式和受力条件、基础的工程地质特性、基础的渗流作用等。上闸首稳定条件按其性质可分为整体抗滑稳定和局部稳定两类，主要控制条件为整体抗滑稳定。

研究闸首的整体稳定性需弄清楚稳定的性质、分析方法及相应的参数取值。对于基岩较完整的闸首，仅需核算沿建基面的稳定性；若基岩存在不利的软弱结构面，对闸首的深层抗滑稳定性也需要进行分析。

1）沿建基面的抗滑稳定计算

闸首沿建基面的抗滑稳定可按抗剪断强度公式（4.1.1）或抗剪强度公式（4.1.2）计算。

抗剪断强度的计算公式为

$$K' = \frac{f'\sum W + c'A_{\text{con}}}{\sum P} \tag{4.1.1}$$

式中：K' 为按抗剪断强度计算的抗滑稳定安全系数；f' 为坝体混凝土与坝基接触面的抗剪断摩擦系数；c' 为坝体混凝土与坝基接触面的抗剪断凝聚力，kPa；A_{con} 为坝基接触面截面积，m^2；$\sum W$ 为作用于坝体上的全部载荷（包括扬压力，下同）对滑动平面的法向分值，kN；$\sum P$ 为作用于坝体上的全部载荷对滑动平面的切向分值，kN。

抗剪强度的计算公式为

$$K = \frac{f\sum W}{\sum P} \tag{4.1.2}$$

式中：f 为坝体混凝土与坝基接触面的抗剪摩擦系数。

按抗剪断强度公式（4.1.1）计算的沿建基面的抗滑稳定安全系数 K' 应不小于表 4.1.1 的规定。

表 4.1.1　沿建基面的抗滑稳定安全系数 K'

载荷组合		K'
基本组合		3.0
特殊组合	（1）	2.5
	（2）	2.3

注：特殊组合（1）为相应于校核洪水、排水管堵塞或止水破坏情况的载荷；特殊组合（2）为相应于运用期和检修期地震情况的载荷。

按抗剪强度公式（4.1.2）计算的沿建基面的抗滑稳定安全系数 K 应不小于表 4.1.2 规定的数值。

表 4.1.2　沿建基面的抗滑稳定安全系数 K

载荷组合		坝的级别		
		1	2	3
基本组合		1.10	1.05	1.05
特殊组合	（1）	1.05	1.00	1.00
	（2）	1.00	1.00	1.00

2）深层抗滑稳定计算

对上闸首的深层抗滑稳定可采用刚体极限平衡法、有限元分析、地质力学模型法等进行研究，但稳定安全判据应采用与刚体极限平衡法相配套的抗滑稳定安全系数，其他方法作为参考。

（1）刚体极限平衡法。坝基深层存在缓倾角结构面时，根据地质资料可概化为单滑动面、双滑动面和多滑动面，进行深层抗滑稳定分析。双滑动面为最常见的情况（图 4.1.1）。

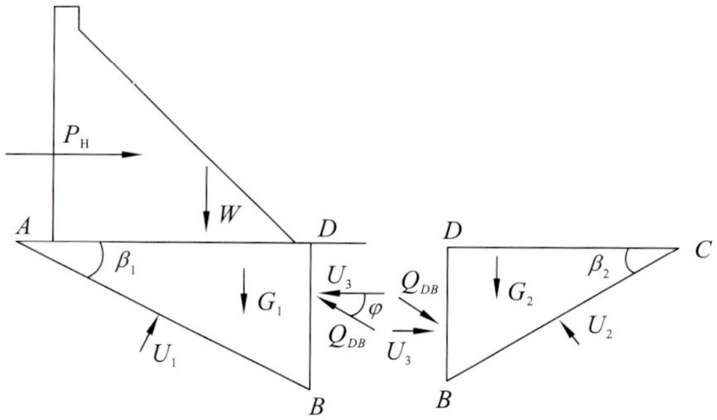

图 4.1.1　双滑动面示意图

深层抗滑稳定计算采用等安全系数法，可按抗剪断强度公式（4.1.3）、式（4.1.4）或抗剪强度公式（4.1.5）、式（4.1.6）进行计算[2]。

采用抗剪断强度公式计算，考虑岩体 ABD 的稳定，则有

$$K_1' = \frac{f_1'[(W+G_1)\cos\beta_1 - P_{\mathrm{H}}\sin\beta_1 - Q_{DB}\sin(\varphi-\beta_1) - U_1 + U_3\sin\beta_1] + c_1'A_{\mathrm{con1}}}{(W+G_1)\sin\beta_1 + P_{\mathrm{H}}\cos\beta_1 - U_3\cos\beta_1 - Q_{DB}\cos(\varphi-\beta_1)} \tag{4.1.3}$$

考虑岩体 BCD 的稳定，则有

$$K_2' = \frac{f_2'[G_2\cos\beta_2 + Q_{DB}\sin(\varphi+\beta_2) - U_2 + U_3\sin\beta_2] + c_2'A_{\mathrm{con2}}}{Q_{DB}\cos(\varphi+\beta_2) - G_2\sin\beta_2 + U_3\cos\beta_2} \tag{4.1.4}$$

通过式（4.1.3）、式（4.1.4）及 $K_1' = K_2' = K'$，求解 Q_{DB}、K' 的值。

式中：K_1'、K_2'、K' 为按抗剪断强度计算的抗滑稳定安全系数；W 为作用于坝体上的全部载荷（不包括扬压力，下同）的垂直分值，kN；P_{H} 为作用于坝体上的全部载荷的水平分值，kN；G_1、G_2 分别为岩体 ABD、BCD 重量的垂直作用力，kN；f_1'、f_2' 分别为 AB、BC 滑动面的抗剪断摩擦系数；c_1'、c_2' 分别为 AB、BC 滑动面的抗剪断凝聚力，kPa；A_{con1}、

A_{con2} 分别为 AB、BC 面的面积，m^2；β_1、β_2 分别为 AB、BC 面与水平面的夹角；U_1、U_2、U_3 分别为 AB、BC、BD 面上的扬压力，kN；Q_{DB}、φ 分别为 BD 面上的作用力及其与水平面的夹角，夹角 φ 需经论证后选用，从偏于安全考虑，φ 可取 0°。

采用抗剪强度公式计算，考虑岩体 ABD 的稳定，则有

$$K_1=\frac{f_1\left[(W+G_1)\cos\beta_1-P_{\text{H}}\sin\beta_1-Q_{DB}\sin(\varphi-\beta_1)-U_1+U_3\sin\beta_1\right]}{(W+G_1)\sin\beta_1+P_{\text{H}}\cos\beta_1-U_3\cos\beta_1-Q_{DB}\cos(\varphi-\beta_1)}\tag{4.1.5}$$

考虑岩体 BCD 的稳定，则有

$$K_2=\frac{f_2\left[G_2\cos\beta_2+Q_{DB}\sin(\varphi+\beta_2)-U_2+U_3\sin\beta_2\right]}{Q_{DB}\cos(\varphi+\beta_2)-G_2\sin\beta_2+U_3\cos\beta_2}\tag{4.1.6}$$

通过式（4.1.5）、式（4.1.6）及 $K_1=K_2=K$，求解 Q_{DB}、K 的值。

式中：K_1、K_2、K 为按抗剪强度计算的抗滑稳定安全系数；f_1、f_2 分别为 AB、BC 滑动面的抗剪摩擦系数。

单滑面的情况比较简单，这里不再列出计算式。多滑面的情况又比较复杂，可参照双滑面的计算式，列出各个滑动体的算式，求解 K 值。

（2）有限元分析。有限元计算无法给出与刚体极限平衡法相同概念的物理量，不能直接作为判定稳定条件的依据，但有限元分析能较真实地反映结构体（特别是滑移面上）的应力应变性态，能模拟开挖、施工、加载过程，动态反映结构体的位移和应力场，并求解出屈服破坏区域。目前，工程上应用有限元软件进行抗滑稳定计算的方法主要有以下三类[3]。①应力代数和比值法。首先用有限元法模拟、分析闸首地基应力场，然后依据滑动面上的正应力和剪应力计算得出抗滑力与滑动力，抗滑力与滑动力之比即抗滑稳定安全系数。深层抗滑计算时，通常地质条件复杂，岩体包含剪切带、裂隙和断层等复杂岩体，需要将滑裂面按照不同岩体分段，求和计算。②超载系数法。在有限元法计算中，保持闸首尺寸和混凝土、坝基材料参数不变，对闸首承受的外载荷乘以系数 K，逐步增大 K，使结构达到极限稳定状态时的 K 即闸首整体抗滑安全系数。③强度折减法。有限元计算中材料的容重、弹性模量等参数不变，对闸基及闸基内软弱结构层的抗剪断强度参数（抗剪断摩擦系数和抗剪断凝聚力）除以系数 K，逐步增大 K，使结构达到极限稳定状态时的 K 即闸首整体抗滑安全系数。

采用有限元超载系数法和强度折减法计算闸首整体抗滑稳定的过程基本类似，计算步骤如下：①对闸首结构和基岩进行三维非线性计算分析。②通过加大作用载荷或降低抗剪断摩擦系数和抗剪断凝聚力，求解结构体应力、位移及屈服状态，逐步逼近闸首结构的稳定极限状态。③判断失稳条件。主要依据一是沿滑移面的屈服破坏状态，二是某些特征点的位移载荷关系曲线出现明显的非线性。

（3）地质力学模型法。地质力学模型法是根据相似原理对特定工程地质问题进行缩尺研究的一种方法。地质力学模型能模拟岩体的断层、破碎带、软弱夹层等不连续构造，研究对结构应力分布和变形状态的影响，以及岩体稳定和工程安全问题。

地质力学模型法反映岩体的非均匀性、非弹性和非连续及多裂隙体的这些岩石特征，

模型的几何尺寸、材料容重、强度及变形特性、边界条件及载荷作用等满足相似理论的要求，定性或定量地反映岩体受力特性和与之相联系的建筑物的相互影响，可与数学模型相互验证。地质力学模型按维数可分为平面或三维地质力学模型，按模型规模可分为大块体和小块体地质力学模型，按模型的制作可分为现浇式或预制块拼装式，按试验性质可分为应力模型、强度破坏模型和稳定模型[4]。一般，三维地质力学模型为预制小块体模型，深层地基模型多采用平面地质力学模型。

地质力学模型法的要点包括相似原理、模型材料、模拟技术和测量技术等。①相似原理。根据弹性力学方程或量纲分析方法可以推导相似判据。由平衡、几何、物理及边界条件方程可以推出线弹性问题的基本相似判据。对于地质力学模型，除满足线弹性问题基本相似判据外，还要求应力相似常数等于 1，材料的各项强度指标的相似常数一致。等于 1 要求原型与模型的应力应变曲线和莫尔强度包线相似。②模型材料。研究满足相似关系的模型材料是地质力学模型试验最主要的内容。要找到完全相似的模型材料十分困难，一般根据要研究问题的性质，寻找满足主要参数相似的材料。岩体的某些材料参数的相似性可以适当放宽，但夹层材料的相似性必须严格满足。③模拟技术。试验主要采用各向异性材料的模拟、结构面的剪切刚度及黏结力的模拟、建基面或岩体不连续层面渗透压力的模拟、地应力的模拟等模拟技术。④测量技术。模型观测的主要内容为应力、应变、位移、裂缝和破坏形态，测量的主要方法有电阻应变片和应变仪、位移传感器、激光散斑、云纹、摄像录像等。地质力学模型材料的变形模量比较低，需在修正刚化影响的基础上计算应力，位移为主要测量内容。

地质力学模型法采用地质力学模型结合水平超载来进行。地质力学模型主要模拟混凝土结构、基岩岩体及主要的软弱结构面，并在预测的可能滑移面上埋设测量仪器，采用正向水压等梯度增加方法加载，监测各点的位移载荷过程，将曲线出现明显的非线性特征处作为失稳特征点。

3）工程实例

以三峡升船机上闸首整体稳定分析为例，其抗滑稳定计算采用刚体极限平衡法，辅以有限元数值分析法，稳定安全判据采用与刚体极限平衡法相配套的抗滑稳定安全系数。

（1）闸基滑动概化模式。根据三峡升船机上闸首地质剖面资料及有关勘探成果，从地质角度将沿基岩的不利结构面滑动概化为六种模式，见图 4.1.2、图 4.1.3。

浅层滑动是指出露于闸基岩体下游陡临空面中上部的缓倾角结构面控制的浅部岩体的失稳形式。控制底滑面由地表出露及钻孔中揭露的不利方向长大缓倾角裂隙组合而成，经特殊勘探后综合分析指出的确定路径，其几何特征见图 4.1.2、表 4.1.3。深层滑动底滑面的构成，以勘探孔揭露的长大缓倾角裂隙为基础，计入可能滑移路径两侧 2 m 范围内不利产状的短小裂隙，并考虑岩桥部分有 11.5%的极短小裂隙。滑动形式为阶梯状，概化路径的剪出口高程为 48.0 m，I-I 剖面为 *QPHIJK*，II-II 剖面 *QPKLMN* 或 *HJKLMN*，滑动长度按裂隙实际长度加岩桥部分的 11.5%计算，其几何特征见图 4.1.2、表 4.1.3。

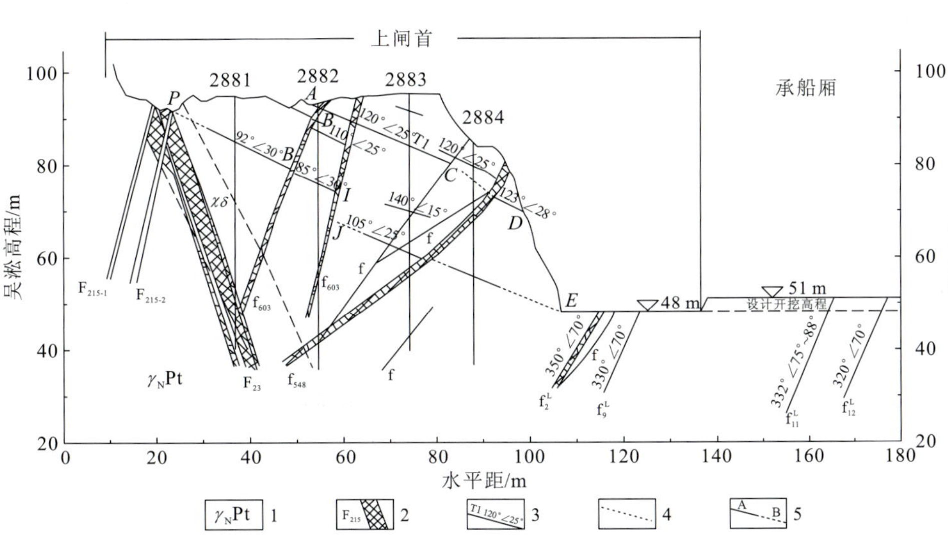

图 4.1.2　I-I 剖面滑动概化模式图

1—闪云斜长花岗岩；2—断层及编号；3—缓倾角裂隙编号及产状；4—岩桥；5—滑动路径及编号

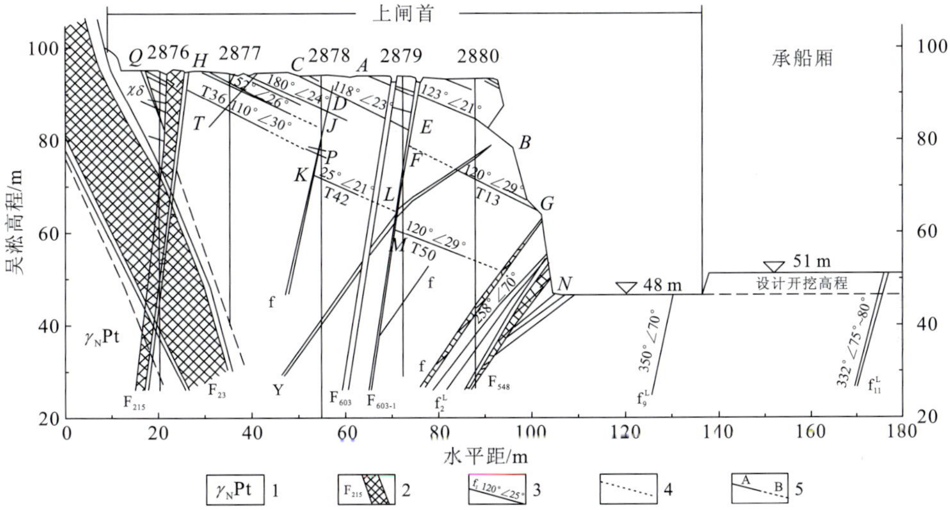

图 4.1.3　II-II 剖面滑动概化模式图

1—闪云斜长花岗岩；2—断层及编号；3—缓倾角裂隙编号及产状；4—岩桥；5—滑动路径及编号

表 4.1.3　地质模型滑动路径几何特征表

剖面编号	滑动类型	路径		倾角/(°)	滑移面总长/m	长大裂隙长/m		岩桥长/m	岩桥长×11.5%	连通率/%
		总路径	分段			单条长	累计长			
I-I	浅层直线型	*ABCD*	*BD*	25~27	54.0	38		16.0	1.84	73.8
	浅层折线型	*QPHIJK*	*PH*	27	94.0	20	54	40	4.6	62.3
			HI	25		10				
			JK	20		24				

续表

剖面编号	滑动类型	路径		倾角/(°)	滑移面总长/m	长大裂隙长/m		岩桥长/m	岩桥长×11.5%	连通率/%
		总路径	分段			单条长	累计长			
I-I	浅层直线型	*AB*	*AB*	16~24	39.5	35.0		0	0	88.6
	浅层折线型	*CDEFG*	*CD*	26	61.6	8.5	48.5	11	1.26	80.8
			DE	25		20				
			FG	23		20				
II-II	深层阶梯型	*HJKLMN*	*HJ*	26	89.5	19	47.5	10	4.72	58.3
			KL	19		11.5		6		
			MN	19		17		25		
		QPKLMN	*QP*	29	101.5	29	57.5	11	4.83	61.4
			KL	19		11.5		6		
			MN	20		17		25		

（2）三峡升船机上闸首整体抗滑稳定计算成果。根据结构与基岩的地质条件，在地质概化的六种滑动模式基础上，将上闸首整体抗滑稳定概化成十二种稳定分析模型。滑动方向为顺河道向，即沿缓倾角结构面滑动，不计滑动块体两边的侧向基岩阻力。计算时，结构面参数取$f'=0.7$，$c'=0.2$ MPa（平直稍粗面）；岩桥参数取$f'=1.7$，$c'=2.0$ MPa（新鲜岩石）；闸首混凝土取$f'=1.1$，$c'=3.0$ MPa；混凝土与基岩间的水平面取$f'=1.2$，$c'=1.4$ MPa；下游 1∶0.3 陡坡取$f'=0.7$，$c'=0$。经计算，180.4 m 校核洪水位组合为控制工况。按照确定的滑移路径及连通率，基本组合条件下的抗滑稳定安全系数为 3.14～12.79，校核组合条件下的抗滑稳定安全系数为 3.01～11.41，按照假定的极端性模型，抗滑稳定安全系数为 2.30～3.35。

采用弹塑性极限平衡法，分别把上闸首基岩的强度指标降低为$1/K$，随着K值的不断提高，基岩的屈服不断扩展；当$K=3.2$时，基岩的屈服区已接近连通；当$K=3.4$时，基岩的屈服区已经连通。因此，从偏于安全方面考虑，上闸首-基岩系统的整体抗滑稳定安全系数$K=3.3$。

2. 闸首结构静动力分析

1）结构静力分析

上闸首承受迎水面和航道侧面双向水压力作用，为复杂的空间受力结构，闸首静力分析主要解决以下几方面的问题：①不同设计工况下结构的应力应变状态；②不同的分缝分块及混凝土浇筑方案对结构应力的影响；③结构分缝缝面的力学性质及其对整体应力条件的影响；④基础变形对混凝土结构应力分布的影响；⑤施工期及运行期温度载荷对结构应力的影响；⑥根据闸首的结构力学状态及运用要求，进行结构配筋设计。

针对上述研究目的，可采用数值分析或物理模型试验的方法进行研究。数值分析方法可以分为两类：一类以有限差分法为代表，其特点是直接求解基本方程和相应定解条件的近似解，在流体力学领域它至今仍占支配地位，但将其用于解决几何形状复杂的问题，精度将会降低，甚至发生困难[5]；另一类以有限元法为代表，建立与原问题基本方程及相应的定解条件等效的积分方法，并据此建立近似解法。有限元法在工程中应用广泛。闸首结构形状不规则，在空间受力，还受由闸门传递的集中力，因此，闸首结构的计算属于空间问题，数值分析时宜采用三维有限元法。

有限元法按结构刚度的变化可以分为线性和非线性两类。

（1）三维线弹性有限元分析。有限元计算时，同时满足以下四个条件的为线弹性有限元分析：①材料的应力应变本构关系是线性的；②应变位移关系是线性的；③结构的边界条件是线性的；④平衡方程是线性的。严格来说，工程问题都是非线性的，但为提高效率，在解决某些具体问题时，在满足工程精度要求的前提下，可以忽略一些次要因素，将其近似简化为线性问题进行处理。采用三维线弹性有限元计算时，假定地基为均质（断层的参数取值与完整岩体相同），地基与闸底完全接触，各分区混凝土材料按各自强度等级采用线弹性本构关系，钢筋按弹性模量等效考虑或简化不考虑，不考虑键槽张开。按上述简化条件计算，可以初步分析上闸首混凝土结构的应力、变形的总体情况，根据计算结果调整和优化结构布置，可以满足结构布置阶段的精度要求。

（2）三维非线性有限元分析。线弹性有限元分析无法反映基岩的不良地质条件（包括断层、节理），建基面参数和扬压力，混凝土结构分缝、分块施工，以及施工过程对结构应力和变形性态的影响。为分析其影响，应采用三维非线性有限元进行分析。

非线性有限元计算时，对于不同材料采用不同的本构模型。对于完整岩体和较大的断层，采用各向同性的弹塑性模型，材料的屈服准则为 Drucker-Prager 屈服准则；对较小的断层和缓倾角定向节理及混凝土-岩体的交界面采用定向弹塑性模型，材料的屈服准则为 Mohr-Coulomb 屈服准则[6]。混凝土本构模型采用非线性弹性模型，也可以采用弹塑性模型。钢筋本构模型通常采用理想弹塑性模型。混凝土抗拉强度低，大于其抗拉强度值时会开裂，引起应力的重分布，如何合理模拟裂缝是钢筋混凝土有限元法所要解决的关键问题之一。在钢筋混凝土非线性有限元分析中，裂缝模型可分为分离式裂缝模型、弥散裂缝模型和基于断裂力学的裂缝模型三种。分离式裂缝模型能较好地模拟裂缝开展过程和开度。

钢筋混凝土结构是由钢筋和混凝土两种材料组成的，非线性计算时宜考虑其相互作用，按钢筋模拟方法的不同，可分为分离式、组合式和整体式三种。分离式模型将钢筋和混凝土作为不同的单元进行处理，两者之间的黏结滑移则用联结单元来模拟；组合式模型通常认为钢筋与混凝土之间结合良好，不存在黏结滑移，将它们作为一个整体单元，叠加它们对单元刚度矩阵的贡献，并将其作为整体单元的刚度矩阵；整体式模型不考虑钢筋与混凝土之间的黏结滑移，将钢筋弥散于混凝土单元之中，并将钢筋混凝土视为连续均质材料计算其刚度矩阵，整体刚度矩阵由钢筋和混凝土两部分组成。随着研究的深入，有学者提出了考虑黏结滑移的三维钢筋混凝土复合式有限单元模型，可以方便地模拟任意布置的钢筋。

合理模拟施工缝（宽槽或键槽）也是闸首有限元计算的难点。宽槽缝布置了跨缝钢筋，可以传压、传拉和传剪，可按连续介质考虑。键槽大多为梯形或三角形键槽，两相邻结构通过接触面上的键槽互相啮合、传递剪力，键槽缝采用接触单元模拟，按传剪模型计算。空间接触单元是一种理想化的、厚度接近于零的六面体单元，传剪模型可大致分为部分传剪模型和完全传剪模型两类。部分传剪模型假定接缝闭合时能传递压力和不超过摩擦力的剪力，接缝张开时不能传递拉力和剪力；完全传剪模型假定接缝传递压力和拉力的能力与部分传剪模型相同，但认为接缝闭合或张开时都能够传递剪力。

设键槽正向与负向的角度为 β_4 和 β_3，缝面初始间隙为 d，接触面上的切向相对位移和法向相对位移为 Δu 与 Δv，则键槽接触法向本构可取为

$$\sigma_n=\begin{cases}k_n(\Delta v+d), & \Delta v+d<0\\ k_n(\Delta v+d-|\Delta u|\tan\beta), & \Delta v+d>0,\ |\Delta u|>(d+\Delta v)\cot\beta_j\\ 0, & \Delta v+d\geqslant 0,\ |\Delta u|<(d+\Delta v)\cot\beta_j\end{cases}\tag{4.1.7}$$

式中：σ_n 为接触面法向接触应力；k_n 为接触面法向刚度。当 $\Delta u>0$ 时，$\beta_j=\beta_4$；当 $\Delta u<0$ 时，$\beta=\beta_3$。

缝面法向张开且侧面接触产生时，键槽接触的法向本构可取为

$$\sigma_n=\begin{cases}k_n(\Delta v+d), & \Delta v+d<0\\ 0, & \Delta v+d\geqslant 0\end{cases}\tag{4.1.8}$$

键槽法向缝面张开时，由图 4.1.4 可以看出，只有当位移差 $\Delta u>0$ 且 $|\Delta u|>d_2+\Delta v_2$ 或 $\Delta u<0$ 且 $|\Delta u|>d_1+\Delta v_1$ 时，键槽才开始传递剪力；当键槽法向缝面闭合时，一直传递剪力。键槽切向本构可取为

$$\tau_s=\begin{cases}k_s[\Delta u-(d_2+\Delta v_2)], & d+\Delta v>0,\Delta u>0,|\Delta u|>d_2+\Delta v_2\\ k_s[(d_1+\Delta v_1)+\Delta u], & d+\Delta v>0,\Delta u<0,|\Delta u|>d_1+\Delta v_1\\ k_s\Delta u, & d+\Delta v<0\\ 0, & \text{其他}\end{cases}\tag{4.1.9}$$

式中：τ_s 为接触面切向剪应力；k_s 为接触面切向刚度。

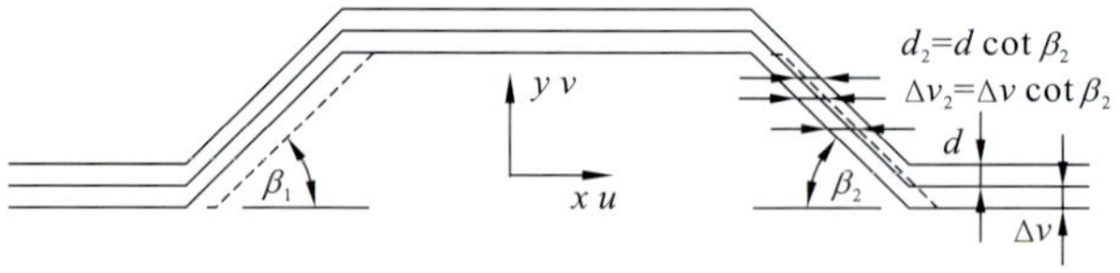

（a）$\Delta u>0$

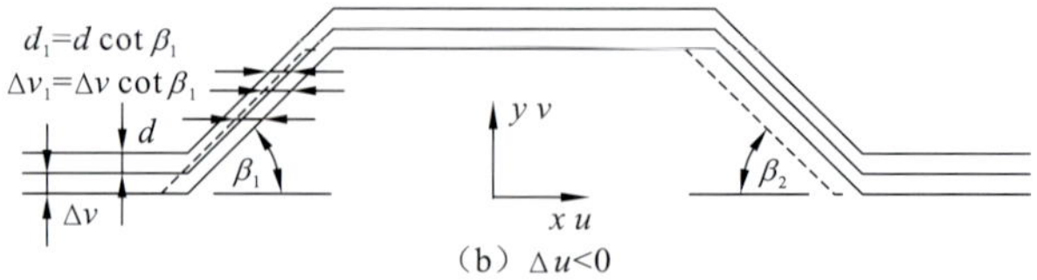

（b）$\Delta u<0$

图 4.1.4　键槽法向张开时侧向接触示意图

（3）物理模型试验。进行物理模型试验的目的是，通过模拟闸首结构性状真实反映在各种载荷作用下闸首结构整体的内力和力学性态。物理模型试验不仅可以验证数值分析的成果，还可以研究关键部位的局部应力场。

物理模型试验包括整体模型和局部模型两类。物理模型仿照真实结构按一定的相似关系缩尺制作，模型应具有真实结构的全部或主要特征。与真实结构试验相比，物理模型试验具有经济性好、针对性强、数据准确的特征[7]。闸首物理模型试验的相似关系主要包括几何相似、质量相似、载荷相似、物理相似（应力与应变、刚度与变形间的关系）、边界条件相似、初始条件相似等。通常按照量纲分析得出几何、应力、应变、位移、弹性模量、泊松比、面力、集中力等的相似常数，确定模型的相似关系。模型材料应保证相似要求，性能要稳定，满足量测要求，保证加工制作方便。

三峡升船机上闸首进行了物理模型试验[8]。模型模拟整个闸首结构，左右侧分别模拟一个 40 m 宽的非溢流坝段，基础向闸首上游延伸 60 m，向下游延伸 120 m，整个模型的模拟范围为 270 m×156 m×185 m（长×宽×高）。根据模型模拟的范围，以及加荷设备、模型加荷槽的尺寸，模型几何比尺 $C_L=100$。模型材料为石膏，按比例拌和，模拟基岩时石膏和水的比例为 1∶1.4，模拟混凝土时石膏和水的比例为 1∶1.5，弹性模量的相似系数为 15，材料重度的相似系数为 0.15。受石膏模型材料重度值偏低的限制，将自重体积力简化为面力和集中力进行加载。在重心穿孔用油压千斤顶施加自重；闸首迎水面的水压和泥沙压力叠加在一起采用油压千斤顶分块加载；闸室内水压力和门推力采用气压袋分层加载[9]。试验数据用测量仪自动采集，成果处理和绘图由计算机完成。模型试验研究了闸首建基面、闸室墙、底板等部位及基岩在自重、水压、泥沙压力等载荷作用下的应力、应变规律，将闸首 60 m 处分有缝和无缝两种情况，分别进行通航最终水位（175.0 m）和校核洪水位（180.4 m）两种载荷工况的组合测试，得出自重、自重加水压力的应力成果。

2）结构动力分析

地震使结构产生惯性力，可以采用动力学方法进行计算。但由于地震作用的随机性、复杂性、间接性和偶然性，尤其是结构自振周期、材料性能、阻尼变化和基础差异沉降等因素的影响，计算假定难以与实际情况完全相符，计算不能完全反映地震对结构的破坏作用。因此，在结构的抗震设计上不能完全依赖计算，还需要从宏观上考虑结构的总体地震反应。

工程上的结构抗震设计包括抗震计算和抗震措施[10]。按《水工建筑物抗震设计标准》（GB 51247—2018），升船机建筑物的设计烈度为 VI 度时，可不进行抗震计算，但仍应采取抗震措施；设计烈度高于 IX 度的水工建筑物、高度大于 200 m 或有特殊问题的壅水建筑物，应进行抗震安全性专门研究。抗震计算分析时，闸首可以采用有限元动力分析、动力模型试验，或者两者结合的方法。

（1）有限元动力分析。有限元动力分析可采用反应谱法或时程分析法。

反应谱法是国内外进行地震计算的基本方法，其特点是简便实用，在一定程度上反映了地震波和结构本身动力性能的影响。反应谱是在给定的地震加速度作用期间，单质点弹性体系的最大位移反应、最大速度反应、最大加速度反应随自振周期变化的曲线。根据反应谱，可采用底部剪力法、振型分解反应谱法计算结构的惯性力，进而对结构进行抗震设计。设计中需考虑惯性力与其他载荷的组合。对于多质点系结构和有扭转振动反应的结构，采用振型分解法。

时程分析法是对基本运动方程输入对应于建筑场地的若干条地震加速度记录或人工加速度波形（时程曲线），通过积分运算得到加速度随时间变化期间内结构内力随时间变化的全过程，进而进行承载力和变形验算。时程分析法又分为弹性时程分析和弹塑性时程分析。时程分析法的特点是能够反映结构的响应过程，但计算机性能要求高，计算时间长，一般只用于体型比较复杂和比较重要的结构的抗震计算。另外，在时程分析法中，输入不同的地震波，结构的响应是不同的，因此地震波的选取也非常重要。《水工建筑物抗震设计标准》（GB 51247—2018）规定，应以阻尼比为 5%的设计反应谱为目标谱，生成至少三套人工模拟地震加速度时程，作为基岩的输入地震加速度时程，各套地震加速度时程的各分量之间的相关系数均不应大于 0.3，应对按不同地震加速度时程计算的结果进行综合分析，以确定设计采用的地震作用效应[10]。《建筑抗震设计规范》（GB 50011—2010）规定，应按建筑场地类别和设计地震分组选用实际强震记录和人工模拟的加速度时程曲线，其中实际强震记录的数量不应少于总数的 2/3，多组时程曲线的平均地震影响系数曲线应与振型分解反应谱法所采用的地震影响系数曲线在统计意义上相符。

动力分析时，基岩通常按无质量的弹性基础考虑，还应计入水库水体对结构动力反应的影响，根据工程区的基岩条件和地震特性，闸首结构抗震分析可以采用振型分解反应谱法或振型分解时程分析法。

（2）动力模型试验。水工建筑物动力模型试验主要是确定弹性阶段的应力与变形状态，揭示弹塑性和破坏阶段的工作性态，并验证理论和计算方法的合理性与有效性[11]。结构动力模型应按相似理论进行设计，试验模型与原型结构的相似比尺应满足物理、几何及边界条件的相似要求。采用人工质量模拟的强度模型，以及模拟水与结构相互作用时也应满足相似关系。模型应分别满足原型结构的几何、物理、力学、构造和边界的主要条件，模型设计时应满足安装、结构响应量测和传感器安装等要求，制作模型的材料应进行密度、弹性模量测试。

动力模型试验目前常用的主要有激振器方法和振动台方法两类方法[12]。激振器方法是用能改变频率的正弦波激振器对模型进行激振，使其产生共振，测定结构在稳态共振情况下的动力特性，供计算分析应用，缺点是数据分析比较麻烦。振动台方法将模型安装在振动台上，让台面模拟特定的地震运动，直接测定结构的动力反应，还可以进行破坏试验。振动台方法是动态结构模型试验的重要手段之一。

动力模型试验主要在地震模拟振动台上进行，模型应考虑结构-地基-水三者耦合的作用条件，研究内容包括结构的动力特性、动应力、加速度和位移等，可评价结构的抗震性能和抗震能力。选择的振动台应能够准确输入试验要求的地震动波形，振动台台面应有足够的刚度，振动台动力系统的振动、噪声、电磁干扰不应对试验过程产生不良影响。试验加载时，振动台台面输入的地震加速度时程曲线应按下列条件进行设计：①设计地震按照水工建筑物抗震设计规范的相关规定确定加速度时程；②超载破坏试验，在设计地震基础上全时程同比例逐级增大输入加速度，分级不宜过多；③振动台台面输入加速度按相似比尺进行修正，对超出振动台工作频段的频率成分通过数字滤波消除修正。根据研究需要，试验还应可以量测试体的加速度、速度、位移、力、应变、动水压力等主要动态响应物理量。测点布置应能全面反映试体的动态响应、损伤状况，以及关键部位的加速度、位移、应变等响应。在试件典型部位和结构特性有明显变化的位置应布置传感器，测点宜优先布置在加速度和变形反应最大的部位。试验时应观测结构试体裂缝的出现和扩展情况，量测最大裂缝宽度，将裂缝出现的次序和扩展情况按输入地震波过程在试体上进行描绘并记录。试验的全过程宜以录像进行动态记录，对于试体主要部位的开裂、失稳屈服及破坏情况，宜拍摄照片和进行写实记录。

三峡升船机上闸首进行了振动台动力模型试验[13]，对结构-岩基-库水系统的动力反应进行了分析。几何尺寸、材料容重、液体容重、弹性模量、时间、应变、应力、位移、加速度、摩擦系数、凝聚力的相似系数分别为 75、1、1、27.3、14.36、2.75、75、206、1、1、75。模型结构部分选用加重脆性材料，基础材料选用弹性模量相似而容重低的轻质石膏，基础周边由结构部分向外延伸 27 m，并模拟了 F_{23}、F_{215} 断层及一组最不利的缓倾角结构面，顺河道向满库地震试验采用水箱来模拟水库。在振动台上对模型结构分别进行库空顺河道向、库空垂直河道向、库满顺河道向等工况下的地震响应试验。

数值计算分析和模型试验研究是设计中研究结构应力、变形和安全度的两条主要途径。将两种方法结合起来，并相互验证，有利于保证结果的正确性和可靠性，可以作为结构抗震设计的参考。

3）温度应力分析

大体积混凝土在硬结过程中会产生大量水化热，使浇筑块温度有明显上升。在升温期间，当遇外界温度骤降或块体内部温度过高，块体内部与表层形成很大的温差时，就会使表层产生较大的拉应力，导致早期表层裂缝的产生或贯通性裂缝的进一步形成。块体升温达最高值后，热量向周围介质（空气、水或基岩）传导或散发，温度开始下降。当结构底部的温度变形受到基岩或老混凝土的约束无法自由伸缩时，就有可能产生深层的基础裂缝。在闸首等大体积混凝土结构中，由温度作用产生的应力常比其他外载荷产生的应力的总和还大。《水工混凝土结构设计规范》（SL 191—2008）规定，水工混凝土结构在施工和运行期间，当温度的变化对建筑物有较大影响时，应进行温度应力计算，并应采取构造措施和施工措施以消除或减小温度应力。允许出现裂缝的钢筋混凝土结构构件，在计算温度应力时，应考虑裂缝的开展使构件刚度降低的影响。

温度应力分析的主要工况为混凝土浇筑施工期和结构运用期。混凝土浇筑施工期考虑外界气温、混凝土浇筑温度、胶凝材料水化热、调节结构温度状态的人工温控措施、建筑物基底及相邻部分的热量传导等；结构运用期考虑外界气温、水温、结构表面日照影响等[14]。

温控应力计算时首先需要计算温度场。温度场计算时用到的混凝土热学性能指标主要有：①比热容 c，即 1 kg 质量的混凝土温度升高 1 ℃所需的热量，单位为 kJ/（kg·℃）；

②导热系数λ，即面积为1 m^2、厚度为1 m的混凝土，当其两侧面存在1 ℃的温差时，在1 h中传导过来的热量，单位为kJ/（m·h·℃）；③导温系数α_z，$\alpha_z=\lambda/c\rho_c$，单位为m^2/h，其中ρ_c为混凝土质量密度；④放热系数β_c，即固体在1 m^{2}表面上每小时散发的热量，单位为kJ/（m^2·h·℃）；⑤线热胀系数α_c，即混凝土温度变化1 ℃时单位长度的线性胀缩变形，单位为℃$^{-1}$。混凝土的热学性能指标应由试验或专门研究确定。一般工程或初步设计时，可参照《水工混凝土结构设计规范》（SL 191—2008）的附录G取值。气温、水温、表面日照辐射热等温度作用的计算参数及周期变化过程应取自工程附近气象水文部门的实测资料，或者根据《水工建筑物荷载设计规范》（SL 744—2016）确定。

（1）浇筑温度、水化热绝热温升及外界介质温度。混凝土块体的温度场与块体的浇筑温度、本身的水泥水化热绝热温升及外界介质的温度有关。

第一，浇筑温度。浇筑温度T_p可按式（4.1.10）计算：

$$T_p=T_0+\eta(T_a-T_0) \tag{4.1.10}$$

式中：T_0为混凝土拌和后的机口温度，忽略拌和过程中的热量流失或流入的影响；T_a为混凝土浇筑时的平均气温；η为考虑混凝土在拌和、装斗、运输、转运和浇筑过程中热量流失或流入的影响系数，在一般现场条件下，$\eta=0.2$～0.3，当运输距离较长、运转较多及采用人工浇筑时，$\eta=0.4$～0.5。

混凝土拌和后的机口温度T_0可按式（4.1.11）计算：

$$T_0=\frac{\sum W_i c_i T_i}{\sum W_i c_i} \tag{4.1.11}$$

式中：W_i为每立方米混凝土中各种原材料的重量；T_i、c_i为各种原材料的温度与比热容。

第二，水化热绝热温升[14]。浇筑块在硬结过程中出现的水泥水化热的数值与水泥品种相关。水化热Q_τ曲线应由试验确定，初估时可采用式（4.1.12）计算：

$$Q_\tau=Q_0[1-\exp(-m_h\tau_d{}^{\delta})] \tag{4.1.12}$$

式中：Q_0为水泥最终发热量，kJ/kg；m_h、δ为常数，参见表4.1.4；τ_d为龄期，d。

表4.1.4　水泥水化热的Q_0及m_h、δ的值

水泥品种		Q_0/（kJ/kg）	m_h	δ
普通硅酸盐水泥	42.5强度等级	340	0.69	0.56
	32.5强度等级	340	0.36	0.74
普通硅酸盐大坝水泥	42.5强度等级	280	0.79	0.70
矿渣硅酸盐大坝水泥	32.5强度等级	280	0.29	0.76

已知水泥水化热Q_τ的曲线后，水化热产生的浇筑块混凝土绝热温升θ_τ可用式（4.1.13）求解：

$$\theta_\tau=\frac{Q_\tau(1-0.75p_c)C_v}{c\rho_c} \tag{4.1.13}$$

式中：θ_τ为混凝土的绝热温升；C_v为包括水泥及粉煤灰的胶凝材料用量，kg/m^3；p_c为粉煤灰掺量的百分数。

第三，外界介质温度。外界介质温度主要是指气温、水温、表面日照辐射及地温等，应取自工程附近气象水文部门的实测资料，资料不全时可根据专门的公式进行推算，或者与其他工程类比确定。气温有日变化和年变化两个明显的周期性变化，可近似地用正弦或余弦函数表示。库水温度与年气温一样呈周期性变化，但温度变化的幅度随库水深度的增加而减小，并在相位上滞后于气温。对某些建筑物还需考虑日照辐射热的影响，其与工程所处的纬度、当地的云量及晴天太阳辐射能等有关。

（2）温度场计算。大体积混凝土结构的温度场可由热传导基本方程求解。对于均匀各向同性的具有内热源（水化热）的混凝土，其热传导微分方程为

$$\frac{\partial T}{\partial \tau}=\alpha_{\mathrm{z}}\left(\frac{\partial^2 T}{\partial x^2}+\frac{\partial^2 T}{\partial y^2}+\frac{\partial^2 T}{\partial z^2}\right)+\frac{\partial \theta_\tau}{\partial \tau} \tag{4.1.14}$$

式中：$T(x,y,z)$ 为各坐标点的温度；τ 为时间；α_{z} 为混凝土的导温系数；θ_τ 为混凝土的绝热温升。

根据结构的边界条件和初始条件，求解上述微分方程，即可求得块体的温度场。初始条件就是计算采用的初始温度场，对于新浇筑块，初始瞬时温度一般认为是均匀的，取混凝土的入仓温度。边界条件是指混凝土块体表面与周围介质的热交换条件，如表面与流水接触、与空气接触、与基岩接触等。温度场计算时的边界条件可分为三类：①第一类边界，混凝土表面的温度 T 是时间 τ 的已知函数；②第二类边界，混凝土表面的热流量 q^* 是时间 τ 的已知函数；③第三类边界，混凝土与空气接触，混凝土的表面热流量和表面温度 T 与气温 T_{a} 之差成正比。

在结构形状、边界条件简单的情况下，上述微分方程才有理论解。当结构形式和边界条件比较复杂时，温度场的计算采用差分法或有限元法，目前多采用有限元法。

（3）温度应力。由于外界温度、混凝土的绝热温升、弹性模量及徐变都随时间变化，特别是在混凝土浇筑后的早期，绝热温升、弹性模量变化及徐变十分剧烈，结构的温度场和温度应力采用增量法来求解。

根据弹性理论，施工期、运行期内由温度变化和干缩引起的应力可用增量初应变法来计算。

设第 i 级载荷（包括温度变化、干缩等）作用后产生的应变为 $\boldsymbol{\varepsilon}_i$，应力为 $\boldsymbol{\sigma}_i$。第 i+1 级载荷产生的应变增量为 $\Delta\boldsymbol{\varepsilon}_{i+1}$，应力增量为 $\Delta\boldsymbol{\sigma}_{i+1}$，则可得增量形式的物理方程：

$$\Delta\boldsymbol{\sigma}_{i+1}=\boldsymbol{D}_{i+1}(\Delta\boldsymbol{\varepsilon}_{i+1}-\Delta\boldsymbol{\varepsilon}_{0_{i+1}}) \tag{4.1.15}$$

式中：$\boldsymbol{D}_{i+1}$ 为第 $i+1$ 级载荷步时的弹性矩阵；$\Delta\boldsymbol{\varepsilon}_{0_{i+1}}$ 为第 $i+1$ 级载荷步时的初应变，由温度变化、干缩、徐变、自生体积变形等因素引起的应变增量组成。

和温度场一样，只有极少数问题能求得弹性力学的解析解，目前工程上都采用有限元法来求解温度应力。

闸首结构受力条件复杂，为了满足强度及整体性的要求，必须通过仿真分析，弄清施工期及运行期温度载荷对混凝土结构的影响。计算时取混凝土为弹性徐变体，基岩可不计徐变，模拟施工顺序、混凝土浇筑进度和间歇期、混凝土分区、弹性模量变化、水泥水化热、通水冷却等边界条件，计算从混凝土浇筑开始到上闸首达到稳定或准稳定温

度时段的温度场和温度应力。

4）结构配筋设计

闸首结构应满足承载能力极限状态及正常使用极限状态的要求。由于外载荷较大，作用条件及结构形式复杂，底板部位两侧闸墙传来的水平力及弯矩在航槽范围内产生很大的拉应力区域，且表面拉应力值较大，某些部位不能满足抗裂要求。按最大裂缝允许宽度设计时，配筋数量多，难以布置，有时需考虑采用预应力配筋。

闸墙的配筋设计比较简单，不考虑闸墙自重可按受弯构件设计，考虑自重则可按偏压构件设计。闸首排架柱结构配筋设计，可按杆系结构计算，抗震计算时应考虑鞭梢效应。

上闸首的底板为大体积混凝土，属于非杆系结构，对这类结构的配筋，工程上一般有两种设计方法[15]。一种方法是套用杆系结构的配筋公式，按偏压构件设计，截面上的弯矩与轴力由应力换算得到，但困难在于偏压构件的截面高度不易确定。闸首底板高度大，且底板固结在岩基上，若偏压构件的截面高度直接取底板高度，则配筋量很小，与实际不符。如果偏压构件的截面高度不按底板高度取值，那么究竟取多大合适，难以确定。另一种方法是采用应力图形法设计。其原理是先按弹性体计算得到截面上的应力图形，将应力图形中的拉应力转换成拉力，按拉力的全部或部分由钢筋承担的原则，计算钢筋用量。此方法有两方面缺陷：一是理论上不合理，当钢筋起作用时，混凝土已开裂，按弹性体计算得到的应力已不存在，将一个实际不存在的应力图形作为配筋设计的依据在理论上不合理，但工程实践表明，按此方法得到的钢筋用量能满足承载能力极限状态的要求；二是无法求得裂缝宽度，即无法判断结构能否满足正常使用极限状态的要求。

钢筋混凝土有限元法是非杆系结构受力分析及配筋设计的一种有效方法。按钢筋混凝土有限元法分析设计，能了解结构从加载到破坏整个过程的工作状态，正确反映钢筋真实的受力情况，找出结构的薄弱部位，并可以根据计算结果调整结构尺寸与钢筋布置，得到较优的设计，特别是能考虑混凝土开裂引起的温度应力释放，了解结构的裂缝宽度和位移能否满足要求，可以弥补按弹性应力图形面积配筋的不足。《水工混凝土结构设计规范》（SL 191—2008）第 3.1.3 条规定：无法按结构力学方法求得截面内力的钢筋混凝土结构，可由弹性力学分析方法求得截面的应力图形面积以确定配筋数量，对重要的结构还宜按钢筋混凝土有限元法进行分析校核。规范还提出了采用钢筋混凝土有限元法进行非杆系混凝土结构设计的原则：①混凝土和钢筋的本构关系与破坏准则应由试验确定，如无试验资料，可采用经专门论证的数学模型。②仅验算承载力时，可不考虑钢筋和混凝土之间的黏结滑移；验算裂缝宽度时，应考虑钢筋和混凝土之间的黏结滑移。③裂缝宽度验算时，宜用钢筋混凝土非线性有限元程序直接得出裂缝的分布与宽度；对可事先确定裂缝间距的结构，裂缝宽度也可由裂缝区域中一个裂缝间距两端的相对位移确定。④承载力计算与裂缝宽度验算时，钢筋和混凝土的强度均取为标准值；混凝土初始弹性模量可由混凝土的强度等级查表取用。⑤裂缝宽度控制验算时，载荷采用标准值。裂缝控制验算时，永久载荷和可变载荷均取载荷的标准值乘以γ_0。承载力验算时，载荷取效应组合设计值与增大系数的乘积。当结构为钢筋受拉破坏时，增大系数取为$1.1\gamma_0\gamma_d\psi$；当结构为混凝土受压破坏时，增大系数取为$1.4\gamma_0\gamma_d\psi$。其中，γ_0为结构重要性系数，γ_d 为结构系数，ψ 为设计状况系数。另外，可以按规范规定取综合系数 K_0。单元的破坏准则可根据具体的研究目的取为钢筋应力达到屈服强度、混凝土受拉达到极限抗拉强度或极限拉伸变形、混凝土受压达到极限抗压强度或极限压缩变形等。结构的破坏标志可定为受拉钢筋屈服、混凝土裂缝开展过宽、变形过大、受压混凝土大范围压碎或重要部位局部压碎、结构刚度矩阵奇异、变形骤增等。对特别重要的结构，宜配合进行专门的模型试验，与钢筋混凝土有限元分析计算相互验证。

5）工程实例

（1）结构静力分析。三峡升船机上闸首结构静力分析进行了以下几个方面的研究：采用均质地基计算模型，研究上闸首混凝土结构的应力和变形；采用非均质地基计算模型，模拟岩基的主要软弱构造和材料的力学特性，考虑岩基的地应力、岩体的开挖和结构的加载过程，研究断层 F_{23}、F_{215} 和 F_{548} 对上闸首结构应力与变形的影响；采用三维接触非线性计算模型，研究结构分缝对结构应力和变形的影响；进行物理模型试验，包括整体模型和局部模型，验证数值计算分析成果，并研究结构关键部位的应力场。计算时载荷组合主要考虑正常水位（175.0 m）工况和校核水位（180.4 m）工况。结构静力分析的主要结论[16]：①运行期，上游中部横缝除闸墙与航槽底板交界角点局部区域存在数值不大的拉应力外，其他区域均为压应力；下游宽槽横缝的法向应力在内侧一定区域内为拉应力，但数值不超过 0.75 MPa。②由于航槽内水压力的作用，航槽底板从表面高程 141 m 起至高程约 118 m 的深度范围内产生了较大的横向拉应力，特别是闸墙附近的底板表面拉应力大，纵缝处一般可达 1.7 MPa（正常水位运行期）和 2.4 MPa（校核洪水位运行期），表面以下 5 m 范围内衰减迅速。③底板横向拉应力在结构表面区域的应力值较大，配置普通钢筋只能限制裂缝的开展宽度，无法满足抗裂要求。因此，底板采用预应力方案。④运行期，闸墙根部内侧角点及航槽底板上游踵部附近存在垂直拉应力区域，因此，在闸墙角处做成贴脚，以减少应力集中现象。⑤闸首后部、“高跟鞋”底部、高程为 48 m 的内侧角点局部区域及斜坡顶端为垂直压应力集中区，数值在 6.5 MPa 左右。⑥键槽缝若存在一定的初始间隙，将对整体结构应力产生一定的影响，因此，实际施工时应保证键槽缝灌浆质量，保证结构的整体性。⑦断层对结构应力的影响只限于它附近的一定范围内，对结构的上部应力影响不大，采取抽槽回填混凝土和固结灌浆的工程处理措施。⑧模型试验成果表明，应力场的分布及主要应力值与有限元分析成果基本吻合。

（2）结构动力分析。上闸首结构动力分析采用有限元动力计算和振动台动力模型试验，分析、研究结构的动力特性和地震响应。根据三峡区域的基岩条件和地震特性，上闸首结构抗震分析采用振型叠加反应谱法，以反应谱为基础，将人工波、三峡波作为输入地震加速度时程进行有限元分析和试验研究。上闸首地震的设计烈度为 VII 度；为了反映动载荷作用时材料弹性模量的增大现象，令混凝土和岩基的弹性模量为静弹性模量的 1.25 倍；考虑水质量对结构动力反应的影响。计算表明，顺河道向地震和垂直河道向地震都可能在底板基面的上游边缘引起较大的竖向拉应力，但是，如果将两向地震引起的拉应力用均方根法组合（这种方法偏于安全），再与静应力叠加，建基面基本上是受压的，仅在航槽上游块的基面上，由于分块浇筑的自重较小，与地震应力叠加后可能在较小范围产生拉应力。垂直河道向地震在闸墩底面将引起较大的竖向拉应力，此拉应力与静应力叠加后，在闸墩内侧将产生较大的拉应力，因此，在这些拉应力区需要配置适量的钢筋[17]。结构动力分析的结论是，上闸首为大体积实体结构，刚度大，抗震性能好，动应力值较小，抗震强度是足够的。

（3）结构温度载荷及温度应力分析。进行上闸首结构温度应力仿真分析，分析结论如下。

上闸首基础约束区混凝土的最高温度一般部位为 26～36℃，下游衬砌部位平均为 34℃；受其侧面及底部基岩约束区的影响，施工中采取温控措施，使其温度降至 30℃以下。接缝灌浆和宽槽回填的施工时机可选在浇筑结束后，经过 4～6 个月的通水冷却，块体内部温度可降至 16～17℃，接近稳定温度。施工期块体内外温差较大，需采取措施，防止施工期裂缝。

（4）预应力钢筋混凝土配筋设计。上闸首航槽底板采用预应力混凝土结构。垂直河道方向设置 657 束 3000 kN 级预应力锚索，另预留 95 束备用锚索。除上闸首前端 8 m 范围将锚具置于预应力张拉廊道内外，其余锚具均置于边墩外墙壁，并在其最底排下面布置一排备用锚索孔道。预应力锚索布置在底板纵缝第一道止水片下面，距混凝土顶面 1.35 m。在辅助门槽上游，底板高程 137.4～139.65 m 处布置四排，间距为 70 cm×75 cm（水平×竖向）；在辅助门槽下游，底板高程 129.4～132.4 m 处分别布置五排、四排、三排，局部增至六排，间距为 70 cm×75 cm。另外，在底板顶面以下 1.0m 范围，布置六排直径为 25～36 mm 的网状钢筋。按照以上布置，175.0 m 水位运行情况，底板无拉应力；180.4 m 水位由挡水门挡水，底板也无拉应力。

4.2 承重塔柱结构设计关键技术

4.2.1 结构形式研究

承重塔柱作为船厢、平衡重、提升设备及上部机房的主要承重结构，要求具有良好的协同工作力学性态和抗震性能。

塔柱结构形式按照建筑材料的不同有钢结构、钢筋混凝土结构、钢结构-钢筋混凝土组合结构等形式。德国的尼德芬诺升船机采用的是全钢杆件结构，吕内堡升船机采用的是钢筋混凝土结构，比利时斯特勒比双线升船机采用的是中间为钢筋混凝土筒体结构、两侧为钢结构的组合式塔柱结构。

中国已建和在建的大中型垂直升船机均建在水利水电枢纽上，提升高度较大，塔柱有侧向挡水的要求，均采用了钢筋混凝土结构形式。混凝土塔柱结构由于具有侧向刚度较大、施工方便、无须维护等优点，近年来在国内外升船机建设中得到了广泛应用。本节重点介绍钢筋混凝土塔柱结构。

根据升船机运行功能和对塔柱结构刚度的要求，钢筋混凝土塔柱一般以筒体和剪力墙为主要承载体，其主要结构形式包括全筒式、开敞筒体式、筒体-箱梁式和筒-墙式四种[18]，四种形式塔柱的平面示意图见图 4.2.1。

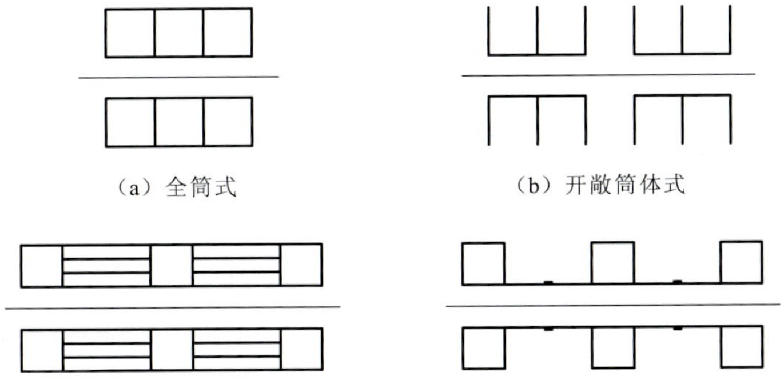

（a）全筒式　（b）开敞筒体式　（c）筒体-箱梁式　（d）筒-墙式

图 4.2.1　四种形式塔柱的平面示意图

（1）四种形式的横向刚度相差不大，纵向刚度则有较大的差别，以全筒式结构最大，筒体-箱梁式结构最小。

（2）开敞筒体式结构的温度效应有明显改善，但受风时涡流最乱，风振系数不易确定，体型系数也最大，抗扭性能较弱。

（3）筒体-箱梁式结构的横向迎风面较小，可改善风载对塔柱的影响，自重较轻，既可节省混凝土工程量，又可减少地震效应，船厢室采光和通视条件也最佳，但大跨度箱梁需施加预应力，施工工艺相对复杂，高空施工有一定的难度，同时，结构体型比较单薄，地震时的振型复杂，对上部机房的抗震不利。

（4）筒-墙式结构的受风面积最大，墙体的风振脉动效应也最大，地震时筒体受扭较大，振动效应不易计算正确。

（5）全筒式结构的横向迎风面较大，承受的风载荷相应加大，但结构有足够的刚度，水平位移仍最小，在四种结构形式中，运行期温度应力最高，混凝土用量最大。全筒式结构的整体稳定性最好，传力明确，整个结构的体型在立面和平面上的布置规则、对称，质量分布和刚度分布均匀并基本重合，有利于抗震；在施工过程中，筒体的稳定性也最好，特别是结构刚度大，相对水平位移小，有利于筒顶机房和设备的运行。

三峡升船机承重塔柱高度达 146 m，作用载荷为 2×155 000 kN，要求结构承载力大、变形小。在分析、研究各类不同结构形式塔柱优缺点的基础上，三峡升船机采用了新型的筒-墙-梁复合空间结构体系，塔柱平面示意图见图 4.2.2。塔柱对称布置在船厢室两侧，每侧由墙-筒体-墙-筒体-墙组成，总长度为 119.0 m，总宽度为 16.0 m，两侧塔柱之间的距离为 25.8 m，塔柱顶部由七根横梁、观光平台、控制室平台连接，以协调两侧塔柱的变形。整个结构体系不仅刚度大、温度应力小，而且通风和采光条件好。有限元计算和监测资料表明，新型复合空间结构的塔柱变形小，最大横向相对变位为 33 mm，最大纵向相对变位为 15 mm，不仅满足船厢机构对塔柱变形的要求，而且节省工程量。

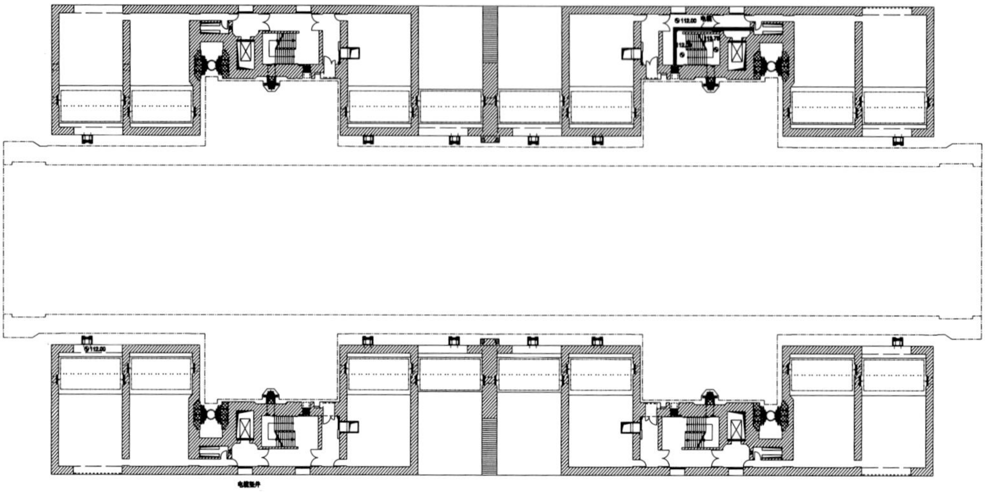

图 4.2.2　三峡升船机塔柱平面示意图

4.2.2　塔柱结构静动力分析

1. 塔柱结构静力分析

结构静力分析的目的是，研究塔柱变形和各关键断面、关键部位及各部分之间联系结构的应力状态等，从而判断结构强度和刚度是否满足要求。其内容包括确定计算范围内结构和基础的几何物理特性、结构计算所采用的载荷及工况组合，并进行结构分析，根据计算分析对结构进行修改，以寻求结构的经济合理性和安全可靠性。

1）载荷

作用于塔柱结构的载荷包括结构和设备自重、水压力和扬压力、浪压力、土压力、风载荷和雪载荷、楼面（梯）和平台活载荷、起重机载荷、温度作用，以及船厢和设备安装、运行、检修时作用在建筑物上的载荷等。

（1）结构自重按结构设计尺寸与其材料容重计算确定。钢筋混凝土的重力密度由试验确定，当无试验资料时，可取 25 kN/m^3。永久设备自重宜采用设备铭牌重量值；无铭牌重量时，可按实际重量计算。

（2）作用于机房和检修安装平台的载荷应按所布置的检修、安装设备的载荷取值，应结合安装、检修方案确定。作用于其他楼面与楼梯上的活载荷可参照《建筑结构荷载规范》（GB 50009—2012）的有关规定取值。

（3）作用于升船机塔柱结构的水压力宜按静水压力计算，当一侧紧邻消力池或电站过水建筑物时，应考虑脉动水压力载荷，必要时应研究水力振动的影响，如向家坝升船机右侧边墙紧邻电站尾水，计算时考虑脉动水压力。

（4）浪压力可根据波浪要素（波高、波长等）按《水工建筑物荷载设计规范》（SL 744—2016）计算确定。波浪要素计算时，计算风速应根据建筑物的级别、结构形式及所在地理位置分析确定；当浪压力参与特殊组合时，应采用多年平均年最大风速。

（5）土压力的计算状态应根据地基性质、结构类型和回填土性质综合判别。对于岩基上的重力式、扶壁式、悬臂式和混合式等结构，以及整体式结构，墙后填土应按静止土压力计算。例如，构皮滩第二级升船机，船厢室左右侧填土最大高度为 33 m。

（6）作用于建筑物表面上的风载荷可按《建筑结构荷载规范》（GB 50009—2012）的有关规定计算。对于对称布置的垂直升船机承重塔柱结构，风载荷体型系数可按《升船机设计规范》（GB 51177—2016）选取，风载荷体型系数也可参照《高层建筑混凝土结构技术规程》（JGJ 3—2010）。对于升船机新形式承重结构的风载荷体型系数，必要时由风洞试验确定。

（7）温度作用宜考虑气温周期变化（平均年气温、均匀温升、均匀温降）和非周期变化（气温骤降、日照非均匀温升）。气温年变化、气温骤降引起的温度场变化宜根据其温度边值条件按连续介质热传导理论计算。当直接采用温差分布计算日照温度作用时，日照引起的温差分布宜通过试验确定。已有研究成果表明，大体积混凝土受日照影响的深度为 30 cm。混凝土热学特性指标，可参考同类工程的经验或由试验确定；无试验资料时，可按结构设计规范的有关规定取值。

（8）船厢及其设备作用在承重结构上的载荷应按正常、非正常和特殊工况条件确定。船厢作用在塔柱上的载荷大体上有钢丝绳滑轮（或卷筒）作用在顶部绳轮梁上的载荷，船厢的提升力、导向力、锁定力，平衡重的导向力、锁定力等，它们作用在塔柱的不同部位，结构设计时需考虑船厢在不同高度对塔柱作用的整体和局部的影响。船厢的事故载荷主要包括船厢内水漏空、水满厢、在船厢内沉船，以及船厢在船厢室进水时被水淹没等工况产生的船厢的浮力（或平衡重浮力）。

2）载荷组合

船厢运行包括正常工况、非正常工况和特殊工况，塔柱结构设计应相应考虑。正常工况是指升船机正常运行的工况和检修工况；非正常工况包括设计应考虑的可能出现的故障工况、事故工况，以及非正常自然条件和运行条件引起的各种偶然工况；特殊工况是指出现概率很小，需根据工程具体情况及用户要求予以酌情考虑的工况。

升船机塔柱结构应进行承载能力极限状态计算与正常使用极限状态验算，其不同工况的载荷组合应分别按表 4.2.1 和表 4.2.2 选取[19]，必要时还应考虑其他可能的不利载荷组合。

表 4.2.1　承载能力极限状态载荷组合表

序号	载荷	基本组合						偶然组合	
		运行期				检修期			
		1	2	3	4	5	6	7	8
1	结构自重与设备自重	√	√	√	√	√	√	√	√
2	扬压力	√	√	√	√	√	√	√	√
3	土压力	√	√	√	√	√	√	√	√
4	风载荷、雪载荷	√	√	√	√	√	√	√	√

续表

序号	载荷	基本组合						偶然组合	
		运行期				检修期			
		1	2	3	4	5	6	7	8
5	设备作用在结构上的载荷	√	√	√	√	√	√	√	√
6	楼面（梯）及平台活载荷	√	√	√	√	√	√	√	√
7	水压力（运行期最高挡水位）	√	√	—	—	—	—	√	—
	水压力（运行期最低挡水位）	—	—	√	√	—	—	—	√
	水压力（检修期最高挡水位）	—	—	—	—	√	√	—	—
8	温度作用（气温周期变化）	√	√	√	√	√	√	—	—
	温度作用（日照）	√	—	√	—	√	—	—	—
	温度作用（气温骤降）	—	√	—	√	—	√	—	—

注：“√”表示参与载荷组合，“—”表示不参与载荷组合。

表 4.2.2　正常使用极限状态载荷组合表

序号	载荷	基本组合					
		运行期				检修期	
		1	2	3	4	5	6
1	结构自重与设备自重	√	√	√	√	√	√
2	扬压力	√	√	√	√	√	√
3	土压力	√	√	√	√	√	√
4	风载荷、雪载荷	√	√	√	√	√	√
5	设备作用在结构上的载荷	√	√	√	√	√	√
6	楼面（梯）及平台活载荷	√	√	√	√	√	√
7	水压力（运行期最高挡水位）	√	√	—	—	—	—
	水压力（运行期最低挡水位）	—	—	√	√	—	—
	水压力（检修期最高挡水位）	—	—	—	—	√	√
8	温度作用（气温周期变化）	√	√	√	√	√	√
	温度作用（日照）	√	—	√	—	√	—
	温度作用（气温骤降）	—	√	—	√	—	√

注：“√”表示参与载荷组合，“—”表示不参与载荷组合。

与常规高层建筑计算相同，当结构自重及设备自重对结构有利时，载荷系数应折减；活载荷宜按楼层层数折减；考虑到混凝土开裂后温度应力的释放，温度作用折减系数可取 0.3～0.4。

当计算结构变形时，温度作用的参与系数取 1.0；当计算结构的裂缝宽度时，温度作用的参与系数取 0.5～0.6。船厢自重引起的结构变形应考虑徐变影响，在无计算资料的情况下，可近似按 1.5 倍结构变形估算。

3）计算内容

静力计算的主要内容包括抗滑、抗倾、抗浮整体稳定计算，局部结构稳定计算，结构配筋，裂缝控制，结构变形控制等。

4）计算方法

静力计算与高层建筑设计类似，结构的内力和位移可按弹性方法计算。结构分析模型应能较准确地反映结构中各构件的实际受力状况，船厢与结构的相互作用应符合实际。对于体型复杂、结构布置复杂的结构宜采用至少两个不同力学模型的结构分析软件进行整体计算。构件设计按混凝土结构设计规范进行。

2. 塔柱结构动力分析

塔柱结构动力分析的主要内容是，确定结构主要的固有频率、振型和阻尼比等动力特性，确定结构在设计地震作用下的动力反应，最后根据抗震规范要求，评价结构的抗震安全性，对影响升船机设备安全运行的塔柱动位移进行论证。

1）地震作用

（1）抗震设防烈度。地震震级衡量一次地震释放能量的大小，一次地震只有一个震级。震源释放的能量越大，震级越高。地震释放的能量以波的形式传播并引起地面运动，即地震动。地震动使建筑物产生加速度，形成作用于建筑物的地震作用。地震时，某一地区地面及建筑物振动的强烈程度用地震烈度衡量。地震烈度分为十二个等级[20]，分别用罗马数字 I、II、III、IV、V、VI、VII、VIII、IX、X、XI、XII 表示。VI 度及 VI 度以上可能发生结构损坏，抗震规范规定 VI 度需进行抗震设防。50 年期限内，一般场地条件下，可能遭遇的超越概率 P_{50} 为 0.10 的地震烈度，定义为基本烈度。在基本烈度基础上，根据工程重要性和特点确定设计烈度。《水工建筑物抗震设计标准》（GB 51247—2018）规定，水工建筑物应根据其重要性和工程场地地震基本烈度确定工程抗震设防类别，分为甲、乙、丙、丁四类；《建筑工程抗震设防分类标准》（GB 50223—2008）规定，建筑抗震设防类别根据建筑破坏后人员伤亡、经济损失、社会影响，地域、行业规模，功能失效后影响范围，抗震救灾影响及恢复的难易程度等综合分析确定，分为特殊设防类（甲类）、重点设防类（乙类）、标准设防类（丙类）和适度设防类（丁类）。根据设防分类和基本地震烈度确定建筑物的抗震设防标准。一般，工程抗震设防烈度、设计基本地震加速度可由《中国地震动参数区划图》（GB 18306—2015）查得；抗震设防烈度为 IX 度的升船机建筑物，其抗震设计应进行专题论证。确定了地震设防烈度也就确定了设计基本地震加速度、设计特征周期、地震动参数（地震位移时程曲线、加速度时程曲线、加速度反应谱和峰值加速度）。例如，三峡升船机塔柱基准期 50 年内超越概率为 0.05 的水平向地震加速度为 0.067g，大于抗震设防烈度 VI 度对应的地震基本加速度值 0.05g。

（2）地震影响系数。地震作用计算可分为拟静力法、振型分解反应谱法和振型分解时程分析法。其中，拟静力法、振型分解反应谱法是基本方法，对于重要建筑和不规则建筑采用振型分解时程分析法作为补充。抗震设计采用加速度反应谱计算地震作用下的最大惯性力，然后按静力法计算。利用加速度反应的绝对最大值计算惯性力，并将其作为等效地震载荷 F_e，计为 $F_e=\alpha_e G$，其中，α_e 为地震影响系数，G 为质点的重量。建筑结构的地震影响系数根据抗震设防烈度、场地类别、设计地震分组和结构自震周期及阻尼比确定。

2）塔柱动力响应

（1）计算原则。①塔柱结构宜规则、对称布置，一般情况下，在建筑结构的两个主轴方向分别计算水平地震作用，各方向的地震作用由该方向抗侧力构件承担。计算单向地震作用时应考虑偶然偏心影响，每层质心沿垂直于地震作用方向的偏移值可取±0.05L（L 为垂直于地震作用方向的建筑物总长度）。②计算地震作用时，建筑的重力载荷代表值取结构和构件自重标准值及可变载荷组合值之和。可变载荷组合值的采用，雪载荷取0.5；楼面活载按实际情况计算时取 1.0，按等效均布活载计算时可取 0.5。③船厢与塔柱之间的相互作用是通过船厢的纵横导向机构与塔柱的结合实现的。在地震载荷作用下，船厢纵横导向机构与塔柱的相互作用力即耦合力。耦合力计算属非线性接触问题，宜采用时程分析法，其数值大小与计算模型、结构刚度、塔柱材料、阻尼系数及船厢处于运行或停靠位置等因素有关。此外，还应考虑船厢与塔柱的间隙。船厢运行时，船厢与塔柱之间应保留正常运行需要的间隙；船厢与上（下）游对接时的停靠位置应使船厢与塔柱之间无间隙。《升船机设计规范》（GB 51177—2016）规定，对于齿轮齿条爬升式升船机，应研究船厢和承重结构的动力相互作用，以及船厢水体的动力流固耦合影响。三峡升船机船厢内水体的附加质量按 Housner 模型计算，水沿纵向的动力质量参与系数按照5%考虑，水沿横向的动力质量参与系数按 40%考虑；平衡重类似单摆，纵向动力质量参与系数为 30%，横向动力质量参与系数按 20%考虑。

（2）计算方法。塔柱动力计算采用反应谱法和时程分析法，以塔柱为计算主体，考虑船厢与塔柱结构的连接刚度和相互作用，顶部机房、平衡重及其他设备作为附加质量考虑，结构采用块体单元或壳体单元，船厢按刚体考虑。计算出地震作用效应后，进行构件承载力和变位计算等。多遇地震作用情况下，可假定结构与构件处于弹性工作状态，内力和变形分析可采用线性静力方法或线性动力方法。对于复杂结构，应采用不少于两个力学模型，并对其计算结果进行分析、比较，判断确认其合理性、有效性后方可用于工程设计。具体计算参见第 5 章。

4.2.3 变形、裂缝控制标准与结构配筋设计

1. 塔柱变形控制

在正常使用条件下，塔柱结构应具有足够的刚度，避免过大的位移影响结构的承载

力、稳定性和使用要求。在船厢升降过程中，齿轮齿条爬升式升船机的驱动机构齿轮与齿条之间、安全机构螺杆导向小车与螺母柱之间，以及船厢导向装置与轨道之间始终处于密切接触状态，机构或装置需要适应船厢与塔柱结构之间的相对变位。因此，塔柱结构变形过大将不能满足设备与结构变形协调的要求，影响升船机的正常运行；对塔柱结构的变形控制过严，则会使经济性不合理。

变形计算一般采用弹性方法。变形控制指标主要有竖向变形、水平变形及水平变形相对位移。竖向变形主要考虑整体沉降、不均匀沉降影响；水平变形主要控制顶部位移，塔柱与船厢结构相对位移，齿条、螺母柱部位相对位移，顶部机房吊车轨顶的横向位移等。例如，向家坝升船机塔柱结构顶部位移与总高度之比小于1/1 500，驱动机构适应相对变位的能力纵向≤90 mm，横向≤120 mm，横向导向机构纵横向最大相对变位为±120 mm，螺杆、螺母柱螺牙间的间隙（螺纹副间隙）允许误差为±50 mm。

2. 裂缝控制标准

钢筋混凝土结构构件正常使用极限状态验算包括抗裂或裂缝宽度验算及变形验算。抗裂或裂缝宽度验算根据使用要求进行：承受水压的轴心受拉构件、小偏心受拉构件，以及发生裂缝后会引起严重渗漏的其他构件，应按载荷效应标准组合进行抗裂验算；需要控制裂缝宽度的结构构件，应按载荷效应标准组合进行裂缝宽度或钢筋应力的验算，构件正截面的最大裂缝宽度计算值不应超过规范限值。裂缝宽度过大产生的不利影响主要有：影响外观，使人产生不安全感；裂缝处混凝土碳化加快，钢筋锈蚀提早发生，影响结构耐久性；裂缝处的水压使结构应力加大，裂缝进一步扩展，影响结构的承载力。

一般钢筋混凝土结构，在使用载荷作用下，截面的拉应力常常是大于混凝土的抗拉强度的，在正常使用状态下必然有裂缝产生，即构件总是带裂缝工作的。进行承载力设计后应按规范进行裂缝宽度验算。

预应力混凝土结构构件设计时，应根据环境类别选用不同的裂缝控制等级。裂缝控制等级分为三级：一级，严格要求不出现裂缝的构件，构件受拉边缘不应产生拉应力；二级，一般要求不出现裂缝的构件，构件受拉边缘的拉应力不超过混凝土抗拉强度标准值的70%；三级，允许出现裂缝的构件，控制裂缝宽度。

裂缝限值与结构所处的环境类别有关。《水工混凝土结构设计规范》（SL 191—2008）将环境分为五类：一类，室内正常环境；二类，室内潮湿环境，露天环境，长期处于地下或水下的环境；三类，淡水水位变化区，有轻度化学侵蚀性地下水的地下环境，海水水下区；四类，海上大气区，轻度盐雾作用区，海水水位变化区，中度化学侵蚀性环境；五类，使用除冰盐的环境，海水浪溅区，重度盐雾作用区，严重化学侵蚀性环境。不同的环境类别对应不同的最大裂缝限值。结构构件的混凝土保护层厚度大于50 mm或构件表面设有专门的可靠防渗面层等防护措施时，裂缝宽度限值可适当增加；当结构构件不具备检修维护条件或结构构件承受水压且水力梯度大于20时，最大裂缝宽度限值应适当减小。齿轮齿条爬升式升船机塔柱结构的不同部位分属室内正常环境，露天环境、长期处于水下或地下的环境，淡水水位变化区等环境类别，应根据不同部位分别进行计算。

当裂缝宽度计算值大于规范限值时，应调整截面和配筋，使其满足规范的裂缝限值要求。

3. 结构配筋设计

塔柱结构构件主要包括底板、筒体剪力墙、柱、梁（联系梁、绳轮梁、顶部梁系、轨道梁、过梁等）、板（各层楼板、屋面板、检修平台板、外部平台板等）、楼梯、局部结构（螺母柱传力体系、齿条传力体系、纵导向传力体系、平衡重传力体系）、牛腿、砌体围护结构等。底板可按筏形基础计算；剪力墙、柱、梁、板、牛腿、砌体可根据内力组合按规范中的相关公式计算配筋和裂缝。绳轮梁为异形结构，简化为 T 形梁计算，并按应力图形法复核。螺母柱、齿条局部结构采用钢筋混凝土有限元法计算；纵导向传力体系根据内力按牛腿、深梁分别计算，取较大值；平衡重局部结构根据内力按板计算，采用钢筋混凝土有限元法复核。除此以外，应考虑施工期的影响对局部结构进行加强，如宽槽过缝钢筋、顶部施工平台支承牛腿。

1）杆系结构配筋设计

（1）底板。

底板设计根据《高层建筑混凝土结构技术规程》（JGJ 3—2010）和《建筑地基基础设计规范》（GB 50007—2011）计算，并采取相应的构造措施。计算主要包括抗冲切及抗剪承载力验算。按地基承载力确定基础底面积及埋深时，传至基础底面的载荷效应采用正常使用状态下载荷效应的标准组合，相应的抗力采用地基承载力特征值或桩基承载力特征值；风载荷组合效应下，最大基底反力不应大于承载力特征值的 1.2 倍，平均基底反力不应大于承载力特征值；计算地基变形时，传至基础底面的载荷效应采用正常使用极限状态下载荷效应的准永久组合，不计入风载荷和地震作用[21]；地震作用组合效应下，应进行地基承载力验算。

塔柱底板通常采用平板式筏形基础，板厚应满足受冲切承载力及抗剪承载力的要求。当地基土比较均匀、上部结构刚度较好、平板式筏形基础板的厚跨比不小于 1/6，且相邻柱载荷及柱间距的变化不超过 20%时，筏形基础可仅考虑局部弯曲作用。据此进行不同厚度、不同部位底板的抗冲切及抗剪承载力验算。平板式筏形基础柱下冲切验算应符合下列规定[22]：①平板式筏形基础柱下冲切验算时，应考虑作用在冲切临界截面重心上的不平衡弯矩产生的附加剪力。对基础边柱和角柱进行冲切验算时，其冲切力应分别乘以 1.1 和 1.2 的增大系数。柱下冲切临界界面最大剪应力应小于抗剪承载力。板的最小厚度不应小于 500 mm。②当柱载荷较大，等厚度筏板的受冲切承载力不能满足要求时，可在筏板上面增设柱墩或在筏板下局部增加板厚或采用抗冲切钢筋等来满足受冲切承载能力的要求。平板式筏形基础内筒下的板厚应满足受冲切承载力的要求。平板式筏形基础应验算距内筒和柱边缘 h_0（h_0 为距内筒、柱外边缘 $h_0/2$ 处筏板的截面有效高度）处截面的受剪承载力。当筏板变厚度时，还应验算变厚度处筏板的受剪承载力。

（2）主体结构。

第一，剪力墙。剪力墙首先应满足构造要求，并应进行墙肢的稳定验算。当墙体的计算长度较长时，墙体的厚度将由稳定控制。剪力墙墙肢应满足式（4.2.1）的稳定要求：

$$q_e \leqslant \frac{E_{zc} t_z^3}{10 l_z^3} \tag{4.2.1}$$

式中：q_e 为作用于墙顶组合的等效竖向均布载荷设计值；E_{zc} 为剪力墙混凝土的弹性模量；t_z 为剪力墙墙肢截面厚度；l_z 为剪力墙墙肢计算长度。

抗震设计时，为保证剪力墙底部出现塑性铰后仍具有足够的延性，对可能出现塑性铰的部位（底部加强部位）采取加强抗震措施，包括提高其抗剪切破坏的能力，设置约束边缘构件，控制剪力墙的轴压比等。《高层建筑混凝土结构技术规程》（JGJ 3—2010）第 7.1.4 条规定，剪力墙底部加强部位的高度可取底部两层和墙体总高度的 1/10 中的较大值。《建筑抗震设计规范》（GB 50011—2010）第 6.1.10 条规定，部分框支抗震墙结构的抗震墙，其底部加强部位的高度，可取框支层加框支层以上两层的高度及落地抗震墙总高度的 1/10 中的较大值，其他结构的抗震墙，房屋高度大于 24 m 时，底部加强部位的高度可取底部两层和墙体总高度的 1/10 中的较大值。约束边缘构件布置在剪力墙截面两端、洞口两侧、与联系梁相交处等部位，包括暗柱、端柱和翼墙等。

墙肢轴压比是指重力载荷代表值作用下墙肢承受的轴压力设计值与墙肢的全截面面积和混凝土轴心抗压强度设计值乘积的比值。重力载荷代表值作用下，一、二、三级剪力墙墙肢的轴压比不宜超过表 4.2.3 的限值。

表 4.2.3　剪力墙墙肢轴压比限值

抗震等级	一级（IX 度）	一级（VI、VII、VIII 度）	二、三级
轴压比限值	0.4	0.5	0.6

剪力墙截面承载力和约束边缘构件设计按《高层建筑混凝土结构技术规程》（JGJ 3—2010）的相关公式计算。

第二，联系梁。联系梁包括筒体间联系梁、顶部横梁、顶部纵梁等。配筋计算时，将计算截面按受力特性分为四类：大偏心受拉、大偏心受压、小偏心受拉、小偏心受压。每种受力特性对应各自的计算公式，静力整体计算按限裂计算控制配筋，静动组合整体计算按强度计算控制配筋，根据有限元结果的最大剪力及最大扭矩，进行联系梁的抗剪扭配筋计算。联系梁计算时，应考虑温度作用和施工缝的影响。对于梁高超过 2.5 m 的梁应考虑分层浇筑的影响，宜按叠合梁进行设计。

第三，楼层梁板、楼梯。楼层梁板设计时，与剪力墙相接的部位按固定约束考虑。内力计算方法有弹性方法和考虑塑性变形内力重分布的方法两种。对于升船机塔柱楼层梁板，多采用弹性方法计算，同时需考虑温度作用和结构整体变形的影响。因施工进度需要，混凝土楼梯一般采用后浇或装配式，可按独立构件计算配筋，进行裂缝宽度验算和变形计算。

（3）其他构件。①牛腿。塔柱牛腿主要设置在以下部位：外部平台塔柱端通常设置独立牛腿或连续牛腿；联系梁、顶部梁系预留宽槽缝时设置独立牛腿；顶部施工平台支座设独立牛腿。牛腿计算按照《水工混凝土结构设计规范》（SL 191—2008）的对应公式进行。塔柱牛腿厚度和尺寸较大，应重视水平箍筋的布置。连续牛腿的水平箍筋可用水平拉筋或水平 U 形钢筋替代。②砌体。砌体用于塔柱内部的围护结构，如通风井、卫生间等。根据空间工作性能，此类砌体结构按刚性方案计算。砌体结构设计按照《砌体结构设计规范》（GB 50003—2011）进行高厚比验算，抗压、抗弯、抗剪承载力计算，局部受压计算，变形计算，并满足相关构造要求。

2）非杆件体系结构配筋设计

塔柱结构设计中，非杆件体系结构的配筋设计方法主要有两种：一种是按弹性应力图形面积计算配筋用量；另一种是采用钢筋混凝土非线性有限元法，复核配筋结构的承载力与裂缝宽度。

（1）弹性应力图形面积配筋法。此方法先通过弹性力学或模型试验得出结构在工作阶段的弹性应力，按其主拉应力图形面积，算出主拉应力的合力，根据主拉力的全部或部分由钢筋承担的原则，计算钢筋用量。《水工混凝土结构设计规范》（SL 191—2008）明确了非杆件体系钢筋混凝土结构的线弹性应力图形法配筋计算的原则。

弹性应力图形面积配筋法采用极限强度的形式，其具体规定如下。

第一，当截面的弹性应力图形接近于线性分布时，主拉应力可换算为内力 M 与 N，按杆件体系结构的配筋公式进行配筋及裂缝控制等验算。

第二，当应力图形偏离线性分布较多时，受拉钢筋截面面积 A_s 应满足下列要求：

$$T_t \leqslant \gamma_d(0.6T_c + f_y A_s) \tag{4.2.2}$$

$$T_t = A_{tt} b_t \tag{4.2.3}$$

$$T_c = A_{ct} b_t \tag{4.2.4}$$

式中：T_t 为由载荷设计值（包含结构重要性系数 γ_0 及设计状况系数 ψ 在内）确定的弹性总拉力；A_{tt} 为按载荷设计值得出的弹性主拉应力图形总面积；b_t 为结构截面宽度；T_c 为混凝土承担的主拉力；A_{ct} 为弹性应力图形中主拉应力小于混凝土轴心抗拉强度设计值 f_t 的图形面积（图 4.2.3 中的阴影部分）；f_y 为受拉钢筋的强度设计值；γ_d 为钢筋混凝土结构的结构系数，可取为 1.20。

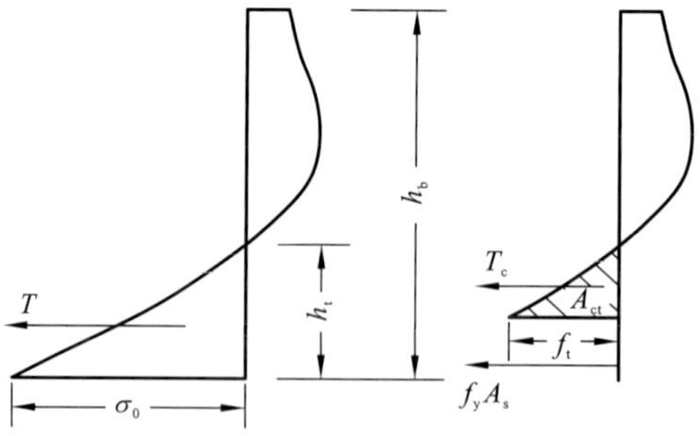

图 4.2.3　配筋示意图

当配筋的方向与主拉应力方向不一致时，式（4.2.2）中的 $f_y A_s$ 项还应乘以 $\cos\theta$，θ 为钢筋与主拉应力方向的夹角。

第三，T_c 不宜超过总拉力 T 的 30%。

第四，当弹性应力图形的受拉区高度 h_t 大于截面高度 h_b 的 2/3（相当于小偏心受拉），且截面边缘最大拉应力 σ_0 大于 $0.5f_t$ 时，按安全考虑，按式（4.2.2）计算时，取 $T_c = 0$（即假定其全截面开裂）。

第五，受拉钢筋的配置方式应根据应力图形及结构受力特点等具体情况确定。当配筋主要为了承载力且结构具有较明显的弯曲破坏特征时，可将钢筋集中配置在受拉区边缘；当配筋主要为了控制裂缝宽度时，可在拉应力值较大的范围内分层布置钢筋，各层钢筋的数量宜与每一层的拉应力图的分布相对应。

第六，受压区应力通常不会超过混凝土能承受的压应力，可不配置钢筋或配置少量的构造钢筋。

（2）钢筋混凝土有限元分析方法。塔柱结构中，螺母柱、齿条等结构无法用常规的结构力学方法计算其内力，必须用弹性力学分析其弹性状态下的应力。特别是在考虑灌浆缝、一二期混凝土是否张开、温度作用下裂缝开度、裂缝出现后结构状态情况下，钢筋混凝土有限元分析方法是主要手段。

《水工混凝土结构设计规范》（SL 191—2008）介绍了有关非线性有限元计算原则的内容。规范规定，结构分析方法一般包括解析法与数值方法，数值方法以有限元法为主；对杆件体系结构按杆件有限元法进行非线性分析时，可采用杆件单元及截面或构件的本构关系，必要时也可以采用钢筋混凝土有限元法进行更详细的分析；对非杆件体系结构，按钢筋混凝土有限元法进行非线性分析时，宜采用分离式或组合式单元模型及相应的材料本构关系。

当采用钢筋混凝土有限元法对结构进行分析时，可按下列原则进行：①材料的本构关系应由试验确定，或者采用经专门论证的数学模型。②单元的破坏准则可根据结构的具体研究目的取为钢筋应力达到屈服，混凝土受拉达到极限抗拉强度或极限拉伸变形，混凝土受压达到极限抗压强度或极限压缩变形。结构的破坏标志可定为受拉钢筋屈服，混凝土裂缝开展过宽，受压混凝土大范围压碎或重要部位局部压碎，结构刚度矩阵奇异或变形骤增等。③裂缝控制验算时，应考虑钢筋和混凝土之间的黏结滑移。在裂缝形成之前，可认为钢筋和混凝土之间完全黏结，不发生黏结滑移。裂缝形成之后，裂缝模型可取为离散式或涂抹（分布）式，必要时应加设联结单元。④结构设计时，裂缝控制验算与承载力计算的材料强度均可取为标准值。裂缝控制验算时，永久作用和可变作用均取载荷的标准值乘以 γ_d。承载力验算时，载荷取作用效应组合设计值与增大系数的乘积。⑤裂缝控制验算时，宜用钢筋混凝土有限元法直接得出裂缝的分布与宽度；对可事先确定裂缝间距的结构，裂缝宽度也可由裂缝区域中一个裂缝间距两端的相对位移确定。⑥所采用的计算程序必须经过钢筋混凝土结构试验考证。⑦对特别重要的结构，宜配合进行专门的模型试验，与钢筋混凝土有限元分析计算相互验证。对结构试验进行对比性验算时，材料强度应取为实测值。

3）深受弯构件结构配筋设计

塔柱顶部纵向联系梁等梁系的跨高比小于 5，按深受弯构件设计。

跨高比 $l_{cb} / h_b < 5$ 的钢筋混凝土深梁、短梁和厚板称为深受弯构件，其正截面应变分

布不符合平截面假定。工程上常将 $l_{cb}/h_b \leqslant 2$ 的简支梁或 $l_{cb}/h_b \leqslant 2.5$ 的连续梁称为深梁；将 $2 < l_{cb}/h_b < 5$（或 $2.5 < l_{cb}/h_b < 5$）的梁称为短梁。简支深受弯构件的内力（弯矩及剪力）可按一般简支梁计算。连续深受弯构件的内力，当 $l_{cb}/h_b < 2.5$ 时，应按弹性理论方法得出；当 $l_{cb}/h_b \geqslant 2.5$ 时，仍可近似地按一般连续梁用结构力学方法计算得出。

深受弯构件结构可按《水工混凝土结构设计规范》（SL/T 191－2008）第 10.6 节进行。正截面受弯承载力计算时，计算跨度、截面受弯高度、截面有效高度与普通受弯构件不同；斜截面进行受剪承载力计算，为避免发生斜压破坏，深梁和短梁还应先进行截面尺寸计算；裂缝宽度计算公式与一般钢筋混凝土构件相同，但式中构件受力特征系数有调整；在承受支座反力和集中荷载的部位，还应进行局部受压承载力验算。深受弯构件可不进行挠度验算。深受弯构件设计还应满足相关构造措施。

参 考 文 献

[1] 宋维邦, 钮新强, 董士镛, 等. 三峡工程永久通航建筑物研究[M]. 武汉: 湖北科学技术出版社, 1997: 1.

[2] 中华人民共和国水利部.混凝土重力坝设计规范: SL 319—2018[S]. 北京: 中国水利水电出版社, 2018.

[3] 李强贵. 重力坝深层抗滑稳定可靠度分析[D]. 大连: 大连理工大学, 2017.

[4] 沈泰. 地质力学模型试验技术的进展[J]. 长江科学院院报, 2001, 18(5): 32-36.

[5] 郭乙木, 陶伟明, 庄茁. 线性与非线性有限元及其应用[M]. 北京: 机械工业出版社, 2004: 1.

[6] 傅作新, 等.三峡升船机上闸首结构三维有限元静力和动力分析研究报告(之三)[R]. 南京: 河海大学工程力学研究所, 1998.

[7] 马永欣, 郑山锁. 结构试验[M]. 北京: 科学出版社, 2001: 1.

[8] 长江水利委员会. 三峡工程科学试验和研究[M]. 武汉: 湖北科学技术出版社, 1997: 1.

[9] 赖跃强, 姜小兰. 三峡升船机上闸首结构静力模型试验研究[J]. 长江科学院院报, 1996, 13(2): 55-59.

[10] 中华人民共和国水利部.水工建筑物抗震设计标准: GB 51247—2018[S]. 北京: 中国计划出版社, 2018.

[11] 中华人民共和国水利部.水工建筑物抗震试验规程: SL 539—2011[S]. 北京: 中国水利水电出版社, 2011.

[12] 左东启. 模型试验的理论和方法[M]. 北京: 水利电力出版社, 1984: 1.

[13] 胡文俊, 张楚芳. 三峡升船机上闸首结构动力试验研究及数值分析[J]. 防灾减灾工程学报, 1997(4): 40-46.

[14] 中华人民共和国水利部.水工混凝土结构设计规范: SL 191—2008[S]. 北京: 中国水利水电出版社, 2008.

[15] 钮新强.三峡升船机结构关键技术研究[D]. 武汉: 华中科技大学, 2005.

[16] 长江勘测规划设计研究有限责任公司.长江三峡水利枢纽升船机工程通航暨竣工验收安全鉴定设计自检报告[R].武汉: 长江勘测规划设计研究有限责任公司, 2017.

[17] 张燎军, 傅作新, 朱岳明, 等.三峡升船机上闸首结构抗震分析研究[J]. 水力发电, 2000(4): 21-24, 67.
[18] 钮新强, 宋维邦. 船闸与升船机设计[M]. 北京: 中国水利水电出版社, 2007: 1.
[19] 中华人民共和国住房和城乡建设部. 升船机设计规范: GB 51177—2016[S]. 北京: 中国计划出版社, 2017.
[20] 中华人民共和国国家质量监督检验检疫总局, 中国国家标准化管理委员会. 中国地震烈度表: GB/T 17742—2008 [S].北京: 中国标准出版社, 2008.
[21] 中华人民共和国住房和城乡建设部. 高层建筑混凝土结构技术规程: JGJ 3—2010 [S]. 北京: 中国建筑工业出版社, 2010.
[22] 中华人民共和国住房和城乡建设部. 建筑地基基础设计规范: GB 50007—2011 [S]. 北京: 中国计划出版社, 2011.

第5章

升船机地震动力分析与抗震设计

5.1 船厢系统流固耦合动力分析

升船机船厢-水体-船舶之间的相互作用属流固耦合问题。流固耦合是指在流体作用下，结构发生了变形，而结构的变形又对流场产生了影响，从而改变了流体作用的大小及分布。升船机船厢属于受力复杂的空间薄壁结构，厢体内存在水体和船舶，对其受力进行合理的计算分析，关系到升船机结构的安全运行。地震作用下，船厢内水体、厢壁、船体等结构相互接触、相互影响，这种作用关系在动力分析中不可忽略。本节主要介绍船厢内水体动力学方程的建立及有限元动力分析[1-3]。

5.1.1 船厢系统动力学方程的建立与求解

1. 厢-水-船耦合方程

当考虑船厢、厢内水体、船舶相互作用时，对于厢内水体部分，通常采用压力模式来表达水体部分，其水体单元内的压力自由度分布可以表示为

$$p(x,y,z,t) \approx \sum_{i=1}^{m_{\mathrm{f}}} N_i(x,y,z) p_i(t) = Np^{\mathrm{e}} \tag{5.1.1}$$

式中：p^{e} 为单元节点压力张量；N_i 为相应节点 i 的插值函数；m_{f} 为水体单元的节点数。

对于承船厢和厢内船体单元，采用通常的位移模式来表达。其固体单元内的位移分别如下：

$$u(x,y,z,t) = \begin{pmatrix} u \\ v \\ w \end{pmatrix} \approx \sum_{i=1}^{m_s} \overline{N}_i(x,y,z) \begin{pmatrix} u_i \\ v_i \\ w_i \end{pmatrix} = \overline{N}a^{\mathrm{e}} \tag{5.1.2}$$

式中：a^{e} 为单元结构点位移张量；$\overline{N}_i$ 为相应结点 i 的插值函数；m_s 为固体单元的结点数。

有限元计算中，流体域部分运用伽辽金法[2-3]描述流体力学的连续性方程、欧拉运动方程、流固耦合边界条件等，其表达式如下：

$$\begin{aligned} &\int_{V_{\mathrm{f}}} \delta p \left(p_{,ii} - \frac{1}{c_0^2} p \right) \mathrm{d}V - \int_{S_0} \delta p \left(\frac{\partial p}{\partial n_{\mathrm{f}}} \right) \mathrm{d}S - \int_{S_{\mathrm{f}}} \delta p \left(\frac{1}{g} p + \frac{\partial p}{\partial z} \right) \mathrm{d}S \\ &- \int_{S_{\mathrm{b}}} \delta p \left(\rho_{\mathrm{f}} u \cdot n_{\mathrm{f}} + \frac{\partial p}{\partial n_{\mathrm{f}}} \right) \mathrm{d}S = 0 \end{aligned} \tag{5.1.3}$$

式中：V_{f} 为流体域；S_0 为固定边界；S_{f} 为流体域边界；S_{b} 为流体与船舶交界面；c_0 为流体中的声速；n_{f} 为流体边界单位外法线向量；ρ_{f} 为流体密度。

对式（5.1.3）流体域部分 $\int_{V_{\mathrm{f}}} \delta p(p_{,ii}) \mathrm{d}V$ 进行分部积分，得

$$\int_{V_{\mathrm{f}}} \left[(\delta p_{,i}) p_{,i} + \frac{1}{c_0^2} p \right] \mathrm{d}V + \int_{S_{\mathrm{f}}} \delta p \left(\frac{p}{g} \right) \mathrm{d}S + \int_{S_{\mathrm{b}}} \delta p (\rho_{\mathrm{f}} u \cdot n_{\mathrm{f}}) \mathrm{d}S = 0 \tag{5.1.4}$$

当船厢壁、船壁满足固体域边界条件时，该固体域可以表示为

$$\int_{V_s}\delta u_i(\sigma_{ij,j}+f_i-\rho_s u_i)\mathrm{d}V-\int_{S_\sigma}\delta u_i(\sigma_{ij}n_j^s-\overline{T}_i)\mathrm{d}S \\ -\int_{S_0}\delta u_i(\sigma_{ij}n_j^s+pn_i^s)\mathrm{d}S=0 \tag{5.1.5}$$

式中：V_s是固体域；若要对处于三维应力状态下的材料进行描述，需要定义一个包含 81 个弹性常数的四阶张量 D_{ijkl} 以联系二阶应力张量 σ_{ij} 和应变张量（又称格林张量）ε_{kl}，$\sigma_{ij}=D_{ijkl}\varepsilon_{kl}$；$f_i$ 为质量力分力；ρ_s 为固体密度；u_i 为固体位移分量；S_σ 是固体域边界；n_j^s 为固体边界单位外法线向量；n_i^s 为固体与流体交界面单位外法线向量；$\overline{T}_i$ 为固体上的已知面力分量。

同样地，对式（5.1.5）中的 $\int_{V_s}\delta u_i(\sigma_{ij,j})\mathrm{d}V$ 进行分部积分，得

$$\int_{V_s}[\delta\varepsilon_{ij}D_{ijkl}\varepsilon_{kl}-f_i+\delta u_i(\rho_s u_i)]\mathrm{d}S-\int_{S_\sigma}\delta u_i\overline{T}_i\mathrm{d}S-\int_{S_0}\delta u_i(pn_i^s)\mathrm{d}S=0 \tag{5.1.6}$$

将式（5.1.1）和式（5.1.2）代入式（5.1.4）和式（5.1.6），并且考虑δp 和 δu_i 的随机性，可得流固耦合有限元方程：

$$\begin{bmatrix}\boldsymbol{M}_f & \rho_f\boldsymbol{L}_f\\ \boldsymbol{O} & \boldsymbol{M}_s\end{bmatrix}\begin{pmatrix}\ddot{\boldsymbol{p}}\\ \ddot{\boldsymbol{u}}_s\end{pmatrix}+\begin{bmatrix}\boldsymbol{K}_f & \boldsymbol{O}\\ -\boldsymbol{L}_f^{\mathrm{T}} & \boldsymbol{K}_s\end{bmatrix}\begin{pmatrix}\boldsymbol{p}\\ \boldsymbol{u}_s\end{pmatrix}=\begin{pmatrix}\boldsymbol{0}\\ \boldsymbol{Q}\end{pmatrix} \tag{5.1.7}$$

式中：$\boldsymbol{M}_s$ 为船舶质量矩阵；$\boldsymbol{K}_s$ 为船舶刚度矩阵；$\boldsymbol{L}_f$ 为流体压力矩阵；$\boldsymbol{M}_f$ 为流体质量矩阵；$\boldsymbol{K}_f$ 为流体刚度矩阵；$\boldsymbol{u}_s$、$\ddot{\boldsymbol{u}}_s$ 为固体节点位移、加速度矩阵；$\boldsymbol{p}$、$\ddot{\boldsymbol{p}}$ 为流体节点压力、压力二次导数矩阵；$\boldsymbol{Q}$ 为广义外力矩阵。

为了简化计算工作量，船厢内的水船作用也可以采用修正的 Housner 计算模型进行计算。该模型考虑了船舶在船厢中的作用力[4]，假设如下：①船厢为浅水容器；②厢内水体不可压缩、无旋无黏；③厢内水体为理想液体；④厢内水体只做小波幅运动；⑤有船时厢内水体做层流运动；⑥不考虑厢内船舶运动的滞后性。Housner 理论模型把动水压力分成脉冲压力部分和对流压力部分两部分[5]。

修正的 Housner 计算模型简图见图 5.1.1。

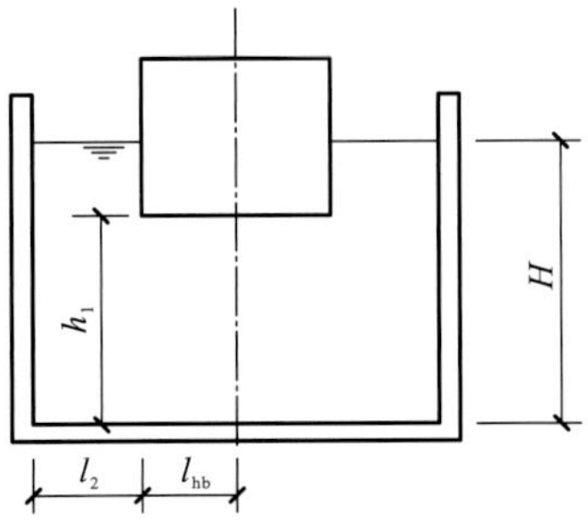

（a）厢水船简图

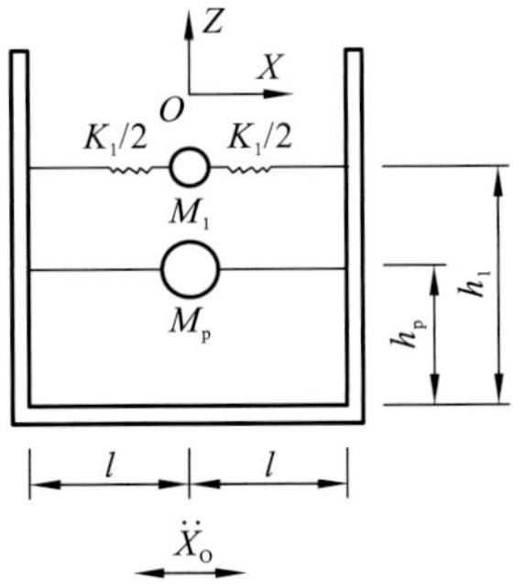

（b）修正的Housner计算模型

图 5.1.1　修正的 Housner 计算模型简图

$\ddot{X}_o$—加速度；l—厢体一半的长度

脉冲压力与厢内流体的质量密切相关。当厢内有船时，水体总量减小，从而影响脉冲压力值。根据厢内水体质量的变化，对该模型的此项进行了修正。

修正后脉冲压力项：

$$M_{\mathrm{p}} = m_1 \frac{Hl_2 + h_1 l_{\mathrm{hb}}}{H(l_{\mathrm{hb}} + l_2)} \frac{\sinh\left[\dfrac{\sqrt{3}(l_{\mathrm{hb}} + l_2)}{2H}\right]}{\dfrac{\sqrt{3}(l_{\mathrm{hb}} + l_2)}{2H}} \tag{5.1.8}$$

$$h_{\mathrm{p}} = \frac{3H^2}{8(2l_{\mathrm{hb}} + l_2)} \tag{5.1.9}$$

式中：H 为厢内有效水深；h_1 为船底到厢底的距离；l_{hb} 为半船宽；l_2 为一侧船壁至厢壁的距离；M_{p} 为脉冲压力项集中质量；h_{p} 为脉冲压力作用高度；m_1 为单位长度水体质量。

修正后对流压力项：

$$M_1 = \rho(Hl_2 + h_1 l_{\mathrm{hb}})\left[\frac{\sqrt{10}H}{12(l_{\mathrm{hb}} + l_2)} \tanh\left(\frac{\sqrt{10}H}{l_{\mathrm{hb}} + l_2}\right)\right] \tag{5.1.10}$$

$$K_{\mathrm{w1}} = \frac{5}{6}\rho \frac{Hl_2 + h_1 l_{\mathrm{hb}}}{H} g \tanh^2\left(\frac{\sqrt{10}H}{l_{\mathrm{hb}} + l_2}\right) \tag{5.1.11}$$

$$h_1' = \frac{Hl_2 + h_1 l_{\mathrm{hb}}}{l_{\mathrm{hb}} + l_2}\left(1 - \frac{\cosh\dfrac{\sqrt{10}H}{l_{\mathrm{hb}} + l_2} - 1}{\dfrac{\sqrt{10}H}{l_{\mathrm{hb}} + l_2} \sinh\dfrac{\sqrt{10}H}{l_{\mathrm{hb}} + l_2}}\right) \tag{5.1.12}$$

式中：M_1 为一阶对流压力项集中质量；K_{w1} 为一阶对流压力项弹簧刚度；h_1' 为一阶对流压力作用高度。

为了验证修正的 Housner 计算模型的正确性，河海大学进行了船厢结构模型振动台试验，得到了地震作用下船厢结构的加速度、应力、动水压力响应结果，验证了修正的 Housner 计算模型的正确性。

2. 船厢系统动力学方程

船厢系统主要包括船厢、钢丝绳、导向机构等部件，水体简化为弹簧与集中质量点，其动力学方程可通过计算系统的总动能、势能，利用拉格朗日方程进行推导[6]。

有限元模型中，可将平衡重等构件简化为集中作用力，施加在钢丝绳上。提升系统的动能可以表示为

$$T_{\mathrm{h}} = T_{\mathrm{s}} + T_{\mathrm{ch}} \tag{5.1.13}$$

式中：T_{s}、T_{ch} 分别为钢丝绳的动能及船厢的动能。

提升系统的势能为

$$U_{\mathrm{h}} = U_{\mathrm{s}} + U_{\mathrm{ch}} \tag{5.1.14}$$

式中：U_{s}、U_{ch} 分别为钢丝绳的势能及船厢的势能。

将上述动能和势能代入拉格朗日方程

$$\frac{\mathrm{d}}{\mathrm{d}t}\left(\frac{\partial T_{\mathrm{h}}}{\partial \dot{x}_i}\right)-\frac{\partial T_{\mathrm{h}}}{\partial x_i}=\frac{\partial U_{\mathrm{h}}}{\partial x_i} \tag{5.1.15}$$

可得船厢系统的动力方程如下：

$$\boldsymbol{M}_{\mathrm{t}}\ddot{\boldsymbol{x}}_{\mathrm{t}}+\boldsymbol{C}_{\mathrm{t}}\dot{\boldsymbol{x}}_{\mathrm{t}}+\boldsymbol{K}_{\mathrm{t}}\boldsymbol{x}_{\mathrm{t}}=\boldsymbol{F}_{\mathrm{t}} \tag{5.1.16}$$

式中：$\boldsymbol{M}_{\mathrm{t}}$、$\boldsymbol{C}_{\mathrm{t}}$、$\boldsymbol{K}_{\mathrm{t}}$分别为船厢提升系统的质量矩阵、阻尼矩阵和刚度矩阵；$\boldsymbol{x}_{\mathrm{t}}$、$\dot{\boldsymbol{x}}_{\mathrm{t}}$、$\ddot{\boldsymbol{x}}_{\mathrm{t}}$分别为船厢提升系统的位移向量、速度向量和加速度向量；$\boldsymbol{F}_{\mathrm{t}}$为船厢提升系统所受的外力，主要为钢丝绳端部的集中力、塔柱侧向约束力、地震载荷等。

5.1.2　船厢系统有限元模型

1. 依托工程概况

三峡升船机是目前世界上已建的规模最大的齿轮齿条爬升式升船机，过船规模达 3 000 t 级，提升高度为 113 m，地震基本烈度为 VI 度。三峡升船机建设过程中，对船厢系统的动力反应进行了系统研究。在此基础上，对更大提升高度、更高抗震烈度的升船机进行了船厢系统动力理论分析研究。

进行理论分析研究的升船机结构与三峡升船机基本相同，为全平衡齿轮齿条爬升式，设计通航船舶为 3 000 t 级，最大提升高度为 200 m，船厢室结构由基础、承重塔柱和上部机房三部分组成。塔柱底部与筏形基础连为整体，筏形基础总长 115 m，总宽 73.6 m，高 8.5 m，顶部通过梁板结构连接，构成上部主机房的基础。承重塔柱对称布置在船厢室的左右两侧，船厢室宽 25.6 m，单侧塔柱宽 17.5 m，长 110 m，高 240 m。塔柱凹槽的平面尺寸为 19.8 m×7.5 m。船厢总长度为 115 m，水域总尺寸为 115 m×18.4 m×4.7 m，船厢内水体重量为 10 300 t，船厢结构重量为 7 200 t，船厢带水总重为 17 500 t。驱动机构和安全机构布置在船厢伸出的对称布置的侧翼平台上。侧翼平台沿纵向长度为 18.7 m，沿横向长度为 8.4 m。齿条中心线的纵向间距为 53.8 m，齿条中心线与相邻螺母柱的中心线相距 8.5 m。船厢悬吊钢丝绳数量为 160 根，直径为 94 mm。顶部机房共设置八个滑轮组，每个滑轮组布置十片双槽滑轮，滑轮间距为 1.2 m，滑轮名义直径为 6.5 m。每个钢丝绳悬吊一块平衡重，单块平衡重的尺寸为 0.54 m×3.4 m×18 m，每个平衡重井长 15 m。地震基本烈度为 VIII 度，地震载荷峰值加速度为 2.76 m/s^2。

2. 厢-水-船耦合体有限元模型

1）计算工况与计算参数

计算模型包括厢体结构、厢内水体及船舶、钢丝绳，厢内水船作用采用修正的 Housner 计算模型进行计算。将升船机整体结构简化模型动力分析得到的塔柱顶部和横纵导向处的加速度响应曲线，分别作为地基横河向加竖向地震作用下塔柱顶部和横纵导向处的加速度时程曲线，直接从钢丝绳顶端和相应横纵导向处输入。具体工况见表 5.1.1。

表 5.1.1 计算工况

地震波组合	船厢位置
VIII 度横河向加竖向地震波组合	底部
	顶部

升船机结构中，塔柱筒体的材料为钢筋混凝土，船厢、卷筒主要由钢材制作而成，其与船厢相连的钢丝绳由钢绞线制成，主要材料参数见表 5.1.2。

表 5.1.2 主要材料参数

部件	材料	弹性模量/GPa	密度/（kg/m^3）
船厢主纵梁	Q235	200	7 850
钢丝绳	钢绞线	200	1.256
船厢横梁	Q235	200	7 850
船厢铺板	Q235	200	7 850

2）有限元模型

采用 ANSYS 软件建立船厢结构的有限元模型。船厢的主纵梁结构为薄壁钢结构，采用 shell181 单元来模拟，shell181 单元为 4 节点有限应变单元。该单元的每个节点有 6 个自由度，包括沿节点坐标系 X、Y 和 Z 方向的平动位移与绕各轴的转动位移，主要用于模拟薄至中等厚度的壳单元结构，特别适用于大转动、大应变非线性分析。船厢材料的弹性模量取为 200 GPa，密度取为 7 850 kg/m^3。

运用修正的 Housner 计算模型建立包含弹簧、刚性杆、集中质量点的简化耦合模型，用以模拟水船产生的作用力。模型参数见表 5.1.3。

表 5.1.3 修正的 Housner 计算模型的参数

H/m	h_1/m	l_{hb}/m	l_2/m	M_p/kg	h_p/m	M_1/kg	h_1'/m	K_1/（N/m）
4.7	1.2	1.05	8.15	45 695.05	1.762 5	1 830.405	0.938	21 828.47

ANSYS 中建立的简化耦合模型见图 5.1.2。

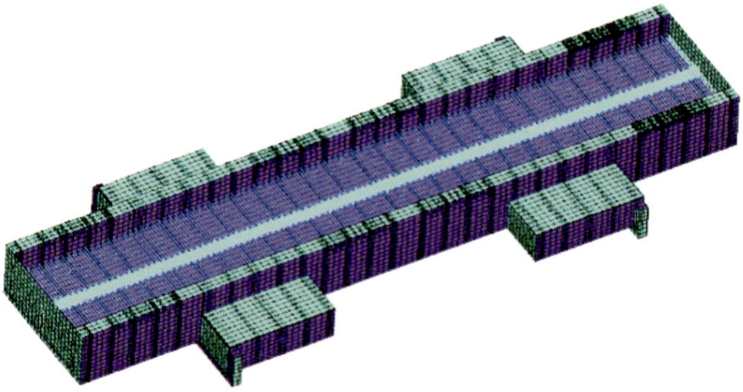

图 5.1.2 船厢有限元模型

悬吊船厢的钢丝绳采用 link180 单元模拟，为三维有限应变杆单元，该单元可承受轴向拉压但不能承受弯矩，每个节点具有 3 个自由度，即沿节点坐标系 *X*、*Y*、*Z* 方向的平动位移。有限元模型中钢丝绳材料的弹性模量设为 100 GPa，密度取为 7 000 kg/m^3，截面面积取 6 940 mm^2。为了平衡船厢重量，有限元模型中在钢丝绳顶端施加了约束，船厢主要构件的质量见表 5.1.4，主要构件的单元划分见表 5.1.5。

表 5.1.4　船厢主要构件的质量

主纵梁/t	平台/t	底铺板/t	厢门/t	主横梁/t	弯曲梁/t	螺杆下梁/t	普通横梁/t	横隔板/t	竖隔板/t	水/t	船厢/t
4 478	1 611	3 322	362	258	94	810	2 253	973	1 093	9 945	25 199

表 5.1.5　主要构件的单元划分

部件	单元类型	单元数
船厢主纵梁	shell181	20 744
船厢平台	shell181	4 384
船厢横梁	shell181	5 774
钢丝绳	link180	160
集中质量点	mass21	230
导向机构	combin14	8
底铺板	shell181	9 612

船厢与塔柱间有横纵向导向机构连接，在船厢四个伸出平台各设置一个横向导向机构，在有限元模型中通过 combin14 单元来模拟，横导向刚度设置为 65 MN/m；在船厢两侧主纵梁中部外侧各设置一组纵向导向机构，每组纵向导向机构由两个对称弹簧单元 combin14 模拟，纵导向刚度设置为 350 MN/m，即每个弹簧单元的刚度设置为 175 MN/m。考虑到实际结构中船厢可以有微小的转动，故 combin14 单元船厢接触部分设置为铰接，另一端固定。螺杆位置处设置竖向约束。计算中直接将通过升船机结构系统有限元模型计算得到的塔柱顶部和横纵向导向机构加速度时程曲线在相应位置输入。

5.1.3　船厢系统地震动力分析

考虑横向和竖向地震作用的船厢系统动力响应分析如下。

1. 船厢位于顶部时的结构动力响应

1）位移响应分析

在船厢主纵梁中部自上而下取四个高程点，分别为 10 m、6.263 m、2.875 m、0。在横向和竖向地震共同作用下，采用动力时程计算法，可以得到船厢位于顶部时相应高程点的垂直河道向、顺河道向的位移响应曲线，见图 5.1.3、图 5.1.4。

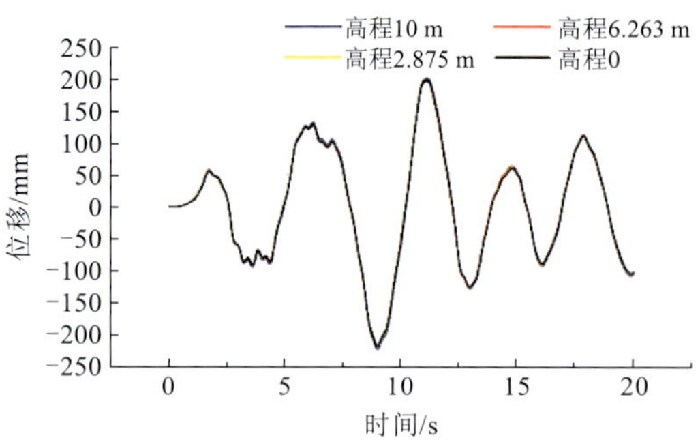

图 5.1.3　船厢位于顶部时垂直河道向位移响应

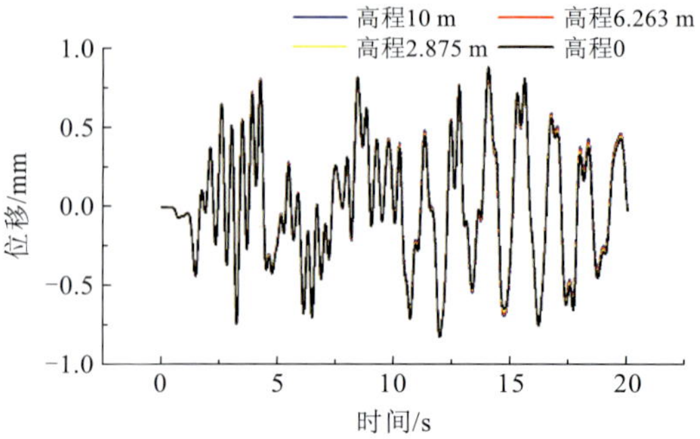

图 5.1.4　船厢位于顶部时顺河道向位移响应

表 5.1.6 为船厢计算点的最大位移，其中船厢最大的垂直河道向与顺河道向位移分别为 222.609 mm 和 0.825 mm。从图 5.1.3、图 5.1.4 和表 5.1.6 可以看出，各高程点位移时程曲线的变化趋势基本一致，垂直河道向的位移值随高程的降低而降低，且明显大于顺河道向位移，但沿船厢高度方向变化的幅度很小。

表 5.1.6　船厢位于顶部时计算点最大位移

响应点相对船厢位置/m	垂直河道向最大位移/mm	顺河道向最大位移/mm
10	222.609	0.812
6.263	217.854	0.816
2.875	218.568	0.820
0	217.945	0.825

2）应力响应分析

图 5.1.5 是船厢主纵梁中点内侧，高程 10 m、9.066 m、6.263 m、4.5 m 处的应力时程曲线，图 5.1.6 是主纵梁中点位置的最大应力变化曲线，表 5.1.7 是各计算点的最大应力。从图 5.1.5、图 5.1.6、表 5.1.7 可以看出，由于船厢主纵梁的刚度很大，整体性好，各高程点的应力变化规律基本一致，应力值随高程的增大而增大。此外，由于顶部钢丝绳吊点处的应力集中，越接近顶部，应力变化幅度越大，设计时应予以注意。

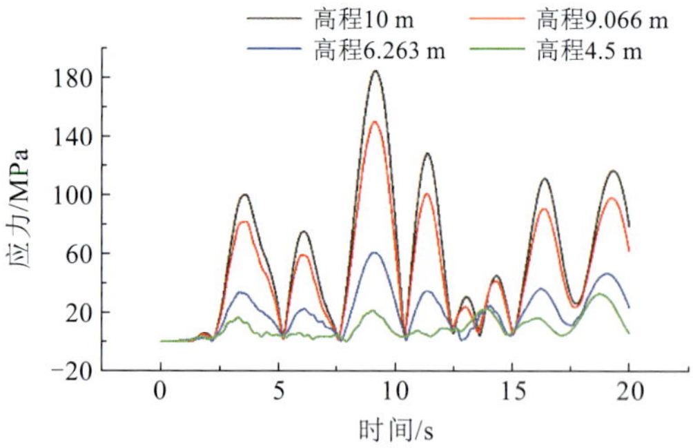

图 5.1.5　船厢位于顶部时主纵梁中点内侧不同高程的应力时程曲线

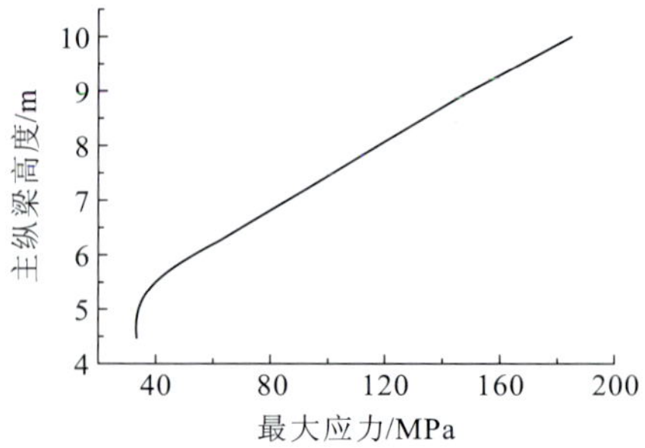

图 5.1.6　船厢位于顶部时主纵梁中点位置的最大应力变化曲线

表 5.1.7　船厢位于顶部时计算点最大应力

高程/m	10	9.066	6.263	4.5
最大应力/MPa	184.89	150.25	61.13	32.98

2. 船厢位于底部时的结构动力响应

1）位移响应分析

在船厢主纵梁中部自上而下取四个高程点，分别为 10 m、6.263 m、2.875 m、0。在横向和竖向地震共同作用下，采用动力时程计算法，可以得到船厢位于底部时相应高程点的垂直河道向、顺河道向的位移响应曲线，见图 5.1.7、图 5.1.8。

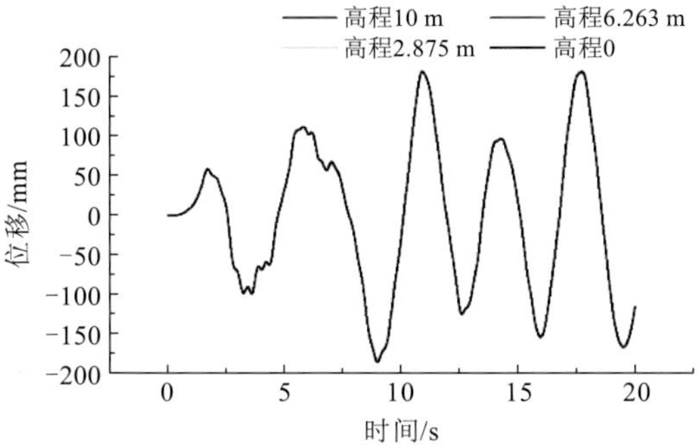

图 5.1.7　船厢位于底部时垂直河道向位移响应

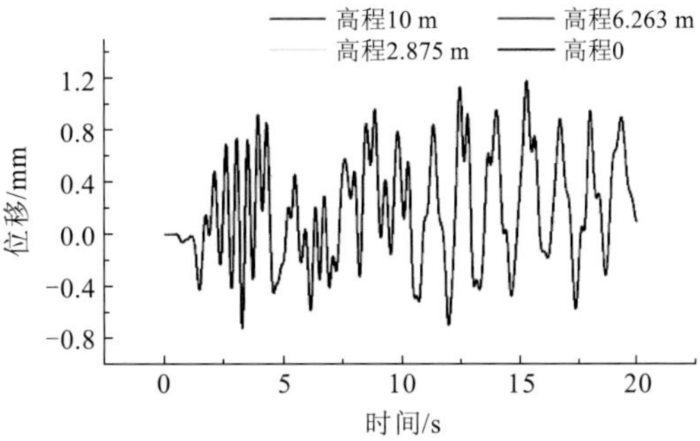

图 5.1.8　船厢位于底部时顺河道向位移响应

表 5.1.8 中船厢最大的垂直河道向与顺河道向位移分别为 186.460 mm 和 0.722 mm。从图 5.1.7、图 5.1.8 和表 5.1.8 可以看出，各高程点位移时程曲线的变化趋势基本一致，但变化的幅度很小。垂直河道向位移随高程的降低而降低，且明显大于顺河道向位移。

表 5.1.8　船厢位于底部时计算点最大位移

响应点相对船厢位置/m	垂直河道向最大位移/mm	顺河道向最大位移/mm
10	186.460	0.722
6.263	185.990	0.721
2.875	185.824	0.721
0	185.640	0.722

2）应力响应分析

船厢主纵梁内侧不同高程点的最大应力见表 5.1.9。

表 5.1.9　船厢位于底部时计算点最大应力

高程/m	10	9.066	6.263	4.5
最大应力/MPa	95.50	78.50	36.89	25.20

图 5.1.9 是船厢主纵梁中点内侧高程 10 m、9.066 m、6.263 m、4.5 m 处的应力时程曲线。图 5.1.10 是船厢主纵梁中点位置的最大应力沿高程变化的趋势曲线。从图中可以看出，各高程点的应力变化规律基本一致，应力值随高程的降低而降低，船厢顶部运动更为剧烈，因而顶部应力较大，设计时应注意这种情况。

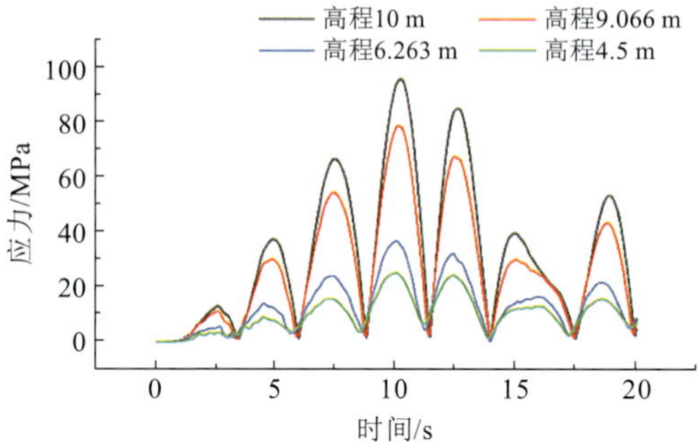

图 5.1.9　船厢位于底部时主纵梁中点内侧不同高程的应力时程曲线

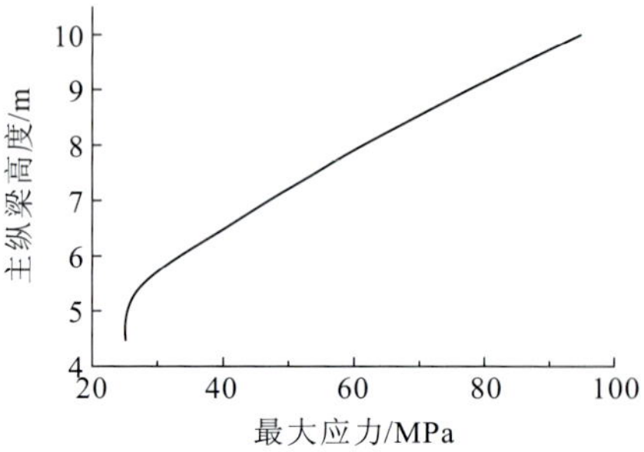

图 5.1.10　船厢位于底部时主纵梁中点位置的最大应力变化曲线

5.2　塔柱-船厢系统耦合动力分析

5.2.1　塔柱-船厢系统耦合动力学方程

升船机多子结构耦联体系包括地基、塔柱、船厢、厢内水体、提升系统及导向系统六部分，在地震载荷作用下，各子结构之间的动力传递过程可概括为，地震作用由地基传至塔柱结构，塔柱发生动力响应，通过顶部滑轮及导向系统传至提升系统和船厢，船厢的运动导致厢内水体的晃动，水体晃动产生的动水压力又反作用于厢体，从而导致整个升船机耦联体系的运动。将升船机多子结构耦联体系各部分根据对应的连接条件进行组合，并考虑升船机结构所受的地震载荷，可以得到升船机多子结构耦联体系的动力学方程：

$$\boldsymbol{M}\ddot{\boldsymbol{x}}+\boldsymbol{C}\dot{\boldsymbol{x}}+\boldsymbol{K}\boldsymbol{x}=\boldsymbol{F} \tag{5.2.1}$$

式中：$\boldsymbol{M}$、$\boldsymbol{C}$、$\boldsymbol{K}$ 分别为升船机各子结构组成的质量矩阵、阻尼矩阵和刚度矩阵；$\boldsymbol{x}$、$\dot{\boldsymbol{x}}$、$\ddot{\boldsymbol{x}}$ 为各子结构组成的位移向量、速度向量和加速度向量；$\boldsymbol{F}$ 为作用于升船机的地震载荷。

5.2.2　塔柱-船厢系统耦合有限元模型

利用 ANSYS 软件建立了包括地基、塔柱、船厢、水体、提升系统、平衡重系统及导向系统在内的升船机结构整体有限元模型。塔柱、船厢及纵横向导向系统与导向阻尼器布置见图 5.2.1。

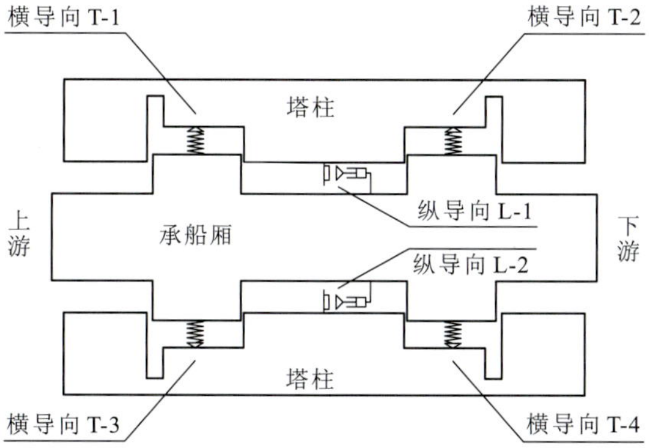

图 5.2.1　船厢、塔柱平面布置示意图

在建立有限元模型时使用了 solid（实体）单元、shell（壳）单元、combin（弹簧）单元、link（单向拉伸杆）单元、mass21（质量点）单元、mpc184（刚性杆）单元。其中，solid 单元用来模拟地基、塔柱筒体、塔柱顶部滑轮组和平衡重；shell 单元用来模拟船厢；combin 单元用来模拟塔柱结构与船厢之间的导向机构；link 单元用来模拟提升系统中的钢丝绳；水船作用采用修正的 Housner 计算模型模拟，冲击动水压力通过 mass21 单元和 mpc184 单元模拟，对流动水压力通过 mass21 单元和 combin 单元模拟。在升船机结构的不同区域，根据其各自的受力状况采用不同等级的混凝土，材料均采用线弹性本构模型来模拟，各参数详见表 5.2.1，升船机系统整体有限元模型见图 5.2.2。

表 5.2.1　升船机有限元模型材料的物理力学参数

部位	材料	弹性模量/GPa	容重/（kN/m^3）	泊松比
船厢室基础	混凝土 C30	28.0	25.0	0.167
船厢	钢结构	200.0	78.0	0.30
塔柱筒体	混凝土 C35	31.5	25.0	0.167
地基	玄武岩	11.0	27.0	0.23

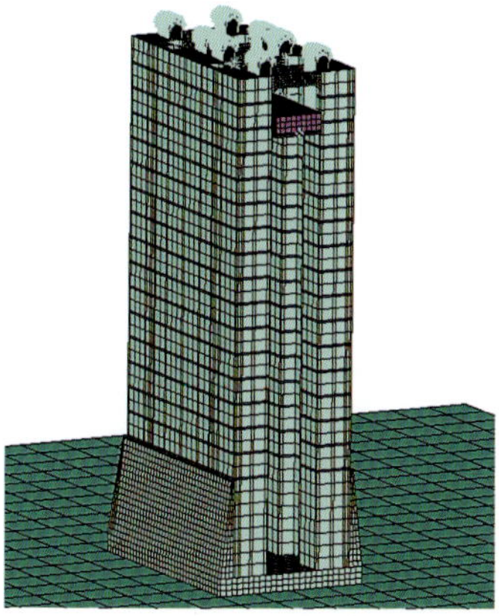

图 5.2.2　升船机系统整体有限元模型

5.2.3 塔柱-船厢系统地震动力分析

1. 升船机动力计算参数

升船机动力响应分析主要考虑结构自重、设备载荷和地震载荷。船厢作为升船机的主体结构之一，在升降过程中与塔柱的相互作用对升船机整体系统的安全运行有重要影响。考虑 VIII 度设防地震作用，对船厢处于顶部和底部两种工况下的结构地震动力响应进行分析，其中纵横向导向装置的刚度设计值分别取为 350 MN/m、65 MN/m。

采用时程分析法计算地震作用效应时，以阻尼比为 5%的设计反应谱为目标谱，采用中国建筑抗震设计规范反应谱和 Simqke_gr 程序合成三套人工地震波作为输入地震动[7]。根据地震设防烈度和设计加速度峰值的对应关系，将人工地震波幅值按照水平加速度峰值为 0.276g 来调整，从而得出人工地震波加速度时程曲线，其人工地震波 1 见图 5.2.3。地震持时为 20 s，时间间隔为 0.02 s，考虑横向地震和竖向地震的组合作用，竖向地震载荷的加速度取横向地震载荷的 2/3。

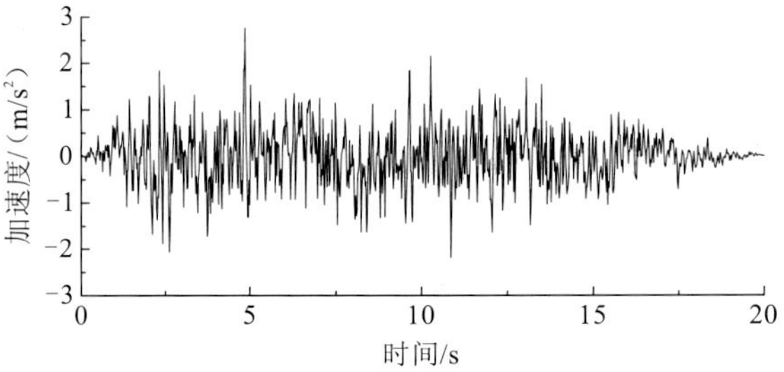

图 5.2.3 人工地震波加速度时程曲线

2. 升船机结构动力响应分析

1）船厢位于底部时升船机的结构动力响应

（1）位移响应分析。沿升船机塔柱筒体自底向上选取四个高程点，分别为 571.6 m、651.6 m、731.6 m、811.6 m，在横向地震和竖向地震作用下，采用时程分析法得到船厢处于底部时，各高程点的横、纵向位移时程曲线（图 5.2.4）。由图 5.2.4 可以看出，沿塔柱筒体自底向上各高程点的横、纵向位移时程曲线的变化趋势基本保持一致，位移值随高程的增加而变大。在地震作用的整个过程中，各高程点的运动方向基本在同一时刻发生变化，体现了升船机塔柱筒体作为一个整体来抵抗地震作用的效果。当船厢位于底部时，计算得到的塔柱顶部的横、纵向最大位移分别为 40.08 cm、1.13 cm。根据《高层建筑混凝土结构技术规程》（JGJ 3—2010），升船机塔柱总高度为 240 m，水平位移限值为 46.5 cm，地震作用下的结构位移满足规范要求。在该位移条件下，驱动机构、安全机构等船厢设备对相对变位的适应能力满足要求。

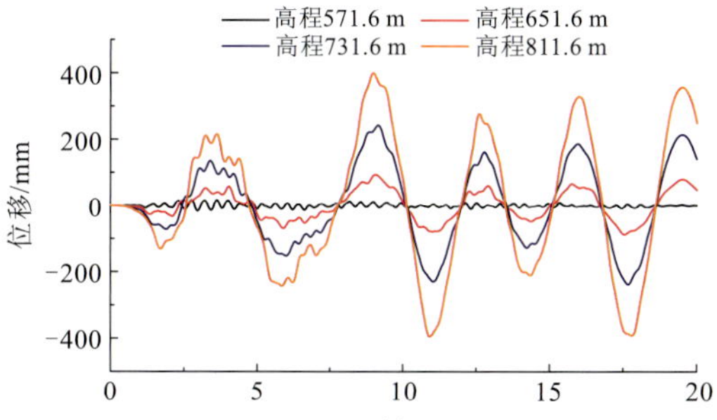

（a）横向

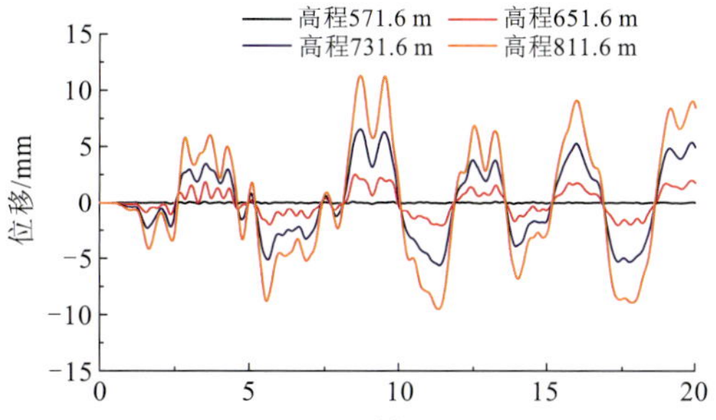

（b）纵向

图 5.2.4　船厢位于底部时升船机塔柱不同高程处的横、纵向位移时程曲线

（2）特征部位应力响应分析。下面介绍船厢位于底部时，升船机塔柱底板、筒体及顶部联系梁的应力响应。图 5.2.5 为船厢位于底部时 20 s 地震作用过程中，底板动应力响应最大时的应力分布，应力值为正表示受拉，应力值为负表示受压。

底板与塔柱筒体交界面（高程 571.6 m）的各方向动应力中，竖向正应力 σ_z 最大，其中拉应力最大值为 1.81 MPa，压应力最大值为 19.20 MPa。表 5.2.2 为船厢位于底部时塔柱筒体不同高程上的动应力值，其中，高程 571.6 m 为筒体与底板的交界面；高程 618.0 m 为塔柱筒壁变截面处，高程 618.0 m 以下筒体外壁厚 2.5 m，高程 618.0 m 以上筒体外壁厚 1 m。

图 5.2.5　船厢位于底部时高程 571.6 m 截面的底板正应力 σ_z 分布（单位：Pa）

表 5.2.2　船厢位于底部时塔柱筒体不同高程上的动应力值　　（单位：MPa）

高程/m	σ_x		σ_y		σ_z		τ_{xy}	τ_{xz}	τ_{yz}
	受拉区	受压区	受拉区	受压区	受拉区	受压区			
571.6	2.97	−4.51	3.82	−4.24	1.81	−19.20	3.03	11.30	11.20
618.0 下	2.84	−2.70	2.52	−2.31	4.09	−19.90	2.36	2.06	2.11
618.0 上	2.86	−2.71	2.54	−2.32	4.11	−20.00	2.38	2.06	2.12
715.6	0.47	−0.25	0.35	−0.20	0.57	−5.49	0.21	0.55	0.87
809.6	3.78	−4.02	1.15	−1.19	4.12	−7.09	3.63	2.18	4.66

由表 5.2.2 可知，塔柱筒体应力极值从底部到顶部呈减小趋势，在高程 618.0 m 的筒壁变截面处，由于高程 618.0 m 以上壁厚变小，交界面出现应力集中现象，动应力极值发生在塔柱筒壁变截面处，达到 20.00 MPa。塔柱筒体不同高程处截面的最大主应力分布见图 5.2.6。

此外，在塔柱顶部安装滑轮组的混凝土区域，由于直接承受滑轮、平衡重和船厢的总重量，拉应力极值高达 13.3 MPa，设计时应对该部位进行局部加强。

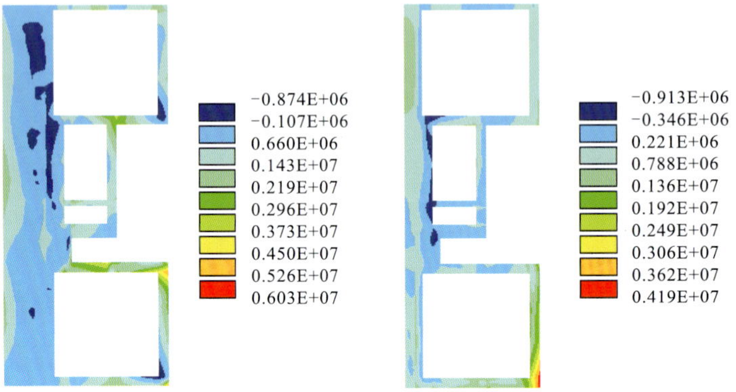

（a）高程571.6 m　　（b）高程618.0 m下

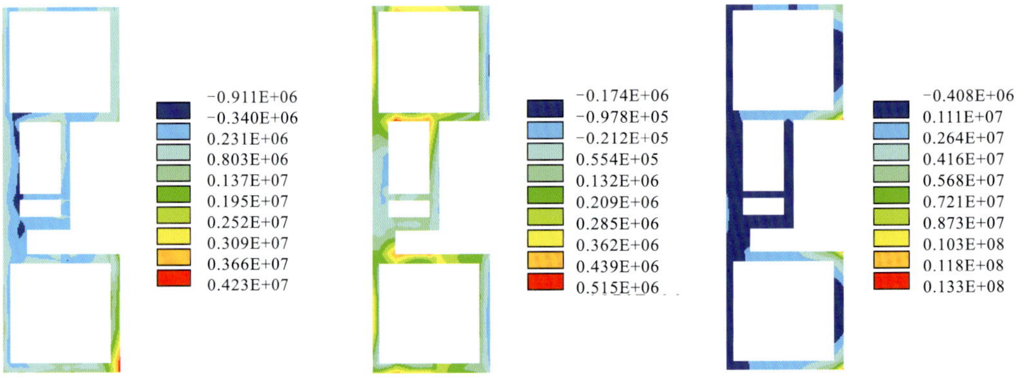

（c）高程618.0 m上　　（d）高程715.6 m　　（e）高程809.6 m

图 5.2.6　船厢位于底部时塔柱筒体不同高程处截面的最大主应力分布（单位：Pa）

顶部联系梁正应力 σ_y 的分布见图 5.2.7。由图 5.2.7（a）可以看出，横梁底部受拉区最大动应力为 51.5 MPa，受压区最大动应力为 51.0 MPa；横梁与塔柱连接区域的正应力

（a）横梁正应力 σ_y 分布

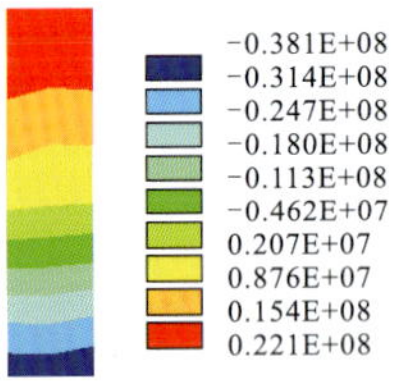

（b）横梁根部正应力 σ_y 分布

图 5.2.7　船厢位于底部时升船机塔柱顶部联系梁的正应力 σ_y 分布（单位：Pa）

σ_y 见图 5.2.7（b），横梁根部有较明显的应力集中现象，受拉区最大动应力为 22.1 MPa，受压区最大动应力为 38.1 MPa。当遭遇设计烈度地震时，此处混凝土可能发生强度破坏，设计中应采取相应措施。

2）船厢位于顶部时升船机的结构动力响应

（1）位移响应分析。沿升船机塔柱筒体自底向上选取四个高程点，分别为 571.6 m、651.6 m、731.6 m、811.6 m，在横向地震和竖向地震作用下，采用时程分析法得到船厢位于顶部时，各高程点的横、纵向位移时程曲线（图 5.2.8）。由图 5.2.8 可以看出，沿塔柱筒体自底向上各高程点的横、纵向位移时程曲线的变化趋势基本保持一致，位移值随高程的增加而变大，计算得到船厢位于顶部时，塔柱顶部的横、纵向最大位移分别为 46.57 cm、1.19 cm。根据《高层建筑混凝土结构技术规程》（JGJ 3—2010），升船机塔柱总高度为 240 m，水平位移限值为 46.5 cm，地震作用下的结构位移略大于规范要求。

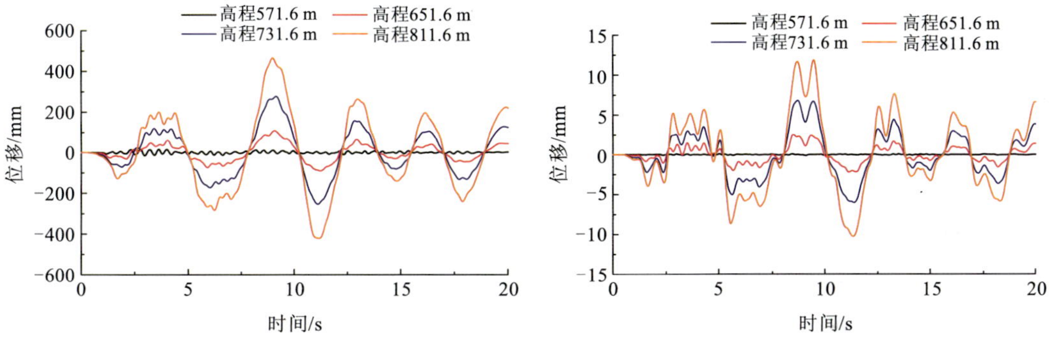

（a）横向 （b）纵向

图 5.2.8 船厢位于顶部时升船机塔柱不同高程处的横、纵向位移时程曲线

（2）特征部位应力响应分析。下面介绍船厢位于顶部时，升船机塔柱底板、筒体及顶部联系梁的应力响应，图 5.2.9 为船厢位于顶部时 20 s 地震作用过程中，底板动应力响应最大时的应力分布，应力值为正表示受拉，应力值为负表示受压。

图 5.2.9 船厢位于顶部时高程 571.6 m 截面的底板正应力 σ_z 分布（单位：Pa）

高程 571.6 m 底板与塔柱筒体交界面的各方向动应力中，竖向正应力 σ_z 最大，其中拉应力最大值为 1.89 MPa，压应力最大值为 20.0 MPa。表 5.2.3 为塔柱筒体不同高程上的动应力值，其中，571.6 m 为筒体与底板的交界面；618.0 m 为塔柱筒壁变截面处，618.0 m 以下筒体外壁厚 2.5 m，618.0 m 以上筒体外壁厚 1 m。

表 5.2.3　船厢位于顶部时塔柱筒体不同高程上的动应力值　　（单位：MPa）

高程/m	σ_x		σ_y		σ_z		τ_{xy}	τ_{xz}	τ_{yz}
	受拉区	受压区	受拉区	受压区	受拉区	受压区			
571.6	3.20	−4.68	3.69	−4.57	2.16	−20.00	3.14	11.70	11.80
618.0 下	3.14	−3.09	2.85	−2.55	6.90	−22.20	2.61	2.29	2.28
618.0 上	3.16	−3.09	2.85	−2.56	6.92	−22.30	2.63	2.29	2.28
715.6	0.46	−0.32	0.34	−0.18	—	−5.37	0.23	0.60	1.05
809.6	4.25	−4.45	1.27	−1.35	4.71	−7.79	4.01	2.34	5.23

由表 5.2.3 可知，塔柱筒体应力极值从底部到顶部呈减小趋势，在高程 618.0 m 的筒壁变截面处，由于高程 618.0 m 以上壁厚变小，交界面出现应力集中现象，动应力极值发生在塔柱筒壁变截面处，达到 22.30 MPa。塔柱筒体不同高程处截面的最大主应力分布见图 5.2.10。

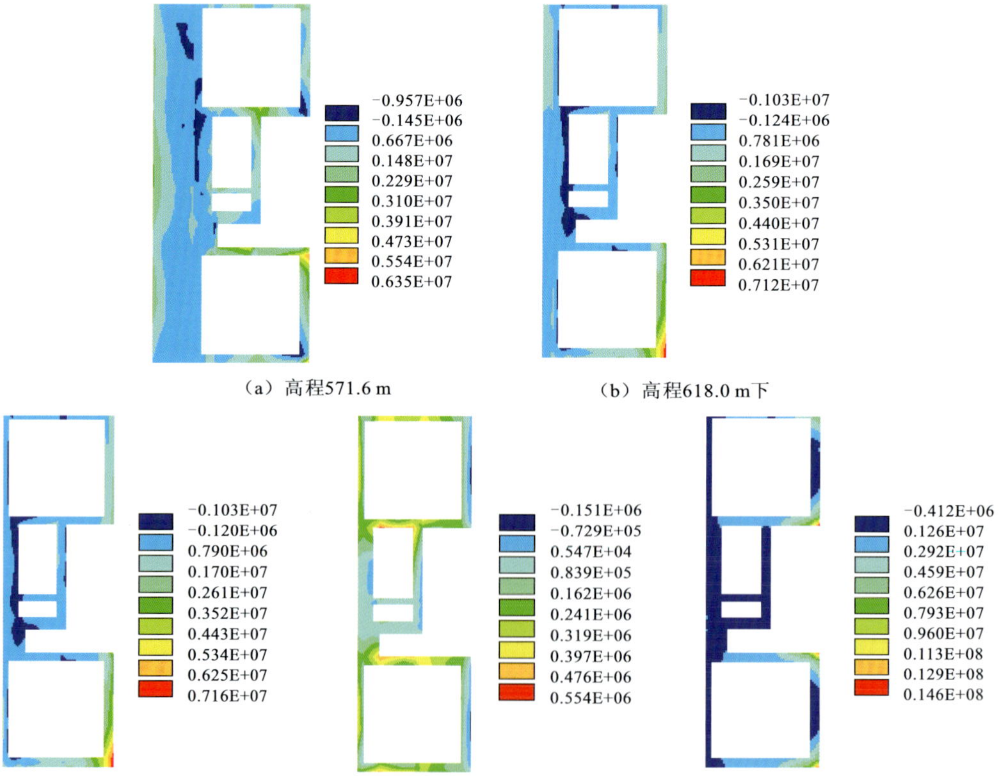

（a）高程571.6 m　（b）高程618.0 m下　（c）高程618.0 m上　（d）高程715.6 m　（e）高程809.6 m

图 5.2.10　船厢位于顶部时塔柱筒体不同高程处截面的最大主应力分布（单位：Pa）

此外，在塔柱顶部安装滑轮组的混凝土区域，拉应力极值高达 14.6 MPa，设计时应对该部位进行局部加强。

由顶部联系梁正应力 σ_y 的分布图[图 5.2.11（a）]可以看出，横梁底部受拉区最大动应力为 57.3 MPa，受压区最大动应力为 57.0 MPa；横梁与塔柱的连接区域的正应力 σ_y 分布见图 5.2.11（b），即横梁根部有较明显的应力集中现象，受拉区最大动应力为 24.4 MPa，受压区最大动应力为 42.7 MPa。当遭遇设计烈度地震时，此处混凝土可能发生强度破坏，应采取相应措施。

（a） 横梁正应力 σ_y 分布　　（b） 横梁根部正应力 σ_y 分布

图 5.2.11　船厢位于顶部时升船机塔柱顶部联系梁的正应力 σ_y 分布（单位：Pa）

5.3　塔柱整体结构振动台物理模型试验

5.3.1　研究目的和内容

中国已建的三峡升船机和向家坝升船机采用齿轮齿条爬升式，引进、吸收了德国的技术，但德国是低地震国家，且已建的齿轮齿条爬升式升船机的规模小于三峡升船机。同时，三峡升船机是中国首座齿轮齿条爬升式升船机，国内研究也相对薄弱。因此，对于三峡升船机塔柱结构的抗震性能，除进行有限元动力分析外，有必要进行振动台物理模型的动力试验验证。

地震时升船机塔柱结构与船厢存在耦合作用，耦合力的计算十分复杂，船厢与纵导向间隙的大小、阻尼大小、船厢水体作用等对耦合力大小有直接影响。地震作用下塔柱及船厢的扭转作用对塔柱结构和船厢导向机构受力影响较大，采用规范方法进行动力有限元分析时，考虑质心按垂直与地震作用方向偏移结构边长的 5%来近似反映地震扭转作用。塔柱是典型的强柱弱梁结构，地震作用下顶部梁系局部应力计算值大，需采取合适的抗震措施。地震时塔柱结构动位移的影响因素较多，对于齿轮齿条爬升式的升船机，其安全运行与动位移密切相关，动力模型试验能较好地验证各种动变位。因此，有必要开展动力模型试验，深入研究升船机的抗震性能，验证塔柱结构的动力特性、地震响应，揭示塔柱结构在地震作用下的薄弱部位、钢筋混凝土的开裂及其发展情况、动位移等关键问题，并了解塔柱结构的抗震潜力。

5.3.2 三峡升船机振动台物理模型试验

对三峡升船机塔柱进行了振动台物理模型动力试验。为了尽可能准确地模拟原型结构的地震反应及破坏状态，在满足振动台性能参数的条件下应尽可能采用大比例尺的模型。三峡升船机塔柱振动台物理模型动力试验选用了具有世界先进水平的大型三向六自由度模拟地震振动台，按照相似理论，设计制作了缩比为 1/25 的升船机结构模型，模型的平面外形尺寸为 4 760 mm×2 312 mm×5 840 mm（长×宽×高），模型底座采用 150 mm 厚的钢筋混凝土板，底板外形尺寸为 5 200 mm×2 700 mm，模拟了塔柱结构、船厢模型及平衡重系统。

1. 模型的设计原理

在模拟地震的振动台物理模型的相似条件中有许多物理量，如长度、材料的弹性模量、材料密度、线载荷、质量、时间等，根据 Buckingham 的 π 定理，选用长度、弹性模量与密度作为独立的基本量，进行量纲分析，得到模型与原型对于物理量的相似比应满足的条件。模型与原型结构的重力加速度相等，长度比 Sl、材料密度比 Sp、弹性模量比 Se 之间必须满足重力加速度相等的条件，$Sa=Se/(Sl\cdot Sp)=1.0$，如果 $Se=1$，$Sp=Se/Sl=25$，即要求模型材料的密度应为原型材料的 25 倍，这样的模型材料难以找到，同时也受振动台容许最大模型质量的限制。通常，通过在模型上附加质量的办法，让模型总质量等于模型本身的质量 Ms（结构构件的质量和）与附加人工质量 Ma 之和，从而可以同时满足重力与水平惯性力的相似关系。

对振动台物理模型试验，如果要完全满足模型与原型结构之间的弹性相似关系，就要求模型水平地震加速度、竖向加速度均满足相同的相似关系。由于竖向加速度的相似系数为 1，水平加速度的相似系数也应等于 1。根据模型相似关系，模型材料的弹性模量相似比、几何相似比与材料密度相似比之间必须满足 $Sa=Se/(Sl\cdot Sp)=1.0$。由于几何缩放，要求模型的材料密度应该比原型的大或者弹性模量比原型的小很多，现有的模型材料均难以满足这一要求。通常在忽略竖向载荷分布方式的影响下，采用在模型上增加附加配重的方法模拟重力的影响，即考虑重力影响的人工质量模型或部分考虑重力影响的欠质量人工质量模型。最后采用的相似关系见表 5.3.1，选定长度、弹性模量与材料密度相似比尺为基本相似比尺。

表 5.3.1 模型相似关系

物理量名称	符号	相似关系	模型比取值
长度	Sl	Sl	1/25
时间	St	$Sl\sqrt{Sp/Se}$	1/9.02
频率	Sf	$\sqrt{Se/Sp}/Sl$	9.02

续表

物理量名称	符号	相似关系	模型比取值
速度	Sv	$\sqrt{Se/Sp}$	1/2.77
加速度	Sa	Se/（Sl·Sp）	3.254
线位移	Su	Sl	1/25
密度	Sp	Sp	2.30
应变	Sepr	Sepr	1.0
应力	Ssig	Se	0.3
弹性模量	Se	Se	0.3
力	SF	$Se\cdot Sl^2$	1/2 083
面分布质量	Sq	Sp·Sl	1/10.85
线分布质量	Sw	$Sp\cdot Sl^2$	1/271
质量	Sm	$Sp\cdot Sl^3$	1/6 780

2. 模型制作

1）塔柱结构模型制作

为了模拟实际结构中基础与地基对上部结构的影响，以及满足在振动台上固定的要求，试验模型底板采用现浇高强度混凝土板式底板。为确保模型上的附加配重能最大，需尽可能减小底板的重量，底板板厚选为 0.15 m，采用 C50 等级混凝土浇筑。为了增加底板的平面外刚度，提高板的承载力，除沿板周边设置钢筋混凝土暗梁外，在板内沿纵向增设了两道暗梁，沿横向增设了四道暗梁。塔柱模型见图 5.3.1。

图 5.3.1　塔柱模型

模型塔柱几何尺寸缩比为 1/25，典型墙厚为 40 mm（对应原型 1 000 mm 厚墙）与 80 mm（对应原型 2 000 mm 厚墙）。塔柱模型材料选用微粒混凝土；剪力墙分布钢筋、楼板配筋采用镀锌铁丝焊接的网片进行模拟；剪力墙边缘构件的纵筋和箍筋以及纵向联系梁与横梁中的纵筋和箍筋采用镀锌铁丝模拟。所有构件的配筋率与原型对应构件的配筋率相等。

模型试验中，通过在楼板上摆放附加质量以弥补模型质量的不足。原型结构中筒体内每隔一定高度（约 56 m）有一道楼板，而楼梯间范围内楼板的竖向间距只有 3.5 m，楼板较多，即结构中沿高度楼板不贯通，塔柱筒体中的楼板间距与楼梯间有所不同。结构模型制作中，原型十六个平衡重所在筒体内实际存在的楼板，模型制作时对应设置，板厚按照几何相似关系缩比后取值；在楼梯间范围进行了适当简化，将原型结构中的两层楼板并作一层处理。原型结构中的楼板面积有限，局部附加质量多，而附加质量主要用来弥补筒体的质量，为了模拟实际结构质量沿高度分布比较均匀，要求附加质量沿高度分布均匀，所以在结构模型筒体中相对原型增加了部分楼板，板厚均为 15 mm。在模型筒壁上先预留洞口，待模型移上振动台固定，完成附加质量的二次安放后，再将洞口补好。

为了获取模型所用材料的基本力学性能参数，实测了微粒混凝土材料的强度与弹性模量。试块尺寸为 70.7 mm×70.7 mm×70.7 mm 及 70.7 mm×70.7 mm×220 mm。根据模型材料的力学性能试验结果进行调整，最终确定微粒混凝土的配合比。

模型附加质量通过在楼板上安放铁块或铅块完成，通过乳胶水泥，将附加配重块牢固地粘接在模型楼板上。

2）船厢模型制作

升船机船厢结构构造复杂，模型设计时难以完全模拟实际构造，考虑到模型试验主要是研究船厢与塔柱结构之间的耦合力大小，船厢模型设计中适当进行了简化处理，处理原则如下：外形与原型基本一致，用实腹式钢箱模拟原型格构式船厢，保证船厢自身的刚度大，船厢自身的变形可以忽略，按照刚体考虑；通过合理设计，使模型的纵横导向刚度与原型设计刚度一致；船厢中水的有效动质量按照 Housner 公式计算，以附加质量的方式模拟，通过调整附加质量，保证纵横向质量满足相似要求。

模型中纵导向位于船厢的质量中心，降低附加偏心引起的附加动力响应，确保船厢的动力响应以平动为主。模型的纵横导向刚度根据相似关系确定。模型上设置了四个可调阻尼比的黏弹性阻尼器，模拟原型结构上的两个阻尼器的作用，通过调整阻尼的大小，研究不同阻尼大小对船厢动力响应的影响。

3. 试验设备和测试方案

1）试验设备

试验在大型三向六自由度模拟地震振动台上进行。振动台的台面尺寸为 6.0 m×6.0 m，满载时台面最大加速度 X 向为 1.5g，Y 向为 1.0g，Z 向为 0.8g，频率为 0～50 Hz，能够模拟各类循环波、随机波和各种地震波。振动台的主要控制为模控，可以对振动台各自由度的传递特性进行优化，对振动台的各个自由度进行退耦，补偿油柱及阀共振等。

模控可采用位移或加速度两种信号进行控制，本试验采用加速度控制，由三参量输入和反馈组成宽频域闭环控制。

试验量测采用了加速度计、应变计、激光位移计、力传感器四种传感器。测试信号经适配器或前置放大器后进入主放大器，由数据采集处理系统采集并存储到计算机硬盘。数据处理软件具有各种时域和频域的处理功能、根据反应谱生成人工模拟地震波的功能及模态参数识别功能。

2）测试方案

模型试验主要量测塔柱与船厢在模拟地震激励下的动力响应，包括模型的基本动力特性（频率、振型、阻尼），在动力激振下的加速度响应，塔柱模型典型部位的动应变大小，船厢与塔柱结构之间的耦合力大小，并观察塔柱有没有裂缝产生及裂缝的开展情况。量测变量包括加速度、作用力、位移、应变及裂缝。共布置加速度传感器 51 个，力传感器 4 个，应变片 41 个，位移计 3 个。

（1）加速度传感器布置。在振动台台面沿 X、Y、Z 方向分别布置 1 个加速度传感器，测试输入试验模型的加速度大小；在模型塔柱的第 2、4、6、8、10 和 13 层沿水平方向每层布置 6 个加速度传感器(纵向布置 2 个加速度传感器，横向布置 4 个加速度传感器)，测试塔柱的动力响应与空间振型形状；在塔柱的第 6 与 13 层沿横向在第 7 轴线各增加 2 个加速度传感器，获得整体结构的扭转振型；船厢上沿水平方向布置 3 个加速度传感器（沿纵向布置 1 个，沿横向布置 2 个）。为了量测结构模型沿竖向的加速度响应，在模型第 6 与 13 层各布置 2 个竖向加速度传感器，船厢上布置 1 个竖向加速度传感器，共 5 个竖向加速度传感器。

（2）应变片布置。应变量测包括塔柱结构中关键部位的混凝土应变量测和船厢上纵横导向钢梁的应变量测两部分，共计 47 个应变测点。塔柱结构上共计布置混凝土应变片 35 个。为了获得模型塔柱顶部横梁与顶部转换纵梁的受力情况，在结构模型计算分析结果中应力较大的 4 根横梁上布置了 12 个混凝土应变片，在 4 根顶部纵梁上各布置 8 个应变片，在筒体根部布置了 7 个混凝土应变片，沿纵向在第 7 轴线附近的联系梁上布置了 8 个混凝土应变片。船厢纵横导向钢梁上共布置应变片 12 个。横导向梁与塔柱间的作用力即耦合力，由于耦合力难以直接量测，试验中通过量测导向梁中剪力的大小，间接推算纵导向梁跨中集中作用力的大小。在纵导向梁上监测 2 个横截面上的应变，对横导向梁检测跨中附近截面的应变，根据几何与物理关系及试验前的标定结果，推算导向梁中的剪力，从而间接获得沿纵横向船厢与塔柱之间耦合力的大小。经过标定后，横导向梁每根梁上测试跨中附近的 1 个截面，纵导向梁上测试半跨 2 个截面的应变，5 根导向梁共监测 6 个截面 12 个点的应变。

3）加载方案

动力模型试验通过调整峰值加速度以满足设防对于小震、中震和大震的要求。试验沿纵横两个方向输入设计地面地震加速度时程，量测塔柱结构与船厢的地震响应及船厢与塔柱之间的耦合力大小。为深入研究阻尼对耦合力的影响，试验考虑船厢阻尼比的变化，量测模型不同试验阶段的动力特性，试验分五个阶段。

第一阶段进行设计多遇地震试验，完成纵横每个方向三条地震波（Koyna 波、三峡场地波、规范反应谱人工波）输入的模拟地震激励及模型在本试验前后动力特性的实测工作，其中一项关键工作是阻尼器阻尼比的调整。

第二阶段进行设计地震试验，完成纵横向单向输入、纵横向同时输入、三向同时输入四种工况的试验。首先完成纵向单向分别输入三条地震波的试验，实测模型动力特性后，进行以纵向为主双向同时输入的模拟地震激励试验，实测模型动力特性后，开始安装附加质量，进行横向动力试验。横向动力试验首先完成沿横向分别输入三条地震波的动力响应试验，实测模型的动力特性后，进行双向同时输入的模拟地震激励试验，分别进行以纵向为主横向为辅、横向为主纵向为辅两条地震波四种工况的试验。实测模型的动力特性后，进行三向地震下的动力试验。量测模型动力特性，比较模型在经历设计地震后的动力响应大小与刚度变化情况。

第三阶段研究纵向设计地震作用下船厢不同工作位置及阻尼比变化对船厢与塔柱间耦合力的影响。船厢的附加质量为纵向动力质量值，实测船厢在中部、下部工作时动力响应的变化，船厢不同工作高度下的耦合力变化。

第四阶段进行 0.1g 峰值加速度地震作用下模型的动力响应试验。

第五阶段进行 0.2g 峰值加速度地震作用下模型的动力响应试验。

4. 试验结果

塔柱结构动力特性的试验结果显示，塔柱结构模型垂直河道方向自振频率的第一阶、第二阶、第三阶分别为 0.41 Hz、2.32 Hz、2.86 Hz，相应的阻尼比分别为 4.73%、4.54%、1.87%；塔柱结构原型顺河道向自振频率的第一阶、第二阶分别为 0.91 Hz、4.65 Hz，相应的阻尼比分别为 4.11%、3.07%。船厢的垂直河道向、顺河道向基频分别为 0.41 Hz、0.89 Hz，与塔柱对应的基频接近，船厢的垂直河道向、顺河道向第二阶频率分别为 0.94 Hz、1.58 Hz，与塔柱结构的第二阶频率有较大差别。

在设计多遇地震作用下，沿模型横向三条地震波分别激励下的模型动应变响应接近，人工波激励下模型的动应变响应最大，场地波与 Koyna 波结果接近。与纵向相比，塔柱横向刚度较弱。沿横向在人工波激励下，塔柱底部筒壁的最大应变分布较均匀，塔柱底部筒壁的最大动拉应变约为 46 με；随梁的位置从低向高，纵向联系梁梁端的最大动应变增加，相对原型高程 196 m 处纵向转换梁端的最大动应变为 44 με，梁端截面上下边缘的应变幅值接近。顶部中间横梁端部在横向人工波激励下出现裂缝。

在设计地震作用下，沿模型横向三条地震波分别激励下人工波模型的动应变响应最大，其中塔柱顶部横梁的最大动应变响应达 585 με，纵向联系梁的最大动应变响应为 154 με，塔柱底部筒壁上的最大动应变响应为 188 με。塔柱沿纵向的响应远小于横向激励下的响应。与设计多遇地震水平下模型的动应变响应相比，激励强度是后者的三倍，模型的最大动应变响应也约是后者的三倍，模型整体处于线弹性状态。

在设计加速度峰值 0.1g 作用下，利用人工波与场地波激励下的实测动应变推算纵横导向梁与塔柱间的耦合力，并绘制时程曲线。结果显示，沿纵向在人工波激励下模型纵导向梁与塔柱连接处的最大耦合力为 5 194 kN，场地波激励下最大耦合力为 4 780 kN；两条模拟地震波激励下，人工波激励下的耦合力大，单个横导向梁的最大耦合力为 3 077 kN，总耦合力为 11 612 kN。

在设计加速度峰值 0.2g 作用下，模型自振频率继续下降 24.6%，Y 向刚度损失 43.2%，发现顶部联系梁有明显裂缝。模型出现的裂缝基本由该阶段的横向人工波试验造成。随着塔柱结构逐渐进入塑性，塔柱结构的刚度降低，阻尼增加，耦合力的增加速度降低。

5.4　三峡升船机抗震设计实例

三峡升船机抗震设计是升船机设计的关键技术问题之一，以此为例介绍齿轮齿条爬升式升船机抗震关键技术。

1. 抗震设防标准

在中国地震烈度区划图上，三峡工程所在地区是一个典型的弱震区，经国家地震局地震烈度评定委员会鉴定，三峡地区的地震基本烈度为 VI 度。升船机船厢室段的建筑物处在大坝挡水部分之后、下闸首之前，为非壅水建筑物，经论证后，其设防标准遵循现行水工建筑物抗震规范的规定，对非壅水建筑物取基准期 50 年内超越概率 P_{50} 为 0.05，即接近 1 000 年一遇的地震，依据地震危险性安全评价结果，其设防加速度峰值为 0.67 m/s^2。

目前国内外的抗震设计规范均是对建筑物而言的，升船机的抗震设计基本上是依据工程的危害性分析结论和相应的建筑物设计规范进行的。三峡升船机结构自身的振动效应相对其他建筑物复杂，船厢与塔柱结合密切，且刚度相对塔柱刚度要小得多，船厢机构受塔柱变形的影响大，抗震设防目标是，地震工况下，船厢不发生倾覆、坠落事故，不会造成重大人员伤亡。因此，要求在地震时，应能保证安全机构的功能和作用，升船机建筑结构不发生整体的破坏，允许建筑结构、船厢及其设备有局部的、可修复的损坏，并可在一段时间内修复，修复期间允许停航。

2. 地震设计参数

1）设计反应谱

考虑到三峡升船机塔柱结构的长周期特点，地震设计反应谱依据《建筑抗震设计规范》（GB 50011—2010）延长到 6 s。设计基岩峰值加速度采用地震危险性安全评价结果和反应谱放大倍数，依据水工建筑物抗震设计规范，反应谱最大值 β_{max}=2.25，钢筋混凝土结构的阻尼比取 ξ=5%，相应的地震反应谱曲线见图 5.4.1，并依据该反应谱生成水平向的地震加速度时程曲线。

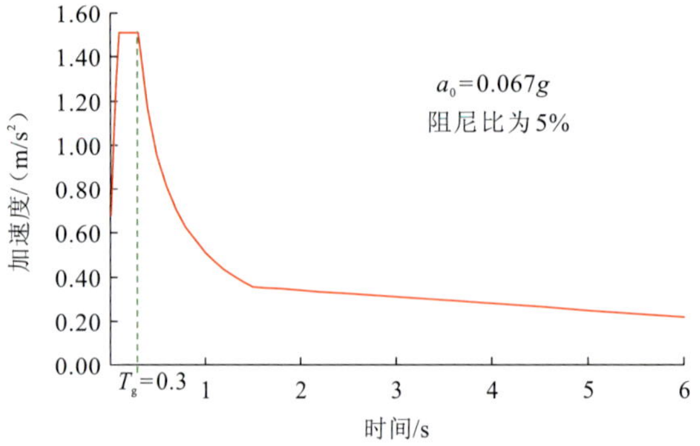

图 5.4.1　地震反应谱曲线

T_g—特征周期；a_0—地震加速度

2）动水质量

计算船厢与塔柱的相互耦合作用时需考虑船厢内的动水质量。三峡升船机船厢内有约 9000 t 的水，选用 Housner 模型进行计算。脉冲压力部分作为附加质量附加在船厢壁上，动力计算得出船厢内水体附加的质量值，纵向为水体质量的 5%，横向为水体质量的 22%。对流压力可看成流体的奇数阶振动对船厢的作用力，可等效为一系列的弹簧-质量系统。根据计算分析可以看出，对于较高的振型，等效质量衰减很快，实际计算中，取前几阶对流谐振力即可得到满意的结果[8]。经研究计算，动水质量纵向取水体总质量的 5%，横向取水体总质量的 40%。

3）导向机构与塔柱的间隙

考虑制造和安装误差，船厢纵横向导向机构与塔柱结构之间存在间隙，误差允许值为 2 mm。动力计算结果表明，船厢导向机构与塔柱之间是否设间隙对耦合力大小影响显著。

经综合计算比较，船厢纵横向导向机构与塔柱之间的缝隙设计值为±5 mm。计算考虑两种条件，即纵横向考虑±5 mm 的间隙和船厢在锁定工况时纵横向不考虑间隙。

4）导向机构刚度

地震时导向机构的刚度直接影响船厢与塔柱的耦合力和相对变位。通过计算分析最终确定横向导向机构的刚度为 65 MN/m，纵向导向机构的刚度为 340 MN/m。

船厢导向系统布置见图 5.4.2。考虑 5 mm 间隙，进行非线性时程计算，纵导向弹簧变形曲线见图 5.4.3。横导向弹簧变形曲线与纵导向类似，只是横导向弹簧力与刚度不同。

5）计算质量

地震计算考虑了塔柱结构自重、各层楼板楼梯自重、螺母柱齿条自重、平衡重横向质量、平衡重纵向质量、船厢横向质量、船厢纵向质量等。

塔柱和其上部的机房这两个主从结构在地震时的动力耦合影响取决于机房和塔柱间的质量比 λ_m 和频率比 λ_f。按《水电工程水工建筑物抗震设计规范》(NB 35047—2015)的规定，当 $\lambda_m<0.01$ 或 $0.01<\lambda_m<0.1$，且 $\lambda_f<0.8$ 或 $\lambda_f>1.25$ 时，可以不计主从结构间的动力耦合影响，将机房作为顶部附加质量作用于塔柱。附加质量主要包括高程 196.0 m

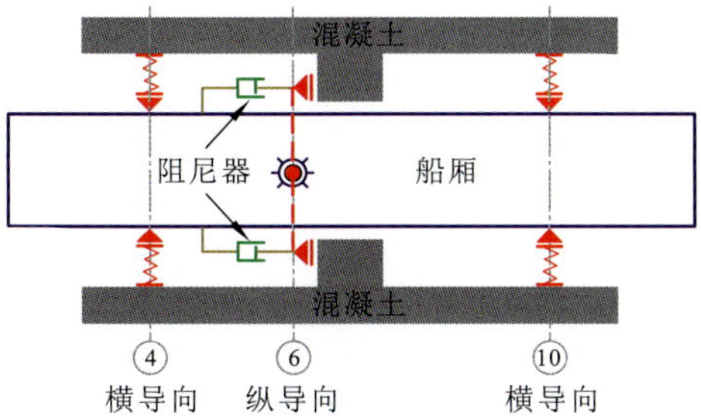

图 5.4.2　船厢导向系统布置

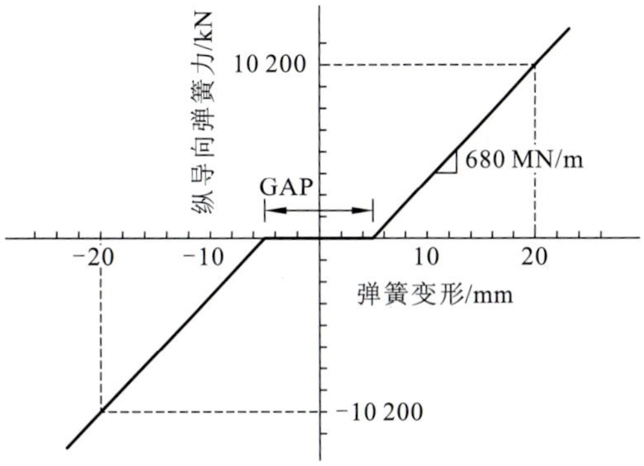

图 5.4.3　纵导向弹簧力-弹簧变形曲线

GAP 为间隙，mm

处顶部机房自重、高程 196.0 m 处机房层永久载荷和钢丝绳滑轮与齿墙质量等。机房及设备属附属结构，依据《水电工程水工建筑物抗震设计规范》(NB 35047—2015)，附属结构与塔柱主体结构不进行耦联分析，但附属结构的质量作为主体结构的附属质量。

6）扭转效应

塔柱抗震计算时，由于地震输入的不均匀性，存在扭转分量、塔柱结构施工产生的质量不均匀及使用过程的载荷可能存在的不完全对称性，塔柱抗震计算应该考虑扭转。纵向导向机构由于扭转铰的存在，以及设计主要由横向导向机构承受扭转，所以纵向导向机构不考虑扭转的影响。

依据《高层建筑混凝土结构技术规程》(JGJ 3—2010)，塔柱需考虑由施工、使用或地震地面运动的扭转分量等因素所引起的偶然偏心的不利影响，船厢则不考虑。

每层质心沿垂直于地震作用方向的偏移值 $e_i = \pm 0.05L_i$（L_i 为第 i 层垂直于地震作用方向的建筑物总长度）；

横向，塔柱总长为 119.0 m，$e_i = \pm 0.05 \times 119.0\ \text{m} = \pm 5.95\ \text{m}$；

纵向，塔柱总长为 59.0 m，$e_i = \pm 0.05 \times 59.0\ \text{m} = \pm 2.95\ \text{m}$。

由于偏心对结构产生的扭矩 M_e 通过一对力作用在塔柱的中心上，计算时考虑沿高程分四点作用，分别是高程 85.0 m、122.0 m、159.0 m、196.0 m。

3. 地震设计结论

动力计算采用有限元法，考虑塔柱结构、船厢与水体、船厢与塔柱的连接等条件的动力计算体系，反应谱和时程计算相互验证，并以时程计算为主。塔柱结构、船厢由三维固体单元模拟；导向系统位于塔柱与船厢之间，横向导向系统由四根具有初始间隙的线性弹簧模拟，纵向导向系统由两根具有初始间隙的线性弹簧模拟。地震组合为地震作用效应与其他静力载荷作用的效应相叠加。

三峡升船机动力计算模型及主振型见图 5.4.4。

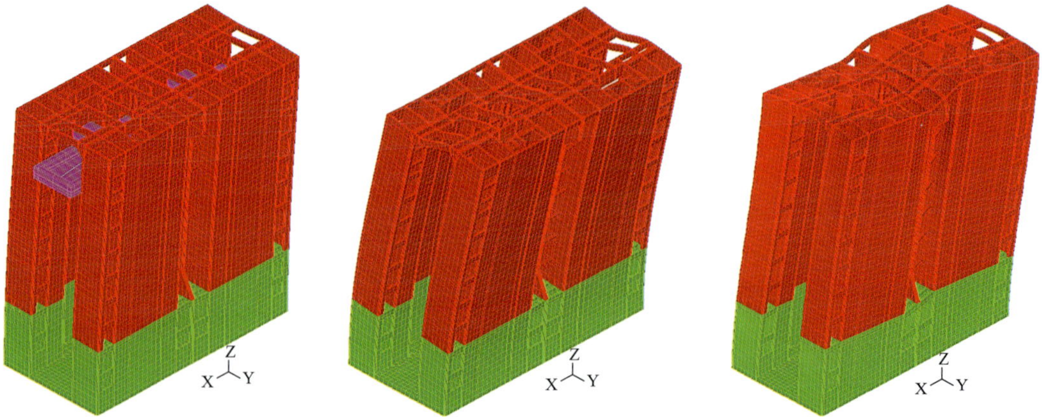

（a）整体模型　（b）塔柱横向主振型　（c）塔柱纵向主振型

图 5.4.4　三峡升船机动力计算模型及主振型

1）动力特性

船厢在塔柱的上部、中部和底部时，塔柱结构的动力特性变化较小，前 10 阶的频率、振型参与系数和系统振动特性见表 5.4.1。塔柱结构的横向基频为 0.42 Hz，纵向基频为 1.10 Hz，船厢水体的纵向基频为 0.023 Hz，横向基频为 0.149 Hz。

表 5.4.1　频率、振型参与系数和系统振动特性

阶数	频率/Hz	纵向参与系数	横向参与系数	竖向参与系数	振动特性
1	2.23×10^{-2}	2.66×10^{3}	4.02×10^{-4}	-2.85×10^{-5}	水体 X 向振动
2	1.49×10^{-1}	-1.44×10^{-3}	-3.00×10^{3}	1.52×10^{-3}	水体 Y 向振动
3	4.24×10^{-1}	9.78×10^{-2}	1.45×10^{4}	-5.62×10^{-2}	塔柱、船厢 Y 向振动
4	7.60×10^{-1}	-2.20×10^{-1}	-2.41×10^{-2}	-1.96×10^{-2}	船厢扭转振动
5	8.81×10^{-1}	-2.62×10^{-1}	-1.35×10^{3}	1.95×10^{-2}	船厢 Y 向振动
6	8.86×10^{-1}	2.82×10^{-1}	-1.85	-2.67×10^{-2}	船厢扭转振动
7	1.10	-1.43×10^{4}	2.60×10^{-1}	2.55×10^{-2}	塔柱、船厢 X 向振动
8	1.42	-1.84×10^{-1}	8.06×10^{-3}	8.28×10^{-2}	塔柱 Y 向振动
9	1.53	4.39×10^{3}	9.71×10^{-1}	9.24×10^{-2}	船厢 X 向振动
10	1.72	-7.48	1.52×10^{2}	8.65×10^{-2}	塔柱振动

2）动位移

塔柱结构最大位移计算结果见表 5.4.2。船厢处在上部、中部和底部对塔柱结构的动位移影响不大，塔柱相对地面的最大纵向动位移为 36.63 mm，塔柱最大横向动位移为 67.92 mm。塔柱机构部位（齿条、螺母柱所在部位）的变形值相对地面的纵向最大动位移为 3.1 cm，横向最大动位移为 7.7 cm，竖向最大动位移为 0.5 cm。动力时程法和振型叠加反应谱法计算结果接近，塔柱结构刚度满足要求，船厢机构能适应动位移。

表 5.4.2　塔柱结构最大动位移　（单位：mm）

位移	船厢在上部	船厢在中部	船厢在底部	备注
水平纵向	29.65	18.03	18.15	振型叠加反应谱法
	36.63	25.92	18.39	动力时程法
水平横向	66.15	65.17	64.67	振型叠加反应谱法
	67.92	59.82	59.69	动力时程法
垂直向	6.90	6.93	6.47	振型叠加反应谱法
	8.14	8.53	5.97	动力时程法

3）动应力

地震作用下，除个别点应力集中外，塔柱结构的压应力低于混凝土的抗压强度允许值，拉应力值没有超过混凝土的抗拉强度允许值。塔柱墙体基础的最大垂直正应力为±1.32 MPa，墙体正应力基本上在±2.0 MPa 左右，最大值出现在高程 60.0 m 附近的墙体，这是由于高程 60.0 m 以下筒体为连续剪力墙，该高程以上为墙-梁-墙组合结构。

塔柱的联系梁，特别是塔柱顶部联系梁的内力较大。在顶部各横梁中，各横梁的纵向弯矩对梁应力的贡献最大，中间横梁内力最大。计算表明，横梁的变截面处、梁的根部等的局部最大主应力将超过 10 MPa，通过配筋可满足结构承载力要求。

4）耦合力

地震时，船厢通过纵横导向与塔柱之间发生动力相互作用（即耦合力），作用力的大小直接影响导向机构的设计选型，以及塔柱埋件、塔柱局部结构的设计，同时它也是采取减震措施的依据。

耦合力计算属非线性接触问题，其数值大小与计算模型、结构刚度、塔柱材料、船厢位置、纵横导向间隙、输入地震波、纵向阻尼器的参数等因素有关。船厢分别在上部、中部和底部时，横导向耦合力都不大，其值为 1 MN 左右；船厢在上部时，纵导向耦合力最大。无阻尼时，纵导向耦合力很大，船厢在上部时最大，耦合力最大值为 8.11 MN。通过设置纵向阻尼器可有效降低纵导向地震耦合力，船厢在上部时，当线性阻尼器的阻尼系数从 3 700 kN·s/m（相当于 5%的阻尼比）提高到 11 100 kN·s/m（相当于 15%的阻尼比）时，纵导向耦合力从 6.98 MN 降低为 4.64 MN，降低幅度为 34%[9]。纵横导向与塔柱之间是否存在间隙对横导向耦合力影响小，但对纵导向耦合力影响大。计算船厢在上部、中部和底部位置的耦合力，不考虑纵横导向间隙时，横导向耦合力分别为 1.12 MN、0.78 MN、0.78 MN，纵导向耦合力分别为 5.72 MN、2.80 MN、2.84 MN；考虑纵横导向间隙 5 mm 时，横导向耦合力分别为 1.53 MN、1.22 MN、1.51 MN，纵导向耦合力分别为 6.98 MN、5.10 MN、1.89 MN。

参 考 文 献

[1] RAO S S. The finite element method in engineering[M]. 6th ed. London: Butterworth Heinemann, 2017: 1.

[2] 吴兴世. 贮液容器水动弹性分析的伽辽金有限元——自由界面模态综合方法[J]. 固体力学学报, 1984(2): 205-219.

[3] 李海涛. 三峡升船机中的耦合动力学问题[D]. 大连: 大连理工大学, 2006.

[4] HOUSNER G W. Dynamic pressure on accelerated fluid containers[J]. Bulletin of the seismological of America, 1957, 47(1): 15-35.

[5] 中华人民共和国水利部. 水工建筑物抗震设计标准: GB 51247—2018[S]. 北京: 中国计划出版社, 2018.

[6] 杨志勇. 全平衡重垂直升船机特殊情况的动力学分析[D]. 大连: 大连理工大学, 2015.

[7] 中华人民共和国住房和城乡建设部, 中华人民共和国国家质量监督检验检疫总局. 建筑抗震设计规范: GB 50011—2010[S]. 北京: 中国建筑工业出版社, 2010.

[8] 朱虹, 林新志. 三峡升船机塔柱抗震设计[J]. 人民长江, 2009, 40(23): 56-58.

[9] 张艳红, 胡晓, 高季章. 三峡升船机结构地震反应分析[J]. 土木工程学报, 2010, 43(9): 144-149.

第 6 章

电气关键技术

6.1 供电技术

升船机用电负荷包括正常负荷和检修负荷。正常负荷可分为持续性负荷和间歇性负荷，持续性负荷主要有照明负荷、暖通空调负荷和船厢室排水泵负荷等，间歇性负荷则为船厢驱动负荷、上下闸首闸门启闭机负荷等。这些负荷中最大的负荷当属船厢驱动负荷。以三峡升船机为例进行计算，船厢升降一次约 10 min，伴随着船厢的升降，用电负荷呈现出间歇性的特点，且最大负荷通常出现在船厢运行时。钢丝绳卷扬提升式垂直升船机的主提升设备通常布置在顶部机房，船厢设备的用电负荷不大，而齿轮齿条爬升式升船机的驱动系统设在船厢上，船厢设备供电负荷要远大于升船机其他部分设备的用电负荷。三峡升船机船厢采用了 8 台 315 kW 的电机进行驱动，船厢驱动负荷就占船厢 3 600 kV·A 总供电容量的 2/3。相对于整个升船机的 4 800 kV·A 总负荷，船厢驱动负荷占比尤显突出。

本节以三峡升船机为例，重点介绍齿轮齿条爬升式升船机船厢供电的设计思想。升船机船厢是移动设备，且供电负荷很大，设计研究了供电电压、供电接线和船厢供电方式等问题。另外，由于三峡升船机的设计船型以客船为主，升船机供电电源的可靠性也是设计重点研究、解决的内容。

1. 电源选取

三峡升船机位于左岸电厂和双线五级船闸之间的左非 8#坝段，按照就近引接电源的原则，附近主要可引接的电源点有坛子岭 35 kV 变电所、三峡左岸电厂 10 kV 厂用电系统和永久船闸第二闸首 10 kV 开闭所。

坛子岭 35 kV 变电所是一座有 4 回 35 kV 电源进线的 35 kV 地区变电所，4 回电源进线中 2 回来自三峡左岸电源电站，另 2 回引自坝区左岸陈家冲 220 kV 变电所的 35 kV 母线。三峡左岸电源电站安装有两台 50 MW 水力发电机组，机组具有黑启动的功能，是三峡水利枢纽的安保电源电站；陈家冲 220 kV 变电所为一所地区变电站，电源来自下游葛洲坝水力发电厂。坛子岭 35 kV 变电所的电源十分可靠，因而选作升船机的主供电电源。

三峡左岸电厂 10 kV 厂用电系统公用母线的电源来自发电机机端或机组停运时由电力系统通过 500 kV 变压器倒送的厂用电源。该电源也十分可靠，只是在机组频繁启停时，开关倒闸操作烦琐，倒闸操作过程会导致短时停电，故较适合作为备用电源。

永久船闸第二闸首 10 kV 开闭所是一个从坛子岭 35 kV 变电所引接 2 回 10 kV 电源组成的两段互为备用的 10 kV 母线，加上自三峡左岸电厂 10 kV 厂用电系统引接的 1 回 10 kV 备用电源组成的两主一备三电源开闭所。其设计仅考虑了给五级船闸范围区域的用电设备的供电，未考虑向区域外供电的功能，不宜作为升船机的电源点。

经比选，升船机的电源应以坛子岭 35 kV 变电所为主供电源，三峡左岸电厂 10 kV 厂用电系统为备用电源。

2. 供电电压

三峡枢纽工程建设初期已对厂用电供电电压进行了论证，在比较 3 kV、10 kV、0.4 kV、0.68 kV 等多供配电电压后，明确了三峡工程厂用电系统供配电电压采用 10 kV 和 0.4 kV 两级供配电电压。为便于三峡工程的统一管理与维护，升船机也采用了与枢纽其他部分供电电压一致的 10 kV 和 0.4 kV 两级供电，即区域供电电压为 10 kV，设备配电电压为 0.4 kV。

三峡升船机主要动力负荷分为上下闸首与塔柱区域设备和船厢区域设备两部分。上下闸首与塔柱区域的主要用电设备包括上闸首工作闸门、上闸首工作闸门桥机、上闸首辅助门桥机、活动公路桥、下闸首工作闸门、下闸首检修门桥机、下闸首工作闸门启闭机、下闸首污水排水泵、塔柱南北主机房桥机及空调和通风等。船厢区域的主要用电设备包括主驱动系统、厢头间隙水抽排系统和其他机构液压泵站系统等。

三峡升船机大功率设备负荷统计见表 6.1.1。

表 6.1.1 三峡升船机大功率设备负荷统计表

项目名称	额定功率/kW	负荷性质	设备安装部位
上闸首工作闸门 2×2 500 kN 桥机	2×315	持续负荷	上闸首
上闸首辅助门 2×1 500 kN 桥机	2×160	持续负荷	上闸首
上闸首工作闸门	2×75	短时负荷	上闸首
下闸首工作闸门启闭机	2×2×110	持续负荷	下闸首
下闸首工作闸门	2×45	短时负荷	下闸首
下闸首检修门 2×800 kN 桥机	2×90	持续负荷	下闸首
污水排水泵	3×90	持续负荷	下闸首
塔柱机房桥机	2×75	持续负荷	塔柱机房
船厢驱动电机	8×310	短时负荷	船厢
船厢液压泵站	150	持续负荷	船厢
船厢水深调节系统	2×（55+11）	持续负荷	船厢

对于船厢八台 315 kW 的驱动电机，若直接由 196.0 m 变电所采用 0.4 kV 电压供电，每台电机需要约三根 185 mm^2 的铜芯电缆，显然极不合理，因而确定将 10 kV 电压直接引至船厢。

向家坝升船机船厢采用四台 250 kW 电机驱动，供电负荷远小于三峡升船机，设计采用了四回 0.4 kV 滑触线向船厢供电。

3. 升船机 10 kV 变电所

三峡升船机设有专用的 10 kV 变电所，升船机 10 kV 变电所由分别布置在塔柱 196.0 m 高程的南、北侧机房两部分组成。升船机 10 kV 变电所共设置有三回进线供电电源。进线电源 1 和进线电源 2 为两回主供电源，引自坛子岭 35 kV 变电所的两段母线上；进线电源 3 为备用电源，引自三峡左岸电厂。三峡升船机 10 kV 变电所 10 kV 供电系统接线见图 6.1.1。

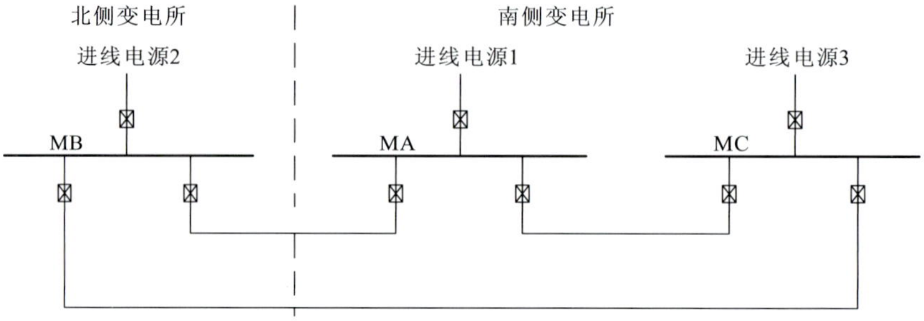

图 6.1.1　三峡升船机 10 kV 变电所（196.0 m 变电所）10 kV 供电系统接线简图

三峡升船机塔柱 196.0 m 变电所 10 kV 供电系统接线为单母线三分段环形接线，即 10 kV 供电系统分三段母线，北侧变电所设一段工作母线（MB），由坛子岭 35 kV 变电所引接一回电源接入，南侧变电所设一段工作母线（MA）和一段备用母线（MC），由坛子岭 35 kV 变电所和三峡左岸电厂 10 kV 厂用电系统各引接一回电源分别接入。10 kV 三段母线之间均设有联络开关，互为备用。当失去接入工作母线的主供电源时，备自投动作投入与备用母线段之间的联络开关，接入备用电源。同时，当主供电源恢复时，备自投动作切换回主供电源。三回 10 kV 电源均按升船机最大运行负荷设计，任意一回 10 kV 电源均能满足整个升船机的运行供电要求。

三峡升船机所采用的三电源单母线三分段环形接线，与传统的双电源单母线分段接线、双母线接线和双母线带旁路母线接线及三电源三分段单母线接线比较，具有更高的可靠性。接线可靠性对比分析见表 6.1.2。这种接线只有在发生特定三重故障时，才会失去整个系统的电力供给，接线可靠性高于传统的方式，特别适合于对可靠性要求极高的重要负荷的供电。在电源和设备元件故障率分别低于 0.01%与 0.03%的情况下，系统供电可靠性将不低于 99.999 7%。

表 6.1.2　接线可靠性对比分析简表

项目	失一电源、母联故障	双电源失电	三重故障
单母线二分段接线	厂用电全停概率很大	厂用电全停概率很大	全厂停电概率很大
双母线接线	厂用电全停概率很大	厂用电全停概率很大	全厂停电概率很大
双母线带旁路母线接线	厂用电正常	厂用电全停概率很大	全厂停电概率很大
单母线三分段接线	厂用电正常	厂用电正常	全厂停电概率很大
单母线三分段环形接线	厂用电正常	厂用电正常	全厂停电概率可控（除三电源失电）

三峡升船机南北侧塔柱 196.0 m 高程的 10/0.4 kV 变电所，承担上下闸首和船厢室段所有用电设备的供电。南侧变电所的正常运行最大计算负荷为 1 050 kV·A，最大负荷发

生在升船机检修工况，检修时的最大计算负荷为 1450 kV·A。这是由于上闸首两台闸门启闭机的用电负荷引自南侧变电所，且同时运行时的最大负荷为 950 kW。北侧变电所在升船机检修时的最大计算负荷为 400 kV·A，正常运行时的最大计算负荷为 1050 kV·A。因此，北侧变电所的最大负荷发生在升船机正常运行工况。

考虑到变电所运行安全和维护方便，南北变电所干式变压器统一采用 1600 kV·A 的干式变压器。

4. 船厢供电接线

三峡升船机由八台 315 kW 交流变频调速电机驱动，任意两台电机故障退出后，剩余的六台电机还可以保证完成当次对船厢的驱动运行任务，负荷安全等级均为一级。经计算，船厢上的最大计算负荷为 3 600 kV·A。对应船厢的 4 个驱动点，在驱动机构的下层设置了 4 个 10/0.4 kV 的供电点，直接从 196.0 m 南北变电所引四回 10 kV 电缆线路分别至船厢的各供电点。

船厢的 4 个 10/0.4 kV 供电点各有一回 10 kV 电源进线，并各设一台 2000 kV·A 的 10/0.4 kV 降压变压器，降压后分别接至 4 段 0.4 kV 母线。1＃和 3＃供电点的 10 kV 电源引自北侧变电所，2＃和 4＃供电点的 10 kV 电源引自南侧变电所。196.0 m 变电所向船厢供电的接线见图 6.1.2 和图 6.1.3。

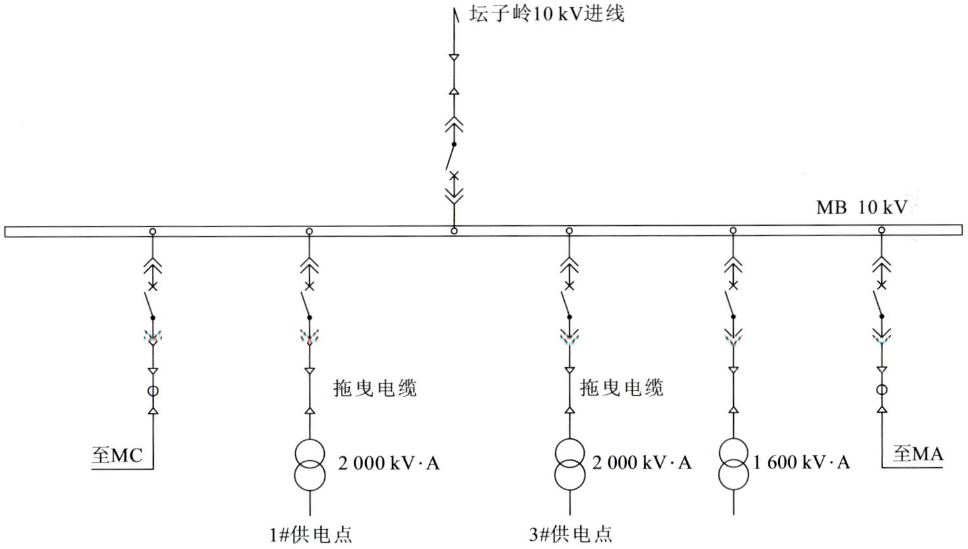

图 6.1.2 北侧塔柱 196.0 m 变电所 10 kV 供电系统接线图

从北侧塔柱 10 kV 母线 MB 和南侧塔柱 10 kV 母线 MA 各引两回 10 kV 电源分送至船厢的 4 个 10 kV 电气室，10 kV 电压经电气室内 2 000 kV·A 的 10/0.4 kV 变压器降压至 0.4 kV。上游侧 1＃和 4＃主驱动 0.4 kV 母线的备自投与下游侧 2＃和 3＃主驱动 0.4 kV 母线的备自投两两互为备用，以确保船厢供电可靠。每个供电点内各设有两套 0.4 kV 开关柜，一套低压开关柜用于船厢主驱动系统设备和其他设备供电，另一套采用安全环形接线的开关柜用于消防等安全设备的供电。

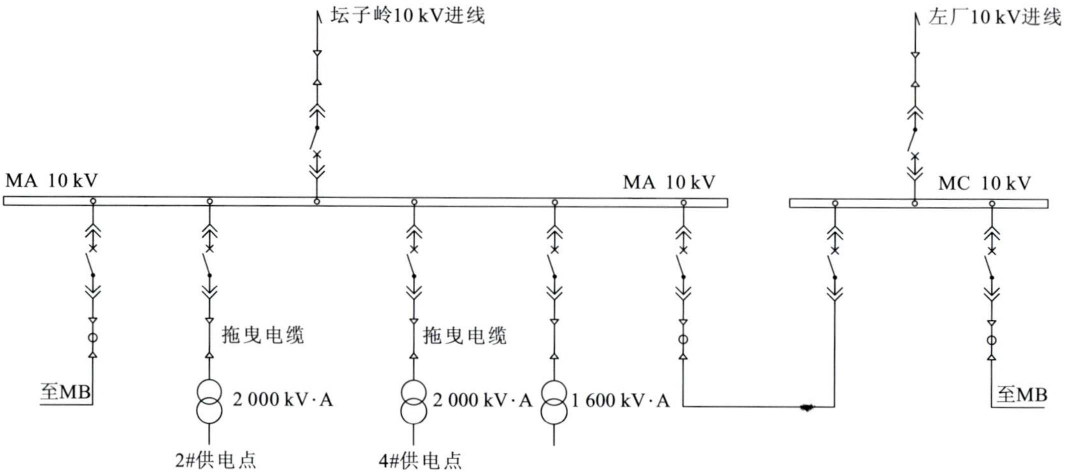

图 6.1.3 南侧塔柱 196.0 m 变电所 10 kV 供电系统接线图

5. 船厢 0.4 kV 安全环系统

为满足消防、应急照明等船厢安全设备的供电要求，在船厢上设置了一套 0.4 kV 供电安全环系统，0.4 kV 供电安全环系统接线见图 6.1.4。

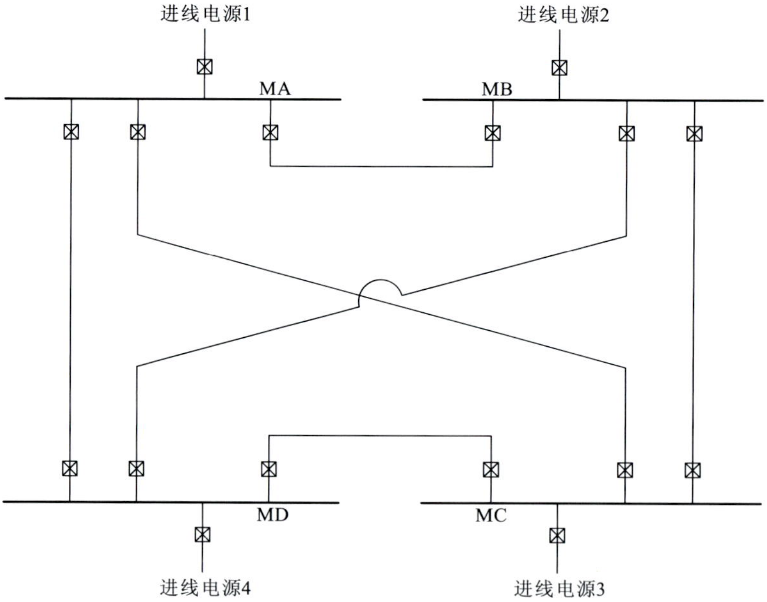

图 6.1.4 船厢 0.4 kV 供电安全环系统接线

安全环的 4 个电源来自船厢 4 个电气室的 4 段 0.4 kV 母线。正常情况下，4 个进线电源都带电，4 段母线分段运行，所有母线联络线开断。每段母线上接有 4 个电源，除直接引接至母线上的电源作为首选电源投入外，其他 3 个电源可按电源的可靠程度或约定确定投入次序。进线开关处于合闸状态时，与该段母线相连的 3 根联络线可根据需要联络或开断；进线开关处于分闸状态时，与该段母线相连的 3 根联络线有且只有唯一的

1 根联络线处于联络状态。

6. 船厢供电线路

三峡升船机船厢由八台 315 kW 的交流变频调速电机驱动，总负荷为 3600 kW。八台驱动电机具有同时工作的特点，船厢供电的同时系数取 0.8。若采用 0.4 kV 电压从 196.0 m 变电所直接供电，即使不计及电机启动时电流的影响，工作电流 I_x 按式（6.1.1）计算，单台电动机长期工作电流达到 600 A，仍需采用三根（185×3+70）mm^2 电缆供电。再考虑 0.4 kV 供电的可靠性冗余配置，向船厢供电需要敷设二十多根 185 mm^2 大截面电缆，显然极不合理。

$$I_x = \frac{P_x}{\sqrt{3}U_n \cos\varphi} \tag{6.1.1}$$

式中：P_x 为电动机的视在功率，kW；U_n 为电动机的标称电压，kV；$\cos\varphi$ 为电动机功率因数，按照 0.85 计算。

三峡升船机对船厢的供电在比较了 10 kV 与 0.4 kV 两级电压供电方案后，最终选择了 10 kV 的高压供电方案。

从塔柱 196.0 m 机房层南北侧变电所各出两回 10 kV 电缆线路至船厢上的 4 个 10/0.4 kV 供电点。196.0 m 南侧变电所向船厢 1#、3#供电点送电，北侧变电所向船厢 2#、4#供电点供电，形成交叉供电方式。每个供电点设置一台 2000 kV·A 干式变压器。向船厢供电的 10 kV 电缆按照 2000 kV·A 容量选取，每条馈电电缆可以同时向两个驱动单元进行供电。

选用的中压拖曳式柔性电缆为（3×70+3×35/3）mm^2，由 3 条带绝缘层和外半导体层的导线、3 条接地保护导体和带抗扭带的夹心型护套组成。

7. 中压柔性电缆

产品型号为 PROTOLON（SMK），系列编号为（N）TSCGEWOEU，执行标准为 DIN VDE 0250，Part 813，MSHA P-189-4。

产品用途为，可弯曲高压绞合电缆，可以承受极端的机械载荷。其主要用于移动设备，如快速移动集装箱吊车、大型移动设备和挖掘机等。

1）主要电气参数

中压柔性电缆的主要电气参数见表 6.1.3。

表 6.1.3　中压柔性电缆的主要电气参数

项目	参数
型号	8.7/15 kV（N）TSCGEWOEU
额定电压/kV	8.7/15
最高电压/kV	10.4/18
工频耐压/kV	24
允许载流量	满足 DIN VDE 0250，Part 813，MSHA P-189-4

2）热性能参数

中压柔性电缆的主要热性能参数见表 6.1.4。

表 6.1.4　中压柔性电缆的主要热性能参数

项目		参数
环境温度	最低温度/℃	-35
	最高温度/℃	80
导体最高允许温度/℃		90
导体短路极限温度/℃		250

3）机械参数

中压柔性电缆的主要机械参数见表 6.1.5。

表 6.1.5　中压柔性电缆的主要机械参数

项目	参数
动态张力载荷/（N/mm^2）	≥30
最大长期载荷/（N/mm^2）	≥20
扭转载荷/[（°）/m]	±25

4）构造特点

PROTOLON（SMK）中压柔性电缆为三芯三地电缆，导体采用 FS 级电解无氧铜细丝绞合，乙丙橡胶复合材料绝缘，其中内层护套采用乙丙橡胶，外层为改性丁腈橡胶，电缆护套为特制的乙丙橡胶夹聚酯纤维编织双层护套。其外观和截面见图 6.1.5。

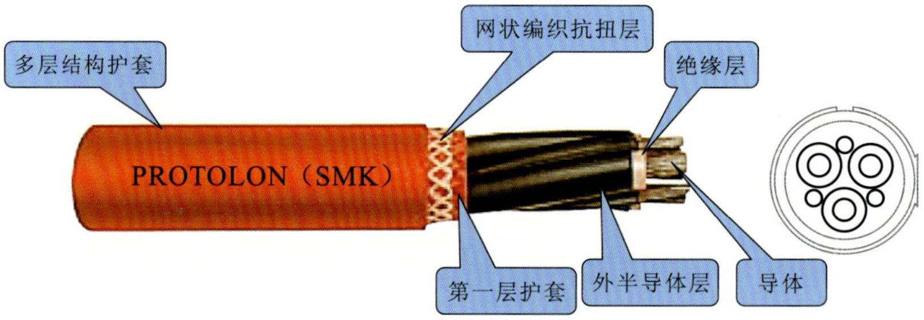

图 6.1.5　电缆外观和截面示意图

5）结构总体参数

中压柔性电缆的结构总体参数见表 6.1.6。

表 6.1.6　中压柔性电缆的结构总体参数

项目	参数
芯数和标称截面积/mm^2	3×70+3×35/3
导体/接线外径/mm	11.8/5.0
电缆外径/mm	52.0～56.0
最大允许拉力（动态值）/N	4 200（6 300）

6.2　多电机同轴驱动同步控制技术

6.2.1　升船机电气传动系统技术特点

1. 电气传动系统主要技术特点

电气传动是指，通过电动机把电能转换成机械能带动机械运动的技术，电气传动系统主要包括电动机、能源装置和控制系统三部分。升船机电气传动系统通常指，多台电动机经机械同步轴连接，驱动船厢完成升降运行的电气传动系统。

升船机电气传动系统有直流传动和交流传动两大类，经历了从直流电机调速到交流变频电机调速的发展过程。20 世纪 90 年代以来，随着电力电子器件的发展，交流变频电机调速已逐渐取代了传统的直流电机调速。目前，升船机电气传动系统均采用交流变频电机调速传动技术。

大型垂直升船机船厢升降运行所需的驱动力（力矩）较大，相应的驱动机械系统也较大。为解决设备布置和制造的困难，船厢驱动系统通常采用机械轴互相连接的分散布置多电动机驱动系统。通过机械同步轴来保证多电动机驱动系统在单点故障下的传力，实现船厢四驱动点的同步升降。

齿轮齿条爬升式升船机船厢的机械传动系统包括机械轴、联轴器、减速器、驱动小齿轮等设备。上述设备的制造安装误差和船厢内水体的波动，或多或少会影响对船厢的驱动控制。因此，电气传动控制对象实际上是一个多因子耦合的复合系统，其具有以下技术特点。①机械同步轴强制将多台电动机的运行速度变为一致，但电动机制造误差带来的固有机械特性的差异，交流变频调速装置、控制装置、网络设备响应速度等的不同影响，以及超长同步轴系统内在的干扰，使得各电动机的实际出力和转速有着一定的差异。理论分析和模型试验均表明，如果不采取适当控制措施调控多电动机的运行特性使其一致，实际运行中可能会出现部分电动机工作在电动状态，而另一部分电动机工作在制动状态的现象，同步轴上会出现较大的扭矩，驱动系统将难以正常运行，甚至会扭断同步轴。因此，电气传动系统需要采用一种控制策略，在满足机械同轴下多电动机电气行程同步和电气出力均衡要求条件下，使系统安全、可靠地运行。②船厢内水体对船厢运行速度及其变化相当敏感，速度突变会引起厢内水体的波动，进而引起驱动点受力的变化，形成不稳定因数，严重时危及船厢稳定和厢内船舶的安全。为了避免由此引起的水体激振，船厢运行应平稳，启制动应平缓，从而需通过电气传动系统的精准控制，实现船厢平稳启制动和稳速运行。③船厢与闸首对接时，船厢水域与上下游水域连通，上下游水位的快速变化，会导致船厢水深与标准水深的偏差，形成部分未能被平衡重抵消的误载水重。电机驱动船厢运行载荷是一个典型位势能负载，误载水深不同和运行方向的变化，使电动机既可能运行在电动状态下，又可能运行在发电状态。因而，要求电气传动系统可在其机械特性的四个象限内运行，并且应能平滑过渡。④船厢多点驱动系统万向联轴器间隙、齿轮间隙、同步轴弹性变形及机械系统摩阻力等的影响，会在同步轴上产生扭力，严重时会造成同步轴的扭振，破坏驱动系统的稳定。电气传动系统需要采取相应的抑制同步轴扭振的控制措施。

2. 多电机同轴控制主要技术方案

要实现机械同轴多电机的行程同步、速度同步和出力均衡，电气传动系统各驱动单元的电气传动装置必须进行协同控制。常用的多电机同轴驱动电气传动系统有机械同轴＋电气行程同步控制和机械同轴＋电气出力均衡控制两种。机械同轴＋电气行程同步控制技术的核心是独立控制各驱动单元电机，在正常运行时同步轴基本不传递扭矩；机械同轴＋电气出力均衡控制技术的核心则为控制所有电机的出力与速度一致，正常运行时允许同步轴上存在一定的扭矩。国内升船机上多采用机械同轴＋电气出力均衡控制技术[1]。此外，这两个技术方案的系统硬件结构和设备配置完全相同。三峡升船机同时采用了上述两套技术方案，且以机械同轴＋电气行程同步控制为主控方案，机械同轴＋电气出力均衡控制为后备方案。向家坝升船机仅采用了机械同轴＋电气出力均衡控制方案。

6.2.2 多电机机械同轴电气行程同步控制技术

1.三峡升船机驱动系统设备布置

三峡升船机船厢由布置在四个侧翼平台上的四套驱动机构驱动，每套驱动机构包括两个驱动单元，其中与同步轴连接的驱动单元设为主驱动单元（2#、4#、5#、7#驱动单元），其余驱动单元为从驱动单元（1#、3#、6#、8#驱动单元）。八套驱动单元共配置八套电气传动装置（2#、4#、5#、7#为主电气传动装置，1#、3#、6#、8#为从电气传动装置）。每套驱动机构的两台交流变频电动机分别通过一台减速器、一套万向联轴器共同驱动小齿轮沿齿条运行，带动船厢升降。每个驱动单元设置一套由电动机、交流变频调速装置组成的电气传动装置，电动机采用 315 kW 交流变频电动机。四台驱动机构之间通过工形机械同步轴连接，组成多电动机机械同步驱动系统。工形机械同步轴不仅能强制四个驱动小齿轮同步运行，而且能够在任意一台或两台电动机退出工作时继续维持驱动系统的运行。

船厢驱动系统设备布置见图 6.2.1，工形机械同步轴结构布置见图 6.2.2。

2. 电气传动系统运行要求

为使机械同步轴在正常运行中不承担力矩负荷，需要控制八台电动机在工形机械同步轴系统的微小扭转变位区间内进行电气行程同步控制，使四个驱动点在任何时刻都处在同一个高程上（在同一水平面上），实现船厢水平状态的升降运行。对同一驱动机构内的两台电动机按照电气出力均衡进行控制，平均负担该驱动点的负荷。工形机械同步轴则作为驱动机构故障时维持船厢处于四点支承状态的后备保障措施。

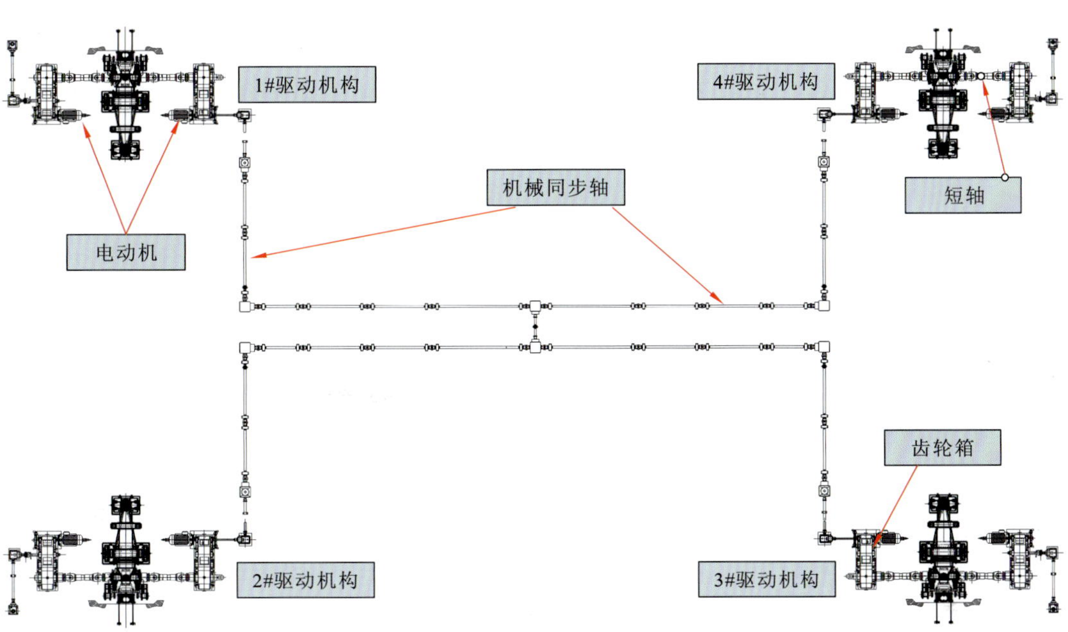

图 6.2.1　船厢驱动系统设备布置示意图

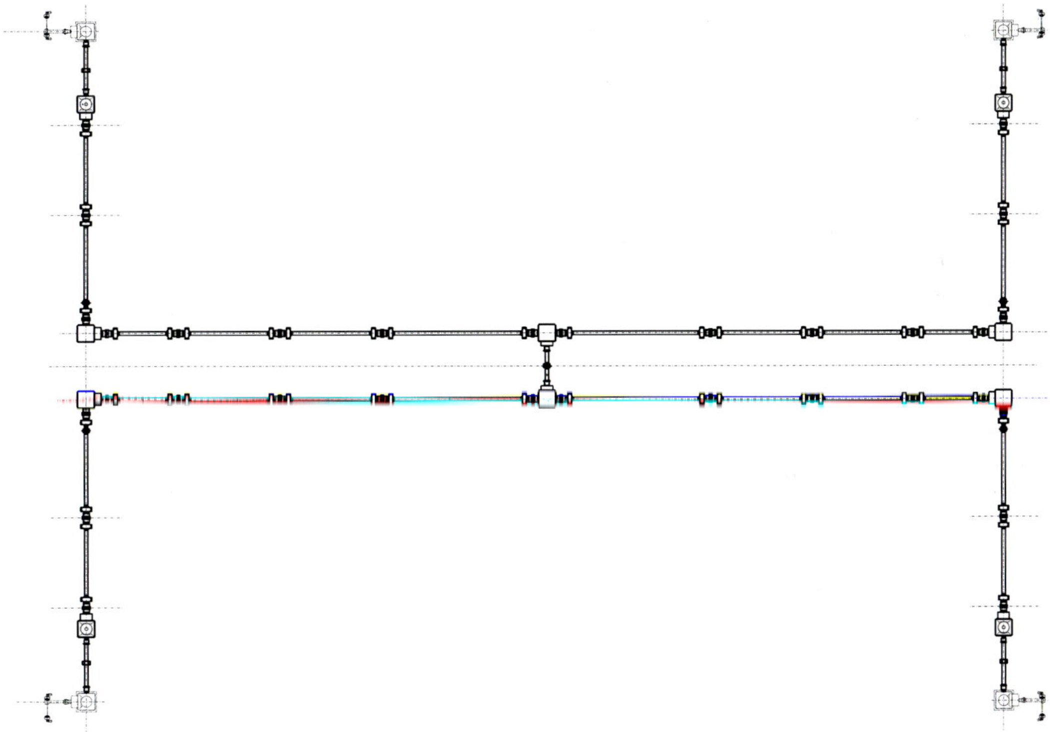

图 6.2.2　工形机械同步轴结构布置示意图

当某一驱动机构中任何一个驱动单元的电气传动装置因故障退出工作时，该驱动机构内的电气出力均衡控制失效，该驱动机构所需的驱动力矩将由另一套正常运行的电气传动装置自动地增加输出转矩（最高至额定值）来提供，以弥补退出工作的电动机的出力。当该电气传动装置的额定输出力矩不足以驱动该驱动点的负荷时，不足的力矩将由其他三套驱动机构的电气传动装置增加输出力矩予以补充，并通过工形机械同步轴传递。由于连接驱动单元的工形机械同步轴各边的长度接近，三套驱动机构的六套电气传动装置增加的输出力矩值基本相同。

当四套驱动机构中任何两套各有一套电气传动装置故障退出工作时，驱动系统负荷的调整与上述相似。出现故障的驱动机构不足的力矩将由另外两套工作正常的驱动机构通过增加输出力矩补充。

当某一驱动机构的两套电气传动装置均因故障退出工作时，该驱动点所需的驱动力矩全部由其他三套驱动机构承担，并通过工形机械同步轴传递。三套驱动机构增加的输出力矩值基本相同，并仍然以电气行程同步进行控制。机械同步和电气同步共同作用，使船厢继续平稳运行到与闸首对接的位置。

发生任意两套电气传动装置故障的双重故障后，升船机完成当次运行（流程）后，将转换至停航检修状态。

3. 电气传动系统构成

三峡升船机船厢驱动系统是一个工形机械同步轴联动的机械系统。将四个驱动点间的行程差、驱动点内两台电动机输出力矩差，以及船厢与闸首的对位精度、同步轴扭振抑制等指标控制在安全运行所规定的范围内。在前期研究的基础上，电气传动系统采用了一套传动控制站＋八台传动装置控制器的两级控制结构方案，即由两台冗余配置的可编程逻辑控制器（programmable logic control，PLC）组成的传动控制站，对各配置一台控制器的八套电气传动装置进行协调控制。同一驱动机构内的两台传动装置控制器设置成主/从冗余结构。传动控制站与传动装置控制器两级之间通过现场光纤总线互连，形成分层分布式控制系统结构。传动控制站根据接收的控制指令、目标位置、实时水位值和给定运行速度图等信息，按照运行时序，协调控制八套电气传动装置，使四个驱动点同步运行。同时，各电气传动装置将其运行参数和状态采集后传递给传动控制站。

传动控制站采集的信息通过监控系统双以太工业环网上送给集中控制站，并接收集中控制站的指令。传动控制站负责传动装置控制参数的给定，实现对驱动电动机、制动器等的协调控制和与集中控制站的信息传递。传动装置控制器承担位置、速度、力矩三闭环控制，实现多电动机的行程同步和出力均衡控制。

电气传动系统采用交流变频调速系统，每套电气传动装置包括驱动电动机、交流变频调速装置及增量型旋转编码器等。与驱动电动机一对一配置的交流变频调速装置为带速度反馈的高精度调速装置。每台电动机非传动轴端装设有用于速度反馈和位置反馈的增量型旋转编码器，180 个脉冲对应 1 mm 的行程。四个驱动点的八套电气传动装置通过现场光纤总线构成了驱动船厢运行的升船机电气传动系统[2]。

交流变频调速装置采用交-直-交变流结构，由整流/回馈单元和逆变单元两部分组成。整流/回馈单元和逆变单元的功率器件为绝缘栅双极型晶体管（insulated gate bipolar transistor，IGBT）。变频装置的整流/回馈单元具有电气制动能量回馈电网的功能。

当八套电气传动装置全部投入运行或有一两套电气传动装置因故障退出运行时，电气传动系统仍能综合所有电气传动装置的运行状态，产生相应的控制决策，从而使电气传动与控制系统在各种状态下都具有足够的稳定裕度和抗干扰性。三峡升船机电气传动控制系统电气行程同步控制原理框图见图 6.2.3。

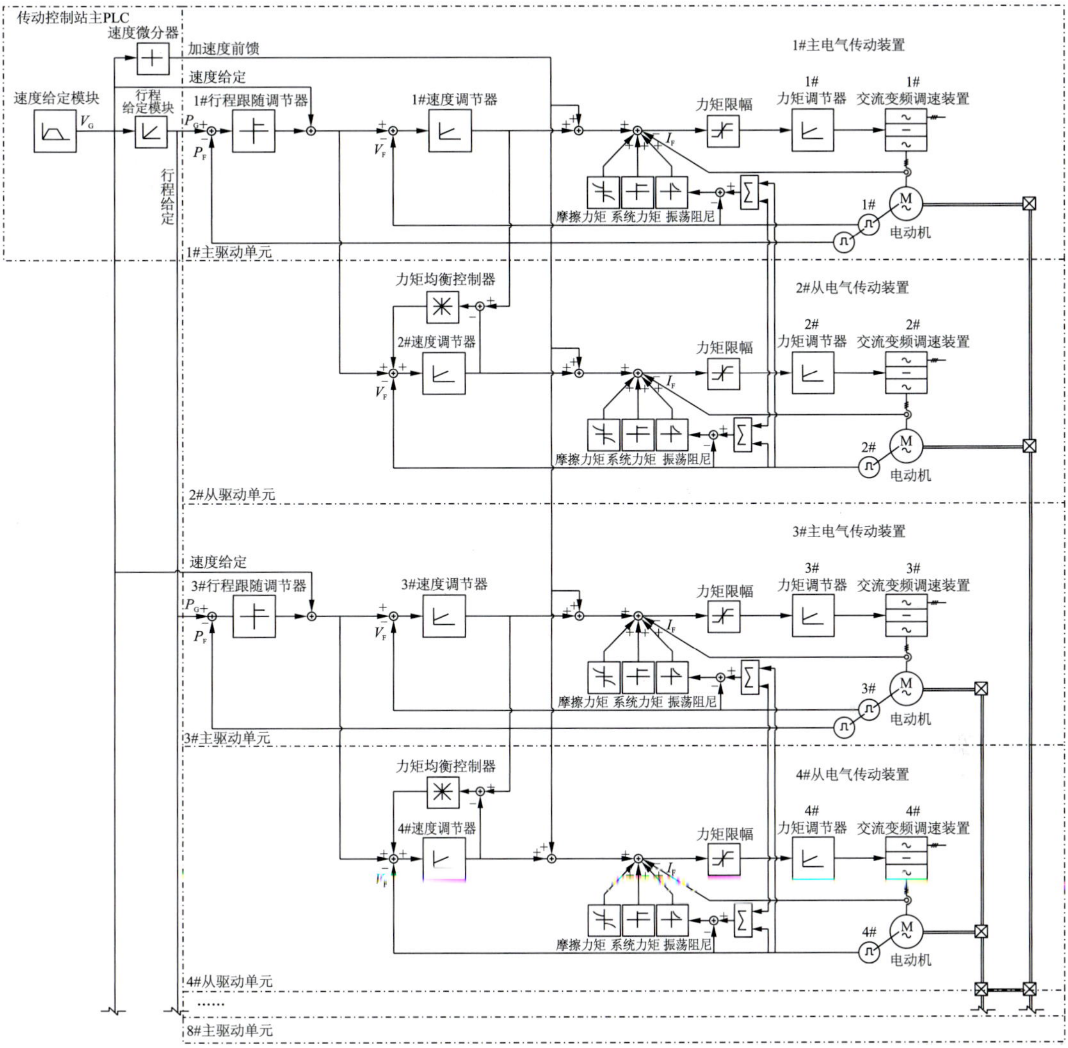

图 6.2.3　电气行程同步控制原理框图

V_G—速度给定；P_G—行程给定；P_F—行程反馈信号；V_F—速度反馈信号；

I_F—电流反馈信号；M—电动机

4. 电气行程同步控制

为使电气传动系统的八套电气传动装置协同工作，在传动控制站设置速度给定模块和行程给定模块，实现对八套电气传动装置的速度与行程参数的给定。所有主从电气传动装置控制器中均设置行程跟随调节器、速度调节器和力矩调节器等调节控制环节，并在从电气传动装置控制器中构建力矩均衡控制器。

传动控制站冗余配置的另一台 PLC 与主 PLC 构成热备工作，当传动控制站主 PLC 故障退出运行时，冗余的热备 PLC 就无扰动接替传动控制站的控制工作。

1）四驱动点电气行程同步

根据给定的船厢运行速度图、船厢水深、闸首对接位置目标等关键输入信息，经传动控制站 PLC 计算求得速度给定 V_G、加速度给定 a_G、行程给定 P_G 等参数，将它们作为电气传动系统行程同步控制给定参数值。

传动控制站采用广播方式将同步控制给定参数值发送给各电气传动装置控制器，八套电气传动装置控制器同时获得速度给定 V_G、行程给定 P_G 等信号。传动控制站给出的速度给定信号作为八套电气传动装置速度调节器的输入信号，而行程给定信号，与各驱动点主电气传动装置的实际行程反馈信号 P_F 比较后，输入给各自的行程跟随调节器，经行程跟随调节器计算后输出速度补偿信号，分别作为各自驱动点主从电气传动装置速度调节器的输入补偿信号，与各自的速度反馈信号 V_F 共同作用，实现对四个驱动点的行程同步控制。速度给定和行程补偿同步跟随控制框图见图 6.2.4。

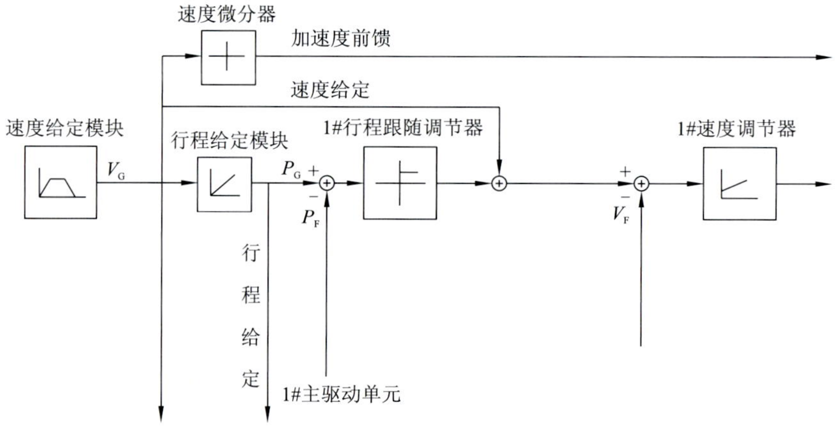

图 6.2.4　速度给定和行程补偿同步跟随控制框图

（1）八台电动机正常运行，船厢全行程范围内驱动点间的行程偏差脉冲数实测值见表 6.2.1。

表 6.2.1　八台电动机正常运行驱动点间的行程偏差脉冲数实测值表

八台电动机运行	上行到位停机	下行到位停机	上行快速停机	下行快速停机	紧急停机
1#/2#驱动点行程偏差脉冲数	-12	-3	-38	16	-180
1#/3#驱动点行程偏差脉冲数	-7	14	-31	-12	-156
1#/4#驱动点行程偏差脉冲数	-27	7	-10	7	-5
2#/3#驱动点行程偏差脉冲数	5	17	7	-28	24
2#/4#驱动点行程偏差脉冲数	-15	10	28	-9	175

续表

八台电动机运行	上行到位停机	下行到位停机	上行快速停机	下行快速停机	紧急停机
3#/4#驱动点行程偏差脉冲数	-20	-7	21	19	15
行程偏差最大脉冲数	-27	17	-38	-28	-180
最大行程差/mm	-0.15	0.09	-0.21	-0.16	-1.00

根据实测结果可见：①船厢上行，1#/2#驱动点的行程偏差为-12 个脉冲，1#/3#驱动点的行程偏差为-7 个脉冲，1#/4#驱动点的行程偏差为-27 个脉冲，2#/3#驱动点的行程偏差为 5 个脉冲，2#/4#驱动点的行程偏差为-15 个脉冲，3#/4#驱动点的行程偏差为-20 个脉冲。其中，最大的行程偏差出现在 1#驱动点和 4#驱动点之间，偏差值为-27 个脉冲，约-0.15 mm。②船厢下行，最大的行程偏差出现在 2#驱动点和 3#驱动点之间，为 17 个脉冲，约 0.09 mm。③船厢上行快速停机，最大的行程偏差出现在 1#驱动点和 2#驱动点之间，为-38 个脉冲，约-0.21 mm。④船厢下行快速停机，最大的行程偏差出现在 2#驱动点和 3#驱动点之间，为-28 个脉冲，约-0.16 mm。⑤船厢紧急停机，最大的行程偏差出现在 1#驱动点和 2#驱动点之间，为-180 个脉冲，约-1.00 mm。

表 6.2.1 表明，驱动系统正常运行停机、快速停机和紧急停机，驱动点间的行程偏差均可控制在±2 mm 的设计指标范围内。

（2）一台电动机退出运行，驱动点间行程偏差脉冲数实测值见表 6.2.2。

表 6.2.2 一台电动机退出运行驱动点间的行程偏差脉冲数实测值表

一台电动机退出运行	上行 2#退出到位停机	上行 3#退出到位停机	上行 6#退出到位停机	下行 7#退出到位停机
1#/2#驱动点行程偏差脉冲数	-304	-7	-20	34
1#/3#驱动点行程偏差脉冲数	-221	-57	-106	127
1#/4#驱动点行程偏差脉冲数	-262	-43	47	56
2#/3#驱动点行程偏差脉冲数	83	-50	-86	93
2#/4#驱动点行程偏差脉冲数	42	-36	67	-90
3#/4#驱动点行程偏差脉冲数	-41	14	153	-183
行程偏差最大脉冲数	-304	-57	153	-183
最大行程差/mm	-1.69	-0.32	0.85	-1.02

任意一台电动机退出运行（如布置在 1#驱动点的 2#电动机），使得行程偏差较大的是 1#驱动点和 2#、3#、4#驱动点之间的行程偏差。1#/2#驱动点的行程偏差为-304 个脉冲，1#/3#驱动点的行程偏差为-221 个脉冲，1#/4#驱动点的行程偏差为-262 个脉冲。其中，最大行程偏差达-304 个脉冲，约-1.69 mm，出现在 1#和 2#驱动点间。2#、3#、4#驱动点之间的行程偏差最大为 83 个脉冲，约 0.46 mm。

表 6.2.2 表明，任意一台电动机退出运行，驱动点之间的行程偏差均可满足小于±2 mm 的设计指标。

（3）任意两台不在同一驱动点的电动机退出运行，驱动点间行程偏差脉冲数实测值见表 6.2.3。

表 6.2.3　任意两台不在同一驱动点的电动机退出运行的驱动点间行程偏差脉冲数实测值表

两台电动机退出运行	下行 3#、6#退出	下行 1#、3#退出	上行 4#、6#退出	上行 6#、8#退出	上行 1#、8#退出
1#/2#驱动点行程偏差脉冲数	10	170	129	-34	-47
1#/3#驱动点行程偏差脉冲数	8	360	37	0	-72
1#/4#驱动点行程偏差脉冲数	-20	63	22	-136	-24
2#/3#驱动点行程偏差脉冲数	-2	192	-92	-1	-25
2#/4#驱动点行程偏差脉冲数	-30	-107	-107	-102	23
3#/4#驱动点行程偏差脉冲数	-28	-299	-15	-101	48
行程偏差最大脉冲数	-30	360	129	-136	-72
最大行程差/mm	-0.17	2.00	0.72	-0.76	-0.40

在任意两台不在同一驱动点的电动机退出运行(如布置在 1#驱动点的 1#电动机和布置在 2#驱动点的 3#电动机）情况下，1#、3#电动机退出运行，1#/2#驱动点的行程偏差为 170 个脉冲，1#/3#驱动点的行程偏差为 360 个脉冲，1#/4#驱动点的行程偏差为 63 个脉冲，2#/3#驱动点的行程偏差为 192 个脉冲，2#/4#驱动点的行程偏差为-107 个脉冲，3#/4#驱动点的行程偏差为-299 个脉冲，最大行程偏差达 360 个脉冲，约 2.00 mm。

表 6.2.3 表明，任意两个驱动点各有一台电动机退出运行时，驱动点之间的行程偏差均在±2 mm 的设计指标范围以内。

（4）同一驱动点两台电动机均退出运行，驱动点间行程偏差脉冲数实测值见表 6.2.4。

表 6.2.4　同一驱动点两台电动机均退出运行的驱动点间行程偏差脉冲数实测值表

两台电动机退出运行	下行 1#、2#退出	上行 3#、4#退出	上行 5#、6#退出	下行 7#、8#退出
1#/2#驱动点行程偏差脉冲数	-199	177	1	168
1#/3#驱动点行程偏差脉冲数	-208	71	375	51
1#/4#驱动点行程偏差脉冲数	-193	63	0	148
2#/3#驱动点行程偏差脉冲数	-9	-106	374	-117
2#/4#驱动点行程偏差脉冲数	6	-114	-23	-20
3#/4#驱动点行程偏差脉冲数	15	-8	-397	97
行程偏差最大脉冲数	208	177	-397	168
最大行程差/mm	1.16	0.98	-2.21	0.93

在同一驱动点的两台电动机退出运行（如布置在3#驱动点的5#、6#电动机）情况下，1#/3#驱动点行程偏差达375个脉冲，约2.08 mm；2#/3#驱动点的行程偏差为374个脉冲，约2.08 mm；3#/4#驱动点的行程偏差为-397个脉冲，约-2.21 mm。1#/2#、1#/4#、2#/4#驱动点的行程偏差都很小。

表6.2.4表明，任一驱动点内的两台电动机同时退出运行，驱动点之间的行程偏差均小于±4 mm的设计指标。

2）同一驱动点出力均衡控制

三峡升船机每一驱动点的两台电动机分别通过齿轮箱、刚性短轴与小齿轮连接，每一驱动点连接同步轴的电动机设定为主电动机，另一电动机则为从电动机。驱动点内两套电气传动装置按主-从方式工作在速度闭环模式下。主电气传动装置的力矩给定信号通过网络发送给从电气传动装置，将主电气传动装置的力矩给定信号与从电气传动装置的力矩给定信号进行比较求差，经从电气传动装置力矩均衡控制器调节后作为从电气传动装置速度调节器的力矩补偿信号，使从电气传动装置的力矩进行补偿性调整，从而维持驱动系统每个驱动点的力矩平衡。主-从电气传动装置出力均衡调节原理框图见图6.2.5。

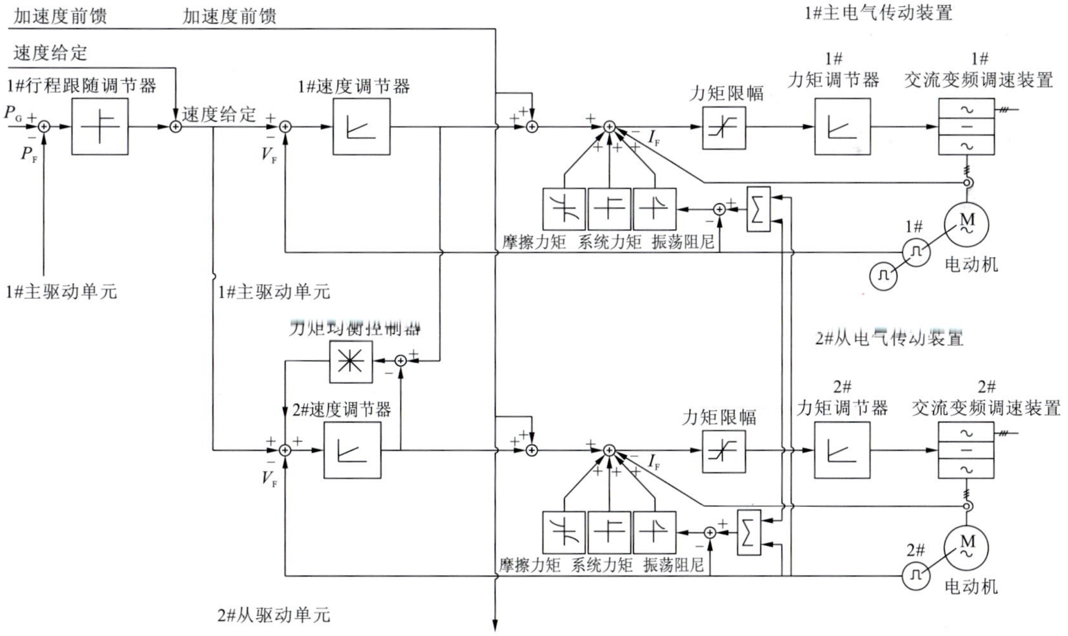

图6.2.5 主-从电气传动装置出力均衡调节原理框图

电气行程同步控制方式下，八台电动机均正常运行时，船厢上行八台电动机速度与力矩参数见表6.2.5。

表 6.2.5　船厢上行八台电动机速度与力矩参数表

驱动点	电动机	电动机转速 /（r/s）	电动机输出力矩 /（N·m）	电动机输出力矩差 /（N·m）	与单台电动机额定输出力矩比/%
1#	1#	991	1 111	9	0.3
	2#	991	1 102		
2#	3#	991	1 141	2	0.07
	4#	991	1 143		
3#	5#	991	1 173	17	0.57
	6#	991	1 156		
4#	7#	991	1 115	7	0.23
	8#	991	1 122		

系统正常运行时，各驱动点内两台电动机的输出力矩差控制在单台电动机额定力矩（3 000 N·m）3%的设计指标范围以内。

每一驱动点的两套电气传动装置正常运行时，主从电气传动装置跟随行程给定进行闭环运行，四个驱动点间的行程偏差始终控制在规定的≤±2 mm 范围内。从电气传动装置跟随主电气传动装置出力均衡控制，两台电动机的输出力矩差小于单台电动机额定力矩的 3%。当某一电气传动装置故障退出工作时，该驱动点即故障驱动点，电气传动系统无扰切换，进入故障运行状态，另一套运行正常的电气传动装置跟随行程给定信号进行闭环控制的功能不变，增加输出力矩到该驱动点所需力矩，同时保持四个驱动点间的行程偏差始终控制在规定的≤±2 mm 范围内（当单台电机出力仍然无法满足要求时，由其他三个驱动点增加出力，通过同步轴补充）。当一个驱动点的两套电气传动装置均因故障退出工作而失去动力时，其他三个驱动点继续进行电气行程同步跟随控制，在机械同步轴的作用下，使出现故障的驱动点的行程与其他三个驱动点的行程保持≤±4 mm 的偏差，让船厢在基本水平的状态下运行。此时，系统将根据故障状态自动完成多重组合切换，并组成新的控制结构。

5. 力矩补偿控制

受电动机固有特性偏差、齿轮箱等机械设备的加工偏差，以及运行阻力等因素的影响，各电动机的运行会产生行程累积偏差，使四个驱动点间的长年运行行程偏差无法始终控制在±2 mm 范围内。每个驱动点输出力矩存在的微小偏差，会使四个驱动点之间产生同步累积偏差，偏差积累会使工形机械同步轴在船厢正常减速停机时间段内传递过大力矩，并发生同步轴扭矩仪报警或扭矩过大跳机故障，影响系统的安全运行。

三峡升船机的电气传动控制系统设置了电动机输出力矩实时监测和力矩补偿调节环节，将主电气传动装置力矩的反馈值适时与八台驱动电机输出力矩反馈值的平均值求差，经主电气传动装置力矩补偿控制器调节后，输出的速度补偿信号分别作为各自驱动点主从电气传动装置速度调节器的输入信号，完成对四个驱动点之间的力矩均衡动态控制。任意一驱动点力矩与驱动点平均力矩差之比低于驱动点额定出力的 10%（600 N·m），电气传动系统自动对该驱动点进行出力补偿修正。其他三个驱动点的力矩补偿控制相同。

为了确保在力矩补偿修正时该驱动点的行程偏差始终控制在≤±2 mm，避免出现过度补偿，补偿修正采用迭代渐进方式，并自动捕获最佳补偿。不同驱动点的补偿修正是独立的，一旦该驱动点的出力恢复正常，立即撤销该出力补偿。

6.2.3　多电机机械同轴电气出力均衡控制技术

1. 向家坝升船机船厢驱动系统布置

1）驱动系统设备布置

向家坝升船机也采用了与三峡升船机相似的齿轮齿条爬升、短螺杆长螺母柱保安形式。向家坝升船机船厢驱动系统由四套驱动机构、一套同步轴系统，以及四套齿条及其连接结构等组成。四套驱动机构对称布置在船厢两侧四个侧翼平台机房内。与三峡升船机不同的是，向家坝升船机每台驱动机构只设置一个驱动单元，每个驱动单元的驱动电动机采用 250 kW 的交流变频电动机，四套驱动机构之间通过矩形机械同步轴连接，组成多电机机械同步驱动系统。矩形机械同步轴不仅能强制四个驱动小齿轮同步运行，而且能够在任意一台电动机退出工作时保证驱动系统继续运行至闸首对接位置。

船厢驱动系统设备布置见图 6.2.6，驱动机构设备布置见图 6.2.7，机械同步轴结构布置见图 6.2.8。

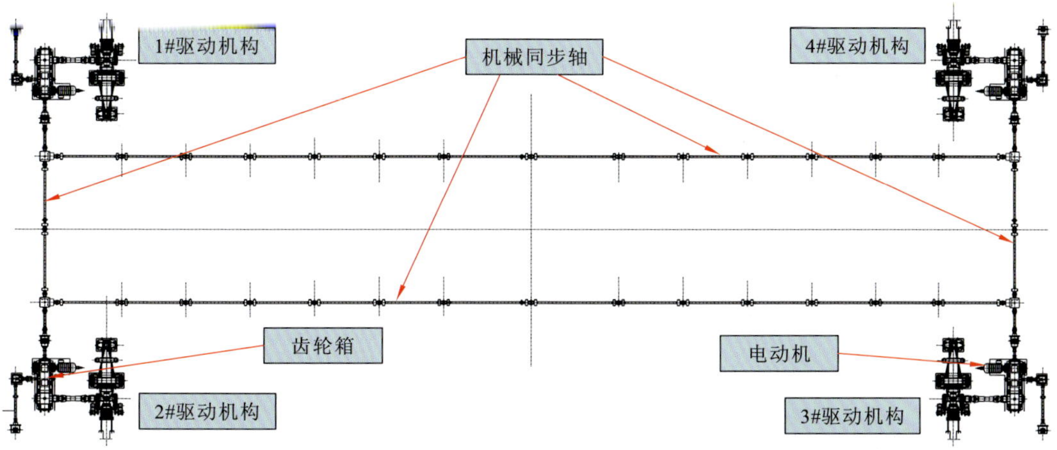

图 6.2.6　船厢驱动系统设备布置图

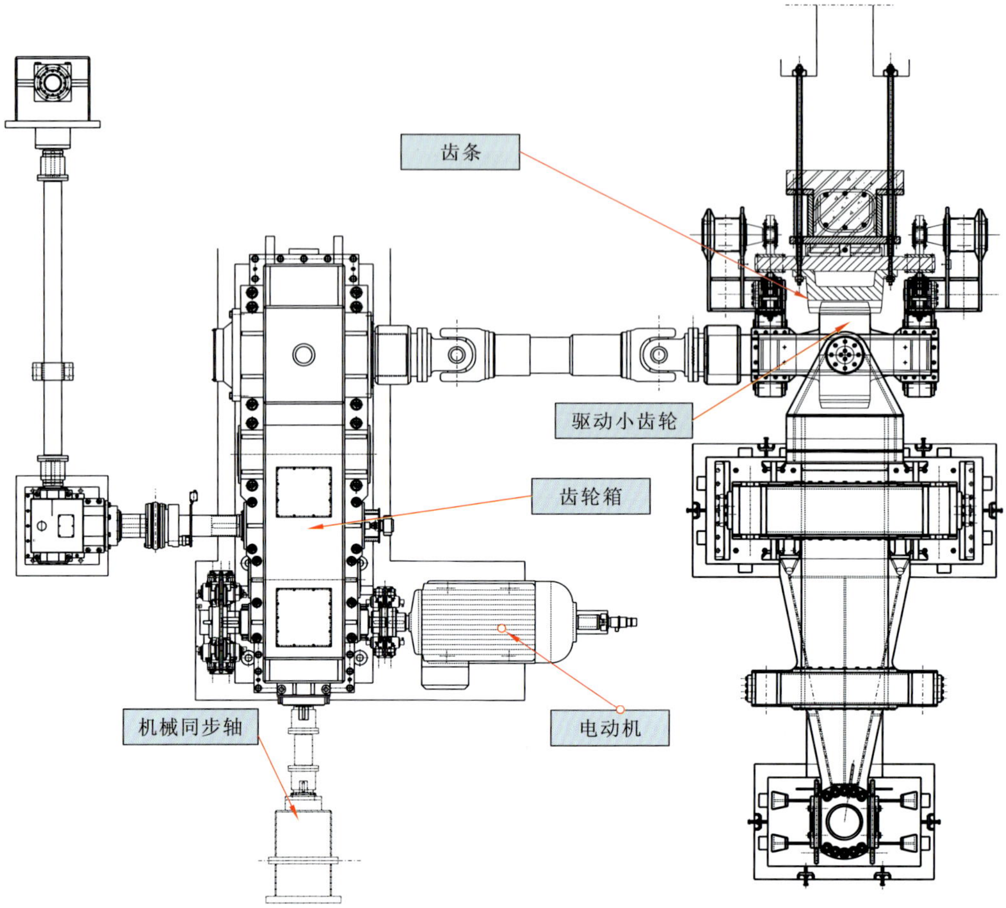

图 6.2.7　驱动机构设备布置图

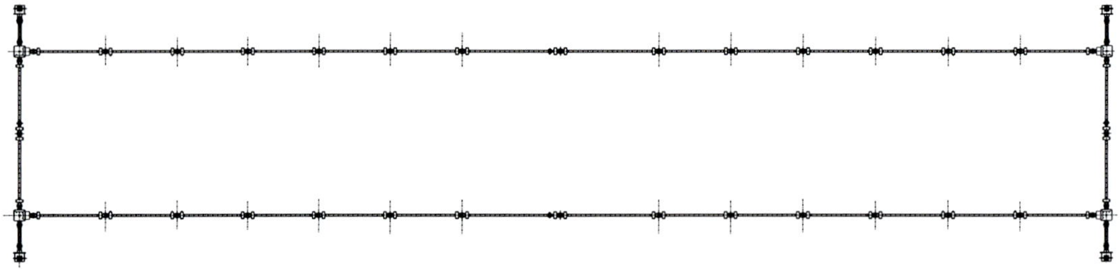

图 6.2.8　机械同步轴结构布置图

2）主要技术参数

船厢额定运行速度为 0.2 m/s。

船厢正常启制动加速度为±0.01 m/s^2。

故障时，制动加速度（由电气传动系统快速停机）为-0.04 m/s^2。

事故时，紧急制动加速度（由制动器紧急停机）为-0.04 m/s^2。

驱动电机额定功率为 4×250 kW。

四个驱动点间的出力偏差与驱动电机的额定出力之比≤3%。

2. 主电气传动系统运行要求

为使船厢的四台电动机出力相同，驱动系统在机械同步的基础上进行出力均衡控制。正常运行的情况下，四台电动机全部投入工作，电气传动系统以出力均衡控制的方式驱动船厢以水平状态平缓地启制动和以稳定的速度进行垂直升降运行，保持船厢的四个驱动点在任何时刻都处在同一个高程上。四套驱动机构通过矩形封闭式机械同步轴刚性连接，当船厢运行负载在额定值的20%～150%时，任何时刻（启动、稳速运行、制动）任意两台驱动电机间的力矩差应小于单台电动机额定输出力矩的3%。

当任意驱动单元的电气传动装置因故障退出时，该驱动单元出力均衡控制功能失效，驱动点所需的驱动力矩自动地在三套正常工作的驱动单元中重新分配，并全部由其他三套驱动单元承担，通过矩形机械同步轴传递。三套正常工作的电气传动装置仍然以出力均衡进行控制，任意两台电动机之间的力矩差仍满足小于单台电动机额定输出力矩 3%的要求。机械同步和出力均衡共同保证船厢水平状态的平稳运行，此状态下船厢可以继续运行到上闸首或下闸首的对接位置。

3. 电气传动系统构成

向家坝升船机船厢驱动系统是一个封闭式矩形机械同步轴联动的机械系统。为了将四个驱动点间的行程差、力矩差，以及船厢与闸首的对位精度、同步轴扭振抑制等指标控制在升船机安全运行所规定的范围内，电气传动系统采用了基于多电机机械同轴四驱动点电机出力均衡的电气传动控制技术。

向家坝升船机船厢采用多电机同轴驱动，电气传动系统由四台交流变频电动机、四套交流变频调速装置、一套传动协调控制站、若干检测传感器等组成。电气传动系统采用一套传动协调控制站＋四套传动装置控制器的两级控制结构方案，两级之间通过底层现场总线网络进行互连。传动协调控制站由两台冗余配置的 PLC 组成，以对四套电气传动装置进行协调控制。每套电气传动装置各配置一个高性能的控制器，四套电气传动装置控制器采用一主三从控制结构。传动协调控制站将根据接收的指令，以及运行目标位置、船厢运行速度、水位、给定上升/下降加速度等信息，按照运行时序，通过现场总线控制四套电气传动装置同步运行。同时，各电气传动装置将其运行参数和状态传递给传动协调控制站，传动协调控制站通过升船机监控系统的双环工业以太网，上送给集中控制站并接收集中控制站的命令，使船厢平稳地按规定的程序运行。各电气传动装置既可联动控制（正常运行）也可单独控制（检修调试），能充分满足多机构驱动系统可靠性、实时性、实用性的要求。传动协调控制站实现主驱动电机与制动器及减速机等的协调控制，以及与升船机计算机监控系统的协调控制；各电气传动装置控制器实现电气传动系统的三闭环控制，以及驱动电机机械同轴传动的出力均衡协调控制。

船厢的四台驱动机构由四台 250 kW 交流变频电动机驱动，电气传动系统采用带速度反馈矢量控制的交流变频调速传动方案。每台交流变频电动机配置一套交流变频调速装置。交流变频调速装置采用交-直-交变流结构，由整流/回馈单元、逆变单元两部分组成，两部分的功率器件均采用 IGBT。整流/回馈单元为自换向形式，具有母线电压可调和无功补偿功能。电气传动系统采用再生回馈制动方式制动，能实现机械特性的四象限运行[3]。

向家坝升船机电气传动系统采用位置、速度、力矩嵌套结构组成的三闭环全数字无级调速系统方案，多电机同步控制采用机械同轴＋电气出力均衡控制技术。向家坝升船机电气传动与控制系统电气出力均衡控制原理框图见图 6.2.9。

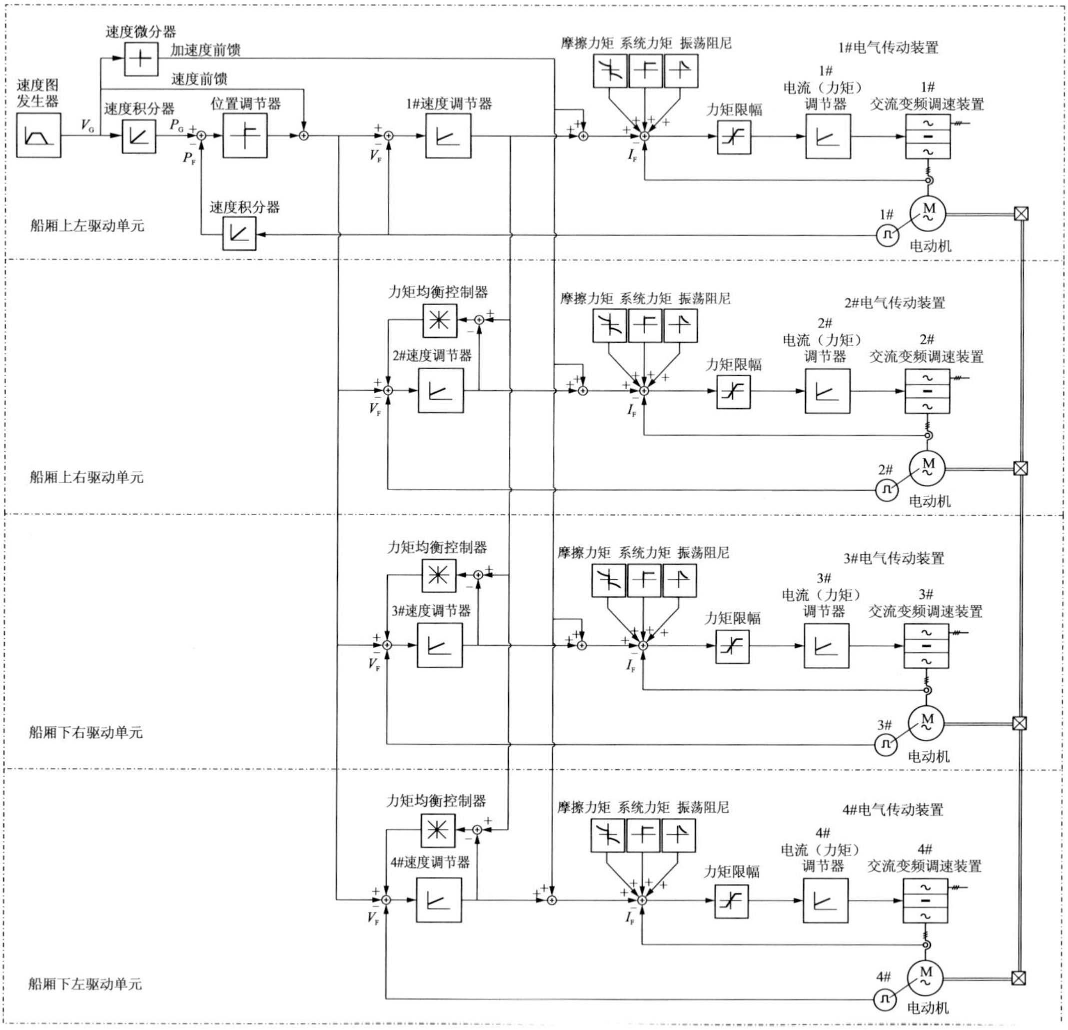

图 6.2.9　电气出力均衡控制原理框图

4. 电气出力均衡控制技术

解决封闭式矩形机械同轴驱动系统出力均衡的方法有力矩环出力均衡控制技术和速度环出力均衡控制技术。

力矩环出力均衡控制技术是多个电气传动装置共用一个速度环。多套电气传动装置各自都设有速度环和力矩环，组成驱动船厢的电气传动系统时，在多个速度环中确定一个为主速度环并作为工作速度环，其余速度环作为备用速度环。将工作速度环调节器的输出作为多个电气传动装置力矩调节器的统一输入，经各自的力矩环反馈调节后，保证各电机输出力矩趋于一致。通过控制力矩环输入给定信号的一致性，来实现多电机机械同轴驱动的出力均衡控制。

向家坝升船机电气传动系统采用速度环出力均衡控制技术和主-从控制方式，四套驱动单元中设置一套主电气传动装置，其他三套为从电气传动装置。主电气传动装置控制器中设置速度图发生器，速度图发生器可采用五阶段速度图或 S 形速度图两种方式给定速度信号。在四套主从电气传动装置控制器中设置有位置调节器、速度调节器、力矩调节器等调节环节，并在从电气传动装置控制器中设置力矩均衡控制器。速度环出力均衡控制技术下，四套电气传动装置都设有各自的速度环和力矩环，当组成驱动船厢运行的电气传动系统时，四个速度环同时工作，其中一个为主速度环，其他三个为从速度环。速度图发生器给定的速度图信号同时加在四个速度调节器的输入端，作为多电动机同步传动控制的统一速度给定信号。三个从速度环的力矩均衡控制器的输入为主速度环输出的力矩给定信号与该从速度环输出的力矩给定信号之差。力矩均衡控制器的输出信号作为其自身速度调节器的附加给定信号。通过从速度环的力矩输出信号与主速度环的力矩输出信号的比较，调节从速度环的力矩输出信号，使各从电气传动装置的机械特性与主电气传动装置的机械特性具有相同的斜率，达到各电气传动装置间的负载均衡分配，从而消除主从电气传动装置间力矩给定的差值，使四台电动机的输出力矩基本相等。电气传动系统设置位置闭环控制环节，以实现对船厢上下闸首高精度点对点的定位控制。位置闭环控制反馈信号采自驱动电机非传动轴端设置的增量型轴角编码器，目前国内已建升船机均采用这种闭环控制方式。

5. 主从传动单元无扰切换控制

为了避免船厢突然故障而中断运行，电气传动系统在选择电动机和交流变频传动装置的功率时均留有一定的裕量。四套驱动单元中若有一套电气传动装置故障，其余的驱动单元电气传动装置仍能承担全部负载，不间断地驱动船厢完成本次运行。电气传动系统具备主-从无扰切换功能，在主电气传动装置故障时，作为后备主电气传动装置的从电气传动装置能自动、无扰动地接替其工作，使船厢不间断地运行。

在船厢运行过程中，当四套电气传动装置都正常运行时，主电气传动装置的功能有效。电气传动系统运行在一主三从方式下，此时主电气传动装置发出驱动正常信号 1 至后备主电气传动装置；若电气主传动装置发生故障，则立即发出驱动故障信号 0 至后备主电气传动装置，同时主电气传动装置退出运行。当后备主电气传动装置收到主电气传动装置发来的 0 信号后，在毫秒级的时间内启动主传动功能，电气传动系统转为运行在一主二从方式下。由于切换时间短，且通过系统的快速调节，切换过程对电气传动系统的扰动很小，即达到了无扰切换。

6.2.4 船厢停位找点控制技术

对于船厢不下水的垂直升船机，为了使船厢停位准确，确保其与上下闸首工作闸门对接时，船厢的标准水平面与航道水面平齐，电气传动系统采用了 S 形速度图给定+位置闭环控制结构的船厢定位控制技术。

电气传动系统根据上下游水位、船厢行程、运行速度、正常停机加速度等参数给定船厢运行速度图，并在位置闭环调节控制下，通过船厢停位找点检测设备的位置反馈信号，控制船厢，使之自动跟随上下游水位的变化寻找并确定合适的减速点和停位点，实现对船厢的动态精准对位控制。

在船厢上下厢头的左右侧各装设一套对射式红外光电位置校验开关，与上下闸首工作闸门上的浮动标志镜配合，给电气传动系统传动控制站提供船厢剩余行程校验点 B0、船厢正常减速校验点 B1、船厢快速减速校验点 B2、船厢准确停位校验点 B3 及紧急停机校验点 B4 信号[4]。船厢与上下闸首的对位功能在传动控制站中实现。对位功能具体如下。

（1）B0 位置校验信号：用于电气传动系统位置闭环控制方式下船厢剩余行程的校正。B0 开关的布置位置按实际工程所需的船厢剩余行程校正值确定。电气传动系统收到 B0 信号时，传动控制站用船厢剩余行程校正值对连续检测和计算的实际船厢剩余行程值进行校正。

（2）B1 位置校验信号：用于船厢驱动机构的正常停机。B1 开关的布置位置按实际工程计算的正常减速行程确定。电气传动系统收到 B1 信号时，驱动系统进行正常减速（$-0.01\ \mathrm{m/s^2}$）运行。

（3）B2 位置校验信号：用于船厢驱动机构的故障快速停机。B2 开关的布置位置按实际工程计算的快速减速行程确定。电气传动系统收到 B2 信号时，若船厢现行速度小于 0.2 m/s，则系统不理会 B2 信号，继续按 B1 信号进行正常减速，直至停机；若船厢现行速度未降低，则系统进行故障减速（$-0.04\ \mathrm{m/s^2}$）运行。

（4）B3 位置校验信号：用于船厢驱动机构的到位停机。B3 开关布置在船厢标准水深处，是船厢每次运行的准确停位点。

（5）B4 位置校验信号：用于船厢驱动机构的超行程保护紧急停机。B4 开关的布置位置比 B3 开关靠后一点。电气传动系统收到 B4 信号时，系统发出紧急停机指令，按紧急停机控制时序停机。

在三峡升船机和向家坝升船机现场调试试验中，通过采用停位找点控制技术，船厢停位精度可以控制在±3 cm 以内。

6.2.5 同步轴扭振抑制

由细长机械轴连接的机械同步传动系统，通过多台驱动机构驱动船厢升降运行。细长轴节间的联轴器存在传动链间隙。细长轴的弹性变形和连接间隙会引起同步轴扭振，对升船机的稳定运行会产生不利影响，严重时甚至会使厢内水体激荡、机械结构遭受损坏等。

实际工程中，对细长轴弹性扭振的抑制有机械和电气控制两种方法。升船机同步轴扭振抑制的电气控制方法是在力矩给定信号中引入状态反馈环节和阻力补偿环节，增加与各自驱动单元转速和四个驱动单元平均转速差成比例的阻尼信号，有效地抑制同步轴系的弹性扭振[5]。扭振抑制方案原理图见图 6.2.10。

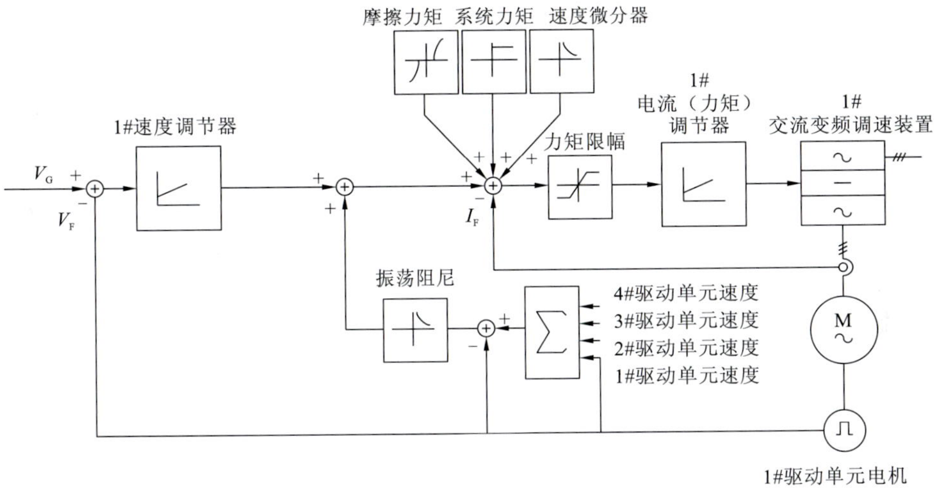

图 6.2.10　扭振抑制方案原理图

6.3　安全控制系统关键技术

6.3.1　安全控制系统结构

升船机运行流程必须严格按照步序进行控制，运行过程中的各项操作步骤需要根据运行流程进行步序联锁，只有一个运行动作完成无误，经判断其他条件也符合安全要求时，才能开始下一个运行动作，这样能够确保升船机按照运行流程自动在准确的时间开始、以正确的顺序执行、按精确的位置结束，能够防止误操作，确保运行全过程的安全，不出现故障。三峡升船机和向家坝升船机控制系统中，除按常规设置了一对一的硬连接联锁和各现地控制站 PLC 之间的软件联锁以外，还专门设置了一套独立于运行监控系统的以一台安全 PLC 为核心控制器件的升船机安全控制系统（安全控制站）。安全 PLC 专门用于升船机各动作机构和设备之间的逻辑闭锁、故障保护和紧急保护，为升船机自动控制系统的核心安全设备。各现地控制站及流程控制站均受该安全 PLC 的监控。

安全控制系统采用分布式输入/输出（input/output，I/O）结构，包括一套 PLC 主站和九套远程 I/O 站。安全控制站的 PLC 布置在集中控制室内，远程 I/O 布置在各现地控制站机柜内，其输入信号直接由远程 I/O 从现地检测设备读取。安全控制站 PLC 的本地机架和远程 I/O 之间采用光纤单环网络连接，以 Profisafe 协议进行通信，通信速率不小于 12 Mbit/s。安全控制站 PLC 主站和远程 I/O 站的名称及具体布置位置见表 6.3.1。

表 6.3.1　安全控制站 PLC 主站和远程 I/O 站的名称及具体布置位置表

名称	布置位置
安全 PLC 主站	集控室安全控制站控制柜
集控室远程 I/O 站	集控室安全控制站控制柜
上闸首远程 I/O 站	上闸首机房站控制柜
上厢头远程 I/O 站	上厢头液压系统 1＃控制柜
1＃驱动机构远程 I/O 站	1＃驱动机构控制柜
2＃驱动机构远程 I/O 站	2＃驱动机构控制柜
3＃驱动机构远程 I/O 站	3＃驱动机构控制柜
4＃驱动机构远程 I/O 站	4＃驱动机构控制柜
下厢头远程 I/O 站	下厢头液压系统 1＃控制柜
下闸首远程 I/O 站	下闸首左站控制柜

6.3.2　安全控制系统功能

安全控制系统是升船机传递安全信号和紧急停机命令的一套运行安全保障系统，通过建立驱动机构与控制系统之间、控制站与控制站之间的各种闭锁关系，判断计算机监控系统能否按照升船机正确的运行流程安全地运行。若机构间的闭锁状态不能满足安全运行要求，安全控制系统将立即停止升船机运行。安全控制系统的主要功能如下：

（1）判断上闸首、船厢和下闸首各控制系统之间的安全运行条件；核准上闸首、船厢和下闸首各机构动作步序的闭锁条件与升船机运行的动作顺序流程。

（2）升船机运行状态及实时过程数据的采集，运行工艺的安全逻辑运算与处理。

（3）可视人机对话。

（4）升船机状态检测和故障诊断。

（5）事故处理及恢复操作指导。

（6）操作模式转换。

（7）与集控站和各现地控制站设备通信，进行数据交换。

（8）网络通信。

6.3.3　安全控制系统闭锁条件

升船机的安全控制系统若发生故障，将不能进行升船机的任何操作。

1. 1#～4#驱动机构远程 I/O 站执行的机构动作闭锁

只有当间隙密封机构完全缩回并处于最终位置时，才能运行船厢驱动机构。
只有当纵导向与顶紧装置完全退回、船厢锁定机构解锁时，才可以启动船厢运行。
只有当船厢被锁定时，才可以解除液气弹簧的压力。
当船厢水深为（3.5±0.1）m 时，才可以启动船厢运行。

2. 上厢头远程 I/O 站执行的机构动作闭锁

只有当上厢头间隙密封机构推出到位并压紧时，才可以对上游间隙充水。
只有当蝶形阀 V3、V18、V19 和 V20 关闭时，才可以对上游间隙充水。
只有当船厢上厢头门关闭并锁定时，才可以对上游间隙泄水。
只有当蝶形阀 V1、V2、V18、V19 和 V20 关闭时，才可以对上游间隙泄水。
只有当蝶形阀 V1、V2、V3、V18、V19 和 V20 关闭时，才可以对间隙水管道泄水。
只有当上游间隙水泄空时，才可以将上厢头间隙密封机构缩回。
只有当蝶形阀 V3、V18、V19 和 V20 关闭时，才能通过上闸首对船厢补排水。
只有当船厢与上游间隙之间的水位差小于 15 cm 时，才可以将船厢上厢头门打开。
只有当船厢上厢头门打开并锁定时，才可以将上厢头防撞装置打开。

只有当上厢头防撞装置失效时，才可以将上游船舶航行通道解锁（出厢信号灯为绿色，进厢信号灯为红色；或者出厢信号灯为红色，进厢信号灯为绿色）。当上厢头防撞栅栏带防撞钢索完全打开时，上厢头防撞装置失效。

只有当上厢头防撞装置生效时，才可以将船厢上厢头门关闭。当上厢头防撞栅栏打开，防撞钢索处于闩锁装置内并拉紧时，上厢头防撞装置生效。

只有当上厢头出厢信号灯与上闸首进厢信号灯均为红色时，才允许上厢头防撞装置生效。

3. 下厢头远程 I/O 站执行的机构动作闭锁

只有当下厢头间隙密封机构推出到位并压紧时，才可以对下游间隙充水。
只有当蝶形阀 V1、V2、V3 和 V19 关闭时，才可以对下游间隙充水。
只有当船厢下厢头门关闭并锁定时，才可以对下游间隙泄水。
只有当蝶形阀 V1、V2、V3、V18 和 V20 关闭时，才可以对下游间隙泄水。
只有当蝶形阀 V1、V2、V3、V18、V19 和 V20 关闭时，才可以对间隙水管道泄水。
只有当下游间隙水被泄空时，才可以将下厢头间隙密封机构缩回。
只有当蝶形阀 V1、V2、V3 和 V19 关闭时，才能通过下闸首对船厢补排水。
只有当船厢与下游间隙之间的水位差小于 15 cm 时，才可以将船厢下厢头门打开。
只有当船厢下厢头门打开并锁定时，才可以将下厢头防撞装置打开。

只有当下厢头防撞装置失效时，才可以将下游船舶航行通道解锁（出厢信号灯为绿色，进厢信号灯为红色；或者出厢信号灯为红色，进厢信号灯为绿色）。当下厢头防撞栅栏带防撞钢索完全打开时，下厢头防撞装置失效。

只有当下厢头防撞装置生效时，才可以将船厢下厢头门关闭。当下厢头防撞栅栏被打开，防撞钢索处于闩锁装置内并拉紧时，下厢头防撞装置生效。

只有当下厢头出厢信号灯与下闸首进厢信号灯均为红色时，才允许下厢头防撞装置生效。

4. 上闸首远程 I/O 站执行的机构动作闭锁

只有在船厢上游间隙水充水完成，V1、V2 阀关闭的情况下，才可以将上闸首卧倒门解除锁定并打开。

只有当船厢上厢头出厢信号灯与上闸首进厢信号灯均为红色时，才可以将上闸首卧倒门关闭。

只有当上闸首进厢信号灯为红色时，才可以将船厢上厢头的出厢信号灯切换为绿色。

只有当上闸首卧倒门关闭并锁定时，才可以对上游间隙泄水。

只有当上闸首卧倒门打开时，才可以将上厢头防撞装置打开。

5. 下闸首远程 I/O 站执行的机构动作闭锁

只有在船厢下游间隙水充水完成，V19、V20 阀关闭的情况下，才可以将下闸首卧倒门解除锁定并打开。

只有当船厢下厢头出厢信号灯与下闸首进厢信号灯均为红色时，才可以将下闸首卧倒门关闭。

只有当下闸首进厢信号灯为红色时，才可以将船厢下厢头的出厢信号灯切换为绿色。

只有当下闸首卧倒门关闭并锁定时，才可以对下游间隙泄水。

只有当下闸首卧倒门打开时，才可以将下厢头防撞装置打开。

只有当下厢头间隙密封机构完全缩回并处于最终位置时，才能启动下闸首工作闸门。

6.3.4 安全控制系统信号输入原则

安全控制系统和运行监控系统中所需的信号采用双冗余配置，安全信号直接从检测装置（如限位开关）处获得，而不能在监控系统内形成。例如，最终位置信号应从最终位置的限位开关处获得，通航信号灯的信号状态应是对信号灯的电流加以监控并以开关信号的形式获得，水位信号应以模拟信号的形式直接由水位测量装置提供。安全控制站采集的紧急停机、紧急关门、上下闸首允许动作、上下厢头允许动作、船厢启动允许动作等闭锁信号是单独信号，由硬件提供，不通过站间通信采集。安全控制站采集的其他传感器信号均与各现地控制站共用，采用二分方式，一路信号送至安全控制站，一路信号送至现地控制站。

安全信号接点闭合时允许升船机运行，安全信号接点断开时终止升船机运行。安全控制系统和运行监控系统之间能够进行数据交换，由安全控制系统发出的安全保护动作信号能直接切断电动机主回路接触器的控制电路，且能切断制动器的控制回路。

安全控制站具有紧急停机和紧急关门功能，可以根据故障发生位置的不同，对整个船厢或单个驱动设备进行不同方式的紧急停机操控。当某个辅助机构故障时，系统也能采取相应的紧急停机措施。每次故障发生的时间和位置均记录在计算机监控系统中。

参 考 文 献

[1] 袁达夫, 邵建雄, 朱雄, 等. 湖北水电机电及金属结构[M]. 武汉: 长江出版社, 2016: 1.

[2] 段波, 张生权. 垂直升船机电力拖动与控制设计研究[J]. 人民长江, 2009, 40(2): 88-90.

[3] 秦雅岚, 唐勇, 王伟. 垂直升船机多轴多电机机械同步出力均衡控制技术的研究与应用[J]. 中国水运, 2011, 11(1): 106-108.

[4] 石双平. 伺服式浮子水位计检测技术[J]. 环球市场信息导报, 2012(31): 47-48.

[5] 马小亮, 蒋琪, 王丙元, 等. 升船机交流主拖动系统中扭振抑制的研究[J]. 电工技术学报, 2001, 13(3): 29-34.

第7章

施工关键技术

7.1　混凝土塔柱施工关键技术

7.1.1　塔柱施工特点与难点

（1）升船机塔柱结构为高层混凝土建筑物。混凝土塔柱结构规模大、高度高，模板用量多、安装工作量大，作业仓面大而区域狭窄，混凝土浇筑工艺、精度控制要求高。施工过程中塔柱、剪力墙基本同步整体上升。剪力横梁的连接方法、顶部跨航槽平台和横梁模板的架立与浇筑方式等，均为塔柱土建工程施工中需要合理解决的技术难题。

（2）塔柱结构为厚度较薄的墩、墙、板结构，钢筋和埋件较多，塔柱筒体模板制作安装、混凝土浇筑质量要求高。因此，施工过程中要求测量网点、放样、定位等达到更高的精度。同时，由于塔柱埋件和模板的构造复杂、安装工序多、精度要求高、测量检测和制作辅助构件的工作量大，埋件和模板安装除满足自身设计精度要求外，还要满足埋件群设计相对精度的要求和模板的整体立模精度要求。因此，施工与测量工艺应能保证塔柱筒体精度、塔柱一期埋件安装精度和二期混凝土施工精度等。

（3）塔柱上设有螺母柱、齿条、船厢纵向导轨、平衡重导轨等金属结构埋件，埋件构造复杂，安装工序多，精度要求高，调整定位工作量大，特别是螺母柱、齿条的单节重量重，安装高度高，精度检测和控制调整难度大。例如，三峡升船机单节螺母柱、齿条的重量均超过 24 t，两片螺母柱导轨面的平行度公差（0.5 mm）、两节螺母柱间的螺距公差（±0.5 mm）、齿条反向导轨面与船厢室纵向中心线的平行度公差（0.5 mm）、两节齿条间的节距公差（±0.1 mm）等具有超高精度要求，常规检测控制方法难以满足，如不采取相适应的测量控制手段，将严重制约二期埋件的施工进度。同时，土建施工与金属结构埋件安装及船厢安装在空间上存在三层交叉作业，相互干扰，需采取科学的安装方法和施工程序，制订有效的安装精度控制措施。

（4）升船机处于通航、旅游的重要通道上，混凝土外观质量要求高；升船机提升高度大，船厢设备与筒体联系密切，对混凝土结构的变形和承载力要求高，需要严格控制混凝土的温度变形。

（5）塔柱模板用量多、安装工作量大，作业仓面大而施工区域狭窄，同时还必须设置供人员上下的交通通道。属于高空中间层作业的螺母柱、齿条及其二期埋件的安装，施工时需在塔柱结构侧壁上搭建施工平台，采取有效的防止上部坠物、减少对下干扰、确保高空作业安全的措施。

7.1.2　高层薄壁塔柱混凝土施工技术

1. 混凝土模板选型

混凝土塔柱结构复杂，由众多的梁、墙、薄壁筒体等结构组成，模板用量十分可观，采用何种形式的模板已成为影响塔柱优质、快速、安全施工的关键因素。常规的普通小钢模由于是人工架立，安装速度慢，费工费力，外观质量差，施工精度难以满足设计要求。要达到美观、精确、快速施工的目的，对于高度较大的薄壁筒体结构，宜采用整体大型模板进行施工。为此，对高建筑物的滑升模板（简称滑模）、悬臂模板和自升式悬臂模板施工进行了调研比选。

1）滑模施工

滑模主要适用于高度较大、竖直方向结构形状规则、结构断面尺寸变化小及建筑物规模不大的中小型工程，如竖井、墩柱等，在中小型水利工程中其一直被广泛采用。

滑模主要由模板系统（包括模板、围圈、提升架）、工作平台系统（包括人行平台、下料平台、吊脚手架等）、液压顶升系统（包括液压控制室、千斤顶、支承杆油路）、施工精度控制系统和竖向导轨系统等组成，一般由施工单位根据结构体形进行专门设计。

模板的面板选用光滑、平整、摩阻力小、便于滑动的材料（一般为木模），模板高度根据滑升速度、脱模时间（由配合比试验而定）确定，一般为 1.5 m 左右，当滑升速度较快时，模板高度可适当加大，但不宜超过 2.5 m。单块模板宽度则根据结构面形状、背撑间距等确定，一般为 0.5～0.8 m，最大不超过 1 m。为便于顶升滑动，模体必须有一定的倒锥度，一般为模板高度的 0.5%（下口减小 0.25%，上口放大 0.25%）。滑模结构必须具有足够的强度、刚度和整体稳定性，以防止操作平台出现集中载荷或载荷变化过大，造成模板体系因负荷不平衡而出现变形与漂移现象，从而影响结构尺寸和精确度。

滑模施工与常规施工方法相比，具有施工速度快，自动化程度高，上升不需要起重设备，可节省大量的模板和搭设脚手架所需的材料，较为经济，一旦开始施工将昼夜不停直至达到设计高程等特点。因此，其对混凝土拌和、运输能力和入仓强度要求较高，强调施工过程的连续性，避免中途停歇造成混凝土初凝与模板黏结等事故。

塔柱采用滑模施工的主要优点是，上升速度快，结构表面平整光滑，外观质量好，比较经济，一次立模即可浇筑到设计高程。

塔柱采用滑模施工存在以下缺点。①筒体结构为双面滑模，在筒体内侧不同高程设有多层平面楼板，外侧有多处剪力梁与之连接，一期埋件超出结构边线，制约了滑模上升，影响上升速度。特别是埋件区域，如采取避开措施，实际操作较为困难，并会影响混凝土与埋件的质量，给二期埋件质量带来隐患。②塔柱平面尺寸大，滑模需设置较多的支承杆和顶升液压设备，且顶升同步性要求高，若满足塔柱高精度要求，后续埋件施工质量将难以控制。③塔柱仓面面积大，塔柱高度高，混凝土入仓强度大，不间断施工时间长，工人劳动强度大，难以保证施工的连续性。④滑模施工过程中，如发生支承杆失稳等故障，将出现混凝土初凝、模板黏结阻滑现象。这种情况一旦发生，将致使整个仓位停顿，且事故处理耗时长，处理困难。另外，由于仓面狭长，浇筑过程中难以控制浇筑的均衡性，易产生一侧入仓的混凝土将要初凝，另一侧混凝土还未达到脱模强度的现象，从而影响到滑模的整体滑升与混凝土质量（使结构表面产生不同程度的裂缝）。⑤起始滑模安装工作量大，对施工组织和施工管理有较高的要求等。

2）悬臂模板施工

悬臂模板是大体积混凝土普遍采用的模板形式，一般由起重机吊装。其主要有悬臂模板和悬臂翻转模板两种结构形式，两种模板均主要由面板、加劲肋、面板定位锥、三角形支承桁架、螺栓、螺杆和工作平台等组成。其共同特点是，模板结构为悬臂结构，能很好地承受混凝土的侧向压力，模板自身的竖向力由在已浇筑的混凝土内埋设的定位锥承担。两种模板安装工艺的主要区别如下：悬臂模板只用一层模板，间断上升，需待已浇混凝土达到拆模龄期后，方可拆除，再提升至上一仓位重新安装定位；而悬臂翻转模板有两层模板，上层混凝土浇筑完成前，下层混凝土已达拆模龄期，可将下层模板拆翻安装至新浇筑仓位，以满足混凝土连续上升、均衡施工的要求。

两种悬臂模板运用的工程实例。①二滩拱坝。采用的悬臂模板高 3.15 m，宽有 4.8 m、3.6 m 和 0.6 m 三种，其中宽 3.6 m 的面板使用最为广泛。面板采用厚度为 21 mm 的木压板，在表面覆盖一层釉质防水层，使面板光滑、平整、不吸水，不会因混凝土泌水的浸泡而发生脱层，压合板四周用钢条加固，面板的加强格栅采用型钢。模板的支承采用三角形桁架，桁架由型钢制成，模板的倾角通过可变支杆来控制，水平与竖直方向的调整分别通过设置在下部刚体三角形横梁和竖梁内的水平及竖直调节装置来完成。一块模板重约 3 t，用吊车安装与拆除。模板的定位系统由预埋锚筋、锥形连接螺栓和高强紧固螺杆组成，预埋锚筋埋设在混凝土表面下 500 mm 处，由直径为 36 mm 的钢筋加工而成，其头部为内螺纹套管。锥形连接螺栓旋进预埋锚筋套管，高强紧固螺栓再旋进锥形连接螺栓，从而将模板固定在已浇筑的混凝土先浇块上。锥形连接螺栓和高强紧固螺栓的旋紧与松开均需采用气动扳手，拆模后预埋锚筋留在混凝土内，锥形连接螺栓拆除后的孔洞需用砂浆进行封堵。②东风电站双曲拱坝。悬臂模板高 3.3 m，宽 3 m，其面板具有后退和横移的功能，通用性较强，插挂式锚钩定位准，拆装快。模板面板采用双榀可变人字形桁架支承，通过桁架上的可调斜撑机平移丝杠，调整模板的垂度。面板的下口紧贴下层混凝土面，面板可退离和横移混凝土面 600 mm、300 mm。③三峡工程。三期碾压混凝土上游面也采用了悬臂翻转模板，该模板分为两层，上层混凝土完成后，吊装下层模板，下层模板沿上层模板的导向机构准确就位后，将桁架后部连杆铰接，上下层模板连接成一体，成为新的悬臂模板。两层模板如此循环翻升，较好地解决了碾压混凝土连续上升模板架设的关键技术问题，实现了碾压混凝土的快速施工，日最高上升高度达到 1.2 m，月最高上升高度达到 27.9 m。

塔柱采用悬臂模板施工的优点如下：采取措施后，可适应有一期埋件和超出结构边线埋件的施工工况；塔柱整体上升精度相对有保证。

塔柱采用悬臂模板施工存在以下缺点：①模板安装工作量大，每层浇筑完成后需起重设备起吊辅助安装，并占用一定的直线工期；②增加每层结合面的处理工序，平均上升速度慢；③埋件部位需采用专门加工制作的模板；④层面结合处建筑物的外观稍差，模板定位锥留下的孔洞后期需回填砂浆，对外观质量有影响。

3）自升式悬臂模板施工

自升式悬臂模板依靠自身的提升机构上升，是综合悬臂模板和滑模工艺及施工特点的一种模板工艺，具有悬臂模板和滑模共同的优点，尤其适用于在狭小的场地建造超高层建筑物。其结构主要由悬臂模板（面板及桁架）、提升支柱和提升设备三部分组成。

自升式悬臂模板与滑模一样，在结构施工阶段依附在建筑物结构面上，随着结构施工而逐层自升，由于模板可自升，不需要其他垂直吊装设备。与滑模的不同之处是，模板的竖向力由埋设在混凝土内的定位锥和螺杆承担，混凝土需分层浇筑，虽上升速度较慢，但有利于混凝土的施工质量。自升式悬臂模板与悬臂模板一样，是逐层分块安装的，故其垂直度和平整度易于调整与控制，可避免施工误差的积累。

国内已有的自升设备主要为电动螺杆式、电动葫芦式或液压千斤顶等。面板尺寸为3 m×3.3 m（宽×高），最大自升行程为 3.2 m，模板最大可倾斜角度为±20°。提升机构电机功率为 1.5 kW，提升能力为 5 t，提升速度为 0.27 m/min，设备总质量为 3.52 t。若采用一个总开关，可将整个仓面模板一次提升到新的位置，可以大大提高拆装模板的速度。此模板在大型工业建筑和官厅水库使用过，效果较好。

自升式悬臂模板主要由模板系统（含顶部操作平台）、爬升架和液压爬升设备三部分组成。其自升操作步骤如下：第一步，首先利用模板上部的工作平台绑扎上层钢筋，然后解除模板定位锥，模板沿爬升架上的导轨水平整体后移，脱离混凝土面，最后清理模板板面；第二步，在上层已浇筑混凝土上安装悬挂靴，启动液压系统，将爬升导轨提升到位并固定在悬挂靴上，然后启动液压系统，将爬升架（模板固定在爬升架上）沿爬升导轨爬升到位，并固定在悬挂靴上；第三步，模板沿爬升架导轨水平整体前移，两侧模板基本到位后，安装模板对拉定位锥，并在测量的指导下精确定位；第四步，调整模板，使之达到预定的位置，在满足安装精度的要求后，浇筑混凝土。自升式悬臂模板施工循环过程见图 7.1.1。三峡升船机塔柱筒体自升式悬臂模板见图 7.1.2。

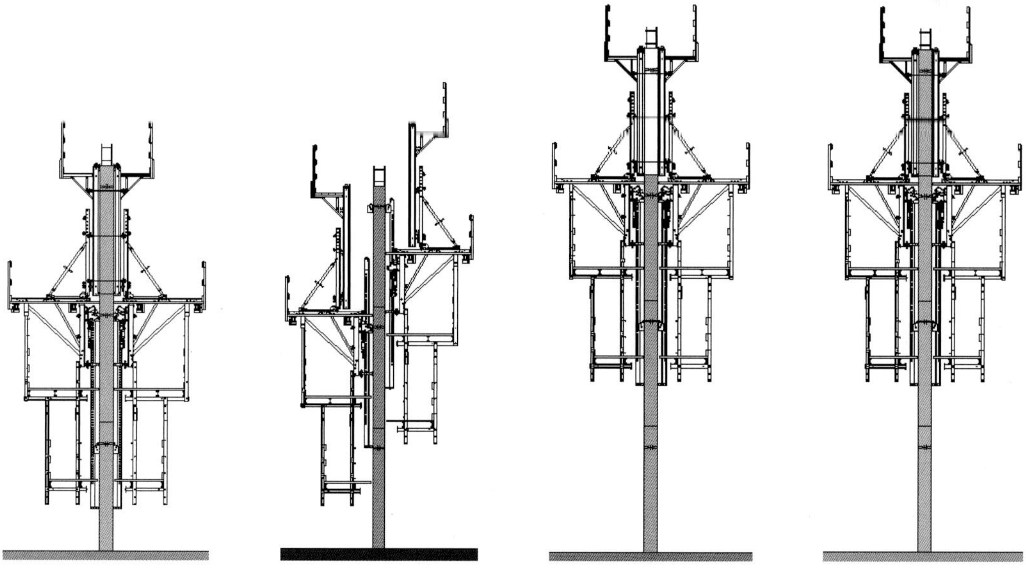

（a）钢筋安装完成　（b）模板与爬升架爬升　（c）模板定位并固定　（d）浇筑混凝土

图 7.1.1　自升式悬臂模板施工循环过程示意图

图 7.1.2　三峡升船机塔柱筒体自升式悬臂模板

自升式悬臂模板施工的主要优点如下：①采取一定措施后，可适应有一期埋件和超出结构边线埋件的施工工况；②施工精度有保证；③可群体分段或单独自行上升，不需要其他起重设备进行安装。其主要缺点如下：①模板安装工作量大，并占用一定的直线工期；②增加每层结合面的处理工序，平均上升速度较慢；③层面结合处建筑物的外观稍差，模板定位锥留下的孔洞后期需回填砂浆，影响外观；④埋件部位不能自升，需采用专门加工制作的模板；⑤模板造价较高。

4）塔柱模板选型

三种模板结构形式各有优缺点，均可满足升船机塔柱的施工要求。塔柱模板优缺点比较见表 7.1.1。为保证塔柱结构主体混凝土的质量，满足一期埋件和结构精度高的要求，船厢室主体塔柱混凝土浇筑采用自升式悬臂模板，端部与中部剪力墙采用滑模施工。

表 7.1.1　塔柱模板优缺点比较表

评价指标	滑模	悬臂模板	自升式悬臂模板
混凝土质量控制	施工连续性强，入仓强度要求高，混凝土施工质量控制难度较大	分层浇筑，有利于混凝土施工质量控制	分层浇筑，有利于混凝土施工质量控制
结构精度控制	容易出现累积误差	每层可校调误差，满足结构精度要求	每层可校调误差，满足结构精度要求
外观质量	外观质量好	层面结合面稍差，预留孔洞回填影响外观质量	层面结合面稍差，预留孔洞回填影响外观质量
施工速度	浇筑上升速度快，每天可达 1～2 m	模板安装、拆除量大，上升速度慢，每层工期为 10～12 天	模板可自升，但需分层浇筑，浇筑上升速度较慢，每层工期为 7～8 天

续表

评价指标	滑模	悬臂模板	自升式悬臂模板
模板工程费用	模板费用较高	模板费用低	模板费用高
辅助设备	模板滑动，不需要辅助设备	模板安装、拆除量大，需有配套的吊装设备	模板安装、拆除量大，不需要辅助吊装设备
施工管理	劳动强度大，对施工组织和施工管理要求较高。一旦出现阻滑等事故，处理困难	施工管理较容易	施工管理较容易
对塔柱施工的适用性	滑模设计和施工需考虑克服楼板、剪力墙和埋件钢筋过缝问题	机械设备应满足模板安装、拆除的要求，施工工期长	对高塔柱施工的适用性较强

2. 混凝土高精度、连续、快速施工技术

1）塔柱混凝土施工特性

（1）升船机施工场地狭长，建筑物高度大，垂直运输设备布置较为困难。

（2）塔柱垂直高度大，工作面多，混凝土浇筑与埋件安装绝大部分处于高空作业环境中，减少干扰是确保高空作业安全的重点和难点。

（3）塔柱为薄壁钢筋混凝土结构，具有施工高度大，施工部位集中，钢筋、模板和一期埋件安装及相关辅助工程工作量大的特点。

（4）由于施工仓面大，筒体结构狭窄，船厢室段混凝土施工的浇筑工艺、精度控制要求高。

（5）施工过程中塔柱整体上升，塔柱浇筑与剪力墙浇筑相互影响，顶部跨航槽横梁平台的模板架立与浇筑等施工难度大。

2）塔柱施工设备

根据塔柱混凝土的施工特点，对塔柱混凝土浇筑采用的混凝土泵车、高压拖泵和塔机浇筑等几种浇筑方案进行了比选。其中，混凝土泵车方案具有浇筑强度大、效率高的特点，但其垂直浇筑高度受到限制，同时由于塔柱混凝土浇筑强度不高，采用混凝土泵车方案难以充分发挥设备的效率。更为关键的是，混凝土泵车的占地面积大，而塔柱周边场地狭窄，没有泵车的布置位置。

通过对采用不同浇筑设备的方案进行比选，并考虑塔柱有众多钢筋、埋件等实际条件，最终选用了附臂式塔机+高压拖泵+布料机组合方案。附臂式塔机随浇筑高度的上升而自升，主要用于塔柱钢筋、一期埋件、模板吊装及仓面其他辅助作业，混凝土采用高压拖泵与布料机接力的方式进行浇筑。高压拖泵体积小，可根据运输道路布置在合适的部位，以减少泵送距离。泵机、泵管和布料杆布置在塔柱电梯井内。泵管和布料杆采用内爬式，可随塔柱浇筑高度的上升而自升，布料杆可 360° 旋转和伸缩，布料机臂长应能覆盖全部塔柱筒体的范围。

3）适应自升式模板的技术措施

升船机塔柱混凝土浇筑采用液压自升式模板，每块、每层模板均可单独爬升，并可

重新定位和调整，具有操作安全、定位简便、结构施工误差小、容易纠偏等特点，能满足升船机塔柱筒体混凝土高精度和快速的施工要求。由于升船机塔柱筒体内板、梁及牛腿结构较多，容易对爬模连续上升产生影响，为了确保模板连续上升，必须对塔柱结构施工过程进行优化。采取的技术措施如下。

（1）对牛腿、凸台及板梁等妨碍模板爬升的凸台结构，采取预留凹槽的形式先施工筒体混凝土，待液压自升式模板爬升越过预留凹槽后再施工相应的板、梁及牛腿混凝土。预留的凹槽通过免拆金属网模板形成，同时相应的板、梁及牛腿处的结构钢筋在此断开，钢筋采用直螺纹不错接头形式预留，后期采用直螺纹套筒连接。

（2）对孔洞、凹槽等影响安装模板导轨的结构，液压自升式模板导轨的锚固件无法安装，导致模板导轨无法布置，从而影响模板的连续施工。当模板锚固件（挂锥）位于凹槽或凹槽附近时，先期将挂锥周边的凹槽用混凝土填满，待爬模爬升后，由人工凿除挂锥周边的混凝土，形成凹槽；当模板锚固件（挂锥）位于楼板梁预留门洞时，利用门洞内塔柱墙体钢筋网加焊钢板的方式固定并加长螺栓及模板挂靴；当模板挂锥位于结构门洞内时，采取在门洞侧墙预埋多卡锚锥，后期利用型钢支承的方式固定加长螺栓及模板挂靴。

4）薄壁混凝土温控防裂施工技术

塔柱主要为高层薄壁墙体结构，其结构复杂、钢筋密集，混凝土内部温度受外界环境温度影响较大，容易使混凝土内部温度出现陡升陡降现象。混凝土浇筑完成后，在非常短的时间内，温度达到峰值，温升出现转折后，温降回落十分迅速。混凝土内部的温控技术难度大，塔柱冷却水温度与通水时间控制程序复杂。

塔柱混凝土采用泵送+布料杆方案进行入仓浇筑，浇筑时输送高度大，使得混凝土入仓强度受到限制。另外，塔柱采用的是高标号的混凝土，胶凝材料用量大，进一步增加了温控难度。为满足混凝土温控防裂要求，需要在混凝土生产、浇筑过程中采取以下措施。

（1）拌和。拌制混凝土时，必须严格按照实验室签发的配料单进行配料，水、水泥、砂子均以重量计，称量偏差需控制在允许范围内。拌和程序和拌和时间通过试验决定，并严格执行。

（2）控制出机口混凝土温度。高温季节开仓前提前通知拌和楼对骨料进行预冷，为减少预冷混凝土温度的回升，必须严格控制混凝土运输时间和仓面浇筑坯覆盖前的暴露时间。

（3）降低混凝土浇筑温度。预冷骨料和冷水拌和是降低混凝土浇筑温度的主要方法。同时，合理安排浇筑时间，尽量避免高温时段浇筑。条件允许的情况下，在混凝土运输设备上方搭设遮阳棚，同时对混凝土运输车辆进行洒水降温，并尽可能减少转运次数。

（4）采取个性化的通水冷却措施。根据不同季节混凝土内部温度的监测情况，适时调整通水流量和通水水温。

（5）合理控制浇筑层厚及浇筑间歇时间。对塔柱筒体、柱、墩、墙等结构的混凝土层间间歇期严格按照设计要求进行控制。此外，对长时间停止浇筑的仓面，需覆盖表面混凝土以进行保温。

3. 一期埋件安装技术

塔柱混凝土上的主要一期埋件包括螺母柱一期埋件、齿条一期埋件、平衡重系统一期埋件及船厢纵向导轨一期埋件等。齿条和螺母柱的预应力锚栓穿过埋设在一期混凝土中的 PVC 套管，将齿条、螺母柱与其支承连接系统的二期埋件、二期混凝土、一期混凝土墙连接。对预应力锚栓施加预紧力，使齿条、螺母柱的支承与连接系统形成整体承载结构。上述承载结构的形式决定了一期混凝土内 PVC 套管的安装位置需要具有很高的精度。此外，PVC 套管安装部位的钢筋密集，安装中与土建施工的干扰大，进一步增加了安装质量的控制难度，因而将其作为重点进行施工控制。

为确保套管安装精度，并保证套管在混凝土浇筑过程中不发生位移，满足混凝土浇筑后套管安装位置偏差不超过±5 mm 的要求，专门制作了齿条、螺母柱一期埋件辅助调整钢架。在钢架上基本确定套管的安装高程及位置，并用调整螺杆及管夹固定一期埋件，钢架定位后，再现场精确调整齿条、螺母柱一期埋件的安装位置，提高安装效率及安装精度。套管调整完成后，一期埋件与钢架固定，再单独加固一期埋件，避免埋件与土建钢筋间的相互干扰及混凝土浇筑过程中的位移。

在套管调整过程中，每次调整前利用测量仪对线垂的垂挂基准点进行复测，然后通过线垂对套管进行调整，以提高工作效率。同时，因为每列套管均以同一根线垂为基准，这样调整完成的每列套管的安装偏差基本具有相同的变化趋势，提高了套管整体安装偏差变化方向的一致性，确保了套管安装精度满足设计要求。

4. 二期埋件安装技术

塔柱二期埋件分为平衡重导轨、船厢纵向导轨、齿条二期埋件及螺母柱二期埋件四大类。各类埋件的结构形式不同，其安装质量控制方法既有共性又有各自不同的特点。

1）齿条、螺母柱二期埋件安装

齿条、螺母柱二期埋件的安装具有安装高度高、单件尺寸大、安装空间狭小、施工精度要求高、施工环境复杂等突出特点。针对以上特点主要采取的技术措施如下。

（1）制作埋件调整及加固工装，利用工装将埋件与筒体上的预埋锚板连接，既便于安装调整，又能够对埋件进行加固。

（2）通过对一期钢筋的及时调整，确保埋件安装部位的一期钢筋与设计位置一致。

（3）对齿条、螺母柱埋件的全部测量控制点一次测量并相互校核，减少系统误差，提高测量精度。每根齿条、螺母柱埋件的测量控制点投射完成后，相互校核其间距，降低投点误差。

（4）对测量控制点、埋件首节投点均采取施工、监理、业主三方分别独立测量的方式进行确定，减少人为误差。

（5）合理控制二期混凝土的浇筑速度，并采用百分表对埋件表面进行同步监测，发现异常及时停止浇筑。

（6）齿条、螺母柱埋件的安装关键是控制其高程位置。四根埋件的首节下端面的相对差不大于 1 mm，其余埋件均以下端面为基准进行测量。因此，在调整时，必须首先控制好埋件高程，确保埋件上下端面的水平度。在此基础上，综合考虑埋件中心位置、垂直度偏差。测量埋件高程时，应考虑环境温度带来的埋件尺寸变化，准确记录环境温度，并转换为年平均气温时的高程值。

（7）二期埋件调整定位后，用辅助钢结构件将其与一期预埋件焊牢加固，以免浇筑二期混凝土时发生位移。辅助钢结构件不得直接焊接在埋件的主要构件上，只能焊接在这些构件伸出的锚件、栓柱上，或者焊接在不会引起主要构件变形的次要构件上。

2）船厢纵向导轨安装

首先，船厢纵向导轨二期埋件的埋深浅，安装空间狭小，无法使用传统的内置调整、固定装置的安装方案，固定焊接施工难度大；然后，导轨安装单元的结构刚度小，吊装、运输极易引起变形；最后，因其工作表面尺寸较大，在混凝土浇筑时所受的侧压力较大，导轨容易移位。针对上述问题，设计了一种适合于总体安装高度大、结构刚度小、整体安装精度高的导轨埋件工装以满足安装施工需要。该装置一次安装后可多次循环使用，方便移动和定位，能很好地满足纵向导轨的安装进度与质量要求。工装分辅助钢架和加固工装两部分，辅助钢架由两根经机械加工的钢梁焊接而成。安装时，首先将导轨板通过螺钉连接到辅助钢架的机加工面上，将导轨与辅助钢架连接成整体，便于对导轨的运输、吊装及调整。最后连接辅助钢架结构与外围的加固工装，并焊接、固定在塔柱混凝土表面的一期埋件上，确保导轨的整体稳定性。

3）平衡重导轨安装

三峡升船机的每个平衡重井内均安装有工形、T 形导轨各一根，两根导轨成对使用，确保平衡重组沿导轨面上下运行。其中，工形导轨有五个导轨面，T 形导轨有两个导轨面，各导轨面的定位精度、导轨全长的垂直度要求高。施工中，关键是要控制好导轨面的 X、Y 轴的坐标值。由于平衡重导轨与塔柱筒体土建施工同步进行，上下立体交叉作业，相互干扰，安全风险大，同时受塔柱自升式爬模平台影响，塔吊吊钩无法靠近安装部位，导轨就位困难，导轨测量只能从平衡重井内投点进行，测量难度大。此外，平衡重导轨背部焊接了若干排等间距的焊钉，该焊钉与土建一期钢筋间的中心距小（仅 75 mm），这就要求一期结构钢筋的施工精度必须满足设计要求，一旦存在偏差，导轨将无法顺利就位。针对上述难题，参考纵向导轨安装思路，结合平衡重导轨结构形式及特点，采取了以下安装措施。

（1）制作平衡重导轨安装专用工装，简化导轨的调整与加固。根据工形导轨和 T 形导轨的不同结构形式，分别加工制作配套的专用工装。

（2）提前对导轨安装部位的一期混凝土及钢筋进行检查，对个别安装位置偏差大的钢筋及时调整，确保一期钢筋与设计位置一致。

（3）通过安装模拟试验，提前研究、细化安装测量方案。

（4）每根导轨各设两个测量控制点，对每个平衡重井的四个控制点一次测量并相互校核，减小每个井内两条导轨间的测量误差。每条导轨的两个测量控制点投射完成后，相互校核其间距，减小投点误差。

（5）每个平衡重井内的四个控制点、每条导轨的首节投点均采取施工、监理、业主三方分别独立测量的方式进行确定，减少人为误差。

（6）为避免导轨起吊设备的吊具与自升式模板的干扰，采用单绳吊装方案，利用两榀模板间的空间将导轨顺利吊装就位。利用导轨上的工装连接孔安装临时滚轮，导轨下降就位时，滚轮在墙体上运转，避免导轨背部焊钉与钢筋的碰挂。

5. 齿条、螺母柱安装技术

1）齿条安装

齿条是船厢驱动机构向混凝土塔柱的传力构件，同时兼作船厢的横向导轨，安装精度要求高，安装施工技术难度大。

（1）三峡升船机设计要求的主要安装精度指标如下：齿条轴线至船厢室7号轴线的距离公差为±10 mm；齿条反向导轨面至船厢室F轴线的距离公差为±5 mm；齿条轴线垂直度公差为5 mm；四根齿条轴线的平行度公差为5 mm；齿条轴线的直线度公差为2/5 000（任意5 m长度范围内不大于2 mm）；齿条横向中心对称面的垂直度公差为5 mm；四根齿条横向中心对称面的平行度公差为5 mm；齿条反向导轨面的垂直度公差为5 mm；齿条反向导轨面与船厢室纵向中心线的平行度公差为0.5 mm；四根齿条反向导轨面的平行度公差为 5 mm；两节齿条之间齿的节距公差为±0.1 mm；相邻两节齿条齿顶面中线在纵向铅垂面的夹角≤0.01°，在横向铅垂面的夹角≤0.04°。

（2）针对三峡升船机齿条安装的技术难点和精度要求，采取了以下施工控制技术。①齿条整体精度控制。齿条分节出厂需测量编号，现场安装时节间填塞精加工钢垫板，以保证齿条节间的齿节距满足齿轮、齿条传动的精度要求。因此，底部首节齿条的安装质量将直接影响到后续齿条的安装精度。为此，必须确保四组齿条起始基准节的安装精度满足设计要求。②齿条高度偏差控制。为保证船厢水平运行，精准控制首节齿条的安装精度，要求同一高程四组齿条螺牙的高度位置一致，即在安装精度上要确保四组齿条的相对关系满足设计要求。③齿条加固强度控制。齿条安装需经过间隙灌浆、预应力张拉施工两道工序，为确保安装质量，满足技术要求，在以上两道工序施工过程中，需要对单节齿条进行加固以确保齿条不发生位移。④齿条测量辅助控制。采用齿条二期埋件的测控基准对齿条安装进行测控；已安装的同高程齿条将作为螺母柱的安装基准之一，必须严格控制齿条的安装质量；对齿条的垂直度和齿条安装位置进行检查，并对齿条的位置及高程进行粗调。初步定位后，利用铅垂线对齿条垂直度进行调整，调整到位后采用临时调节螺栓进行固定；利用辅助调整工装上的调节螺栓对齿条进行精确调整。齿条的安装高程采用高精度 DNA03 数字水准仪进行测控；使用高精度的工业全站仪、数字水准仪等测量设备和仪器对齿条的垂直度、相对于船厢纵横向中心轴线的距离偏差、齿条反向导轨面与船厢室纵向中心线的平行度公差及四套齿条间的相对位置等各项位置尺寸进行调整，直至满足设计精度控制的要求。

2）螺母柱安装

螺母柱是船厢安全机构的承载设备，其安装精度对安全机构的正常运行有直接影响。

（1）三峡升船机设计要求的主要安装精度指标如下：螺母柱轴线至相邻齿条对称中心线的纵向距离公差为±2 mm；螺母柱轴线至船厢室 7 号轴线的距离公差为±12 mm；螺母柱轴线至船厢室 F 轴线的距离公差为±7 mm；螺母柱横向中心线相对于船厢室纵向中心线的垂直度公差为 5 mm；螺母柱轴线垂直度公差为 5 mm；螺母柱纵向中心对称面的垂直度公差为 5 mm；螺母柱纵向中心对称平面相对于齿条反向导轨面的平行度公差为 5 mm；螺母柱横向中心对称面的垂直度公差为 5 mm；螺母柱导轨面直线度公差为 2/3 000（任意 3m 长度范围内不大于 2 mm）；螺母柱上的高度定位标记相对于同高程齿条上的高度定位标记的高差为±2 mm；同一节螺母柱的两片螺母螺牙顶圆柱面的母线平行度公差为 0.5 mm；同一节螺母柱的两片螺母导轨面的平行度公差为 0.2 mm；同一节螺母柱的两片螺母螺牙顶圆柱面的直径公差为±0.5 mm；两片螺母柱顶面之间及底面之间的距离公差为 0.2 mm；两节螺母柱之间螺牙的节距公差为 0.5 mm。

（2）螺母柱安装时，必须同时调整四组螺母柱相对于各节齿条的刻线高程及螺母柱的轴线位置，以确保在船厢升降过程中，齿轮与螺杆的同步精度。采取了以下安装施工控制技术。①整体精度控制。螺母柱与相邻齿条间及四组螺母柱间的安装高程精度控制。在安装精度上要同时确保螺母柱与齿条间、螺母柱间的相对关系满足设计要求。②螺母柱加固强度控制。螺母柱安装同样需经过间隙灌浆、预应力张拉施工两道工序。为确保安装质量满足技术要求，在以上两道工序施工过程中，单节螺母柱的加固强度必须确保螺母柱不发生超差位移。③测量辅助控制。采用 TCR1201 全站仪在螺母柱二期埋件上标定主要安装轴线，对螺母进行初步定位。在现场环境气温为（17±3）℃、风力小于 2 级的条件下，核准定位基准装置系统，采用电磁波测距垂直高程传递法一次性测设整个高程的定位基准装置。布置安装线架并进行初步调整：采用悬挂钢琴线的方式对垂直度进行粗略调整定位，钢琴线主要使用 TCA2003 精密全站仪结合大尺寸千分尺来精确放样，定位时点位最大误差不超过 2 mm，钢琴线定位调校过程中受环境因素影响大，特别是钢琴线的摆动误差与风力大小、风向、钢琴线的高度等因素相关，选择在最适宜的条件下进行钢琴线定位，各方面影响的综合误差可以控制在 3 mm 以内。螺母柱精确调整并定位：将两条引张线作为安装基准，用定位基准装置的调节螺杆结合 NET05 工业全站仪对螺母柱安装尺寸进行精调，当现场风力达到或超过 3 级时，停止螺母柱的调整、定位与检测工作，在高度方向以相邻的同高程齿条为基准，用 DNA03 数字水准仪进行测量调整，螺母柱上每间隔 7 个螺距所做的标记与同高程齿条上的每间隔 16 个齿所做的标记处于同一水平面，其偏差不得超过 2 mm。

6. 齿条、螺母柱凸齿间隙灌浆施工技术

为满足齿条、螺母柱安装与传力的需要，在齿条、螺母柱底板背面和钢埋件外表面设置了交错相间的凸齿，凸齿两侧有 40 mm 间隙（图 3.6.3），待齿条、螺母柱安装定位后，凸齿之间的锯齿形间隙空间由砂浆填充。由于齿条、螺母柱的载荷大，灌浆的凸齿

间隙很小，为此要求灌浆材料具有高强度、高流动性。

在三峡升船机之前，国内外尚没有以灌浆材料来实现如此重要结构的结合和传力的工程实例，灌浆材料的流动性、缝隙砂浆的受力和变形是灌浆施工的关键技术问题。为了确保灌浆质量，同时摸索一套合理的施工方法和完整的施工技术，在实验室和施工现场分别进行了模型试验与原型试验。主要试验内容包括模型灌浆试验、灌浆材料物理与力学性能检测试验、灌浆效果质量检测试验等。

根据以往接缝灌浆材料的施工经验，开展了灌浆施工技术研究。在室内制作灌浆试验模型，对灌浆材料的流动性、扩散半径等基本灌浆参数进行试验研究，并研究与灌浆材料相适应的灌浆施工工艺参数，选取实际工程施工中合适的制浆设备和泵送设备，为现场施工提供合适的灌注工艺参数。

通过灌浆材料物理性能和力学性能指标试验及灌浆工艺试验，优选出符合三峡升船机齿条、螺母柱接缝灌浆设计要求的灌浆材料和合适的灌浆工艺，为三峡升船机齿条、螺母柱接缝灌浆材料的选择提供参考，并为灌浆材料施工提供合适的工艺参数。灌浆过程中，采用注入率、灌浆压力的双限控制技术，注入率限制在 15 L/min，灌浆压力限制在 0.3 MPa。灌浆过程保持连续，不出现中断现象。在出浆口冒浆后，采用 0.3 MPa 的灌浆压力屏浆 5～10 min，使浆液更加密实、均匀。

7.1.3　塔柱顶部联系梁施工

1. 支承模板选型

三峡升船机塔柱在高程 196 m 处布置有七根跨航槽横梁和观光平台及控制室平台梁，该梁最大净跨为 25.8 m，梁两端靠塔柱侧采用变截面，梁中部为矩形断面，梁高 2.75 m，宽 1.0 m，其中 7 号轴线处梁宽 2.0 m。横梁和平台为现浇混凝土，均为高空作业，模板的安装十分困难。按照高层建筑物的有关施工方法，横梁和平台可采用悬挑式脚手架或三角支承架及贝雷架组合施工技术。

悬挑式脚手架是一种由钢管与扣件等构件组成的，以三角形为单元体的承重结构。该结构不落地，自重与施工载荷全部传递至建筑物主体，不受建筑物高度限制，主要用于高层大跨度悬臂结构和外墙结构的装修与安全防护，具有安装简单、节省材料、经济实用等优点，其关键点是悬挑支承结构必须有足够的强度、刚度和稳定性，并能将载荷有效地传递给建筑物本体。

三角支承架与贝雷架组合是一种型钢三角形支承架和钢桁架组合的承重结构，具有支承搭设方便、施工速度快、承载力高、钢管用量少、挠度易于控制、安全性好等优点。

经比较，顶部跨航槽横梁和平台结构确定采用三角支承架与贝雷架组合技术进行施工。航槽横梁三角支承架与贝雷架安装示意图见图 7.1.3。

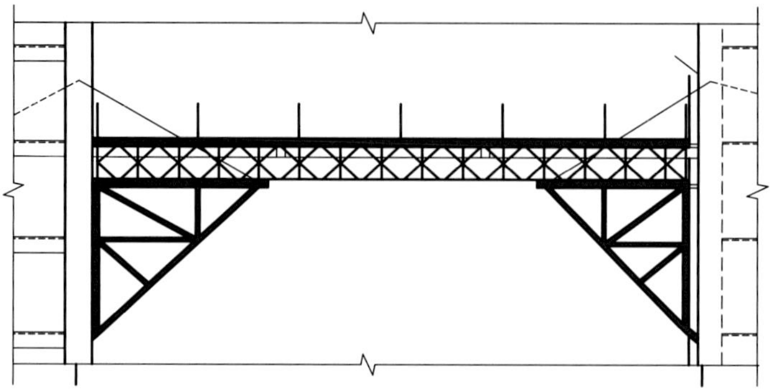

图 7.1.3　航槽横梁三角支承架与贝雷架安装示意图

2. 贝雷架

最初的贝雷军用钢桥由英国工程师唐纳德·西·贝雷（Donald Coleman Bailey）在 1938 年第二次世界大战初期设计。他的设计理念为，利用易于得到的一般中型卡车进行运输，利用非熟练工人以人力进行搭建，同时以最少种类的单元构件拼装成能够承受各种载荷、具有不同跨径的桥梁。战后，许多国家把贝雷军用钢桥进行一些改进后转为民用。如今，贝雷军用钢桥在国防交通工程保障、抗震救灾、抗洪抢险、联合国维和等行动中正发挥着不可替代的作用。

贝雷架由上下弦杆、竖杆、斜杆等型钢拼装而成。弦杆采用槽钢，腹杆采用工字钢。端竖杆和中竖杆上设有横梁夹具孔，用来安装稳定横梁的夹具。贝雷架的配件有贝雷销、桁架螺栓、弦杆螺栓、撑架螺栓等，其中贝雷销用于桁架间的连接。贝雷架的主要构件包括桁架、支承架、加强弦杆等，其中加强弦杆的主要作用是提高弦杆的抗弯能力，以及充分发挥桁架腹杆的抗剪能力。

贝雷架节与节之间通过贝雷销连接成排，排与排之间由支承架（连接杆）连接形成组，组与组之间及单排与组之间由支承架（连接杆）连接形成整体（榀）。根据贝雷架的受力情况，可将其设计为双层结构，两层之间采用桁架螺栓连接。贝雷架标准节的长为 3 m，宽为 0.176 m，高为 1.5 m，单节重 270 kg。根据塔柱结构的实际需要，除使用标准贝雷架以外，另需加工制作一定数量的非标准贝雷架及支承架、抗剪桁架单元等构件。贝雷架标准节见图 7.1.4。

3. 横梁贝雷架支承方案

横梁混凝土结构的施工为高空作业，经综合分析比较，三峡升船机施工方决定采用贝雷架（贝雷梁）支承方案，即在塔柱墙体内预埋贝雷架支座埋件，后期安装时支座与埋件连接，贝雷架坐落在支座上，就可以在贝雷架上部搭设钢管支承排架，以及安装横梁模板，贝雷架上部施工载荷通过贝雷架传递到支座及塔柱混凝土墙体。为满足施工载荷的要求，单个横梁支承贝雷架的最大重量达 78 t。由于现场塔吊的起吊能力不能满足单根梁贝雷架的整体吊装要求，所以采取将单个横梁部位的贝雷架分成若干个起吊单元，然后在空中连接形成整体的施工方案。

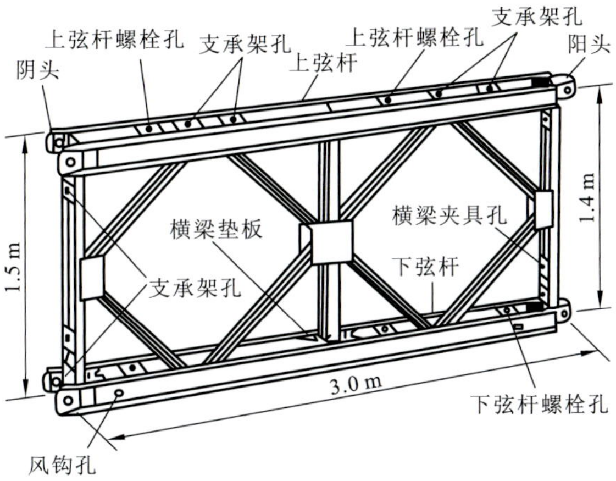

图 7.1.4　贝雷架标准节

4. 贝雷架支承系统安全监测

根据三峡升船机顶部梁系结构的施工载荷情况，选择载荷最大的轴 2 墙、轴 7 墙、轴 12 墙的跨航槽横梁及塔柱的四个纵梁作为监测部位，主要对其贝雷架和支座系统在混凝土浇筑过程中的应力、变形与位移，以及所对应的墙体结构的变形进行监测。主要监测项目如下。

（1）贝雷架挠度监测。在贝雷架监测断面的底部中心位置粘贴反射片，在正对贝雷架下面的 50.0 m 高程底板上刻划一个位置点，在 50.0 m 高程底板上架设全站仪，测量位置点与贝雷架底部反射片之间的距离，测得的三个距离之差就是贝雷架的挠度值。

（2）贝雷架侧向位移监测。在贝雷架横向监测断面的下游张拉一根钢丝，钢丝固定在贝雷架左右两侧的墙体上，在贝雷架纵向监测断面的左侧张拉一根钢丝，钢丝固定在贝雷架上下游两侧的墙体上；在贝雷架监测断面的两侧及中心刻划三个点，分别用钢板尺测量点与线之间的距离，通过距离比较计算侧向变形值。

（3）贝雷架支座监测。采用在墙壁上安装托架、布设百分表的方式进行监测。利用膨胀螺栓将角钢固定在梁支座周边作为支承点，然后焊接支承托架并将其固定牢固。贝雷架两端各布置两个支座，在对应的支架上对每个支座及高强螺栓分别布置六个百分表进行监测。其中，六个支座百分表监测支座的 X、Y、Z 三个方向的位移变化，另外六个百分表监测高强螺栓的位移变形量。

7.2　施工测量与螺母柱、齿条安装精度控制技术

升船机塔柱上埋设有种类繁多的金属结构埋件，其安装精度对船厢的正常与安全运行有直接影响。其中，齿条、螺母柱等大型设备埋件的埋设精度和设备的安装精度要求极高。由于塔柱是薄壁结构，受风力、混凝土温度、体积变形等内外因素的影响，塔柱并非始终保持理想的垂直状态，在不同施工时段和环境条件下，塔柱在纵向、横向及高

度方向会产生较大变位，该变位大大增加了大型埋件与设备的安装难度。为此，设计提出在塔柱施工期必须建立一套完善的测量控制系统，以保证金属结构埋件及齿条、螺母柱等大型设备的安装精度。

受升船机工程施工区域各网点布设位置高差大、点间垂直角大、同一侧控制网点间不通视及设备埋件安装精度要求极高等条件的制约，升船机施工区域的原有控制网点不能满足升船机施工的精度和密度要求，需要依据实际施工的要求，增加施工控制网点。在中国大型水利枢纽工程建设中，平面控制网一般按地面边角网方案布设，图形由三角形和大地四边形组成，按照一、二等网的精度观测。但需对高差较大的边进行斜距化平改正，必须采用二等以上几何水准测量测得的高差，以满足边长精度的要求。

综上所述，鉴于原有控制网点不能满足升船机施工的精度和密度要求、施工区域位置对观测的影响、埋件及设备安装精度对控制网的要求、传统控制网测设技术对实际设计测量的限制及兼顾施工期变形监测控制的需要等因素，必须对升船机施工安装的专用高精度控制网进行设计研究。下面以三峡升船机为例介绍施工测量与螺母柱、齿条安装精度的控制技术。

7.2.1 建立高精度专用测量控制网

1. 高精度专用测量控制网设计

塔柱结构属于超高建筑，对高程精度要求最高的塔柱金属结构一期埋件是船厢上部缓冲装置锚板和齿条、螺母柱套管。锚板高程公差为±3 mm，齿条、螺母柱套管的高程公差为±4 mm。根据变形测量需要，并结合地形和现场条件，在三峡工程现有测量基准网点的基础上，增设两座水准点，分别布设在塔柱下游左右两侧离塔柱 200 m 的坡脚处，高程为 58.0 m。水准点标型采用混凝土标，标芯插入基岩 50 mm，与基岩相连。增设的两座水准点与原有的五座水准点组成一个塔柱施工高程基准网。高程基准网可全面控制各层面高程，为各高程面混凝土浇筑及塔柱变形监测提供高程基准。

根据升船机施工区域网点布设位置高差大、点间垂直角大，以及土建施工与埋件及设备安装精度要求不同等特点，平面控制网的布设采取分级布网、逐级控制的思路，即分别建立施工控制网和安装控制网，以满足土建施工及设备安装不同控制精度的要求。安装控制网在二期埋件安装前进行测量，与施工控制网点位共用，但施测精度等级不同，同时由于塔柱等主体建筑施工完成后，布设于塔柱底板上的基准点与其他网点不再具备通视条件，还应在施工控制网施测时，将施工基准传递到安装控制网中。因施工区域各布设网点的布设位置高差大、点间垂直角大，同一侧控制网点间不具备通视条件，为克服该限制，减小大垂直角、折光差等对控制网测量精度的影响，施工控制网分两级布设，即在高程差较大的点位间建立 GPS 首级控制网，然后利用高精度全站仪布设二级加密网[1]。

GPS 首级控制网和全站仪二级加密网按照相同的观测等级施测。加密布点方案旨在土建施工和变形测量，并为二期埋件安装提供控制网点及起算基准。

塔柱施工测量控制网的精度设计应满足超高建筑设计精度要求，根据塔柱结构施工测量限差的设计要求，按照可忽略不计原则，施工控制网的点位误差应小于主体建筑允许误差的 1/3。同时考虑到施工控制网将作为升船机后期运行阶段的变形测量控制网使用，施工控制网中的 GPS 首级控制网按照《卫星定位城市测量技术标准》（CJJ/T 73—2019）中二等 GPS 网的要求施测，全站仪加密控制网按照《精密工程测量规范》（GB/T 15314—1994）规定的三级平面控制网精度要求进行设计。

2. GPS 首级控制网

GPS 测量技术的特点是，不受气象条件的影响、点间无须通视、网型灵活、网点精度均匀、点位间高差大小对观测精度影响小、可直接得到三维坐标等。其在高铁建设变形监测控制网中得到了广泛应用。

GPS 首级控制网应布设成连续网形，覆盖升船机的整个施工区域，每点的连接点数不小于 3 点，由独立基线边构成 GPS 网。根据首级控制网的作用和精度要求，应选用高标称精度（平面精度不低于 3 mm+1 ppm①，高程精度不低于 5 mm+1 ppm）的双频 GPS 接收机，接收机台数不小于 3 台。考虑到个别控制点一侧存在高大建筑物、构筑物，容易产生多路径影响的现场实际条件，应采用对多路径效应有抑制作用的扼流圈天线。为减小对中误差和 GPS 天线相位中心偏差的影响，除应采用强制对中装置与相位差小的接收天线外，还应该对仪器及观测点位进行配对，每个点位的观测都用固定的 1 台接收机和天线，且在观测墩上标记方向指示线，每次观测时天线都对准同一方向，天线安置时应将气泡调整居中，并精确量取天线高，为保证观测质量，需加工固定长度的天线连接杆，与天线配对使用。

根据 GPS 首级控制网的网形、基线的长度和对控制网的精度要求，每一观测时段应不短于 1 h，重复设站数≥2，卫星截止高度角为 15°，采样间隔为 10 s 或 15 s，每一时段公共卫星数不少于 4 颗。观测前应进行星历预报，选用卫星三维位置几何精度因子（PDOP）小于 6 的时段进行观测。由于基线较短，可以采用广播星历，起算坐标可采用网中某一连续观测时间较长点的单点定位结果，基线应采用双差固定解。基线解算利用 GPS 仪器厂家提供的随机软件完成。基线解算完成后，应进行同步环与异步环的检验。检验标准依据《卫星定位城市测量技术标准》（CJJ/T 73—2019）中二等 GPS 网的具体要求执行。基线解算和各项检核工作完成后，进行 WGS-84 空间直角坐标系下的自由网平差，得到各点的 WGS-84 坐标。按照目前的 GPS 测量精度和设计的观测方案，网的点位平面精度可达到 1～2 mm。

升船机设计与施工采用坝轴坐标系，网平差后的结果应进行坐标转换，将各控制点的 WGS-84 坐标转换为坝轴坐标系下的坐标。坐标转换采用平面坐标系的二维转换方法。首先将各测控点从 WGS-84 空间直角坐标系投影到测区平均高程面，然后固定已知坐标和已知方位，进行坐标系的平移与旋转。为减小投影变形影响，可采用椭球膨胀法，保

① 1 ppm=1×10^{-6}。

持椭球的定位、定向和扁率不变，根据测区平均高程改变椭球长半径，以测区平均子午线为投影中央子午线，进行高斯投影，得到各点的平面坐标。这种坐标转换方法只进行了坐标系的平移和旋转，不进行强制约束，保持了 GPS 自由网平差的高精度。

采用 GPS 建立首级网，较好地解决了因为首级网点间高差大、点间垂直角大，不便于采用全站仪实施测量的问题，同时利用 GPS 进行轴线与标高的三维放样，既可以保证放样效率及放样精度，又可以更准确地控制塔柱及剪力墙的垂直度。

3. 全站仪加密控制网

GPS 首级控制网解决了高差较大网点的测量问题。对不具备 GPS 观测条件的剩余网点，构建二级加密网，采用高精度全站仪施测。

二级加密网布设成边角网的形式。根据施工控制网的点位精度要求，二级加密网的施测参照《精密工程测量规范》（GB/T 15314—1994）中三级平面控制网的要求实施，即测角中误差小于 1.41″，边长测距中误差可放宽为 1.20 mm。全站仪加密控制网中，由于部分网点的测站与镜站高差较大，全站仪测量的斜距需要改算为平距。斜距改正通常采用垂直角法或高差法，根据升船机安装精度要求，当垂直角小于 30° 时，平距改正可采用垂直角法；当垂直角大于 30° 时，平距改正宜采用水准高差法。对于高差较大的边，斜平改正必须采用二等以上几何水准测量测得的高差，才能满足对边长精度的测控要求。由于首级控制网采取 GPS 网的形式已经将高差较大的边进行了测设，本阶段可根据边长和高差适当降低等级与计算量。加密施工控制网的边角观测完毕后，根据 GPS 首级控制网的已知点坐标，进行约束平差计算，得到坝轴坐标系下的坐标值。

4. 安装控制网

用于二期埋件安装测量的安装控制网与土建施工共用施工控制网点位，即布设于塔柱底板上的施工控制网基准点也可以作为安装控制网点。安装控制网布设成边角网的形式，相互通视的点按照全圆方向法进行观测，精确测量各方向的距离。由于塔柱等主体建筑施工完成后，布设于塔柱底板上的网点不再具备通视条件，在安装控制网施测时，还应将测控基准传递到安装控制网中。

二期埋件安装精度要求远高于土建施工及一期埋件的精度要求，安装控制网的施测应采用比施工控制网更高的等级。安装控制网的施测参照《精密工程测量规范》（GB/T 15314—1994）中二级平面控制网的要求实施，即测角中误差应小于 0.71″，边长测距中误差可放宽至 0.5 mm。二期埋件安装前，首先要对安装控制网进行复核测量，检查点位坐标与原始坐标差值应小于 5 mm，方位角差值应小于 15″。

7.2.2 齿条、螺母柱及其二期埋件安装测量

1. 总体测量方案与测量仪器

齿条、螺母柱及其二期埋件安装测量的基本方法是，将底板上的两个安装控制点通

过引张线引至顶部。将两条引张线的几何轴线关系作为安装控制基准，并作为二期埋件及螺母柱、齿条构件安装的基准，对埋件及构件进行精确调整，最后采用工业级超高精度 TDA5005 全站仪进行检测验收。

为便于施工，采用由下至上的统一安装基准。由于塔柱自身变形随温度、日照、风力等因素的变化而变化，在安装时必须充分考虑塔柱变形对齿条、螺母柱安装精度的影响。为消除塔柱变形对安装的影响，采用了引张线进行安装控制。引张线通过专用工装设备以 15 m 的间距固定在塔柱一期混凝土上，可跟随塔柱一起变形。引张线系统安装的第一步是必须在底板上确定精确的安装控制点，可利用两台 TDA5005 全站仪配合精密角隅棱镜（CCR）采用边角前方交会的方法进行测量，确定安装轴线后，再精确确定安装控制点。

在标准环境[气温（17±3）℃、风力小于 2 级、周边无施工振动]条件下，采用 LEICA-ZL 天顶垂准仪对底板上的安装控制点竖向投测，投测至每隔约 15 m 安装一处的托架上，先投测最高处的点，依次向下，一次投测完毕。托架上装有位置调整板，可以放置测量标志。

安装过程中及安装完成后，采用 TDA5005 全站仪进行检测及验收测量，实时检测螺母柱、齿条及埋件的水平度、垂直度、直线度，以及节间的螺距、齿距偏差等位置精度指标，并全程配合精确调整、实地测量的各基准点（面）的偏差以满足设计要求。

设备二期埋件大多位于塔柱垂直壁面上，三峡升船机、向家坝升船机最大安装高度约为 140 m，呈悬空状态，因此在不同高程平台需要设置一些测量平台来传递基准，以满足其他部位的测量需要，也可以提高测量效率，减少误差累积。

将引张线作为安装控制基准的测量误差主要来源于垂线底部基准的定位误差、天顶仪投点误差和托架固定引张线的误差。采用两台 TDA5005 全站仪，用边角前方交会的方法测量，定位误差可以控制在±0.3 mm；采用标称精度为 1∶200000 的 LEICA-ZL 天顶垂准仪进行精密投点，在 140 m 范围内误差约为 0.7 mm；采用专用精密托架进行引张线固定，误差约为 0.2 mm。考虑到其他环境因素的影响，安装设备或埋件顶部的最大极限测量误差可控制在±1.1 mm 以内。

三峡升船机、向家坝升船机齿条、螺母柱及其二期埋件的安装检测和验收测量资料表明，采用全站仪测量系统进行直线度、平面度等的检测，检测精度不低于 0.3 mm。综合其他因素，其单点定位最大极限误差可以控制在±1 mm 以内。

2. 齿条及其二期埋件安装测量

1）总体安装测量方案

针对埋件安装固定调整的需要，结合定位基准装置，设置牢固可靠的定位钢架工装。对精度要求高的技术指标，配合相应的测量设备和仪器，采取由粗调到精调的分步调整顺序，来满足埋件最终的精度要求。

2）π 形钢架安装测量

除作为基准节的第一节外，其余齿条二期埋件（π 形钢架）以每两节为一个安装单元进行施工，从下至上以引张线为基准，采用专用定位钢架进行二期埋件的逐节安装、固定与调整。采用 TDA5005 全站仪对埋件进行检测及验收，直至安装精度满足设计要求。具体测量作业步骤如下。

（1）一期埋件复测。对一期埋件进行复测，对二期混凝土的断面尺寸及一期 PVC 套管的实际安装位置进行复核和记录，确保一期埋件与 π 形钢架设计位置及齿条的相互关系满足设计要求。

（2）设置安装控制轴线。埋件安装前，由专业测量人员根据预先设置的专用控制网点，进行齿条及其埋件安装用测量控制线和高程点的放样标记。安装控制点设在埋件上，并妥善保护直至整个安装工作结束。所有放样点精度必须达到规定的精度，并由测量人员定期复核检查。

（3）测设并固定齿条埋件，安装定位钢架。

（4）测设引张线，对埋件垂直度进行测量。

（5）以两条引张线为安装控制基准，对齿条二期埋件安装进行精确调整与测量。①从下至上逐个吊装定位钢架，利用墙壁上的一期锚板进行加固。按照制造厂家标识的第一节二期埋件，用 DNA03 数字水准仪进行高程调整控制，使其基本达到图纸的要求。②通过定位钢架上的调节螺栓对二期埋件安装位置进行精确调整，配合使用 TDA5005 全站仪，对齿条二期埋件进行精调。③当各部位的位置精度达到设计要求后，依序逐步进行固定加固，与此同时采用 TDA5005 全站仪对埋件位置精度指标进行测控。④四组齿条的首节 π 形钢架安装固定后，由专业测量人员使用全站仪、水准仪等测量设备对埋件外表面至船厢室纵轴线的距离、埋件轴线至船厢室横向轴线的距离，以及工作面正侧向垂直度和埋件节间顶面高程等指标进行全面复测，并做好记录。上述检查合格后，进行二期混凝土施工。二期混凝土浇筑过程中，尚需对埋件外露表面进行实时监测。

（6）其余节段二期埋件安装。①根据首节 π 形钢架安装及二期混凝土浇筑后复测的情况，掌握浇筑前后埋件的位置变化，后续埋件安装以首节为基准进行调整、检查，确保每节埋件的垂直度等位置偏差符合设计要求。②π 形钢架吊装至已安装好的节段上后，按照首节的安装方式对 π 形钢架临时固定，然后吊装固定定位钢架。上述工作完成后，以引张线为基准采用定位钢架上部调节螺栓对 π 形钢架进行位置调整，控制埋件正面、侧面的铅垂度在 5 mm 以内，并采用 TDA5005 全站仪对 π 形钢架进行检验。合格后，对 π 形钢架进行最终固定。对工程竖向高差较大、全站仪通视困难的部位，以两条引张线为基准，转移测量平台，使用弯管目镜测量方法进行安装验收。

（7）待二期埋件安装及二期混凝土浇筑全部完成并达到龄期后，拆除模板等设施，对 π 形钢架等全部埋件进行复测，合格后方能进行齿条的安装。

3）齿条安装测量

齿条安装测量工作与埋件的安装测量基本相同。齿条安装在二期埋件安装及二期混凝土浇筑完成后进行，以每个节段作为一个安装单元进行安装施工，每个安装单元均采用特制的调整钢架进行调整与固定。齿条将两条引张线作为安装基准，结合 TDA5005 全站仪、DNA03 数字水准仪、定位基准装置系统及带专用测杆的长度测量千分尺等设备和仪器进行测量与控制[2]。具体测量作业步骤如下。

（1）四条齿条同时安装，齿条正反向导轨工作面及齿条工作面与船厢纵向中心线距离的测控基准必须采用二期埋件测设的安装控制基准。

（2）第一节齿条安装前，首先按照制造厂家标识的控制标记，用 DNA03 数字水准仪精确测量出齿条安装的底部高程，在齿条底部焊接托架。然后在齿条上部的合适位置布置安装线架并挂铅垂线，实地测出钢琴线的放置位置，确定齿条安装基准面与钢琴线的距离。

（3）对齿条进行分步调整。①初步调整与定位。齿条吊装到位后，利用塔柱上的引张线，以钢板尺至引张线的距离为控制标准，对齿条的位置进行检查，并用常规调整方法对齿条的位置进行初步调整，将齿条安装精度调整到 2 mm 范围内。使用千斤顶对齿条下部工作面的位置及高程进行粗调整，初步定位后，利用悬挂的铅垂线对齿条正侧向的垂直度进行调整，通过临时调节螺栓固定。②精确调整与定位。布置齿条辅助调整工装，利用工装上的调节螺栓对齿条进行精确调整。齿条安装高程（以厂家做好的 3.15 m 标记为基准）采用高精度 DNA03 数字水准仪测控。使用高精度 TDA5005 全站仪、DNA03 数字水准仪等测量设备和仪器对齿条位置精度进行精确调整，直至各项精度指标满足设计要求。

（4）其余节段齿条的调整。其余节段齿条的安装调整方法、测量手段等与首节齿条基本相同。但需严格控制两节齿条间的齿距偏差，用齿条间的隔板进行精确调整，采用带测杆的大尺寸千分尺进行测量。

3. 螺母柱及其二期埋件的安装测量

与齿条安装工序一样，除底部第一节外，其余螺母柱二期埋件以每两节为一个安装单元进行施工，从下至上成对安装。以引张线为基准进行位置粗调，采用 TDA5005 全站仪、DNA03 数字水准仪及定位基准装置系统进行精调，直至安装精度满足设计要求[2]。

螺母柱二期埋件安装及二期混凝土浇筑完成后，以每个节段（两片螺母柱）为一个安装单元，通过专门加工的定位钢结构进行调整与固定。

一个安装单元的螺母柱二期埋件和螺母柱的安装测量工作步骤分别见表 7.2.1 和表 7.2.2。

表 7.2.1 一个安装单元的螺母柱二期埋件的安装测量工作步骤表

工序项目	项目主要内容	安装测量主要工作内容
单元螺母柱二期埋件的安装及调整	二期埋件吊装，并初步固定	采用 TCR1201 全站仪在侧墙实地标定主要安装轴线
	吊装螺母柱埋件定位基准装置	定位基准装置系统调整整定时的现场环境条件为，气温为（17±3）℃，风力小于 2 级。采用 TDA5005 全站仪进行平面定位，采用 LEICA-ZL 天顶垂准仪进行垂直投点，采用电磁波测距垂直高程传递法一次性测设整个定位基准装置
	布置安装用线架，利用引张线初调	利用塔柱上的引张线布置安装用线架，利用大尺寸千分尺配合 TCA2003 全站仪安装钢琴线，利用安装用钢琴线对二期埋件进行初调，各方面影响的综合误差可以控制在 2 mm 以内

续表

工序项目	项目主要内容	安装测量主要工作内容
单元螺母柱二期埋件的安装及调整	二期埋件精确调整并加固	将引张线作为安装基准，结合 TDA5005 全站仪及定位基准装置系统，进行精确调整，必要时采用 DNA03 数字水准仪（±0.3 mm/km）分段控制高程，直至安装精度满足设计要求
	二期埋件验收	通知监理进行单元验收测量，出具验收成果
	二期混凝土立模及浇筑	对具体施工部位进行立模轮廓线测量，由塔柱上的引张线引测立模轮廓并进行验收
	复测二期埋件安装尺寸	采用 TDA5005 全站仪，结合定位基准装置系统进行复测
	拆除模板及定位装置系统	

表 7.2.2　螺母柱的安装测量工作步骤表

工序项目	项目主要内容	安装测量主要工作内容
单节螺母柱的安装及调整	螺母柱吊装，并初步定位	采用 TCR1201 全站仪在二期埋件上标定主要安装轴线，并进行二期埋件初步定位
	螺母柱辅助调节装置安装	在气温为(17±3)℃、风力小于 2 级的现场环境下检核定位基准装置系统。采用电磁波测距垂直高程传递法一次性测设整个高程定位基准装置
	布置安装用线架并初调	采用悬挂钢琴线的方式对垂直度进行粗略调整定位，使其定位精度和风力振动影响在可控范围之内。钢琴线主要使用 TCA2003 精密全站仪结合大尺寸千分尺来精确放样，定位时最大点位中误差≤2 mm。钢琴线定位调校过程中受环境因素影响大，特别是风力振动影响的摆动误差与风力大小、风向、钢琴线的高度等因素相关，采用钢琴线定位时选择在最适宜的条件下进行，各方面影响的综合误差可以控制在 3 mm 以内
	螺母柱精确调整并定位	应用定位基准装置的调节螺杆对螺母柱安装尺寸进行精调，将两条引张线作为安装基准，结合 TDA5005 全站仪进行精调。当现场风力达到或超过 3 级时，必须停止埋件及螺母柱的调整、定位与检测工作。在高度方向以相邻的同高程齿条为基准。用 DNA03 数字水准仪进行测量调整，螺母柱上每间隔 7 个螺距所做的标记应与同高程齿条上的每间隔 16 个齿所做的标记处于同一水平面，其误差不得超过 2 mm。螺母柱节间螺距误差不得超过（450±0.5）mm，用数字游标卡尺（0～500 mm）进行测量
	验收	通知监理组织验收，采用 TDA5005 全站仪检查螺母柱的相对精度
	Pagel V1/50 砂浆灌注	砂浆灌注过程中，对螺母柱进行过程监测
	螺母柱复测	灌浆完成后，对螺母柱进行复测
	拆除螺母柱辅助定位装置	

4. 安装后的检验测量

在齿条、螺母柱等装设在塔柱上的设备、埋件安装完成后，有必要对其安装精度进行检验测量。检验测量实施前，应对安装测量基准点进行复核检测，推导出不同观测气象条件下的修正偏差值，并对塔柱结构施工期变形观测成果进行分析，进而对工程进行动态评定。

金属结构及机电设备安装也以船厢室底板的专用控制网点为基准，建立几何关系紧密且相对独立的安装控制网。承船厢安装以船厢室纵横向中心轴线为安装轴线，在安装轴线的合适位置埋设强制归心装置，并对这些测量基准进行特别保护，避免在施工过程中产生损毁。安装控制网一旦建立，在整个安装施工过程中将作为控制基准固定不变，使一切测量放样、验收与已经安装、埋设就绪的埋件保持严密的相对关系。检验及竣工验收测量时，也必须以安装测量时的基准点为统一基准，以不低于安装放样时的精度进行竣工验收测量。

检验及竣工验收测量作业采用与安装施工测量时相同精度等级的测量仪器进行测设，安排相对固定的测量技术人员，采用相同的施测方法，从而使得系统测量误差减少到最小。测绘作业时，需遵照设计对温度、风速等环境条件的限定，根据实际环境变化量采取修正计算方法，提高测绘精度。

设备埋件及齿条、螺母柱安装完成后，对整体垂直度及平行度的测量采用 LEICA-ZL 天顶垂准仪垂直投点法，配合精密钢板尺和专用测杆进行校对比测。LEICA-ZL 天顶垂准仪的垂直投影标称精度≥1∶200 000，相对点位中误差≤1 mm，足以满足上述金属结构验收对于垂直度的要求。

高程验收及水平度检测使用 DNA03 数字水准仪，采用精密水准测量法，按照《国家一、二等水准测量规范》（GB/T 12897—2006）中的一等测量精度要求施测。DNA03 数字水准仪的标称精度为每千米偶然中误差不大于±0.3 mm，综合考虑其他影响因素，实际测量精度可控制在每千米偶然中误差不大于±1 mm，能满足上述设备安装对于高程精度的验收要求。

三维精确测量采用 TDA5005 全站仪，可以在任何环境条件下对大型设备埋件及工件的安装、检测和验收进行实时、高度自动化的测量。另外，测角精度达±0.5″，120 m 范围内测距精度达 0.2 mm，单点精度达 0.3 mm，足以满足对上述构件安装、验收精度的精准测量要求。

针对螺母柱、齿条、纵向导轨、平衡重导轨自身及相对的距离公差精度要求高的问题，采用两台 TDA5005 全站仪进行交互检测，配备功能强大的 Axyz 工业测量专业软件对各金属构件的安装质量进行同时段测量。Axyz 工业测量专业软件具有丰富的几何形状拟合计算功能和几何形状之间关系的计算功能，在几何形状拟合计算的基础上，软件还能提供相交、平行、投影、角度、距离等分析功能，可以同时测量平行度、垂直度、同轴度、同心度、铅垂度等各种检测量。其能实时检验、测量埋件外缘表面、螺母柱节间螺距、齿条节间齿距，以及埋件的水平度、垂直度、直线度等的偏差，及时评定安装精度是否满足设计要求，指导安装工人实施调整，直至达到质量标准。

5. 塔柱变形监测

1）监测目的

升船机支承塔柱结构属于薄壁型剪力墙结构，受到自重、日照、温度、风力等因素影响，易产生变形，进而影响固定在塔柱混凝土上的螺母柱、齿条等设备埋件的安装精度。为保证螺母柱、齿条等设备埋件的安装精度，需对筒体变形进行监测，对塔柱施工期变形情况进行分析，根据变形规律，确定合理的施工流程，指导工程施工。

2）监测方法

筒体变形监测方法的选择，应使监测点的平面精度和高程精度均控制在±3 mm 以内。仅从测量精度分析，全站仪极坐标法和边角交会法两种方法都是可行的。由于边角交会法要从两个方向去测量同一个监测点，采用边角交会法监测时必须采用 360° 反射棱镜。由对 360° 反射棱镜进行的二次验证试验结果可知，采用 360° 反射棱镜进行监测测量时，由于其同心度不一致，无法满足筒体变形监测的要求。全站仪极坐标法采用的是单方向观测方法，只需采用固定单反射棱镜，不必考虑单反射棱镜的加工误差，最终选择了全站仪极坐标法作为筒体变形监测的方法。

3）变形监测实施方案

在对三峡升船机塔柱变形的监测过程中，将水平位移监测点和垂直位移监测点布设为同一监测点，目的是反映施工过程中塔柱结构的稳定性。在塔柱 84.00 m 高程面以下，每间隔 10 m 布设一组监测点，分布在塔柱的内侧；在塔柱 84.00 m 高程面以上，每间隔 5 m 布设一组监测点，分布在塔柱的外侧。每组监测点由三条断面点组成，塔柱左右侧各布置三个监测点。

（1）高程监测。塔柱 84.00 m 高程以下监测点的高程采用 TCA2003 全站仪测量。将 TCA2003 全站仪架设在 50.00 m 高程面上，通过调整水准仪，利用局部控制网点监测全站仪基准视线高，利用测量得到的垂直角和斜边长计算出监测点的高程。塔柱 84.00 m 高程以上监测点的高程同样采用 TCA2003 全站仪进行测量，即将全站仪架设在与监测点高程面高程相近的马道上，利用周边专用施工控制网点监测全站仪高程基准视线高，利用测量得到的垂直角和斜边长计算出监测点的高程。

（2）平面监测。将 TCA2003 全站仪置于某一工作基点上，根据全站仪极坐标法原理，先对准另一工作基点作为后视，然后依靠马达驱动仪器，利用安装在仪器内的机载软件，自动识别并精确照准目标，按全圆方向法自动观测角度和边长，并实时存入个人计算机中，同时记录下测量时的干温、湿温和气压，直到完成全部测量工作。机载软件程序在观测过程中能自动判别归零差、2C 互差、指标差、同一方向各测回互差、测距测回互差等测量数据是否超限。若超限，则程序自动重测各超限方向，直到测量得到的数据符合精度要求为止。

4）观测资料整理分析

资料整理分析严格执行《混凝土坝安全监测技术规范》（DL/T 5178—2016）的相关

要求。为及时了解施工期建筑物的变形情况，及时检查监测数据的质量，现场监测数据采集后，由专人对监测数据进行处理。

（1）对外业观测成果及时进行 200%的检查，对不合格成果及时重测。严格检查各项变形观测资料后，按设计要求将现场观测资料在规定时间内换算成相对于基准点的水平位移和垂直位移。

（2）对首次值的观测，需连续独立观测两次，合格后取其平均值作为首次值。

（3）按照设计要求并参照《混凝土坝安全监测技术规范》（DL/T 5178—2016）的有关规定确定测次。当观测数据出现异常时，需及时加密观测，并上报监理和业主。

（4）建立监测数据库，以便随时查询、计算和向业主提供监测数据。

（5）及时将测值计算成相应的位移量，并绘制相应的测值和位移量变化过程线，在位移量变化过程中寻找建筑物位移变化的规律性。

7.3　船厢结构现场吊装关键技术

7.3.1　船厢结构现场安装主要技术难题

1. 船厢结构特点

齿轮齿条爬升式升船机的船厢结构多采用承载结构与盛水结构合二为一的自承载式，主要由两根主纵梁、两根安全横梁、两根驱动横梁、底铺板结构、厢头结构及附属结构组成，其中，安全横梁和驱动横梁的两端悬伸至主纵梁的外侧，形成侧翼平台结构，使得船厢结构整体不规则。大中型升船机的船厢结构具有尺寸大、构造复杂、精度要求高、制造安装难度大的特点。三峡升船机、向家坝升船机船厢结构特征参数见表 7.3.1。

表 7.3.1　三峡升船机、向家坝升船机船厢结构特征参数表

项目		单位	三峡升船机	向家坝升船机
结构总重		t	≈4 460	≈1 900
总体尺寸、形位公差	船厢结构外形尺寸（长×标准段宽×高）	m	132×23×10	125×16.4×7.5
	外形尺寸公差（长度/宽度/高度）	mm	±10/±7/±10	±10/±5/±10
	对角线长度相对差（水平面/端面/侧面）	mm	5/3/5	5/3/5
	主纵梁纵向弯曲度	mm	5	5
	主横梁纵向弯曲度	mm	3	3
	主纵梁中心线与船厢中心线间距	mm	±3	±3
	两主纵梁中心线间距	mm	±6	±6
	安全横梁中心线与螺母柱横向中心线的重合度	mm	2	2

续表

项目		单位	三峡升船机	向家坝升船机
总体尺寸、形位公差	驱动横梁中心线与齿条中心线的重合度	mm	2	2
	主纵梁腹板垂直度	mm	5	5
	主纵梁翼板局部不平度	mm/m^2	≤3	≤3
	主纵梁腹板局部不平度	mm/m^2	≤4	≤4
	底铺板局部不平度	mm/m^2	≤5	≤5
	拼接处错位	mm	2	2
主纵梁	结构形式		箱形	箱形
	外形尺寸（长×宽×高）	m	132×2.4×10	125×2.0×7.5
	翼缘板厚度	mm	60/40/30	25
	腹板厚度	mm	20/16	14
安全横梁	结构形式		箱形	箱形
	外形尺寸（长×宽×高）	m	44×1.7×7.5	33×1.7×4.2
	翼缘板厚度	mm	100/80/60	40
	腹板厚度	mm	30	50/30
驱动横梁	结构形式		箱形	箱形
	外形尺寸（长×宽×高）	mm	38.7×1.1×5.7	26.4×1.2×4.2
	翼缘板厚度	mm	20	30/20
	腹板厚度	mm	15	12
次纵梁	结构形式		T 形	I 形
	断面尺寸（宽×高）	m	0.1×0.412	0.3×1.69
	翼缘板厚度	mm	12	20/16
	腹板厚度	mm	12	10
次横梁	结构形式		T 形	I 形
	断面尺寸（宽×高）	m	0.6×2.4	0.3×1.69
	翼缘板厚度	mm	30	20/16
	腹板厚度	mm	16	10

2. 现场安装方案分析

船厢现场安装可供采用的方案主要有整体浮运、主体结构浮运现场拼装和分段制造现场拼装几种。

整体浮运方案的技术要点如下：下闸首土建结构按照船厢浮运的需要预留宽槽，船厢室灌水并与下游航道水域连通；船厢结构在制造厂/场内分段制造，按设计要求的精度拼焊成整体，并根据浮运的要求对结构进行必要的加强、封闭处理；船厢结构自下游航道浮运进入船厢室就位，封闭下闸首，排干船厢室水后，再进行船厢附属结构的拼装和设备的安装。该方案的优点如下：焊接质量、尺寸与形位精度、设备安装精度容易得到保证；现场安装施工工期较短，对其他施工项目的干扰较小。其缺点如下：浮运时机受航道水深条件制约；下闸首土建结构需分阶段施工，影响下闸首设备的安装；浮运过程有一定的安全风险；增加了船厢室灌排水的工作量。

主体结构浮运现场拼装方案的技术要点是，将两根连接有部分底铺板结构的主纵梁在厂内整体制造，主横梁、底铺板、厢头等分段制造，主纵梁水密处理后浮运进入船厢室，然后通过围堰截断下游引航道，排干船厢室水体后，其他分块结构自下闸首航槽吊运进入船厢室，再与主纵梁拼焊成整体。该方案的主要优点如下：保证了主纵梁的焊接质量和精度，减少了现场拼焊的工作量；下闸首土建结构可按照最终的尺寸要求正常施工，航槽部分无须预留宽槽，不影响下闸首土建的施工及设备安装。除整体主纵梁分段现场移位较困难外，该方案的其他缺点与整体浮运方案基本相同。

分段制造现场拼装方案的技术要点是，下游引航道由围堰挡水，根据结构受力、设备安装、厂内与现场的吊运条件等要求，将船厢结构分成若干分段在厂内制造，并完成预拼装，经陆路—下游引航道—下闸首航槽将分段结构运进船厢室，在船厢室内拼焊成整体。该方案的主要优点如下：分段运输不受航道通航条件制约，可采用船运或车运，风险性小；对下闸首土建结构施工没有影响。其主要缺点是，现场吊运、焊接工作量大，现场焊接有一定的技术难度。制造单位在水口和隔河岩两级升船机上，都是采用分段制造现场拼装方案，有丰富的实践经验。经过技术、经济、工期等的综合比较，三峡升船机、向家坝升船机均确定采用该方案。

3. 分段制造现场拼装技术难点

该方案存在以下技术难点：①船厢室空间狭窄，不便于起吊设备的布置，分段结构现场吊运、准确就位技术难度大；②分段数量多，现场焊接工作量大，焊接施工条件差，焊接变形不易控制；③主要承载结构的厚板规格多，现场焊缝的内部质量控制难度大；④结构刚度大，焊接残余应力大且分布不均；⑤结构外形尺寸大，且各分段尺寸相关联，现场施工测量精度要求高。

7.3.2 结构分段分块现场吊装技术

1. 船厢结构分段分块原则

船厢结构进行分段时，应充分考虑工厂制造与预拼装、现场吊运与拼装、焊接精度与质量设备安装等要求，基本原则如下。

（1）为了有效控制船厢结构分段现场的安装偏差和结构变形，提高现场安装精度，同时减少船厢结构分段现场的安装工作量，在满足现场运输、起吊能力的前提下，船厢结构分段尺寸应尽量大。

（2）厢头结构和船厢门宜整体制作、整体安装，以保证厢头结构与船厢门的制造、安装精度，保证闸门止水效果。

（3）主纵梁、安全横梁、驱动横梁等主承载构件的分段，应避开跨中和受力最大的部位，主纵梁分段还应避开钢丝绳吊耳板。

（4）安全横梁、驱动横梁应在工厂内单独分段制造，与主纵梁连接处应保证安全机构横梁、驱动机构横梁的连续。

（5）构件分段分块划分位置应便于现场安装和焊接。焊接程序应充分考虑焊接变形对承船厢结构安装精度的影响。

2. 船厢结构分段分块方案工程实例

以三峡升船机船厢为例，其主要结构尺寸见表 7.3.1，具体分段方案如下。

1）主纵梁分段

每根主纵梁分成八段。将安全横梁分段接头和驱动横梁分段接头分在同一个分段上，在主纵梁与安全横梁、驱动横梁的连接处均设嵌补段，后期焊接，以保证主纵梁焊接时不影响安全横梁和驱动横梁的定位精度。最大分段重量约为 132 t。

2）安全横梁分段

每根安全横梁分成三段，包括一个承船厢区分段和两个侧翼分段，使安全横梁在主纵梁处贯穿，保证其为连续梁。最大分段重量约为 132 t。安全横梁分段示意图见图 7.3.1。

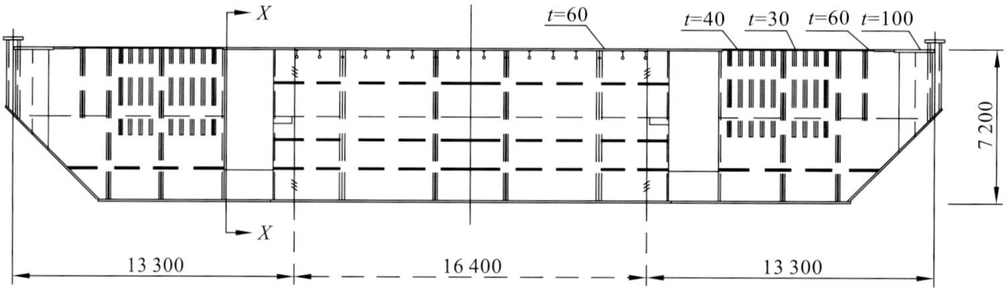

图 7.3.1　安全横梁分段示意图（图中尺寸单位为 mm）

3）驱动横梁分段

每根驱动横梁分成两段，最大分段重量约为 70 t，分段示意图见图 7.3.2。

4）底铺板结构分块

底铺板的外形平面尺寸为 132.0 m×18.4 m，分成十五个分块，最大分块重量约为 45 t。

5）厢头结构

每个厢头结构段在工厂内分别与两个主纵梁的端部分段焊接成整体，再与间隙密封框组装，进行整体运输、吊装。厢头结构分段是船厢结构中重量最重、尺寸最大的分段结构，单件重约 171 t。分段示意图见图 7.3.3。

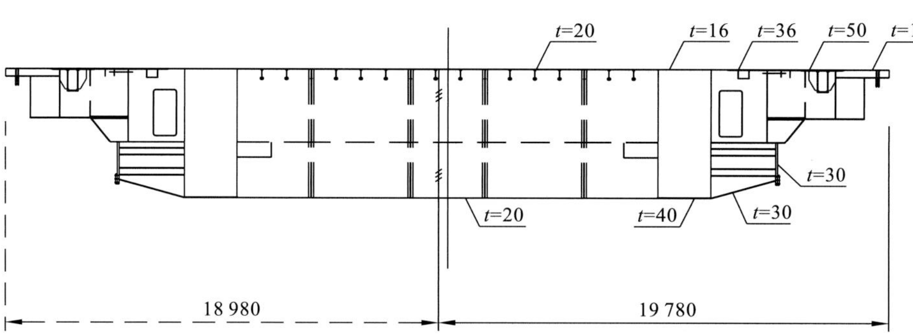

图 7.3.2　驱动横梁分段示意图（图中尺寸单位为 mm）

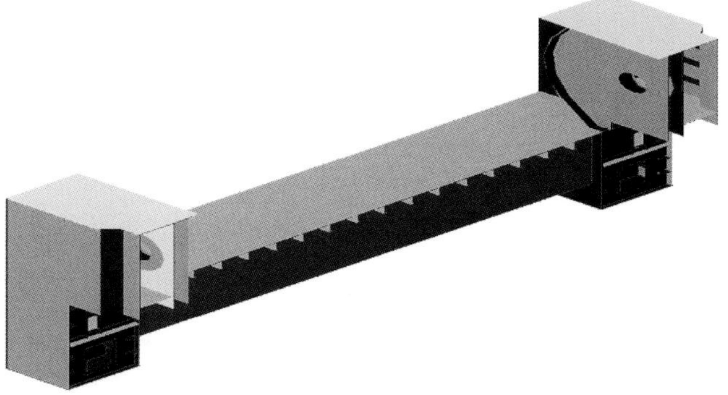

图 7.3.3　厢头结构分段示意图

6）其他结构分段分块

纵向导向弯曲梁进行整体制造、吊装，重约 162.8 t；每扇船厢门分成三个分段；每个驱动机房分成上下两个分块。

三峡升船机船厢结构共分成了四十六个分段，其中，最重分段是厢头分段，单段重约 152 t。

3. 现场吊运方案与起吊设备布置研究

出于设备布置与运行的需要，船厢两侧主纵梁与塔柱墙壁之间的间隙一般为 1 m 左右，上下游船厢端面至闸首工作闸门的距离一般为 200 mm 左右，船厢结构现场安装的平面尺度十分狭窄，难以布置大型移动吊车，作业范围更无法覆盖整个船厢室平面。在船厢室上方安装一台临时双向桥机的方案，可以解决这一技术难题。

桥机导轨顺船厢室布置，导轨自上游塔柱前端延伸到下闸首的下游端，以便将船厢分段结构自下闸首航槽吊运进船厢室。两线桥机轨道梁架设在外伸于塔柱墙壁的牛腿结构上，由于桥机是临时设备，船厢结构、设备吊装完成后需要及时拆除，为此，牛腿需采用钢结构，通过埋件和高强度螺栓安装在塔柱墙壁上。钢埋件需在浇筑塔柱相应高程的混凝土时预先埋设。桥机导轨梁可采用预应力混凝土梁或钢梁，为减轻轨道梁重量，使之便于安装和拆除，以及与牛腿结构的可靠连接，钢梁具有更大的优势。

为使桥机能运行到下闸首，轨道梁应位于下闸首闸顶高程以上，并按最大结构件高度、翻越其他结构件所需净高、桥机吊具起升极限高度、轨道梁高度等核算轨顶高程，以确定桥机的安装高程和扬程。

原则上，桥机的起重量应大于所有分段结构的单元重量，但桥机容量越大，吊具沿横向运行的极限距离将越小，为尽量加大桥机的作业范围，使其能覆盖外侧的主纵梁，可选择适当的起重量，并在主纵梁下加设副钩。对个别超出起重能力的分段结构，可考虑采用由移动吊车辅助临时桥机加大起重能力的方式进行解决。三峡升船机船厢室临时桥机布置示意图见图 7.3.4，因其船厢结构大部分分段单重小于 120 t，确定临时桥机的主钩起重量为 1 250 kN，另增设两个 160 kN 的副钩，用于小件的起吊。

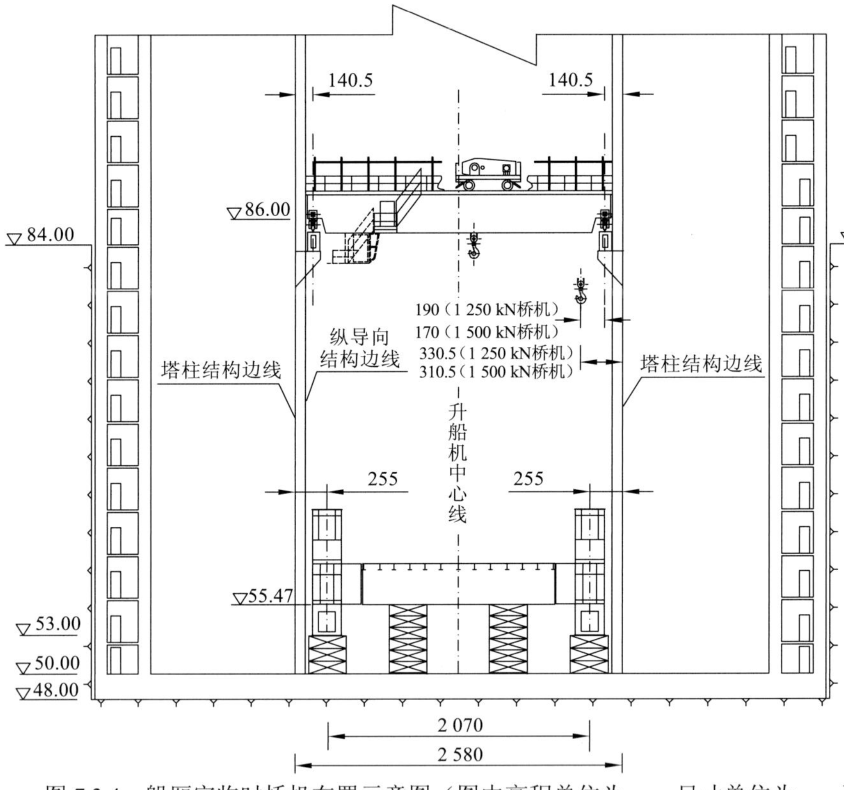

图 7.3.4　船厢室临时桥机布置示意图（图中高程单位为 m，尺寸单位为 mm）

桥机跨度取决于轨道梁的间距，为扩大作业面范围，在满足桥机导轨中心线至端部的最小尺寸条件下，桥机与塔柱结构之间应不干涉，轨道梁应尽量靠近塔柱墙壁布置。对于妨碍轨道梁布置的凸出墙面的局部混凝土结构，施工时需要预先留出足够的待二次施工的空间。

牛腿埋件作为桥机轨道梁向混凝土塔柱结构传力的主要构件，其连接方案的可靠性是设计中需要认真解决的问题，同时还应考虑便于安装与拆除。此外，还应对临时桥机载荷作用下塔柱结构的稳定性和局部应力进行计算复核。

4. 关键吊装工艺

船厢结构的现场安装以船厢室纵横向中心线为安装基准线。在船厢室底板上摆放安装支架，支架按照船厢底部结构的实际尺寸、形状制作。

首先将上下游两个厢头分段吊运至船厢室，并在船厢室两端就位；然后吊入安全横梁分段和驱动横梁分段，焊接成整体后，按照已安装的螺母柱实际横向中心线和齿条实际横向中心线定位；最后按照自上游至下游的顺序依次吊装底铺板分段和主纵梁分段。对各分段测量、割除余量并调整、定位后，按制订的顺序焊接分段间的现场连接焊缝。主体结构拼焊成整体后，再焊接主纵梁吊耳板、驱动机房等结构。

安装船厢门前，首先完成主纵梁腹板上支铰轴孔和厢头结构上弧形止水座板面及平面止水座板面的精加工。精加工需采用特制的工装设备。

7.3.3 结构分段分块现场拼焊关键技术

在船厢分段分块结构现场吊运就位，经测量、调整证明其位置精度符合设计要求后进行拼焊，施工前需针对各分段结构的特点和焊接技术难点，制订合理可行的现场焊接施工工艺，必要时应事先进行焊接工艺评定，以确保焊接质量。

1. 变形控制

船厢分段分块结构间的焊接具有熔透焊缝多、焊接量大、焊接变形复杂的特点，施工中需制订合理的工艺方案，严格控制焊接变形。

1）优化焊接工艺，实时监控、调整焊接顺序

对焊缝尺寸应给予优化，焊缝坡口要合理，对厚板尽量采用双面坡口及窄间隙坡口，利用多层、多道焊接使熔敷量减小。另外，适当增加胎夹具来约束分段分块，以控制变形，使其在固定状态下进行定位、焊接，并在焊接过程中，通过实时监控及时调整焊接顺序，进一步控制焊接变形。

2）反变形措施

可利用大型通用仿真软件对焊接温度场、应力场和变形进行数值模拟，根据船厢分段焊接数值模拟的焊接应力、变形等计算结果，预放反变形，补偿、抵消焊接变形。

3）采取合理的焊接顺序

选择合理的焊接顺序是减小焊接变形的有效措施。根据不同的焊接方法，编制合理的焊接顺序。

2. 消应力处理

分段结构的刚度大，焊接残余应力大且分布不均，施工中需要采取合理的消应力措施。经过焊后消应处理后，可以有效保证构件的质量及使用寿命。结构分段装焊前，应根据板厚、结构特点情况，制订相应的焊接工艺措施来减小焊接应力，并在焊后采取合理的措施来减小或消除残余应力。行之有效的消应力措施如下。

1）焊前预热

对构件上某一条焊缝施焊时，构件焊缝区域的温度非常高，伴随着焊缝施焊的进行，该区域内将产生热胀冷缩的现象，而该区域仅占构件截面中很小的一部分，其他部分的母材均处于常温状态，会对焊接区域产生巨大的刚性拘束，造成很大的残余应力，甚至产生裂纹。焊前预热可以使局部焊接残余应力大大减小。

2）合理的施工分解

对焊缝的现场焊接工作在时间上进行分解，同时为每道焊缝创造更多的自由收缩机会，减少集中焊接时的相互影响程度。

3）热处理消应力

对于刚性较差的大型构件（如纵导向弯曲横梁、船厢门），为减小自然时效过程中的应力释放对构件的变形影响，可采用热处理消应力工艺，消除钢材内部由焊接引起的晶粒粗大和分布不均，从而消除残余应力。

4）超声波消应力

利用大功率超声波以每秒两万次以上的频率冲击金属物体表面，通过超声波的高频、高效和聚焦下的大能量，改变原有的应力场，削弱构件内部的应力场峰值。

5）振动消应力

利用振动给构件施加一个与其固有谐振频率一致的周期激振力，使其产生共振，从而使构件由焊接残余应力造成的歪曲晶格重新达到平衡状态，残余应力得以削弱和均化。振动时效法具有周期短、效率高、无污染的特点，且不受工件尺寸、形状、重量等限制，大量的工程实践证明，其对消除构件的残余应力效果明显。

7.4 平衡重吊装关键技术

7.4.1 设备布置、组成与吊装技术难点

平衡重系统包括平衡重组、滑轮组、钢丝绳和平衡链等设备。平衡重组的总重量与船厢总重相等。

平衡重组对称布置在船厢室两侧塔柱结构的平衡重井内，每个平衡重组由钢结构框架框成一体，框架上设有导向轮，可沿平衡重井两侧墙壁上的导轨升降。平衡重组由若干相互独立的平衡重块组成，平衡重块由钢丝绳悬吊，平衡重块与钢丝绳之间设有长度调节装置。平衡重组内设有调整平衡重块，在安装时通过增减调整平衡重块的数量使平衡重总重量与船厢总重量基本相等，调整平衡重块安装在平衡重块的顶部。钢丝绳绕过设在塔柱顶部机房内的平衡滑轮后，另一端通过钢丝绳长度调节装置与船厢主纵梁吊耳

板连接，滑轮可采用单槽形式或双槽形式，可独立安装在混凝土支座上或安装在一个整体机架上。每组平衡重组的底部悬挂一条平衡链，平衡链绕过设在塔柱底部的导向装置后，另一端与船厢主纵梁连接，常采用的平衡链形式有链板式和钢丝绳串连钢板式。

平衡重块一般采用特制的高容重混凝土材料制造，密度一般不大于 3.5 t/m^3，调整平衡重块一般由铸钢或钢板切割而成。

升船机平衡重系统的平衡重块、钢丝绳、滑轮组等主要设备具有数量多、外形尺寸大和单件重量大的特点，其场内运输和现场吊装有较大的技术难度，需采取合理的运输、吊装方案，确保安装质量与进度。三峡升船机、向家坝升船机平衡重系统特征参数见表 7.4.1。

表 7.4.1　三峡升船机、向家坝升船机平衡重系统特征参数表

项目		三峡升船机	向家坝升船机
平衡重组数量/组		16	16
平衡重组总重量/t		≈15 500	≈8 150
平衡重块	单块外形尺寸（高×宽×厚）/mm	12 350×3 800×430/12 350×3 800×920	14 250×3 400×870/14 250×3 400×410
	密度/（t/m^3）	3.03	3.5/2.5
	单块重量/t	≈81/56	≈90/65
钢丝绳	数量/根	256	128
	直径/mm	74	76
	单根长度/m	150	142
滑轮	形式	双槽滑轮	双槽滑轮
	直径/mm	5 000	4 900
	滑轮数量/片	128	64

7.4.2　主要设备吊装关键技术

1. 安装顺序

船厢一般在船厢室内对应于下游最低通航水位进行安装，平衡重组在平衡重井内位于上游高程的安装平台组装，然后连接并张紧钢丝绳，最后吊挂平衡链。

2. 滑轮组吊装

滑轮组的安装需先于平衡重系统的其他设备，可采用分片运输、起吊，现场组装的方式进行安装。可通过上闸首或下闸首的运输通道，利用平板车将滑轮、机架等部件运入平衡重井内的平台上，再利用机房桥机并辅以卷扬机、滑车等临时设备，将滑轮、机架吊至主机房地板，然后在安装位组装。

3. 平衡重块吊装

首先在安装平台的平衡重竖向通道上架设平衡重支承梁，形成平衡重块安装平台，吊运平衡重组框组件架至支承梁平台，并摆放在安装位，再按照顺序将平衡重块经平衡重井通道依次吊至支承梁平台。

平衡重块在下游平台，由移动吊车将平衡重块运至井内，然后由机房桥机和临时卷扬机并辅以汽车吊同时操作，使平卧的平衡重块起吊、翻转、竖立，然后由机房桥机将平衡重块提升至支承梁平台上就位。图 7.4.1 为三峡升船机平衡重块现场起吊情景。

（a）　　（b）

图 7.4.1　三峡升船机平衡重块现场起吊情景[3]

4. 钢丝绳吊挂与张拉

钢丝绳一般缠绕在钢制的平衡滑轮组上，每个滑轮组缠绕一根钢丝绳。

钢丝绳应在对应滑轮组及对应的平衡重块安装、就位后吊装，避免空挂锁定，减少安全隐患。滑轮组平放在船厢底铺板上，利用机房桥机并辅以卷扬机提拉钢丝绳的一个绳头，绕过平衡滑轮后与对应的平衡重块连接。

钢丝绳与平衡重块连接后，将其船厢两侧的一个绳头与调节装置连接，然后利用液压张拉器对钢丝绳进行张拉，使钢丝绳产生弹性伸长，至其长度可与船厢吊耳连接。钢丝绳张拉过程见图 7.4.2。

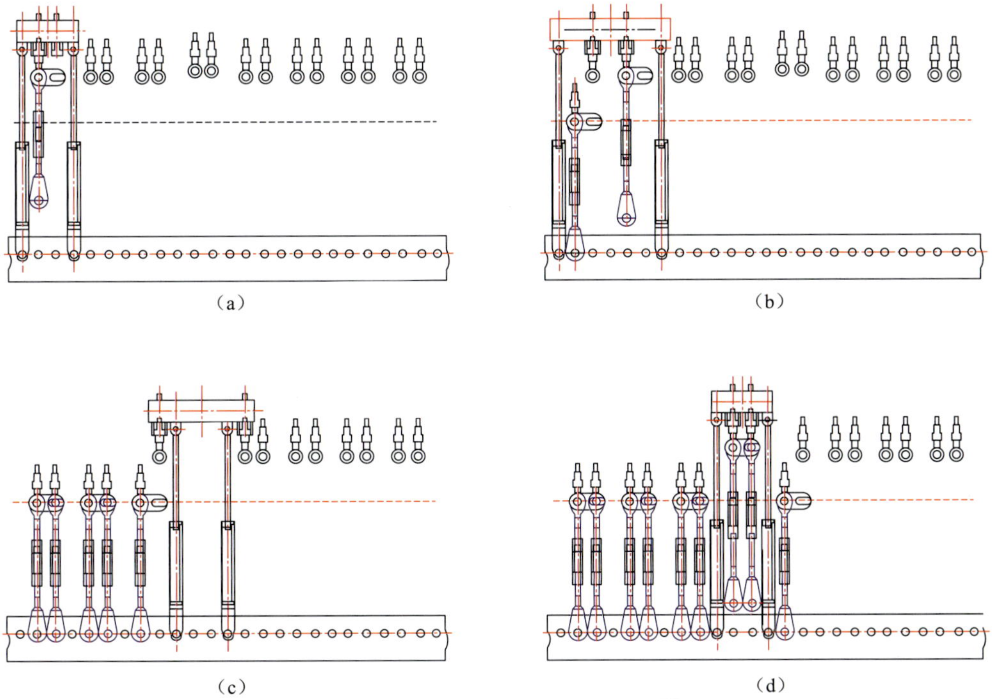

图 7.4.2　钢丝绳张拉过程示意图[3]

7.5　升船机调试试验关键技术

7.5.1　调试试验主要工作内容与项目

1. 主要工作内容

调试试验是升船机建设的一个关键环节，只有通过调试整定和试验验证，使设备系统的性能指标、技术参数、运行程序等全部满足设计要求后，升船机才可以进入试运行阶段。调试试验的主要工作内容如下。

（1）对各机械设备、电气系统软硬件设备进行检查、测试和调整，对所有技术指标、性能参数、运行功能、闭锁关系、故障应对等进行全面检验和调试，同时检验升船机设备的制造与安装质量，使升船机整体性能指标达到工程设计要求。

（2）检验、调整升船机金属结构、机械与电气设备、土建结构之间的适配关系，使各系统之间的配合达到最优。

（3）对所有检测信号及二次仪表进行现场率定，对行程、位置等检测传感器进行调整，使检测信号真实、准确地反映设备的实际运行状态。

（4）对调试试验过程中发现的问题进行及时修复、处理，使升船机各设备、系统经过调试后处于正常状态。

（5）检测并记录土建、金属结构、机械设备、电气控制系统等的各项技术参数，验证工程设计和设备产品设计的正确性，并作为后期升船机试运行与设备检修维护的基础资料。

2. 主要调试试验项目

升船机设备进行调试试验前，应首先完成属于设备安装范围的单机调试，设备性能、参数、技术指标的调试结果应该符合设计要求。而实际工作中，为满足工程建设进度要求，往往是某些设备的单机调试与某些设备的分系统调试和试验或交叉或同时进行，调试试验时序需根据实际工程建设的具体情况统筹安排。闸首设备、检修起吊设备及暖通、消防、给排水等附属设施的调试，按照相关规程规范的要求进行。

1）主要试验项目

（1）安全机构承载试验。安全机构承载试验包括船厢水泄空、安全机构锁定和模拟船厢沉船、安全机构锁定两项试验，用以检验安全机构的自锁可靠性和相关零部件的机械强度。

（2）安全机构与驱动机构联动试验。安全机构与驱动机构联动试验包括船厢水超载、安全机构锁定和船厢水欠载、安全机构锁定两项试验，用以检验船厢重量失衡工况下驱动机构与安全机构的联动功能。

（3）安全机构与对接锁定装置联动试验。安全机构与对接锁定装置联动试验包括船厢水超载、对接锁定装置与安全机构动作和锁定及船厢泄水、对接锁定装置与安全机构动作两项试验，用以检验对接工况下对接锁定装置与安全机构的联动功能。

（4）防撞装置实船撞击试验。试验升船机设计船型以满载和进出船厢允许的航速撞击防撞装置，检验防撞装置的防护功能、实际撞击力与制动距离，以及相关零部件的机械强度。

（5）实船过机试验。采用设计船型完成整个上行、下行过船流程，以全面检验、考核升船机设备的性能、参数和船舶通过升船机的航行与停泊条件。

2）主要调试项目

（1）设备分系统调试。至少应包括以下项目：船厢驱动系统空载调试；电气系统调试（包括计算机监控系统调试、广播指挥系统调试、图像监控系统调试、通信系统调试等）；船厢升降运行试验（包括不同速度不同误载水深升降运行试验、不同速度不同行程升降运行试验、快速制动试验、紧急制动试验、故障保护与处理功能调试等）；船厢与上下闸首对接调试（包括间隙密封机构对接试验、充泄水系统间隙充泄水试验、船厢门有水启闭试验、闸首工作闸门有水启闭试验、充泄水系统调节船厢水深试验、故障保护与处理功能调试、紧急关门保护试验等）。

（2）升船机联合调试。至少应包括以下项目：向上初始化运行流程调试，向下初始化运行流程调试，上行分步流程运行流程调试，下行分步流程运行流程调试，上行手动单机构运行流程调试，下行手动单机构运行流程调试，上行自动运行流程调试，下行自动运行流程调试，停航流程调试，紧急停机、紧急关门流程调试，故障保护与处理功能调试。

7.5.2　关键试验项目技术要求

1. 安全机构承载试验

本项试验的主要目的是检验安全机构的自锁可靠性，考验相关零部件的机械强度，确保升船机运行中安全机构具有可靠的保护功能。

进行本项试验前，安全机构与驱动机构断开机械连接，驱动机构齿轮与齿条脱离啮合状态，船厢内装载了设计水深的水体并处于设计要求的水平状态，船厢绝大部分重量由吊挂的平衡重平衡，船厢由底部支架支承。

1）船厢沉船、安全机构锁定

沉船工况的锁定载荷可通过增加船厢水并辅以卸载部分平衡重的方式实现，使卸载的平衡重与水满厢时增加的水体重量之和与沉船时船厢的增重相近，以此模拟船厢沉船工况。

试验时，手动调节安全机构螺杆，使四套安全机构螺杆的下螺纹面与螺母柱的上螺纹面接触；卸除船厢底部支承，使船厢不平衡载荷转移至安全机构；通过补排水系统向船厢充水，直至水满厢。检查锁定条件下安全机构的工作状态；检测锁定条件下船厢主纵梁、安全机构主横梁、安全机构螺杆及撑杆的应力与变形。

通过补排水系统泄船厢水，直至恢复设计水深；同步顶升船厢底部四点支承，使安全机构螺纹面脱离接触；手动调节安全机构螺杆，使四套安全机构螺杆处于中间位置，从而使船厢、安全机构等设备恢复到试验前的状态。

进行本项试验时需要特别注意：船厢充水过程中，需严密监视安全机构螺纹副的自锁状态，当发生螺杆转动状况时，必须立即停止充水，重新由底部支架锁定船厢；船厢顶升或卸载时，四个支承点的升降应同步，避免船厢倾斜；船厢顶升时，平衡重不得与底部平台上的锁定钢梁接触。

2）船厢水漏空、安全机构锁定

试验程序：手动调节安全机构螺杆，使四套安全机构螺杆的上螺纹面与螺母柱的下螺纹面接触；通过补排水系统泄放船厢水，直至水泄空。

重点检查内容：检查锁定条件下安全机构的工作状态；检测锁定条件下船厢主纵梁、安全机构主横梁、安全机构螺杆及撑杆的应力与变形。

恢复程序：通过补排水系统向船厢充水，直至设计水深；手动调节安全机构螺杆，使四套安全机构螺杆处于中间位置。

特别注意事项：船厢泄水过程中，需严密监视安全机构螺纹副的自锁状态，当发生螺杆转动状况时，必须立即停止泄水，重新由底部锁定梁将平衡重锁定；试验过程中，平衡重锁定梁不得撤出，且锁定梁与平衡重之间的间隙不能过大，以使安全机构锁定失效时平衡重块能及时锁定。

2. 安全机构与驱动机构联动试验

本项试验的主要目的是，检验升船机运行过程中发生船厢漏水或超载事故时，安全机构对驱动机构的保护功能，并为后续船厢升降运行等调试工作提供安全保障。

进行本项试验前，需先完成安全机构承载试验和驱动系统空载调试（包括驱动机构液气弹簧调试、安全制动系统调试、润滑系统调试、拖动与控制系统调试等），安全机构的工作可靠性和驱动系统性能已得到保证；船厢处于安装位，装载设计水深水体，底部搁置支架（悬空状态）；四套驱动机构的齿轮与齿条处于啮合状态，液气弹簧按照设计压力预紧，船厢由四套齿轮支承；安全机构与驱动机构处于机械连接状态，螺杆调整到设计位置；平衡重组处于悬吊状态，底部搁置安装支承梁。

1）船厢漏水、安全机构锁定

通过补排水系统泄船厢水，直至驱动机构齿轮过载、液气弹簧动作、安全机构锁定。泄水过程中，需连续检测四个液气弹簧油缸的位移、载荷，并观察四个安全机构螺杆的位移情况，发现异常应立即停止泄水。

试验完成后，通过补排水系统向船厢注水至设计水深，重新预紧液气弹簧，调整安全机构螺杆至设计位置，使驱动机构、安全机构恢复到试验前的状态。

2）船厢超载、安全机构锁定

通过补排水系统向船厢逐渐注水，直至驱动机构液气弹簧油缸动作、安全机构锁定。泄水过程中，需检测四个液气弹簧油缸的位移、载荷，观察四个安全机构螺杆的位移情况，发现异常应立即停止泄水。

泄船厢水至设计水深，重新预紧液气弹簧，调整安全机构螺杆至设计位置，使驱动机构、安全机构恢复到试验前的状态。

3. 安全机构与对接锁定装置联动试验

本项试验的主要目的是，检验船厢在对接状态、厢内水深超过设计允许条件时，安全机构与对接锁定装置的联动功能。

本项试验在船厢的安装位进行。试验前应完成安全机构承载试验和对接锁定装置单机调试。船厢装载设计水深的水体，底部搁置支架（悬空状态），不与闸首对接；驱动机构齿轮处于卸载状态，船厢由四套对接锁定装置支承；安全机构与驱动机构处于机械连接状态，螺杆调整到设计位置，螺牙处于中间位；平衡重组处于悬吊状态，下部搁置安装支承梁。

本项试验利用向船厢注水或泄水的方式，不断增加对接锁定装置的工作载荷，直至四套对接锁定装置支承油缸动作、安全机构锁定。

泄水过程中，检测并记录四套对接锁定装置支承油缸的位移、压力变化，以及四个安全机构螺杆的位移情况，发现异常应立即停止泄水。

通过补水或排水，恢复船厢水深至设计值；通过液压控制系统让对接锁定装置回到非工作状态；调整安全机构螺杆至设计位置；结束本项试验。

4. 防撞装置实船撞击试验

本项试验的目的是，通过实船撞击防撞装置，检验防撞装置对船厢门的防护效果与承受船舶撞击的能力。

试验宜选在航运管理部门组织的试航阶段进行，以便选择到合适的试验船型。试验船型的尺度、船艏形状、实际排水量等应尽量接近升船机设计船型。

试验前防撞装置只进行了单机调试，检验验证了各机构的动作性能，但经受船舶撞击后，钢丝绳、缓冲油缸等关键构件的变形、位移、强度等尚有待通过实船试验予以检验，因此，本项试验有一定的安全风险，试验前需针对各种可能的试验结果，制订周密可靠的安全保护措施。

鉴于船厢与上闸首对接、船舶进厢过程对防撞装置工作可靠性有着更高的要求，以及本项试验存在着一定的风险性，至少需要对下游防撞装置进行试验，条件允许时最好对两套防撞装置都进行试验检验。

为确保安全，建议试验在以下条件下进行：船厢与上/下闸首对接，驱动机构卸载，由对接锁定装置支承；船厢门和闸首门均处于开启状态，船厢水域与航道连通；船舶在船厢内，船艏向外，处于待出厢状态（船艉尽量靠近防撞钢丝绳）；两端的防撞装置均处于挡船状态（钢丝绳张紧、吊架开启）。

试验过程：船舶分别以不同的航速驶出船厢，到达防撞钢丝绳前发动机停机，使试验船舶直接撞击防撞钢丝绳。检测并记录船只接触钢丝绳时的航速，船舶停止时的钢丝绳水平位移，缓冲油缸的最大位移、油压，预断接头的状态等。

7.5.3　重要调试项目技术要求

1. 驱动系统空载调试

本项调试的目的主要如下：检验四套驱动机构的同步运行功能；检验制动器上闸、松闸的同步性；检验电气传动系统与传动协调控制站、检测装置之间接口关系的正确性和可靠性；检验电气传动系统及传动协调控制站的多电机电气同步/机械同步控制功能；检验、调整、校验检测设备的各种检测信号；检验电气传动系统及传动协调控制站设备在空载状态下动作的正确性、协调性与可靠性；对系统性能及技术参数进行调整。

进行本项调试前，四套驱动机构的机械设备和电气拖动与控制系统、润滑系统、安全制动系统、交流变频传动装置、传动协调控制站等设备，已完成单机调试，调试结果达到设计要求；四套驱动机构之间的机械同步轴系统处于连接状态；齿轮、齿条处于脱离啮合状态；切断安全机构螺杆与驱动机构之间的机械连接；船厢处于安装位并由底部支架支承。

主要调试内容与试验工况应包括：电机空载正反向运转；安全制动系统紧急停机上闸试验；一台/多台电机运行中途退出，驱动系统正常停机/紧急停机试验；安全制动系统工作制动器与安全制动器循序上闸试验；电气位置同步或多电机机械同轴出力均衡控制方案的调试；电气传动系统与安全制动系统的动作配合调试；电气传动系统及传动协调控制站操作与运行功能调试；电气传动系统及传动协调控制站故障保护功能调试；电气传动系统调速性能、技术参数的调试与整定等。

完成本项调试后，驱动系统应运转正常，无噪声、异常发热、振动等不利现象；同步轴系统扭矩等技术指标在设计允许范围内；电气传动系统主要动静态特性参数等技术指标在设计允许范围内；运转程序、性能、指标等完全达到设计要求。

2. 计算机监控系统调试

本项调试的目的如下：检验、确认单元设备和系统设备的完整性；对上位机各工作站进行联网调试；对流程站、安全站、各现地控制站及网络设备进行联调试验。

进行本项调试时，已完成各现地控制设备、检测设备的单机调试；所有监控系统网络电缆、光缆敷设到位，网络接口设备安装到位，管理网和控制网已形成；上位机各监控主机、工程师服务站、通信服务器、培训服务器等设备单机调试完毕，工作正常。

主要调试内容应包括：网络通信调试；各监控主机、工程师服务站、通信服务器、培训服务器等设备的功能调试；各类检测设备的再整定和调试；安全控制系统的功能调试；各类运行管理和操作控制的功能调试；各类故障保护及处理的功能调试；上位机与各现地控制站的联动调试；上位机与安全系统、安全系统与各现地控制站的联动调试；监控系统整体监控及保护功能调试；正常运行流程调试；紧急保护流程调试；监控系统与广播系统的联动调试；监控系统与图像监控系统的联动调试；等等。

调试结果应达到以下效果：电气设备之间的网络及I/O通信信号的连接正确、畅通；设备承担的控制功能完整、动作协调；图形界面与操作面板功能完备、显示正常；检测装置的电气及机械性能参数整定正确，检测信号能真实、准确地反映升船机的实际运行状态；单机构之间的动作闭锁关系正确、合理；故障保护应对正确、措施完备；计算机监控系统控制及保护功能等综合性能指标满足运行要求。

3. 广播指挥系统调试

本项调试的目的是，检验多媒体工作站对广播主机控制及数据传输的功能，检验在消防及火灾报警状态下的紧急广播功能，使广播指挥系统的功能、技术指标、参数达到设计要求。

主要调试内容应包括：设备接线正确性检验；设备信号衰减测试；声压级、声场不均匀度、传输频率特性和音质清晰度调整；广播监听功能测试；人工播音功能测试；双机手动切换功能测试；多媒体工作站对广播主机控制及数据传输功能的测试；统一广播、分区广播及控制功能测试；广播系统与监控系统联动调试；消防及火灾报警状态下的紧急广播功能测试；等等。

本项调试完成后，广播系统接受计算机监控系统的控制指令，自动播音正确；船舶过坝的临场广播指挥直接播音正确；能在操作台通过控制开关进行手动/自动播音功能切换；接受火灾报警系统或计算机监控系统的紧急控制命令，紧急广播正确；广播设备音响定向性正确；广播设备音质清晰。

4. 图像监视系统调试

通过调试，图像监视系统的功能、技术指标、参数达到设计要求。

主要调试内容应包括摄像机及附件、传输设备、图像监控服务器及工作站、矩阵切换器、显示屏、网络设备、图像监视系统总体连网等设备与项目的调试。

调试结果应满足：系统内各接线正确、信号畅通；接受计算机监控系统的控制指令，实现自动跟踪监视；综合性能指标达到设计要求。

5. 通信系统调试

对系统的同步数字体系（synchronous digital hierarchy，SDH）光纤通信设备、智能脉冲编码调制（pulse code modulation，PCM）设备、程控交换机、通信电源设备、电话终端设备进行调试，使通信系统内各接线正确，信号畅通，技术指标与参数达到设计要求。

6. 船厢升降运行调试

本项调试的主要目的如下：检验船厢结构及其设备与齿条、螺母柱之间的适配性；检验驱动系统设备性能，理顺各设备间的接口关系；检验驱动机构与安全机构间的工作协调性；检验驱动系统电气设备运行的质量和性能；检验和调整网络传输数据的正确性、可靠性、实时性；检验、调试、整定驱动机构电气传动系统在满速最大载荷下的调速性能和技术参数；检验和调整传动协调控制站动作的正确性、协调性、可靠性、实时性；检验和调整上位机与传动协调控制站之间数据接口的正确性；检验和调整上位机对传动协调控制站的控制功能、操作监视功能、数据管理功能的正确性、可靠性及实时性；检验和调整驱动机构传动设备运行控制的动作闭锁关系；检验和调整驱动机构电气传动设备故障保护功能的正确性、可靠性、完备性、实时性；检查检测设备的适装性、配套完整性；检查检测设备信号处理的正确性、测量精度；检查检测设备信号的远程传输能力；检查检测设备的环境适应能力；检查系统的安全性；等等。

本项调试试验应在已完成驱动系统空载调试、驱动机构与安全机构联动试验、相关电气系统调试，以及齿轮与齿条正确啮合、安全机构与驱动机构机械连接条件下进行。

主要调试项目应包括：对接锁定装置动作试验；液气弹簧卸载、预紧试验；不同速度、不同误载水深升降运行试验；不同速度、不同行程升降运行试验；故障保护及快速制动试验；升降过程中电气控制系统快速停机试验；升降过程中安全制动系统紧急制动试验；等等。

通过调试，驱动系统设备性能、驱动系统与安全机构的工作协调性、驱动系统与润滑系统的工作协调性、驱动系统各电气设备的运行质量和性能、电气传动控制系统的整体动静态特性指标、网络传输数据、上位机与传动协调控制站之间的数据接口、上位机对传动协调控制站的控制与操作监视功能、传动设备运行控制的动作闭锁关系，以及传动设备故障保护功能、检测装置功能、快速制动减速度、紧急制动的平稳性等均达到设计要求。

7. 船厢与闸首对接调试

对接设备已完成单机调试，尚未进行有水调试，通过本项调试可完成间隙密封装置、间隙充泄水系统、船厢门、闸首工作闸门等设备的有水调试，使相关设备的性能、参数达到设计要求。

本项调试应在上下闸首由检修门和工作闸门同时挡水条件下进行，对接锁定装置与安全机构联动试验、船厢升降运行调试等工作已经完成。

主要调试项目应包括：间隙密封机构推出、压紧闸门、保压、退回试验；充泄水系统间隙充泄水试验；船厢门有水启闭试验；闸首工作闸门有水启闭试验；充泄水系统调节船厢水深试验；等等。

调试结果是，密封框运动的同步性，止水密封效果，船厢门及启闭机、闸首门及其启闭机、充泄水系统等相关设备的动作时间、性能指标等满足设计要求，动作流程与闭锁关系正确无误。

8. 模拟过船调试

分别按升船机初始化运行流程、上行分步运行流程、上行手动运行流程、上行自动运行流程、下行分步运行流程、下行手动运行流程、下行自动运行流程对升船机的所有机械、电气设备进行调试试验。同时，对升船机单向上行、单向下行和双向运行流程，以及停航流程、紧急保护流程和故障处理流程进行调试试验。

通过上述调试试验，全面检验和考核升船机设备的设计、制造、安装质量、性能指标，以及运行流程的协调性、正确性、安全可靠性等。同时，按设计要求调整设备的技术性能参数和安全闭锁关系，直至全面满足设计与实际运行要求，为升船机试运行奠定基础。

参 考 文 献

[1] 李东明, 张怀仁, 路卫兵, 等. 三峡升船机船厢室段高精度平面控制网设计[J]. 人民珠江, 2017(3): 15-21.

[2] 罗琛, 邱云章, 晏春波, 等. 三峡升船机齿条、螺母柱安装测量[J]. 矿山测量, 2013(6): 73-76.

[3] 武汉船舶工业公司, 葛洲坝机电安装公司. 三峡升船机平衡重系统设备安装施工报告[R]. 武汉: 武汉船舶工业公司, 2016.

索　引